"精讲型"国际贸易核心课程教材

一本融入作者36年货运、报关实践及教学经验的归类图书

根据新版《协调制度》编写，系统介绍商品归类相关规则，助读者全面了解归类体系

逐章分析待归类商品属性，结合归类基本规则、方法，注重培养读者正确归类思维

精心总结易错点提示，原创表格归纳易混淆商品归类

精选例题、实操案例，助读者加强理解

配有教学用PPT、试题及答案

ESSENTIALS OF IMPORT AND EXPORT COMMODITIES CLASSIFICATION (SECOND EDITION)

进出口商品归类实务精讲（第二版）

倪淑如　倪　波◎主　编
熊晓亮　段莞炀◎副主编

中国海关出版社有限公司
·北京·

图书在版编目（CIP）数据

进出口商品归类实务精讲 / 倪淑如，倪波主编. —
2版. —北京：中国海关出版社有限公司，2020.6（2024.8 重印）
ISBN 978-7-5175-0429-0

Ⅰ. ①进… Ⅱ. ①倪… ②倪… Ⅲ. ①进出口商品—
分类—中国 Ⅳ. ①F752.6

中国版本图书馆 CIP 数据核字（2020）第 059410 号

进出口商品归类实务精讲（第二版）
JINCHUKOU SHANGPIN GUILEI SHIWU JINGJIANG（DI - ER BAN）

主　　编：	倪淑如　倪波
副 主 编：	熊晓亮　段莞炀
策划编辑：	马超
责任编辑：	叶芳
责任印制：	孙倩
出版发行：	中国海关出版社有限公司
社　　址：	北京市朝阳区东四环南路甲1号　　邮政编码：100023
编 辑 部：	01065194242 - 7537（电话）
发 行 部：	01065194221/4238/4246/5127（电话）
社办书店：	01065195616（电话）
	https：//weidian.com/? userid = 319526934（网址）
印　　刷：	固安县铭成印刷有限公司　　经　销：新华书店
开　　本：	710mm × 1000mm　1/16
印　　张：	22.75　　　　　　　　　　字　数：395 千字
版　　次：	2020 年 6 月第 2 版
印　　次：	2024 年 8 月第 2 次印刷
书　　号：	ISBN 978-7-5175-0429-0
定　　价：	48.00 元

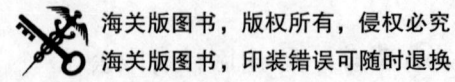

海关版图书，版权所有，侵权必究
海关版图书，印装错误可随时退换

《进出口商品归类实务精讲（第二版）》
编委会名单

主　编：倪淑如　倪　波
副主编：熊晓亮　段莞炀
编　委：孙璞玉（PPT副主编）
　　　　唐妍君　宋安康　王　翔　刘　芸　李伊曼
　　　　刘　艳　胡化宙　邓巧云　段　凯　刘正扬
　　　　娄冬梅　殷明惠　周　敏　蔡子庆　詹汉桥
　　　　罗丽丝　鲜于赛　陈　美　何　晖　阎　威

前　言

《进出口商品归类实务精讲（第二版）》将2017年《商品名称及编码协调制度》修订的结果和2015—2018年海关总署发布的相关商品归类决定公告（包括新发布的以及废止的），以及其间海关总署公布的《中华人民共和国进出口税则本国子目注释》的内容，在改版后的有关章、节及例题中充分体现了出来。

本书定位于教学用书，既可作为应用型本科院校及高职高专院校国际贸易专业、物流专业学生的教材，也可作为从事对外贸易业务人员、报关人员的专业培训用书。编者力图遵循"谋度于义者必得，事因于民者必成"的箴言，时刻想着著书人，其成果应受到读者的欢迎。在编写过程中，编者严格以《商品名称及编码协调制度》（归类总规则、类注释、章注释、子目注释、品目及品目条文）为总原则，以《中华人民共和国进出口税则》《进出口税则商品及品目注释》《中华人民共和国进出口税则本国子目注释》，以及海关总署发布的关于商品归类的行政裁定、海关总署发布的商品归类决定等为依据。本书选用最新、实用、有代表性的例题，从商品分析入手确定待归类商品应归入哪一章，论述确定品目、子目的全过程，和读者共同实践商品归类的基本原则、程序和方法。本书特别注重知识的系统性，在每一部分后都编写了足量的同步强化练习题，并给出了参考答案和例题解析。为了帮助读者准确地应用进出口商品归类的方法，本书还对一般读者不熟悉的商品增加了相关商品知识的介绍。本书力求把重点、难点讲深、讲透。学生可通过强化训练习题，达到自测的目的，巩固学习成果。在充分的实战练习中，学生便于摸清并掌握商品归类的规律，做到触类旁通。

在本书的编写过程中，编者参考、吸收、借鉴了国内商品归类的相关著作与教材，特别参考了"关务水平测试教材"。在此，我对以上著作的作者表示衷心的感谢！同时，还要感谢中国海关出版社有限公司的马超老师、叶芳编辑，为本书改版提出了宝贵建议，正是她们严谨、认真、务实的工作态度，才使本书的出版质量得到了很好的保证。

商品归类是一项专业性很强、知识面很广、依据严谨且规范的工作。《商品名称及编码协调制度》每隔数年重新修订一版，我国每年对本国子目进行适当调整，商品的多样性，商品归类依据及规定的复杂性，加之编者水平有限，这些因素使得本书难免有疏漏、不足之处。在此，诚恳地欢迎海关系统的专家及业内学者、各位读者批评指正，提出宝贵意见。

倪淑如

2020 年 4 月 20 日

目 录

第一章 《商品名称及编码协调制度》概述 ●1
    第一节 国际贸易早期商品分类状况 / 1
    第二节 《商品名称及编码协调制度》/ 2

第二章 《商品名称及编码协调制度的国际公约》简介 ●8
    第一节 制定《协调制度国际公约》的目的 / 8
    第二节 缔约国的权利和义务 / 9
    第三节 《商品名称及编码协调制度注释》/ 10
    第一章~第二章进出口商品归类强化训练习题 / 10

第三章 我国海关进出口税则和统计商品分类目录 ●13
    第一节 我国海关进出口税则和海关统计商品分类目录的产生 / 13
    第二节 我国海关进出口商品分类目录的基本结构 / 15

第四章 进出口商品归类的海关行政管理 ●18
    第一节 进出口商品归类的海关管理 / 18
    第二节 进出口商品预归类制度 / 21
    第三章~第四章进出口商品归类强化训练习题 / 23

第五章 进出口商品归类总规则 — 25

第一节 归类总规则一／25
第二节 归类总规则二／28
第三节 归类总规则三／31
第四节 归类总规则四／35
第五节 归类总规则五／36
第六节 归类总规则六／38

第六章 进出口商品归类的基本方法 — 40

第一节 确定待归类商品品目（前4位数）／40
第二节 确定待归类商品子目（5～8位数级编码）／43
第三节 避免导致错误归类需要明确的几个关系／44
第四节 进出口商品归类示例解析／56
第五章～第六章进出口商品归类强化训练习题／62

第七章 《协调制度》下的各类进出口商品归类实务 — 64

第一节 第一类 活动物；动物产品／65
进出口商品归类强化训练习题／72

第二节 第二类 植物产品／73
进出口商品归类强化训练习题／82

第三节 第三类 动、植物油、脂及其分解产品；精制的食用油脂；动、植物蜡／83
进出口商品归类强化训练习题／87

第四节 第四类 食品；饮料、酒及醋；烟草、烟草及烟草代用品的制品／88
进出口商品归类强化训练习题／97

第五节 第五类 矿产品／98
进出口商品归类强化训练习题／104

第六节 第六类 化学工业及相关工业的产品／105
进出口商品归类强化训练习题／132

第七节 第七类 塑料及其制品；橡胶及其制品／133
进出口商品归类强化训练习题／145

第八节　第八类　生皮、皮革、毛皮及其制品；鞍具及挽
　　　　　　　　具；旅行用品、手提包及类似容器；动物肠线
　　　　　　　　（蚕胶丝除外）制品／146

进出口商品归类强化训练习题／155

第九节　第九类　木及木制品；木炭；软木及软木制品；
　　　　　　　　稻草、秸秆、针茅或其他编结材料制品；篮筐及
　　　　　　　　柳条编结品／156

进出口商品归类强化训练习题／163

第十节　第十类　木浆及其他纤维状纤维素浆；回收（废
　　　　　　　　碎）纸或纸板；纸、纸板及其制品／164

进出口商品归类强化训练习题／176

第十一节　第十一类　纺织原料及纺织制品／177

进出口商品归类强化训练习题／205

第十二节　第十二类　鞋、帽、伞、杖、鞭及其零件；已加
　　　　　　　　　　工的羽毛及其制品；人造花；人发制品／207

进出口商品归类强化训练习题／212

第十三节　第十三类　石料、石膏、水泥、石棉、云母及类
　　　　　　　　　　似材料的制品；陶瓷产品；玻璃及其制品／213

进出口商品归类强化训练习题／220

第十四节　第十四类　天然或养殖珍珠、宝石或半宝石、贵
　　　　　　　　　　金属、包贵金属及其制品；仿首饰；硬币／221

进出口商品归类强化训练习题／226

第十五节　第十五类　贱金属及其制品的归类／227

进出口商品归类强化训练习题／249

第十六节　第十六类　机器、机械器具、电气设备及其零
　　　　　　　　　　件；录音机及放声机、电视图像、声音的录制
　　　　　　　　　　和重放设备及其零件、附件／251

进出口商品归类强化训练习题／287

第十七节　第十七类　车辆、航空器、船舶及有关运输设
　　　　　　　　　　备／289

进出口商品归类强化训练习题／308

第十八节　第十八类　光学、照相、电影、计量、检验、医疗或外科用仪器及设备、精密仪器及设备；钟表；乐器；上述物品的零件、附件 / 309

进出口商品归类强化训练习题 / 320

第十九节　第十九类　武器、弹药及其零件、附件 / 322

进出口商品归类强化训练习题 / 324

第二十节　第二十类　杂项制品 / 325

进出口商品归类强化训练习题 / 332

第二十一节　第二十一类　艺术品、收藏品及古物的归类 / 333

进出口商品归类强化训练习题 / 336

第八章　海关总署商品归类决定 ●337

参考文献 ●345

思考题参考答案请扫描二维码：

第一章 《商品名称及编码协调制度》概述

本章学习目的

本章主要从《商品名称及编码协调制度》的产生和发展、基本结构等方面，对其进行简要介绍，旨在使读者了解其重要性，从而为读者将商品归类的理论转化为实际操作的能力奠定基础。

第一节 国际贸易早期商品分类状况

早期的国际贸易商品分类目录比较简单，只是为了满足对本国进出口商品征收关税、进行统计的需要，其结构也很简单，通常是将货物按照名称的字母或者名称的笔画顺序排列。后来随着社会大生产的发展，进出口商品品种与数量的增加，国际贸易交易区域的扩展，交易方式的多样化，特别是计算机技术在国际贸易管理中的应用，除了税收、统计的需要外，人们还需要了解与进出口贸易有关的其他情况，如商品制造、物流运输、商品保险等。早期简单且分歧较多的国际贸易商品分类目录已无法适应国际贸易快速发展的需要。在《协调制度》产生之前，世界上已经有两个被较多国家和地区使用并起到主流作用的商品分类目录，即《海关合作理事会商品分类目录》（CCCN）和《国际贸易标准分类目录》（SITC）。

一、《海关合作理事会商品分类目录》

该目录由欧洲海关同盟研究小组在《日内瓦目录》的基础上草拟，于1959年11月正式实施，最初名为《布鲁塞尔税则目录》，被欧洲各国认可并广泛采用。该目录于1972年更名为《海关合作理事会商品分类目录》。截至1987年，世界上共有150多个国家和地区以该目录为基础，制定本国或地区的海关税则。该目录共有21类、99章、1 011个税目。1985年3月，我国实施了以《海关合作理事会商品分类目录》为基础制定的《中华人民共和国进出口税则》。

二、《国际贸易标准分类目录》

该目录由联合国统计委员会于1950年主持研究制定。为了联合国统计工作的需要，它是国际贸易统计和联合国各有关机构进行贸易统计的重要商品分类目录，为联合国统计工作提供便利。该目录将国际贸易商品分成10大类、63章、233组、786个分组和1 924个基本项目，各国或地区可根据需要进一步细分任何一个基本项目。

第二节　《商品名称及编码协调制度》

《商品名称及编码协调制度》（以下简称《协调制度》），其英文简称为HS，即 The Harmonized Commodity Description and Coding System 的缩写。该分类目录广泛应用于海关税则、国际贸易统计、原产地规则、国际贸易谈判、贸易管制、风险管理等方面，所以又被称为"国际贸易通用语言"。

一、《协调制度》的产生

1970年联合国欧洲经济委员会鉴于世界商品分类目录分歧繁杂，且不能满足国际贸易快速发展需要的现状，向海关合作理事会（1994年更名为世界海关组织，缩写为WCO）建议，专门成立一个研究小组。该研究小组负责研究建立一套既可以满足海关征税和统计需要，又可以兼容物流运输、商品制造、国际贸易洽谈、进出口货物报关、保险等多方面需要的国际贸易商品分类目录。此项建议得到了海关合作理事会的采纳,专门的研究小组相继成立。该研究小组经过 3 年的努力工作,于 1973 年 5 月正式向海关合作理事会提出了 5 点研究意见:

1. 编制《协调制度》是符合国际贸易长远利益的;
2. 《协调制度》应以《海关合作理事会商品分类目录》和《国际贸易标准分类目录》为基础进行编制;
3. 《协调制度》应采用《海关合作理事会商品分类目录》的基本框架结构;
4. 编制《协调制度》时应广泛参考现行的其他各种商品分类目录和分类体系;
5. 建议由海关合作理事会负责主持《协调制度》的编制工作,并成立一个国际性组织管理编制工作以及《协调制度》制定后的贯彻实施。

海关合作理事会采纳了研究小组的建议,成立了协调制度临时委员会,负责《协调制度》实施前的各项工作。除了原来使用《海关合作理事会商品分类目录》的一些主要国家(包括中国)外,美国、加拿大等未使用《海关合作理事会商品分类目录》的国家也受邀参加了编制工作。另外,关税及贸易总协定(后更名为世界贸易组织,缩写为 WTO)、联合国统计局、国际标准化组织、国际商会、国际航运协会、国际航运商会等也参加了编制工作。参加这项工作的国家共有 60 多个,国际组织共有 20 多个。

经过全体专家、学者长达 13 年的艰苦工作,《协调制度》终于在 1983 年 5 月完稿。1983 年 6 月,海关合作理事会第 61/62 届会议通过了《商品名称及编码协调制度的国际公约》及其附件《协调制度》。

为使各国通过立法程序,《协调制度》推迟到 1988 年 1 月 1 日正式生效。

二、《协调制度》的组成结构

《协调制度》由 3 个部分组成:
——归类总规则;
——注释:类注释、章注释及子目注释;
——品目表及与其对应的子目。

(一) 归类总规则

归类总规则是《协调制度》在制定过程中所依据的规则。只有掌握《协调制度》的规则，才能运用该制度完成商品的归类。这如同用字典查找生字、生词一样，我们必须先掌握字典中部首笔画或拼音规则。当然，运用《协调制度》比查字典要复杂些，正确理解和掌握运用归类总规则是十分重要的。

一个完善的商品分类体系必须有规范的归类方法，遵照该归类方法操作，可以保证商品归类的唯一性，并确保每一个商品只对应唯一的一个商品编码，同时保证不会因归类业务员的不同而改变进出口商品的归类情况。《协调制度》归类总规则就是保证上述目标得以实现的规则，是指导整个《协调制度》商品归类的总原则。

学习归类总规则时我们应该在正确理解各条规则原义的基础上，明确该条规则的要点，还要特别注意各规则运用时的注意事项及相互关系，只有当前一条规则不适用时才可以运用下一条规则，由此明确规则运用次序。正确运用规则至关重要，我们会在后面的章节中逐条讲解归类总规则的各条规则。

（二）类注释、章注释及子目注释

《协调制度》中的注释是说明性规定：位于类标题下的注释为类注释（或称"类注"），位于章标题下的注释为章注释（或称"章注"），位于类注、章注或章标题下的子目注释称为子目注释。这些注释是《协调制度》的重要组成部分，是在归类总规则原则下，对具体商品的正确归类具有法律效力的说明性规定。类注、章注及子目注释的存在，是为了避免商品归类重复交叉，注释的作用就在于限定品目、类、章商品的准确范围，是保证商品归类的准确性、唯一性而设立的说明性规定，是保证商品正确归类的重要规定，在商品归类时是优先于归类总规则的解释性规定，如归类总规则一规定**"应按品目条文和有关类注或章注确定，如品目、类注、章注无其他规定，则按以下规则确定"**。

（三）品目表及与其对应的子目

《协调制度》将商品分成21类、97章（第77章是空章，保留它是为《协调制度》将来所用）。《协调制度》编码表中商品编码前4位称税目或品目，根据需要在部分4位数税目或品目下分出若干一级子目（第5位数），再在部分一级子目下分出若干二级子目（第6位数）。商品编码栏居左，商品名称栏居右，构成一个横行。

三、《协调制度》商品分类原则

《协调制度》商品名称的分类和编排是具有一定规律的。它遵循科学的分类原理和规则,基本按社会行业门类、功能、用途、原材料、加工程度、加工或制造方法、主要成分或特殊成分等常见的商品分类标志进行分类、分章。这样划分满足了人们已经形成共识的分类习惯,有利于《协调制度》的推行。

1. 类的划分

《协调制度》基本上以商品所属的行业门类为类的划分依据,如第六类为"化学工业及其相关工业的产品",第七类为"塑料及其制品;橡胶及其制品",第十一类为"纺织原料及纺织制品"等。存在物质属性差别时,则依照动物产品→植物产品→化学及相关产品的商品属性顺序排列,如活动物及动物产品在第一类,植物产品在第二类,矿产品在第五类,化学及相关工业产品在第六类等。

2. 章的划分

《协调制度》通常按商品的自然属性或用途(功能)来划分设章。以自然属性相同分章的,如第1章至第63章、第67章至第76章、第78章至第83章,在这些章决定商品基本特征的要素是商品的物质属性,通常这些章中包括的半制成品及制成品结构比较简单;以用途、功能相同分章的,如第64章至第66章、第84章至第97章,在这些章决定商品基本特征的要素是商品运用的原理或具有的功能、用途,通常这些章只包括制成品。

《协调制度》中商品类、章划分往往以自然界原生的资源(矿产品)为原料,通过深加工、提纯、提炼、拉丝、聚合或者混合、调配等不同加工方式或生产工艺生成其他产品或成为某类某章商品的生产原料或制成品来分类、分章。例如,以第五类矿产品中第25章的非金属矿产品为原料,深加工后的制品划分章的第68~70章矿物、陶瓷、玻璃及制品;以第五类矿产品中第26章的金属矿产品为原料通过冶炼技术加工生产的制品划分类、章的第71章的贵金属和第十五类贱金属;以第五类矿产品中第27章的矿物燃料、油等为原料,提炼、加工的生产品划分类、章的第六类第29章有机化学品;以第五类矿产品中第25章的非金属矿产品、第26章的金属矿产品为原料通过提炼合成技术加工的生产品划分类、章的第六类第28章无机化工品;以第29章有机化学品为原料,聚合加工后的生产品划分类、章的第七类第39章塑料、第40章橡胶;以第七类产品为原料通过拉丝技术深加工的生产品化学纤维划分分类、章的第十一类化学纤维。第 30 ~ 38 章其他化工品混合物应是由第五类或第六类、第七类中的半制成品为原料通过混合、调配等技术加工处理后制成的。可以通过图 1 - 1 对上述分类、分章关系作进一步理解。

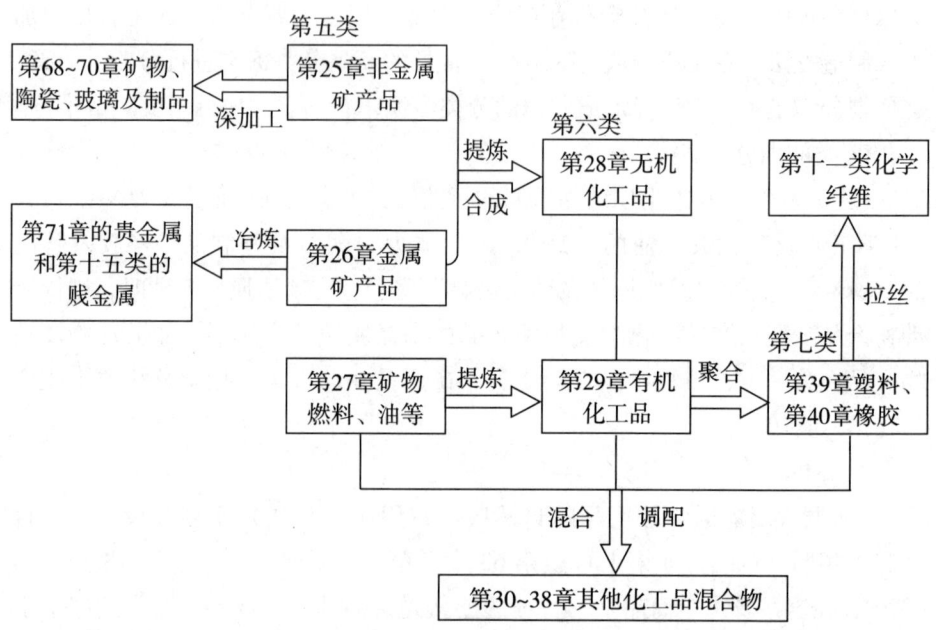

图 1 - 1　依加工程度由低向高逐次排列，分类、分章图示

分类次及同类章次的排列顺序原则主要有两点。其一，物质属性存在差别时，本着动物产品→植物产品→矿物质产品→化学及相关产品的商品属性顺序排列，如活动物及动物产品在第一类，植物产品在第二类，矿产品在第五类，化学及相关产品在第六类；又如，第十一类中第 50、51 章为动物纤维产品，第 52、53 章为植物纤维产品，第 54、55 章为化学纤维产品。其二，存在加工关联时，一般依据加工程度，由低向高逐次排列。

3. 同一章内品目排序

同一章内商品品目排序存在加工关联的，一般依加工程度，由低级向高级逐次排列，按原材料商品→半制成品→制成品顺序排列。如原材料（棉花）→半制成品（棉纱线）→制成品（棉机织物）在同一章（第 52 章）内品目排列顺序如下：

第 52 章棉花分属品目 52.01 ~ 52.03，棉纱线分属品目 52.04 ~ 52.07，棉机织物分属品目 52.08 ~ 52.12。此外，对同种类商品通常按具体列名优先的顺序排列。

  《协调制度》在分类时,将难于按常用的分类标志进行分类的大宗进出口商品专列类、章和品目。如第二十类"杂项制品"分设第94章、第95章、第96章,使该类商品归类简单易行。

  《协调制度》采用结构性商品编码。商品编码是具有特定含义的顺序号,它用前4位数表示品目,品目的前两位表示商品所在的章,后两位表示该商品在该章的次序。例如品目51.01表示"未梳的羊毛",它是指该商品在第51章、位于该章的第一个品目。

  为适应新技术、新材料、新产品的不断出现和国际贸易商品结构的变化,《协调制度》一般每隔若干年要修订一次。自1988年实施以来,《协调制度》共进行了6次修订,目前我们采用的是2017年生效的版本。

第二章 《商品名称及编码协调制度的国际公约》简介

本章学习目的

本章简要介绍了《商品名称及编码协调制度的国际公约》（以下简称《协调制度国际公约》）的制定目的、缔约国的权利和义务。旨在使读者了解《协调制度国际公约》是一个政府间的国际公约，其是《协调制度》分类目录统一执行的保障，并确保制定《协调制度》的目标实现。我国于1992年6月加入《协调制度国际公约》。

第一节 制定《协调制度国际公约》的目的

制定《协调制度》的宗旨是便利国际贸易的发展，适用于技术和贸易的发展需要，以及多方面用途。为了达到制定《协调制度》的目的，需要有一个国际公约来进行约束。以往国际上存在着多个商品分类目录，难以统一，造成这种局面的主要原因就在于没有一个国际公约来约束，因此，在制定《协调制度》时，协调制度临时委员会同时制定了《协调制度国际公约》。在该公约的制定过程中，各国和地区主要在"发展中国家是否可以部分采用

《协调制度》"和"欧洲共同体及其成员国表决权"等议题上进行了相当长时间的争论，最终通过协商达成统一。该公约在1983年6月的海关合作理事会第61/62届会议上获得通过，并于1988年1月1日得以实施。

《协调制度国际公约》除前言外共有20条规定，主要规定了缔约国的权利、义务，协调制度委员会的工作和职权，海关合作理事会的作用，公约的缔结、生效、退约、修改、争议的裁定等事宜。

第二节　缔约国的权利和义务

根据《协调制度国际公约》的规定，缔约国主要有以下权利：

第一，派遣代表参加协调制度委员会并具有表决权。每个缔约国可派一名或多名代表参加协调制度委员会及其相关会议。会上，每个缔约国各有一票表决权，但关税或经济联盟以及它的一个或几个成员国如果同时是缔约国时，这些缔约国合起来只有一票表决权。

第二，对协调制度委员会提出的修正案表示反对。协调制度委员会提出的对《协调制度国际公约》《协调制度》以及与它们相关的文件的修正案，缔约国只要在秘书长发出通知之日起6个月内正式表示反对，可要求将有关修正案送回协调制度委员会重新审议。

第三，缔约国不承担关税税率方面的任何义务，即缔约国可根据本国意愿自行制定关税税率，本公约不加以任何限制。

根据《协调制度国际公约》的规定，缔约国需要履行以下义务：

第一，发达国家对公约在本国生效之日起要保证全部采用《协调制度》，即全部采用《协调制度》的品目（包括所含子目）而不做任何增添和删改；全部采用《协调制度》的归类总规则和类、章、子目的注释，不更改其分类的范围；遵守《协调制度》的编号顺序。各国可在《协调制度》的子目项下加列更加具体的细目。

第二，发展中国家原则上也要履行以上第一款所述的义务。但是，发展中国家出于其行政管理能力不足等原因，可以在成为缔约国时部分采用《协调制度》，即在全部采用4位数品目的前提下，全部或部分不采用5位数或6位数的子目。在这种情况下，所不采用的部分必须是某一个4位数品目下的或5位数子目项下的全部子目，其不采用的子目号只能用"0"或"00"代替。

部分采用《协调制度》的发展中国家一般应在 5 年内全部采用《协调制度》，实在做不到的可以适当延期。如果这些发展中国家正式保证在《协调制度国际公约》对其生效之日起 3 年内全部采用《协调制度》编码，其权利可与全部采用《协调制度》的国家相等。否则，对不采用的子目，不得享受有关权利，即对不采用的子目无表决权。

第三，发达国家有义务向发展中国家提供技术援助，帮助发展中国家培训人员、转换目录，使《协调制度》能在发展中国家顺利地全部贯彻实施。

第三节 《商品名称及编码协调制度注释》

《商品名称及编码协调制度注释》（以下简称《协调制度注释》），是经海关合作理事会正式批准的对《协调制度》的官方解释，它虽不是《协调制度国际公约》的组成部分，但却是《协调制度》最具权威的官方解释，是不可缺少的辅助文件。在对商品进行归类时，它可以帮助我们正确理解《协调制度》。

《协调制度注释》按《协调制度》体系的分类顺序对每一个品目的范围做了注释，列出应包括和排除的主要商品，并明确一些特定子目的范围，对有关商品的外观、性能、生产方法及用途等多方面进行具体描述，以确保商品能得到准确的归类。

《协调制度注释》与《协调制度》的各个版本同步修订。目前，我国已通过法律程序将《协调制度注释》确定为对进出口货物按《中华人民共和国进出口税则》《中华人民共和国海关统计商品目录》归类的依据，翻译成中文版后称为《进出口税则商品及品目注释》。

第一章～第二章进出口商品归类强化训练习题

一、单项选择题

1. 《协调制度》是采用（　　）的基本框架结构编制的。

    A. 《日内瓦目录》

    B. 《国际贸易标准分类目录》

    C. 《海关合作理事会商品分类目录》

D.《中华人民共和国海关统计商品目录》

2.《协调制度》从（　　）1月1日起正式生效。

A. 1973 年　　　　B. 1983 年　　　　C. 1988 年　　　　D. 1993 年

3.《协调制度》是在（　　）主持下编制的。

A. 联合国统计委员会　　　　　　B. 欧洲海关同盟研究小组

C. 海关合作理事会　　　　　　　D. 协调制度委员会

4.《协调制度国际公约》的附件是（　　）。

A.《国际贸易标准分类目录》

B.《中华人民共和国海关统计商品目录》

C.《协调制度》

D.《海关合作理事会商品分类目录》

5.《协调制度》把商品分为（　　）类（　　）章。

A. 10、63　　　　B. 21、97　　　　C. 22、99　　　　D. 25、120

6. 我国于（　　）年加入了《协调制度国际公约》。

A. 1985　　　　　B. 1988　　　　　C. 1992　　　　　D. 1998

7.《商品名称及编码协调制度》的简称是（　　）。

A.《协调制度》

B.《国际贸易标准分类目录》

C.《日内瓦目录》

D.《商品编码》

二、判断题（正确的打"√"，错误的打"×"）

1.《协调制度》是由联合国统计委员会研究制定的。（　　）

2. 在《协调制度》编制之前，世界上就已经有了两个主要的商品分类目录，分别是《海关合作理事会商品分类目录》和《国际贸易标准分类目录》。（　　）

3. 我国海关总署在 1992 年正式实施了以《协调制度》为基础编制的《中华人民共和国海关统计商品目录》。（　　）

4.《协调制度》是《进出口商品统计目录》的简称，它的英文简称是"H. S. 编码"。（　　）

5.《协调制度》的基本结构由 3 个部分组成，即归类总规则、注释（类注释、章注释和子目注释）和品目表及与其对应的子目。（　　）

6. 我国海关《中华人民共和国海关统计商品目录》采用了《协调制度》的分类目录。编码为 6 位数，其 6 位数字与《协调制度》完全一致。（　　）

7. 发达国家于《协调制度国际公约》在本国生效之日起要保证全部采用《协调制度》。（　　）

8. 部分采用《协调制度》的发展中国家，一般应在 5 年内全部采用《协调制度》。（　　）

9. 《协调制度国际公约》是保障《协调制度》分类目录实施后得以统一执行的约束性国际公约。（　　）

10. 《商品名称及编码协调制度注释》（简称《协调制度注释》）是经海关合作理事会正式批准的对《协调制度》的官方解释，它不是《协调制度国际公约》的组成部分。（　　）

第三章 我国海关进出口税则和统计商品分类目录

本章学习目的

本章主要从我国海关进出口税则和海关统计商品分类目录的产生、我国海关进出口商品分类目录的基本结构两个方面进行介绍，包括依据《协调制度国际公约》的规定，在保证全部采用《协调制度》的基础上，根据我国关税征收、统计和贸易管制需要增列的我国子目。旨在使读者对我国海关进出口税则和海关统计商品目录有比较全面的了解，进而增强对进出口商品编码排列含义的认识和理解。

第一节 我国海关进出口税则和海关统计商品分类目录的产生

我国海关进出口商品分类目录的发展经历了两个阶段。

第一阶段：1985年3月至1991年12月。这一阶段，我国海关关税税则采用《协调制度》编制时所遵循的基本框架结构，即以《海关合作理事会商品分类目录》作为我国海关对进出口商品计征关税的海关税则目录，同时，以联合国统计署制定的《国际贸易标准分类目录》作为我国海关对外贸易商品统计目录。当时，这样的安排适合我国经济发展的要求。虽然由于某些原因，我国未从 1988 年 1 月 1 日起采用《协调制度》，但是我国海关征税、统计所采用的《海关合作理事会商品分类目录》和《国际贸易标准分类目录》是编制《协调制度》时所采用的基础框架结构，它们属于同一商品分类体系。这为我国海关日后采用《协调制度》在技术层面上奠定了基础，使其在目录转换上不会有很大的困难和障碍。

第二阶段：1992 年 6 月，我国加入了《协调制度国际公约》。从 1992 年开始，我国正式采用了《协调制度》。

随着我国改革开放的逐步深入，科学技术水平不断提高，工农业生产水平日益提升，国际贸易快速发展，进出口商品结构发生了较大的变化，在国务院统筹安排下，海关总署顺应形势的发展，一方面集中组织海关系统业务精英骨干翻译《协调制度》，另一方面加强与海关合作理事会和有关的先行国家就《协调制度》目录转换工作的技术和经验进行广泛的交流与研讨。

1989 年 7 月，国务院关税税则委员会成立了专门小组，并与海关总署多次组织有关方面的专家、学者对翻译译文和一些专业技术性的问题进行专门的研究和讨论，提出了修改意见，这使转换目录条文既符合《协调制度国际公约》的原则，又能反映我国的国情和满足海关征税和统计的需要，形成采用 8 位数编码的《中华人民共和国进出口税则》（以下简称《税则》）和《中华人民共和国海关统计商品目录》（以下简称《海关统计商品目录》）的初稿。其间，海关总署邀请海关合作理事会的专家来我国举办关于《协调制度》的研讨班，同时还组织我国有关专家先后到《协调制度》的先行国家，如澳大利亚、日本、泰国、荷兰等国的海关进行学习，借鉴有关目录转换，采用《协调制度》目录的技术和经验，并且先后两次派遣专家至布鲁塞尔就目录转换稿，征求海关合作理事会专家的意见。

我国于 1992 年 1 月 1 日起开始采用《协调制度》。海关总署以《协调制度》为基础，编制了《海关统计商品目录》和《税则》，该统计目录成功地将税则与统计目录的归类编码统一起来。也就是说，对于某一商品而言，《税则》中该商品编码号列称为"税则号列"（简称税号），在《海关统计商品目录》中，该商品编码号列称为"商品编码"，两者为统一的编码。根据《协调制度国际公约》对缔约国权利和义务的规定，我国《税则》和《海关统计商品目录》与《协调制度》各个版本同步修订，从而规范了我国对进出口商品的命名和归类，使我国海关统计进一步向国际惯例靠拢，适应了我国对外开放和建立社会主义市场经济体系的需要。

第二节　我国海关进出口商品分类目录的基本结构

我国《税则》和《海关统计商品目录》采用了《协调制度》的分类目录，并在《协调制度》的结构基础上根据我国国情和海关及贸易管理的需要增加了第二十二类，即特殊交易品及未分类商品，该类分为第98章和第99章。《协调制度》中的编码是6位数，而我国《税则》《海关统计商品目录》中的编码为8位数，前6位数与《协调制度》保持一致。其中，第7位数、第8位数是根据我国实际情况的需要，按照《协调制度国际公约》的规定，即缔约国可在《协调制度》的子目项下加列更加具体的细目——"本国子目"，包括第三级子目和第四级子目而增设的。

在这里需要说明两点：

1. 海关通关系统运用的《商品综合分类表》的第1列"商品编码"为10位数编码，其中前8位数编码与我国《税则》中的税则号列和《海关统计商品目录》中的商品编码完全一致，第9位、第10位编码是根据进口环节代征税、进出口暂定税率和贸易管制的需要增设的（当商品编码未增列第9、10位时，使用"00"补齐这两位数字）。

2. 《进出口商品编码查询手册》中的商品编码为8位数，与我国《税则》《海关统计商品目录》的商品编码完全一致，其中前6位数与《协调制度》一致。

这里需要补充说明的是，《商品综合分类表》是我国海关专门用于报关业务及海关通关管理的，而《进出口商品编码查询手册》是由关务水平测试教材编写委员会编写的，是用于学习和掌握进出口商品归类知识与技能的辅助教材。两者的基础与核心内容均以当年《税则》和《海关统计商品目录》为依据而编制，其中商品编码的前6位数与《协调制度》一致。

《税则》中的商品号列称为税则号列，为满足海关征收关税的需要，每项税则号列后对应列出了该商品的税率；《海关统计商品目录》中的商品号列称为商品编码，为了海关统计需要，每项商品编码后对应列出了该商品的计量单位。

进出口商品编码的排列是具有一定规律和含义的,以"冻的鸡爪"税则号列为例进行说明,如图3-1。

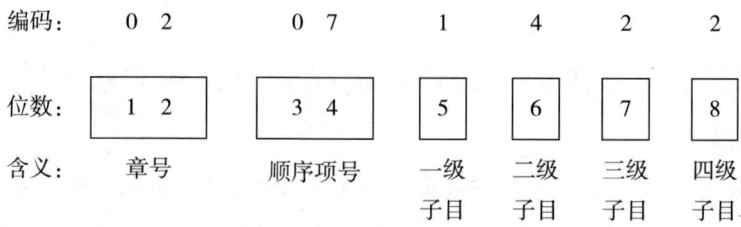

图 3-1 商品编码的编排规律及含义举例

《协调制度》中的编码只有6位数,而第7位、第8位数是我国根据实际情况增设的"本国子目"。就上例"冻的鸡爪"而言,其中前6位数与《协调制度》保持完全一致,而第7位的"2"、第8位的"2"为我国子目。

"冻的鸡爪"商品编码编排规律及含义如下:

第1、2位数是"0""2",表明该商品所在的章是"第2章"。

第3、4位数是"0""7",表明该商品是"第2章第7个品目"。

前4位数是"02.07",表示商品"冻的鸡爪"的品目或税目。

第5位数的"1"代表一级子目,表示它所在品目或税目项下所含商品一级子目的顺序号,**商品名称为"-鸡"**。

第6位数的"4"代表二级子目,表示它所在一级子目项下所含商品二级子目的顺序号,**商品名称为"--块及杂碎,冻的:"**。

第7位数的"2"代表三级子目,表示它所在二级子目项下所含商品三级子目的顺序号,**商品名称为"---杂碎:"**。

第8位数的"2"代表四级子目,表示它所在三级子目项下所含商品四级子目的顺序号,**商品名称为"----鸡爪"**。

需要指出的是,如果某商品第5位至第8位数上出现数字"9",则并不一定代表它在该级子目的实际顺序号,通常情况下,它代表没有具体列名的商品,即在"9"的前面保留有空余序号,以便以后用于修订时增添新商品。例如,编码**0407.2900**中第6位数上的"9"并不代表实际顺序号(不用"2"),而是表明除"-孵化用受精禽蛋"以外,归入"-其他鲜蛋"项下,除"--鸡的"以外带壳的"--其他"鲜禽蛋,也就是说,其中1~9的空序号,可为用于将来增添新的具体列名的带壳鲜禽蛋(例如,鸭蛋、鹅蛋等)。又如,编码**1108.1900**中第6位数"9"并不代表实际顺序号(不用"5"),而是代表除"--小麦淀粉""--玉米淀粉"与"--马铃薯淀粉""--木薯淀粉"以外未具体列名的其他淀粉。类似这样的表示在《进出口商品编码查询手册》目录中经常出现，均是根据未来发展需要而预先保留的序号。在《进出口商品编码查询手册》中，商品名称前面分别用"-""--""---""----"标明的内容，它们分别代表"一级子目""二级子目""三级子目"和"四级子目"。其中，"一级子目""二级子目""三级子目"和"四级子目"，又分别称为"一杠子目""二杠子目""三杠子目"和"四杠子目"。

另外，需要指出的是，由于《协调制度》须定期修订，已被删除的编码不能再使用，因此从1996年开始，《协调制度》目录编码的连续性已经部分断裂了，如品目28.47后是品目28.49而不是28.48（2017年该品目被删除）；又如，子目0808.10后是0808.30而不是子目0808.20（2012年该子目被删除）。

第四章 进出口商品归类的海关行政管理

> **本章学习目的**
>
> 本章主要从进出口商品归类的海关管理、进出口商品预归类制度两个方面介绍我国海关关于进出口商品归类行政管理的规定,从而使初学者了解商品归类是海关正确执行国家关税及贸易管制政策和措施,准确编制进出口商品海关统计的基础和保障,明确正确完成商品归类在进出口货物的通关中所具有的重要地位。

第一节 进出口商品归类的海关管理

商品归类是海关正确执行国家关税及贸易管制政策和措施、准确编制进出口商品海关统计的基础和保障,因此,正确完成商品归类在进出口货物的通关中具有十分重要的地位。其是进出口货物收发货人向海关申报时应该履行的法律义务,国家为此制定了一系列规定。《中华人民共和国海关法》(以下简称《海关法》)第二十四条规定:"进口货物的收货人、出口货物的发货人应当向海关如实申报、交验进出口许可证和有关单证。"《中华人民共和国进出口关税条例》（以下简称《关税条例》）第三十条规定，"纳税义务人应当依法如实向海关申报，并按照海关的规定提供有关确定完税价格，进行商品归类，确定原产地以及采取反倾销、反补贴或者保障措施等所需的资料；必要时，海关可以要求纳税义务人补充申报。"《关税条例》第三十一条规定，"纳税义务人应当按照《税则》规定的目录条文和归类总规则、类注、章注、子目注释以及其他归类注释，对其申报的进出口货物进行商品归类，并归入相应的税则号列；海关应当依法审核确定该货物的商品归类。"可见，按照海关规定，依法对进出口货物进行归类并申报税则号列是进出口货物收发货人的法定义务。对于对品名和税则号列申报不实的行为，海关应依据《中华人民共和国海关行政处罚实施条例》做出处罚。该条例规定：对影响国家税款征收的申报不实行为处以漏缴税款30%以上2倍以下罚款；对影响国家许可证管理的，处货物价值5%以上30%以下罚款；对影响国家外汇、出口退税管理的，处申报价格10%以上50%以下罚款。

进出口货物的收发货人或其代理人应当按照法律、行政法规的规定以及海关要求，如实准确申报进出口货物商品名称、规格、型号等，并对其申报的进出口货物进行商品归类，确定相应的商品编码。为了规范进出口货物的商品归类，保证商品归类结果的准确性、统一性，根据《海关法》《关税条例》，海关总署发布了《中华人民共和国海关进出口货物商品归类管理规定》（以下简称《归类管理规定》）。海关总署可根据有关法律、行政法规的规定，对进出口货物做出具有普遍约束力的商品归类决定。进出口相同货物应该适用相同的商品归类决定。

商品归类决定是海关总署对外公布的商品归类所依据的法律、行政法规以及其他相关规定。若发生变化，商品归类决定同时失效。商品归类决定失效的，应由海关总署对外公布。

海关总署发现商品归类决定存在错误的，应该及时予以撤销。撤销商品归类决定的，应该由海关总署对外公布。被撤销的商品归类决定，自撤销之日起失效。

一、进出口商品归类依据

进出口商品归类应遵循客观、准确、统一的原则，具体如下：
（1）《协调制度》归类总规则、类注、章注、子目注释、品目条文；
（2）海关总署发布的关于商品归类的有关规定，即海关总署的文件、归类问答书、预归类决定、归类技术委员会决议及海关总署转发的世界海关组织（WCO）归类决定等；

(3)《进出口税则商品及品目注释》；

(4)《中华人民共和国进出口税则本国子目注释》。

二、商品归类时对进出口货物申报的要求

进出口货物申报时，一般必须提供满足商品归类所需要的申报货物品名、规格、型号等，在此基础上，须提供详细的商品归类所需要的货物形态、性质、成分、加工程度、结构、原理、功能、用途等技术指标或技术参数。为了规范进出口报关单位的申报行为，提高进出口商品申报质量，促进贸易便利化，海关总署制定了《中华人民共和国海关进出口商品规范申报目录》（以下简称《规范申报目录》）。《规范申报目录》按照我国海关进出口商品分类目录的品目顺序编写，并根据需要在品目级或子目级列出了需要申报的要素。

例如，品目85.28"监视器及投影机，未装电视接收装置；电视接收装置，不论是否装有无线电收音装置或声音、图像的录制或重放装置"，依据《规范申报目录》的规定，申报要素为：(1)品名；(2)用途；(3)品牌；(4)显像类型；(5)显示屏幕尺寸；(6)型号。

再如，品目22.04"鲜葡萄酿造的酒，包括加酒精的；品目20.09以外的酿酒葡萄汁"，依据《规范申报目录》的规定，该商品有3个一级子目，按规定其子目申报要素如下：

子目2204.1000"-汽酒"、"-其他酒；加酒精抑制发酵的酿酒葡萄汁"的申报要素为：(1)品名；(2)种类；(3)加工方法。

子目2204.2100"--装入2升及以下容器的"的申报要素为：(1)品名；(2)品牌；(3)加工方法；(4)容器容积；(5)年份；(6)产区。

子目2204.2900"--其他"的申报要素为：(1)品名；(2)种类；(3)加工方法；(4)容器容积。

子目2204.3000"-其他酿酒葡萄汁"的申报要素为：(1)品名；(2)加工方法。

收发货人或者其代理人应当按照法律、行政法规以及海关的要求如实、准确申报进出口货物的商品名称、规格、型号等，并且对其申报的进出口货物进行商品归类，确定相应的商品编码。收发货人或其代理人向海关提供的资料涉及商业秘密，要求海关予以保密的，应当事先向海关提出书面申请，

并且列明具体需要保密的内容，海关应该对其依法保密。同时，收发货人或其代理人不得以商业秘密为由，拒绝向海关提供有关资料。海关可以要求收发货人或其代理人提供确定商品归类所需要的资料，必要时可以要求收发货人或其代理人补充申报。收发货人或其代理人隐瞒有关情况或者拖延、拒绝提供有关单证、资料的，海关可以根据其申报的内容依法审核确定进出口货物的商品归类。

第二节　进出口商品预归类制度

进出口商品归类工作技术性强，特别是某些对专业知识要求高的商品，甚至需要化验、检测才能确定其商品的性能或成分，这些检验作业需要一定的时间。为了提升进出口货物通关的效率，提高商品归类的准确性，方便报关单位办理海关手续，我国海关对进出口商品实行预归类制度。

一、预归类申请人资格

对进出口商品预归类，其申请人应该是具有对外贸易经营权并依法经海关注册登记的进出口货物收发货人或其代理人。申请人可以在货物实际进出口的45天前向注册地直属海关提出申请，就其拟进出口的货物"预先申请进行商品归类"（以下简称"预归类"）。

二、预归类申请

申请拟进出口商品预归类，申请人应当如实填写并且提交"中华人民共和国海关商品预归类申请表"（以下简称"申请表"）（见表4-1），在填写之前应认真阅读《归类管理规定》。"申请表"一式两份，申请人和海关各执一份。"申请表"必须加盖申请人和海关印章，所提供的资料与"申请表"必须加盖骑缝印章。申请人不得就同一种商品向两个或两个以上海关提出预归类申请，一份"申请表"只应包含一项商品。申请人对多项商品申请预归类的应分别提出。预归类申请人应对其所提供资料的真实性负责，不得向海关隐瞒或提供影响预归类准确性的倾向性资料。同时，申请人可在海关作出预归类决定前，向海关提供补充资料，并对原提供资料进行说明，申请人可向海关申请对其进出口货物所涉及的商业机密进行保密。

预归类申请应向拟实际进出口货物所在地的直属海关提出。

表4-1 中华人民共和国海关商品预归类申请表

（　　）关预归类申请＿＿＿＿＿号

申请人：	
企业代码：	
通信地址：	
联系电话：	
商品名称（中、英文）：	
其他名称：	
商品描述（规格、型号、结构原理、性能指标、功能、用途、成分、加工方法、分析方法等）：	
进出口计划（进出口日期、口岸、数量等）：	
随附资料清单（有关资料请附后）：	
此前如就相同商品持有海关商品预归类决定书的，请注明决定书编号：	
申请人（章）： 　　　　　　　　　　年　月　日	海关（章）： 签收人： 接受日期：　　年　月　日

注：1. 填写此申请表前应阅读《中华人民共和国海关进出口货物商品归类管理规定》；
　　2. 本申请表一式两份，申请人和海关各一份；
　　3. 本申请表加盖申请人和海关印章方为有效。

三、预归类受理和预归类决定

申请预归类的进出口商品归类事项，经直属海关审核认定为属于我国《税则》《进出口税则商品及品目注释》《中华人民共和国进出口税则本国子目注释》（以下简称《本国子目注释》）以及海关总署发布的关于商品归类的行政裁定、商品归类决定已有明确规定的，受理海关应该在接受申请之日起15个工作日内制发"中华人民共和国海关商品预归类决定书"（以下简称"预归类决定书"），并且通知申请人。如果属于没有明确规定的，受理海关则应当在接受申请之日起7个工作日内，告知申请人按照规定申请行政裁定。

四、对"预归类决定书"使用的规定

（1）申请人从制发"预归类决定书"的直属海关所辖关区进出口"预归类决定书"所述商品时，应当主动向海关提交"预归类决定书"。

（2）申请人实际进出口"预归类决定书"所述商品，并且按照"预归类决定书"申报的，海关按照"预归类决定书"所确定的商品编码审核、放行。

（3）海关作出"预归类决定书"所依据的有关规定发生变化，导致相关"预归类决定书"不再适用的，作出"预归类决定书"的直属海关应当制发通知单或者通知申请人停止使用有关"预归类决定书"。

第三章～第四章进出口商品归类强化训练习题

一、单项选择题

1. 我国《税则》和《海关统计商品目录》均采用（　　）编码。
A. 6位数　　　　　B. 8位数　　　　　C. 10位数　　　　　D. 9位数

2. 1992年，我国海关总署以（　　）为基础编制了《海关统计商品目录》。
A.《商品名称及编码协调制度》　　B.《国际贸易标准分类目录》
C.《海关合作理事会商品分类目录》　　D.《商品编码》

3. 商品编码的编排是有一定规律和含义的，其中（　　）为我国子目。
A. 第1位和第2位　　　　　B. 第3位和第4位
C. 第5位和第6位　　　　　D. 第7位和第8位

4. 在海关注册登记的进出口货物经营单位，可以在货物实际进出口的（　　）前向海关申请拟进出口的货物预归类。

  A. 60 日   B. 30 日   C. 45 日   D. 90 日

5. 申请人申请的预归类商品若属于没有明确规定的，直属海关应当在接受申请之日起（　　）工作日内告知申请人按照规定申请行政裁定。

  A. 15 个   B. 10 个   C. 8 个   D. 7 个

二、判断题（正确的打"√"，错误的打"×"）

1. 进出口货物收发货人或其代理人可以因商业秘密的原因，要求海关保密而可以不提供涉及商业秘密的预归类资料。（　　）

2. 海关总署发布的关于商品归类的行政裁定以及海关总署发布的商品归类决定均是进行进出口商品归类的依据。（　　）

3. 预归类申请应当向拟实际进出口货物所在地的隶属海关提出申请。（　　）

4. 申请预归类的申请人，应当填写并提交"中华人民共和国海关进出口货物报关单"。（　　）

5. 海关总署发现商品归类决定存在错误的，应当及时予以撤销。（　　）

第五章　进出口商品归类总规则

本章学习目的

本章主要向读者逐条介绍《协调制度》归类总规则，它是整个协调制度商品归类的总指导原则，旨在使读者认识、理解、掌握、运用商品归类总规则。

归类总规则共有 6 条，是进出口商品归类具有法律效力的归类依据之一，适用于品目条文、子目条文以及注释无其他规定，无法解决商品归类的情况。

第一节　归类总规则一

规则一

类、章及分章的标题，仅为查找方便而设；具有法律效力的归类，应按品目条文和有关类注或章注确定，如品目、类注或章注无其他规定，按以下规则确定。

一、类、章及分章的标题，仅为查找方便而设

这句话应该从以下两个方面去理解：
1. 类、章及分章的标题，仅仅是为了方便查找待归类商品而设立的，除

此之外并没有其他的作用,因此不能作为商品归类的依据。人们要将数以万计的商品分别准确地归入目录某标题是一件很难的事情。为了尽可能地给查找提供方便,需要将某类或某章商品加以概括,并将其作为该类或该章所含商品的标题,但是仅仅凭标题的表述,是很难做到准确地对该类或该章包含的所有商品进行归类的。

2. 初学者往往会忽略"仅为查找方便"这几个字,使自己陷入数以万计的商品"海洋"之中,无从下手。规则一**"类、章及分章的标题,仅为查找方便而设"**具有实实在在的"查找方便"的作用。例如,待归类商品"铜纽扣",看到这个商品我们会很自然地在目录标题的第十五类"贱金属及其制品"中去查找。虽然在该类标题内无法确定"铜纽扣"的归类,但我们却很"方便"地找到了正确的归类方向。第十五类"贱金属及其制品"注释一(十二)指明:本类不包括**"手用筛子、纽扣、钢笔、铅笔套、钢笔尖、独脚架、双脚架、三脚架及类似品或第 96 章的其他物品(杂项制品)"**。也就是说,待归类的商品**"铜纽扣"**应该在第 96 章品目"96.06"中查找。再如,待归类商品**"甜玉米"**,我们依据对商品的认知会很自然地在目录中第二类第 10 章谷物中去查找,但该章注释二却明确指明了方向:**"品目 10.05 不包括甜玉米(第 7 章)"**。也就是说,**"甜玉米"**应该归入第 7 章"0710.4000"。由此可见,拟归类目录的类注、章注会明确为我们指明查找的方向,《协调制度》在编制中提供类似的"方便"不只有以上几例,这是进行商品归类时应当遵从的正确步骤。

二、具有法律效力的归类,应按品目条文和有关类注或章注确定

这句话具有两层含义:

1. 归类总规则一明确规定具有法律效力的商品归类要按品目条文、类注或章注确定归类。

2. 许多商品通常可以直接按目录规定进行归类,但有些商品不行。如进行上述"铜纽扣""甜玉米"等商品归类时,必须认真阅读该类、该章的品目条文和类注、章注的表述。《协调制度》的编制者为了避免发生商品交叉归类、重复分类的情况,在每一类、每一章起始处加上了注释,其作用就是将本类、本章所包括的商品范围限定在品目、类、章商品的准确范围内,通常会采用以下方法限定品目、类、章商品的范围。

(1)定义法。以定义的形式来划分品目范围,如第 72 章章注一(五)对

不锈钢的定义为："按重量计含碳量在 **1.2%** 及以下，含铬量在 **10.5%** 及以上的合金钢，不论是否含有其他元素。"这个定义与《中国大百科全书》中规定的不锈钢含铬量不小于 12% 的规定显然不一样。对于不锈钢商品的归类，应以《协调制度》的规定为准，这就是"具有法律效力的归类"的含义。

（2）列举典型例子法。例如，第 5 章章注四："《协调制度》所称'马毛'，是指马科、牛科动物的鬃毛和尾毛"。

（3）详列具体商品名称法。例如，第 30 章章注四 "品目 **30.06** 仅适用于下列物品（这些物品只能归入品目 **30.06**，而不得归入《协调制度》其他品目）"。

（4）排他法。我们常常会发现排他法，往往会具体列举若干不能归入某一编码、某一章及类似的货品，如第 30 章章注一。

有时某些注释会同时采用上述几种注释方法，表述该类、该章商品的准确范围含义。比如有的注释既作了定义，又列举了一系列包含的商品，或者列出除外的商品，这样能使商品的含义更加明确，便于准确完整地了解归类商品。例如，第 40 章章注四关于"合成橡胶"的定义。

三、如品目、类注或章注无其他规定，按以下规则确定

这句话具有两层含义：

1. 进一步强调品目条文、类注、章注在确定商品归类上是**具有法律效力的归类**的重要地位。

2. 只有在品目条文、类注、章注都无其他规定的前提下才能按以下规则确定。"以下规则"是指归类总规则二（一）（二），规则三（一）（二）（三），规则四，规则五和规则六。在商品归类实践中，归类总规则二（一）（二）和规则三（一）（二）（三）是"**如品目、类注或章注无其他规定**"的商品在归类时运用最多的规则。

从上述可知，归类总规则一规定了正确使用《协调制度》完成商品归类的操作程序。其操作程序及举例参见图 5-1、图 5-2、图 5-3。

以上举例的主要目的在于使读者明白两点：

第一，初学者往往对规则一第一句"类、章及分章的标题，仅为查找方便而设"不够重视，总认为不是具有法律效力的归类依据，所以就不太注重"仅为查找方便而设"的作用。从上述举例中我们可以发现，首先应阅读该类、该章的注释查找到商品正确的归类方向，切不可忽略类、章及分章的标题所提供的方便。

```
(1) 待归类商品
        ↓
(2) 依分类目录查找相关类、章、分章
        ↓
(3) 阅读拟定类、章、注释，品目条文
        ↓
(4) 品目条文、类注、章注都无其他规定
        ↓
(5) 依次按归类总规则二、三、四、五、六顺序确定
```

图5-1　商品归类操作顺序示意图

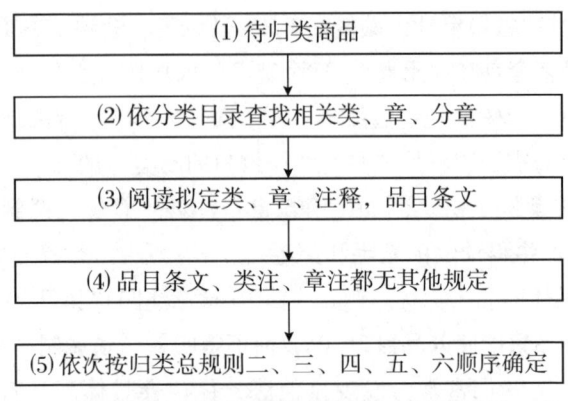

图5-2　商品归类操作顺序举例（一）

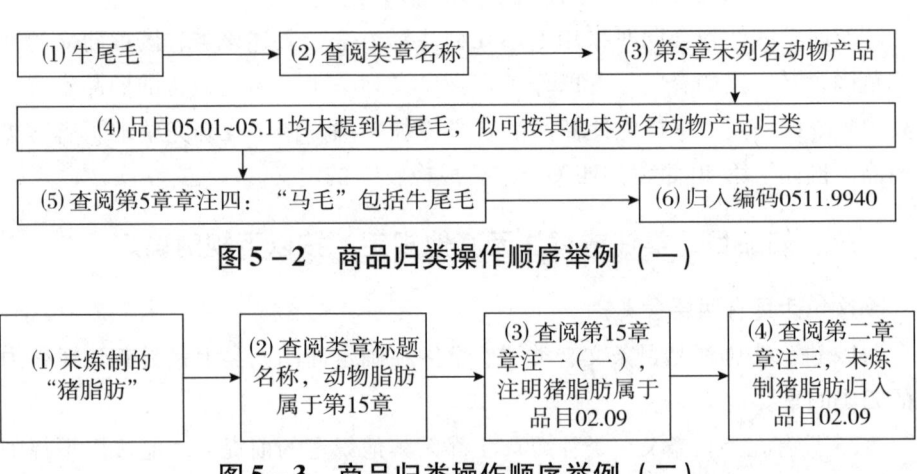

图5-3　商品归类操作顺序举例（二）

第二，对于完成某商品的正确归类，初学者往往希望直接从类、章及分章、品目条文项下查找出待归类的商品，而不注重先阅读该类、章、分章标题及子目注释。正确的查找步骤应该是：（1）查阅类、章标题名称；（2）查阅拟定类、章的注释；（3）查阅该章品目条文，确定品目。

第二节　归类总规则二

规则二

（一）品目所列货品，应视为包括该项货品的不完整品或未制成品，只要在进口或出口时该项不完整品或未制成品具有完整品或制成品的基本特征。

还应视为包括该项货品的完整品或制成品（或按本款规则可作为完整品或制成品归类的货品）在进口或出口时的未组装件或拆散件。

（二）品目中所列材料或物质，应视为包括该种材料或物质与其他材料或物质混合或组合的物品。品目所列某种材料或物质构成的货品，应视为包括全部或部分由该种材料或物质构成的货品。由一种以上材料或物质构成的货品，应按规则三归类。

一、规则二（一）

规则二（一），实质上是关于扩大品目所含商品范围的规定。它表达了两层含义：

一是品目所列商品包括其不完整品或未制成品以及因运输、包装等原因，该项货品进口或出口时的未组装件或拆散件；

二是对于上述不完整品或未制成品以及因运输、包装等原因，该项货品的未组装件或拆散件可以视为其完整品或制成品归类。但视为其完整品或制成品归类的首要前提条件是，在进口或者出口报关时必须**具有其完整品或制成品的基本特征**。

为了正确使用规则二（一）的规定，有必要对不完整品、未制成品或因运输、包装等原因产生的未组装件或拆散件是否具有完整品或制成品的基本特征进行确认。

1. 所称不完整品是指这个货品还不完整，缺少一点东西。请注意这里所说的"缺少一点东西"是指非关键性部件，如一台未装轮胎或者方向盘的汽车，进口或出口时表现的是汽车的基本特征。依据规则二（一），仍按汽车归类。不完整品是指具有完整品的基本特征，只是缺少非关键性部件的货品。

2. 所称未制成品是指具有成品的形状特征，但尚不能直接使用，还需要进一步加工才能使用的货品。例如，一件衬衣尚未钉纽扣或者没有上衣领。再如，一个齿轮的毛坯件，需要进一步加工完善才能作为制成品使用。但是，它们已经具有制成品的基本特征，依规则二（一）的规定可按制成品归类。

3. 归类总规则二（一）中"在进口或出口时的未组装件或拆散件"是指：

（1）完整品或制成品仅仅是为了保证运输的安全或者便于包装装卸将完整品或制成品未组装或拆散，"在进口或出口时的未组装件或拆散件"，按照归类总规则二（一）的规定仍以完整品或制成品归入相应品目。若某一货品的未组装件或拆散件超出该货品组装成完整品或制成品所需的数量，则超出部分应单独归类申报。

（2）对于以未组装件或拆散件形式进口或出口的不完整品或未制成品，只要它们在进出口时具有完整品或制成品的基本特征，同时仅仅是为了保证运输的安全或者便于包装装卸将其未组装或拆散，依据归类总规则二（一）的规定仍以完整品或制成品归入相应品目。

运用归类总规则二（一）完成对商品的正确归类，其难点在于判定其是否具有完整品、制成品的基本特征。对于基本特征的判断，有些商品确实很困难，究竟缺少了多少零件仍具有其"基本特征"，很难通过几条量化的标准来确定，同时这种希望和要求也不现实，因此对于具体的某一不完整品或未制成品，需要综合从结构、性能、价值、用途等方面进行具体分析。作为一般的认知原则可以这样判断：

（1）对于不完整品而言，主要看其关键部件是否存在。比如电冰箱，压缩机、蒸发器、冷凝器、箱体这些关键部件如果存在，则可以判断其具有电冰箱的基本特征。

（2）对于未制成品而言，主要看其是否具有制成品的特征。比如齿轮的毛坯件，如果从外形上能看出其是齿轮的待加工件，则可以判断其具有齿轮的基本特征。

除此以外，各国海关可根据本国的实际情况，制定具体规定来解决某些货品的基本特征的确定问题。例如，1987年6月1日，海关总署、国家经济委员会、对外经济贸易部（现已撤销，成立商务部）〔87〕署税字448号文件规定："进口第二项所列的七种机电产品，即使所列的零件、部件未全部进口，但进口的零件、部件每套价格总和达到同型号产品整机到岸价格的60%及以上的，也应视为已构成整机特征。"规定中所提到的7种机电产品为电冰箱、洗衣机、照相机、摩托车、汽车、空调器、汽车起重机。

综上分析，规则二（一）适用的范围应该是除去第一类至第六类货品，即第38章及以前各章以外的货品。

二、规则二（二）

规则二（二）表达了两层含义：

1. 品目中所列某种材料包括了该材料的混合物或组合物。从这个意义上讲，这项规则也是对品目项下商品范围扩大的规定。

2. 规则二（二）适用的前提条件是，必须满足的条件是：加入、添加进去的东西（物质或材料）或组合起来的东西（物质或材料）都不能使原商品失去原有的基本特征。也就是说，不存在看起来可以归入两个或两个以上品目的问题。例如，常见的加钙的奶粉或加糖的牛奶，虽然添加了"钙"或"糖"，但未影响其"奶粉"或"牛奶"的基本特征，按规则二（二）的规定仍按奶粉、牛奶归类。掌握这一规则的核心要点是添加的材料（物质）未使该货品丧失原品目所列货品的基本特性。如果添加的材料（物质）导致该货品丧失了原货品的基本特征，如在大米饭中加入杀灭老鼠的药，那么，此时大米饭的基本特征会完全改变，成了诱杀老鼠的毒饵，就不能再按大米饭归类了。

 易错点提示

运用规则二时应注意两点：

（1）只有在归类总规则一无法解决归类问题时，才可以运用归类总规则二。

（2）当由一种以上材料或物质构成的货品看起来可以归入两个或两个以上品目时，应按归类总规则三归类。

第三节　归类总规则三

规则三

当货品按规则二（二）或由于其他原因看起来可归入两个或两个以上品目时，应按以下规则归类：

（一）列名比较具体的品目，优先于列名一般的品目。但是，如果两个或两个以上品目都仅述及混合或组合货品所含的某部分材料或物质，或零售的成套货品中的某些货品，即使其中某个品目对该货品描述得更为全面、详细，这些货品在有关品目的列名应视为同样具体。

（二）混合物、不同材料构成或不同部件组成的组合物以及零售的成套货品，如果不能按规则三（一）归类时，在本款可适用的条件下，应按构成货品基本特征的材料或部件归类。

（三）货品不能按照规则三（一）或（二）归类时，应按号列顺序归入其可归入的最末一个品目。

一、对规则三条文的解释

规则三的条文内容清楚地表明,运用总规则三,是有条件的。必须同时满足以下两个前提条件,才可以运用规则三,进行商品归类:

1. 当货品归类按规则二(二)不适用时;
2. **当货品"看起来可归入两个或两个以上的品目"时。**

规则三根据"当货品按规则二(二)或由于其他原因看起来可归入两个或两个以上品目",规定了3条归类原则,即规则三(一)具体列名原则、规则三(二)基本特征原则、规则三(三)从后归类原则。

也就是说,要用这3个规则来解决**"看起来可归入两个或两个以上品目"**的商品归类问题。运用上述规则进行商品归类时必须注意,应遵循规则三所规定的先后次序。据此,只有在不能按规则三(一)归类时,才能运用规则三(二);只有在不能按规则三(一)和(二)归类时,才能运用规则三(三)。具体而言,这3个规则运用的优先顺序为:(1)具体列名,(2)基本特征,(3)从后归类,不可违反顺序运用。

二、对规则三3个原则的解析运用

(一)规则三(一):具体列名原则

规则三(一)是本规则的第一条归类原则,它规定列名比较具体的品目应优先于列名比较一般的品目。列名的"具体"与"一般"是相对的。比较而言,如果想通过制定几条标准来确定具体列名或一般列名,是十分困难的事情。就一般认知而言:

1. 商品的具体名称比商品类别名称具体。例如,女士们穿的紧身胸衣属于一种女士内衣,看起来可归入两个品目,一是62.08女式背心及其他内衣等,二是62.12女士紧身胸衣等。比较这两个品目,哪个列名更具体一些?前者62.08是商品类别名称列名,后者62.12是具体商品名称列名,依据规则三(一)具体列名原则,故应归入子目6212.30项下。

2. 如果某一品目所列名称更为明确地表述了某一货品,则该品目要比所列名称不那么明确表述该货品的其他品目更加具体。例如,用于小汽车的液压千斤顶,该商品属于提升小汽车的专用附件,看起来可以归入两个品目,一个是品目87.08"机动车辆的零件、附件",另一个是品目84.25"滑车及提升机,但倒卸式提升机除外;卷扬机及绞盘;千斤顶"。这两个品目哪个列名更明确地表述了货品用途?显然,后者84.25更明确地表述了货品,品目84.25所列的"千斤顶"更为具体。

在运用"具体列名原则"时应该注意:"如果两个或两个以上品目都仅述及混合或组合货品所含的某部分材料或物质,或零售的成套货品中的某些货品,即使其中某个品目对该货品描述得更为全面、详细,这些货品在有关品目的列名应视为同样具体。"在这种情况下,不能简单确定谁列名具体、谁列名不具体,货品就应按规则三(二)或(三)的规定进行归类。也就是说,不能按规则三(一)归类的混合物、组合物以及零售的成套货品,应按构成货品基本特征的材料或部件归类。

(二)规则三(二):基本特征原则

"基本特征原则"是规则三规定的第二条归类原则。不能按规则三(一)归类的混合物、组合物以及零售的成套货品,应按构成货品基本特征的材料或部件归类。该方法仅涉及:

——混合物;
——不同材料的组合货品;
——不同部件的组合货品;
——零售的成套货品。

确定混合物、组合物以及零售的成套货品的基本特征也不容易,原因是不同货品的基本特征的确定因素有所不同。例如,有的货品可以根据其所含材料或者部件的性质、数量、体积、重量、价值等因素来确定该货品的基本特征;有的货品可以根据其所含材料对该货品用途的作用来确定该货品的基本特征。例如,我们接触、食用较多的方便面,该货品的组成为一块面饼、一包调味包和一支小塑料餐叉,这些构成了零售成套货品。对于该货品的归类,确定其基本特征的,是面饼、调味包,还是小塑料餐叉呢?从用途而言,方便面主要是供人食用的,其中的调味包、小塑料餐叉是服务于该用途的,因此其中的面饼构成了该货品的基本特征,该货品应该按面食归入品目19.02。

在这里,对本款所称"零售的成套货品"的确定是有条件的,不要错误地认为只要将几种商品组合在一起就是"零售的成套货品"。现在我们常见到市场上有这样的促销活动:一桶食用油和一瓶饮料一起销售。规则三(二)中所指的"零售的成套货品"必须同时满足以下3个条件才能按照规则三

(二) 归类：

1. 至少由两种看起来可归入不同品目的不同物品构成；

2. 为了某项需求或适应某一项活动的特别需要，而将几件产品或物品包装在一起；

3. 其包装形式适合于直接销售给用户而货物无须重新包装。

例如，由一把电动理发推子、一把梳子、一把剪子、一把刷子及一条围裙所组成的装于一个塑料匣子内的成套理发工具。虽然其中有几件商品，但按照规则三（二），其成套货品中具有主要特征的货品应该是"**电动理发推子**"，其他货品都从属于理发这项活动，是与主要用途——理发行为相互配合使用的。因此，该项货品应视为"零售的成套货品"，其中"电动理发推子"具有理发行为的基本特征，该货品应按"电动理发推子"归入编码8510.2000。

在应用规则三（二）时，由于国情、文化的差异，因此往往会出现中国人与外国人从不同的角度出发，对混合物、组合物或成套货品的主要特征的认识不一致的情况。如果发生这种情况，各国通常的做法是，由各国海关最高管理机关予以统一。此外，需要特别说明的是，如果类注或章注有特别规定或某一品目已有具体列名的，则不适用规则三（二）。例如，品目96.05列名"**个人梳妆、缝纫或清洁鞋靴、衣服用的成套旅行用具**"，这是在差旅住店时常见的成套旅行用具。因此，如针线包（内装纽扣、顶针、线、针），应归入品目96.05已有具体列名的品目，而不能运用规则三（二），按构成该成套货品的主要特征——针线归类。

（三）规则三（三）：从后归类原则

运用规则三（三）的前提条件是：该货品不能按规则三（一）和（二）归类。它规定该货品的归类应按号列顺序归入其可归入的最后一个品目内，也就是"从后归类原则"。

例1 由50%的牛肉和50%的鱼肉混合而成的饺子馅。

该商品为肉类的混合食品，牛肉、鱼肉含量相等。归类时应按肉制食品归入第16章，其中，牛肉属于品目16.02，鱼肉属于品目16.04。由于两者的含量相等，各占50%，无法按照规则三（二）确定其基本特征，因此，根据归类规则三（三）"应按号列顺序归入其可归入的最末一个品目"。其中，鱼肉品目16.04居牛肉品目16.02之后，该商品应归入商品编码1604.2099。

例2 由50%的小麦细粉和50%的玉米细粉混合而成的混合粉。

该混合粉由于其中的小麦细粉与玉米细粉含量均为50%，含量相等，按"基本特征"无法确定归类，因此应按"从后归类原则"归类。小麦细粉归入品目11.01，玉米细粉归入品目11.02，其中玉米细粉品目居小麦细粉品目之后。根据规则三（三），该商品归入商品编码1102.2000。

 例3 绘于1908年，超过100年的油画。

该油画看起来似乎既可归于品目97.01"油画、粉画及其他手绘画……"，又可以归入品目97.06"超过100年的古物"，也就是说该油画可以归入两个品目，这时是否可以运用规则三（三）"从后归类原则"而将其归于品目97.06呢？不行。根据第97章章注四（二）规定"品目97.06不适用于可以归入本章其他各品目的物品"。也就是说，应该运用归类总规则一"应按品目条文和有关类注或章注确定……"以及"既可归入97.01～97.05中的货品，又可归入品目97.06的货品，应归入品目97.01～97.05"，因此本题油画应归入品目97.01。

第四节　归类总规则四

规则四
根据上述规则无法归类的货品，应归入与其最相类似的货品的品目。

使用规则二及规则三都无法归类的货品应归入与其最相类似的货品品目。对于这条规则的实际应用，比较难以掌握。因此，这条规则目前不常使用。《协调制度》在章、分章中常设有"其他"品目，甚至不少章还列有"本章其他品目未列名的"或"本章其他品目未列名的具有独立功能的机器及机械器具"的品目（如品目84.38、84.79、85.43等）以解决"**与其最相类似**"的货品的归类问题。虽然目前规则四很少单独使用，但是从发展需要来看，科学技术不断进步、创新，必然会出现一些在制定《协调制度》时无法预见的情况。对于以上规则一至规则三无法归类的货品，制定《协调制度》的各国专家们设定了规则四，用"**最相类似的货品**"的品目来解决发展中出现的问题,即将货品与类似货品加以比较,以确定其与哪些货品最相类似,然后将货品归入与其"最相类似的货品"的品目。运用规则四必须注意以下两点:

1. 对于货品的归类无法按规则一、规则二及规则三归类时才可使用;

2. "最相类似"的确定应从货品名称、基本特征、功能、用途、结构(成分)等因素来综合考虑。

第五节　归类总规则五

规则五

除上述规则外,本规则适用于下列货品的归类:

(一)制成特殊形状,适用于盛装某一或某套物品并适合长期使用的照相机套、乐器盒、枪套、绘图仪器盒、项链盒及类似容器,如果与所装物品同时进口或出口,并通常与所装物品一同出售的,应与所装物品一并归类。但本款不适用于本身构成整个货品基本特征的容器。

(二)除规则五(一)规定的以外,与所装货品同时进口或出口的包装材料或包装容器,如果通常是用来包装这类货品的,应与所装货品一并归类。但明显可重复使用的包装材料和包装容器可不受本款的限制。

规则五由两款组成,它是关于包装物归类的专门条款。

一、规则五(一)

必须是同时符合以下 5 条规定的包装容器才可以使用规则五(一):

1. 制成特定形状,专门用于盛装某一物品或某套物品的,经过专门设计的包装,有些容器还制成所装物品的特殊形状。

2. 适合长期使用的,容器的使用期限与盛装某一物品的使用期限是相称的,在物品不使用期间,这些容器可起到保护作用。

3. 与所装物品一同进口或出口,不论其是否为了运输方便而与所装物品分开包装。(单独进口或出口的容器应归入相应的品目)。

4. 与所装物品一同出售的。

5. 包装物本身并不构成整个货品的基本特征(包装物本身无独立使用价值)。

由上述规则可以看出，规则五不适用于本身构成整个货品基本特征的容器。

例如，装有茶叶的银制茶叶罐，该茶叶罐相对于所盛装的茶叶而言其价值远远高于盛物——茶叶本身。因为其价值比较贵重，构成了整个货品的基本特征，所以不能与茶叶一并归类。与手风琴一同进口或出口并一同报验的手风琴皮革盒。由于符合以上条件，因此应与手风琴一并归入编码9205.9020。

 易错点提醒

运用规则五（一）时，需注意，如果包装容器本身是已经构成整个货品基本特征的容器，或其价值远高于盛装的物品，包装容器和盛装的物品应分别归入其相应品目。例如，用贵金属制成的装有绿茶的银质茶叶罐，绿茶归入品目09.02，银质茶叶罐归入品目71.14。

二、规则五（二）

使用规则五（二）的包装材料及包装容器必须同时符合以下条件：

1. 规则五（一）以外的；
2. 通常用于与包装有关的货品；
3. 与包装物品一同进口或出口的（单独报验的包装材料及其包装容器应归入其所应归入的品目）；
4. 不属于明显可重复使用的。

例如，装有电脑或电视机的瓦楞纸箱，由于符合以上条件，因此，在与电脑或电视机一同进口或出口报验时，应与电脑或电视机一并归入品目84.71或品目85.28。

但是，运用规则五（二）时，如果包装容器是明显可重复使用的包装材料和容器，则不适用。例如，我们常见的煤气罐（装有煤气），液化煤气使用完了，煤气罐仍可以重复使用。类似这种可重复使用的容器、包装物，不符合上述规则五（二）规定的使用条件。所以，煤气罐不能与液化煤气一并归类，而应与所盛装物品分别归入其相应品目。

规则五是解决包装材料或包装容器在何种情况下单独归类，在何种情况下可与所盛装的物品一并归类的问题。在学习运用时，应当重点注意包装材料或者包装容器与所盛装的物品一并归类的条件。

第六节　归类总规则六

规则六

货品在某一品目项下各子目的法定归类，应按子目条文或有关的子目注释以及以上各条规则（在必要的地方稍加修改后）来确定，但子目的比较只能在同一数级上进行。除条文另有规定的以外，有关的类注、章注也适用于本规则。

规则六是关于子目确定的规则，规则条文表述了以下4层意思：

1. 子目归类先按子目条文和子目注释确定。

2. 如果按子目条文和子目注释无法确定归类时，则上述各规则的原则同样适用于子目的确定。例如，"具体列名""基本特征""从后归类"等原则。

3. 子目注释并不多，原因是有些子目涉及的问题在类注、章注中已解决。为了不重复，有关类注、章注也适用于确定子目。对于同一问题，当既有子目注释又有类注、章注时，子目注释优先于类注、章注。例如，第71章章注四（二）所规定的"铂"的范围就与子目注释二**"子目7110.11及7110.19所称'铂'，可不受本章注释四（二）的规定约束，不包括铱、锇、钯、铑及钌"**所涉及范围不同。出现这种情况时，子目注释优先于类注、章注。在涉及子目7110.11及7110.19的范围时，应优先采用子目注释二，而不受该章的注释四（二）规定的约束。

4. 在确定子目时，应遵循**"同级比较"**的原则，所谓"同级比较"原则即一级子目与一级子目比较、二级子目与二级子目比较，依此类推，不可越级比较。6位数级子目的货品范围不得超出其所属的5位数级子目的范围。同样，5位数级子目的范围也不得超出其所属货品的品目范围。

例如，中华绒螯蟹种苗，应归入品目03.06项下。在确定子目时，应按规则六**"子目的比较只能在同一数级上进行"**，其操作步骤如下：

第一步，确定一级子目，即将3个一级子目："-冻的""-活、鲜或冷的""其他的"进行同级比较，本题商品一级子目应归入"-活、鲜或冷的"；

第二步，确定二级子目，该"-活、鲜或冷的"，一级子目项下有7个二级子目："--岩礁虾及其他龙虾（真龙虾属、龙虾属、岩龙虾属）""--鳌龙虾（鳌龙虾属）""--蟹""--挪威海鳌虾""--冷水小虾及对虾（长额虾属、褐虾）""--其他小虾及对虾""--其他，包括适合供人食用的甲壳动物的细粉、粗粉及团粒"。进行同级比较，本题商品二级子目应归入"--蟹"。

第三步，确定三级子目，该"--蟹"二级子目项下有两个三级子目，即"---种苗""---其他"。进行同级比较，本题商品三级子目应归入"---种苗"。

因此，**本题商品应归入商品编码 0306.3310**。

总之，规则六表明只有在货品归入适当的 4 位数级品目后，才可以考虑将其归入合适的 5 位数级或 6 位以至 7 位、8 位数级子目，并且，无论在什么情况下，应该按顺序优先考虑 5 位数级子目，然后再考虑 6 位数级子目，以至 7 位数级子目、8 位数级子目。比较方法应遵循"同级比较"的原则。

例如，待归类货品为每平方米重 150 克的纯棉漂白平纹布（按重量计含棉量 90%），归类步骤如下：

第一步，确定 4 位数级品目为 **52.08**"棉机织物，按重量计含棉量在 **85%及以上，每平方米重量不超过 200 克**"。

第二步，比较其所属的 5 位数级子目所列名称哪个更为具体，由此应将其归入 5 位数级子目 **5208.2**，**-漂白**"。

第三步，再比较其所属 6 位数级子目"**--平纹机织物，每平方米重量超过 100 克**"，最终确定本货品应归入 **5208.2200**"。

第六章 进出口商品归类的基本方法

本章学习目的

本章主要从确定待归类商品品目（前4位数）、确定待归类商品子目（5~8位数级编码）、避免导致错误归类需要明确的几个关系3个方面，介绍进出口商品归类的基本方法。对前面各章所述理论、原则进行归纳，旨在使读者通过配备的经典例题，将所学的商品归类理论、规则、原则和方法，转化为解决实际问题的能力。

第一节 确定待归类商品品目（前4位数）

进出口商品归类是一项专业性很强，对技能要求很高的进出口货物报关业务。进出口商品品种数以万计，商品归类依据复杂，但却有一定的基本规律、方法可循。对进出口商品归类应该按照先确定待归类商品的品目，再确定该商品品目项下的子目的顺序进行。

首先需要对该商品进行分析，初步判定该商品在分类目录中的位置，再查阅该类、该章的注释，如果注释没有规定，则进而逐一查找品目条文或按照归类总规则二至五的原则确定品目（前4位数）。具体按以下步骤进行：

1. 根据待归类商品所提供的有关资料、信息，对待归类商品进行分析（如组成成分、结构、加工程度、功能、用途等）；

2. 根据上述对商品的分析再结合《协调制度》的分类规律，初步判断该商品可能涉及的类、章和有关品目（有时可能有几个）；

3. 对比可能涉及的类、章并阅读该类、该章的类注、章注，对照阅读相关类注、章注是否有特别的规定；

4. 查找所涉及（有时可能涉及几个）的有关品目的条文；

5. 如果有几个品目可归类而不能确定时，则应该运用归类总规则二（一）（二）或归类总规则三（一）（二）（三），按先后顺序进行。在实践中，归类总规则三用得多些，仔细、耐心地按上述步骤进行，就可以确定该商品的品目。

在进行商品归类时，如遇到对注释阐述的归类规定有疑问或对某一品目货品范围不明确，对品目条文所述概念的含义不明晰，对某些类、章与其他相关类、章货品的区别不了解等时，一般可以从《进出口税则商品及品目注释》中查找到答案（通常，《进出口税则商品及品目注释》不能独立运用于对某一商品的归类）。为此，《进出口商品编码查询手册》中摘录了《进出口税则商品及品目注释》中部分品目、子目所包括的商品范围注释条文，并均以页下注的方式呈现，如品目 12.12[①]、16.01[①]、18.06[①]，准确地将该品目所包括的商品范围罗列出来，为某些商品归类时确定品目提供了极大的方便。

例1　400ml装塑料瓶洗手液，含有机表面活性剂、杀菌剂、香精等成分，零售包装。

商品分析及归类：根据例题提供的资料信息，该商品是用于清洁手部卫生的洗手液，是含有机表面活性剂、杀菌剂、香精等成分的液体，并且是零售包装。该商品可能在**第34章**"肥皂、有机表面活性剂、洗涤剂、润滑剂、人造蜡、调制蜡、光洁剂、蜡烛及类似品、塑型用膏、'牙科用蜡'及牙科用熟石膏制剂"的章目录范围内。查阅该章注对本题商品无规定，查阅该章品目条文，品目34.01条文符合该题商品所提供的信息，为此，该题商品应归入品目34.01项下。

📌 **例2** 按重量计含涤纶短纤维50%、醋酸短纤维25%、黏胶短纤维25%，每平方米重量170克的四线斜纹色织机织物（幅宽110cm）。

商品分析及归类：本题机织物属于纺织品。查阅类、章标题，根据本题提供的资料信息，应归入第十一类"纺织原料及纺织制品"，第55章"化学纤维短纤"。查阅第十一类类注二（一）得知，"可归入第50章至第55章及品目58.09或59.02的由两种或两种以上纺织材料混合制成的货品，应按其中重量最大的那种纺织材料归类。当没有一种纺织材料重量较大时，应按可归入的有关品目中最后一个品目所列的纺织材料归类。"

根据本题所述的纺织材料，其中醋酸短纤维和黏胶短纤维都属于人造纤维，同属于品目55.16所列的不同纺织物材料。按**类注二（二）4** "同一章或同一品目所列各种不同的纺织材料应作为单一的纺织材料对待"。按上述注释规定，同属人造化学短纤的品目55.16人造纤维短纤维机织物，醋酸短纤维和黏胶短纤维合并重量为25%＋25%＝50%，与55.15的合成纤维短纤维纺织50%的机织物重量相同。按照归类总规则三（三）**"从后归类"**的原则，本题商品应归入品目55.16人造纤维短纤维制的机织物。

📌 **例3 硫化汞**

商品分析及归类：本题商品硫化汞属于无机化合物，因此一般在**第28章"无机化学品；贵金属、稀土金属、放射性元素及其同位素的有机及无机化合物"**中查找。

硫化汞属于无机化合物的硫化物，是否应归入28.30品目"硫化物；多硫化物，不论是否已有化学定义"项下呢？查阅第六类类注，第六类类注一（二）的规定为"凡符合品目**28.43**、**28.46**或**28.52**规定的货品，应分别归入以上两个品目而不归入本类的其他品目。"因此，尽管硫化汞属于无机化合物中的硫化物，依据本类类注一（二）的规定，不能归入品目28.30，而应**优先归入品目28.52"汞的无机或有机化合物，汞齐除外"**。因此本题商品应归入品目28.52汞的无机或有机化合物。

第二节　确定待归类商品子目（5～8位数级编码）

待归类商品品目确定之后，要确定该商品的子目。相对而言，品目归类是在较大的商品范围内进行，而且还要经过仔细查找和对比很多有关的类注、章注，而子目只需要在确定的品目项下确定。其查找范围要小得多，只要品目归类正确，在一般情况下，子目的确定应该比较容易。但是，有时子目的确定也有一定的难度，特别是在品目项下子目比较多的时候，所以掌握正确的方法尤为重要。容易犯错的地方是大家看见有具体列名的子目就迫不及待地"越级"归类，而没有遵守**"子目的比较只能在同一数级上进行"**的原则。正确的做法应该是先确定一级子目，再确定二级子目，然后确定三级子目，最后确定四级子目。每一数级子目的比较只能在同数级之间进行。下面仍以本章第一节的例题加以说明。

例4　400ml装塑料瓶洗手液，含有机表面活性剂、杀毒剂、香精等成分，零售包装。

商品分析及归类：该商品应归于品目34.01。品目34.01项下有3个一级子目，即"-肥皂及有机表面活性产品及制品，条状、块状或模制形状的，以及用肥皂或洗涤剂浸渍、涂面或包覆的纸、絮胎、毡呢及无纺织物"（3401.1000）；"-其他形状的肥皂"（3401.2000）；"-洁肤用的有机表面活性产品及制品，液状或膏状并制成零售包装的，不论是否含有肥皂"（3401.3000）。对这3个一级子目进行同级比较，哪个更符合待归类商品所提供的资料信息呢？依据归类总规则六**"子目的比较只能在同一数级上进行"**的原则，从其子目条文规定判断，该商品一级子目应归于第三个一级子目3401.3000。由于该一级子目条文更符合本题商品的表述特征、该一级子目项下没有细分二级子目，因此该商品应归入商品编码3401.3000。

例5　按重量计含涤纶短纤维**50%**、醋酸短纤维**25%**、黏胶短纤维**25%**，每平方米重量170克的四线斜纹色织机织物（幅宽110cm）。

商品分析及归类：该商品应归于品目55.16。品目55.16项下有5个一级子目，即"-按重量计人造纤维短纤含量在85%及以上"（5516.1）；"-按重量计人造纤维短纤含量在85%以下，主要或仅与化学纤维长丝混纺"（5516.2）；"-按重量计人造纤维短纤含量在85%以下，主要或仅与羊毛或动物细毛混纺"（5516.3）；"-按重量计人造纤维短纤含量在85%以下，主要或仅与棉混纺"（5516.4）；"-其他"（5516.9）。在这5个一级子目中，依据归类总规则六"子目的比较只能在同一数级上进行"的原则，比较哪个子目更符合待归类商品所提供的资料信息。从其子目条文规定判断，该商品一级子目应归于第5个一级子目"5516.9"，而该一级子目项下细分为4个二级子目，即"--未漂白或漂白"（5516.9100）；"--染色"（5516.9200）；"--色织"（5516.9300）；"--印花"（5516.9400）。对这4个二级子目同级比较，哪个更符合待归类商品所提供的资料信息呢？从其子目条文规定判断，该商品二级子目应归入第3个二级子目"--色织"（5516.9300）。由于该商品二级子目项下没有细分三级子目，因此，该商品应归入商品编码5516.9300。

例6　硫化汞

商品分析及归类：该商品应归入品目28.52，而品目28.52项下有两个一级子目："-已有化学定义的""-其他"。因此，该商品应归入商品编码2852.1000。

第三节　避免导致错误归类需要明确的几个关系

对进出口商品正确归类，既是一项重要的报关业务技能，也是关乎海关对进出口货物实施正确监督管理的重要措施。商品归类是海关执行国家关税政策、贸易管制措施和准确编制海关进出口商品统计的基础和保障。因此，正确进行商品归类在进出口货物的通关中具有十分重要的地位和意义。

"对进出口商品的正确归类"是针对错误的归类而言的，造成错误归类的原因何在？我们应该厘清以下几个关系，从而避免导致错误归类的情况发生。

一、我国海关进出口商品分类目录与《协调制度》的关系

这个问题在前面的章节中已经表述得很清楚了。这里需要强调的是，我国海关执行的《税则》和《海关统计商品目录》是以《协调制度》为基础，

结合我国的进出口情况和管理的实际需要编制而成的。"以《协调制度》为基础"，具体包括以下3点：

1. 我国海关进出口商品分类目录结构（其结构由归类总规则、注释和商品名称及编码3个部分组成）与《协调制度》分类目录结构基本相同。

2. 商品归类原则和方法，与《协调制度》相同。

3. 我国海关进出口商品分类目录与《协调制度》的前6位数以及商品名称完全一致。

这里将我国海关进出口商品分类目录与《协调制度》的关系作为特别需要明确的关系，其目的就在于向大家进一步强调它们之间是同一商品归类体系，是依据《协调制度国际公约》规定，缔约国在全部采用《协调制度》的基础上制定的本国的税则。了解其关系有助于用好商品归类总规则、原则和方法，对进出口商品进行正确的归类。

二、归类总规则与注释（类注、章注、子目注释）的关系

《协调制度》中的注释是对商品归类进行解释说明的规定。它包括：位于类标题下的注释——类注释，简称"类注"；位于章标题下的注释——章注释，简称"章注"；位于类注、章注或章标题下的子目注释。注释是为简化品目和子目条文文字，避免商品分类的交叉，用以限定《协调制度》中各类、章、品目和子目所属商品的准确范围，保证商品归类的唯一正确而设立的。

归类总规则是编制《协调制度》时所遵循的总原则和编制秩序。可以这样理解：商品归类是依照商品归类总规则将商品归入《协调制度》分类目录中某一商品编码的操作过程。

归类总规则和注释（包括类注、章注和子目注释）对于待归类的商品而言，是"具有法律效力"的商品归类依据。对于这两者，就一个具体的待归类商品而言，如何运用？如何处理这两个"具有法律效力"的归类依据之间的关系？实际上，归类总规则已经对这个问题做出了明确的规定。归类总规则一规定，**应按品目条文和有关类注或章注确定，如品目、类注或章注无其他规定，按以下规则确定。**这也就是说，归类总规则是商品归类时必须遵循的总原则，其应用的前提条件是，在品目条文和类注、章注无其他规定且不能解决归类问题的情况下才能应用。因此，要特别注意在确定商品归类时，同等优先的归类依据是品目条文和类注、章注，它们优先于归类总规则二至五。

👉 **例7** 个人旅行用成套梳妆旅行箱。该箱内有针、线、纽扣、刷子、梳子、镜子、剃刀架、指甲剪、指甲锉等物。

商品分析及归类：该成套旅行箱看起来是一套满足个人旅行梳妆使用的商品，完全符合归类总规则三（二）所称"零售成套商品"的条件，似乎应按其具有该套商品的基本特征的某一商品归类，其实是不可以的。因为在第96章为该商品设有专门的**"品目96.05"**，其品目条文清楚表述**"个人梳妆、缝纫或清洁鞋靴、衣服用的成套旅行用具"**明确列出本题"成套旅行用具"商品。因此，对于品目条文或注释已有规定的成套商品不能按照归类总规则三（二）进行归类。本题商品归入品目96.05，商品编码为9605.0000。

👉 **例8** 绘于1906年、已超过100年、具有收藏价值的油画原件。

商品分析及归类：油画原件属于手绘的艺术品，查阅类、章标题目录，应归入第97章。那么，应归入第97章的哪个品目项下？油画原件是手绘艺术品，符合品目97.01条文**"油画、粉画及其他手绘画……"**，但由于该画绘于1906年，且是超过100年的古物，似乎符合品目97.06条文**"超过100年的古物"**。到底应归入哪个品目呢？第97章章注四（二）规定：**"品目97.06不适用于可以归入本章其他各品目的物品"**。所以，该题商品油画绘于1906年，虽已超过100年，但按章注四（二）规定应归于品目97.01。在这里需要特别注意的是，注释和品目条文在归类时处于同样优先的地位。如果忽视章注释在商品归类时的优先作用，本题就可能被错误地按照归类总规则三（三），即"由于其他原因看起来可归入两个或两个以上品目时应按从后归类"原则归类，错误地将其归入品目97.06。本题商品应归入品目97.01，商品编码为9701.1019。

👉 **例9** 石棉制安全帽（帽内衬有纯棉织物衬里）。

商品分析及归类：帽子应按第65章标题"帽类及其零件"。将该商品直接归入品目65.06**"其他帽类，不论有无衬里或装饰物"**项下具体列名的"安全帽"，编码为6506.1000，这应该是准确无误的归类吧？其实大错特错。该商品看起来可作为安全帽按用途归类，但该"帽子"是用石棉制成的，查阅第65章章注一（二）得知，本章不包括石棉制帽类（品目68.12），应将其归入品目68.12。其条文明确表述："已加工的石棉纤维；以石棉为基本成分或以石棉和碳酸镁为基本成分的混合物；上述混合物或石棉的制品（例如纱线、机织物、服装、帽类、鞋靴、衬垫）……"，因此，正确的归类方法是按照品目条文和注释规定，本题商品应归入编码6812.9100。

三、类注、章注与品目条文、子目注释条文之间的关系

我们把类注、章注统称为注释，注释是具有法律效力的商品归类依据。这里主要介绍运用注释进行商品品目归类时，以及运用注释解决商品子目归类问题时注释的法律地位。

（一）运用注释解决商品品目归类问题时适用的注释（类注、章注）和品目条文居于同等优先使用的地位

例10 针织束腰胸衣，材质按重量计棉占90%、氨纶占10%。

商品分析及归类：针织束腰胸衣看起来应归入第61章"针织或钩编的服装及衣着附件"项下，但阅读该章章注二（一），得知该章不包括品目62.12的货品。62.12的货品是指哪些商品呢？胸罩、束腰带、紧身胸衣、吊裤带、吊袜带、束袜带和类似品及其零件，不论是否针织或钩编的，而待归类商品**"针织束腰胸衣"**正包含在其中。因此，应以注释和品目条文为归类依据，将商品归入第62章品目62.12。本题商品应归入商品编码6212.3090。

例11 印花机织物正方形围巾，边长60厘米，按重量计含棉50%，含涤纶短纤维50%。

商品分析及归类：印花机织物正方形围巾看起来应归入第62章品目62.14，该品目条文包括"披巾、领巾、围巾、披纱、面纱及类似品"，清楚地具体列名"围巾"。据此，该商品似乎应准确无疑地归入品目62.14项下，但是这却犯了一个大错。初学者往往会犯不按程序归类的错误，直接从拟定的章标题项下的品目条文中寻找待归类商品的具体列名，从而忽视了应首先对本章章注进行阅读。该章章注七明确规定："正方形或近似正方形的围巾及围巾式样的物品，如果每边均不超过60厘米，应作为手帕归类（品目

62.13）。任何一边超过 60 厘米的手帕，应归入品目 62.14。"对本题商品进行归类时，如果只看品目条文，而没有按程序先阅读注释条文，就会误认为商品名称已在品目条文中有具体列名，因而理所当然地按品目条文归类。所以，本题商品应归入品目 62.13。在此进一步强调，一定要特别注意在进行品目归类时，类注、章注和品目条文居于同等优先的地位。本题商品应归入商品编码 6213.9090。

（二）运用注释解决商品子目归类问题时，适用的注释和子目条文居于同等优先使用的地位

需要特别注意的是，运用注释解决商品子目归类时，存在以下两种情况：

1. 只有当类注释、章注释与子目条文或子目注释一致时，类注释、章注释才适用于与子目条文居于同等优先地位的规定；

2. 当类注释、章注释与子目条文或子目注释不一致时，类注释、章注释应服从于子目条文或子目注释。也就是说，运用注释解决子目归类问题时，应优先使用子目注释，其次使用章注和类注，即三者发生冲突时，应服从于子目注释。

例 12 一种工业用的钯基绕组线材，直径 0.15mm，按重量计含银 36%、含铜 4%，其余为钯。

商品分析及归类：本题商品按重量计含钯 60%。根据第 71 章章注四（一）（二），贵金属为金、银及铂。钯是铂家族即铂、铱、锇、钯、铑及钌的成员之一。因此，按上述章注四（一）（二）的规定，本题商品应按铂归入品目 71.10 项下。究竟应归入品目 71.10 项下哪种材料的线材呢？也就是说子目如何归类？该章子目注释二：“子目 7110.11 及 7110.19 所称的'铂'，可不受本章注释四（二）的规定约束，不包括铱、锇、钯、铑及钌。"同时，该章子目注释三规定：“对于子目 71.10 项下的子目所列合金的归类，按其所含铂、钯、铑、铱、锇或钌中重量最大的一种金属归类。"由于类注、章注与子目条文或子目注释相矛盾时，应服从子目条文或子目注释，因此，本题商品应以钯作为线材归类，归入 7110.2990。

四、子目确定同一数级比较的关系

子目的比较只能在同一数级上进行，这是归类总规则六的规定，很容易

理解。但是，在商品归类实践中运用时却常常出错。问题就出在某品目条文项下的子目条文与待归类商品有具体列名时，大家很容易忽略**子目的比较只能在同一数级上进行**的规定。

例如 13 中华绒螯蟹种苗

商品分析及归类："中华绒螯蟹种苗"应归入第 3 章"鱼、甲壳动物、软体动物及其他水生无脊椎动物"品目 03.06 项下。该品目项下有 3 个一级子目，即"-冻的""-活、鲜或冷的""-其他"。根据题意，一级子目应归入第二个一级子目"-活、鲜或冷的"（0306.2000）。该一级子目项下又有 7 个二级子目，即"--岩礁虾及其他龙虾（真龙虾属、龙虾属、岩龙虾属）""--螯龙虾（螯龙虾属）""--蟹""--挪威海螯虾""--冷水小虾及对虾（长额虾属、褐虾）""--其他小虾及对虾""--其他，包括适合供人食用的甲壳动物的细粉、粗粉及团粒"，根据题意二级子目应为"--蟹"（0306.3300）。而该二级子目项下有两个三级子目，即"---种苗""---其他"，根据题意，三级子目应为"---种苗"（0306.3310）。上述归类过程是依据规则六"**子目的比较只能在同一数级上进行**"完成的。初学者对本题商品进行归类时，可能会直接将其归入 0306.3391，由于 0306.3391 的条文具体列名为"中华绒螯蟹"，而因此忽略了"种苗"和子目应同级比较的要求。

【情况说明】2018 年前，品目 03.06 项下有两个一级子目，即"-冻的""-未冻的"。2018 年删除了"-未冻的"，增添了"-活，鲜或冷的""-其他"，故一级子目"-活，鲜或冷的"用"3"表示其位数。

例 14 长途客运车辆（50 座，柴油发动机）安装的防抱死制动系统（ABS）。

商品分析及归类：本题商品是安装的防抱死制动系统（ABS），该防抱死制动系统（ABS）安装在 50 座的柴油客车的制动系统上，属于该车辆的制动系统的附件，也就是说防抱死制动系统（ABS）只是该客车的整个制动系统功能的一部分，而不是该车整个制动系统功能的全部。归类时应按车辆零件归入第 87 章，品目 **87.08**"**机动车辆的零件、附件，品目 87.01 至 87.05 所列车辆用**"。该品目项下有 8 个一级子目，应归入其中第 3 个一级子目"-制动器、助力制动器及其零件"项下，而该一级子目项下有 3 个三级子目，即

"---装在蹄片上的制动摩擦片""---防抱死制动系统（ABS）""---其他"。其中，第2个三级子目以"防抱死制动系统（ABS）"具体列名，那么该题商品是否应归入其项下第2个四级子目"----其他"（8708.3029）呢？这是不对的，因为本题商品不是单就"防抱死制动系统（ABS）"归类，而是对该客车整体制动系统归类，归类总规则六明确规定"**子目的比较只能在同一数级上进行**"。经同级的三级子目比较，正确归类应为第3个三级子目"---其他"项下的第2个四级子目8708.3092。其子目条文为"**子目8702.1091及8702.9010所列车辆用**"，因此，本题商品应按其用途归入商品编码**8708.3092**。

五、品目归类与子目归类的次序关系

根据进出口商品归类次序的规定，应首先确定待归类商品的品目（前4位数），再确定子目（第5~8位数）。也就是说，5位数级子目的商品范围不得超出所属4位数级品目的商品范围，6位数级子目的商品范围不得超出所属5位数级子目的商品范围，7位数级子目的商品范围必须在所属6位数级子目的商品范围内，8位数级子目的商品范围必须在所属7位数级子目的商品范围内。简言之，就是在确定了待归类商品的4位数级品目后，才可以确定5位数级子目，再进一步确定6位数级、7位数级、8位数级子目编码，依次进行，切不可越级。但是，有些初学者往往会不按上述程序进行，特别是碰到了所谓具体列名的商品时，容易将商品归类的先后顺序搞乱，或者是碰到自己不熟悉的商品就手忙脚乱，表现为想在所拟定的类、章中盲目地从子目条文中搜寻待归类商品的具体列名，一旦发现子目条文列有该待归类商品的具体列名，就归入其项下。其错误就在于忘记了商品归类在任何情况下都必须先确定待归类商品的品目（前4位数）的规定。只有在这个正确的前提下，才可以进行同一数级比较，确定一级子目、二级子目、三级子目和四级子目。品目归类与子目归类的次序关系是：**子目归类永远在品目归类之后**。打乱了这个程序，任何越级归类都必然是错误的。

例15 氯乙烯—乙酸乙烯酯共聚物，按重量计含乙酸乙烯酯单体单元为**60%（水分散体，初级形状）**。

商品分析与归类：本题商品氯乙烯—乙酸乙烯酯共聚物是以氯乙烯和乙酸乙烯酯为共聚单体的饱和合成物质，是塑料。查阅类、章标题，其应归入第39章"塑料及其制品；橡胶及其制品"。因本题商品是初级形状，所以应归入第一分章。查找第一分章，未见明确列有氯乙烯—乙酸乙烯酯共聚物的品目。此时正确的归类操作应该是认真阅读第39章章注，其中章注四规定："所称'共聚物'，包括在整个聚合物中按重量计没有一种单体单元的含量在95%及以上的各种聚合物……共聚物及聚合物混合体应按聚合物中重量最大的那种共聚单体单元所构成的聚合物归入相应品目"。本题告知按重量计乙酸乙烯酯单体单元为60%，所以本题商品应按乙酸乙烯酯聚合物归类，归入品目39.05。因39.05品目项下有一个"其他"子目，所以子目的归类应按照此章子目注释一（一）的规定办理，即因本题商品乙酸乙烯酯的含量只有60%而不足95%，所以不能视为聚乙酸乙烯酯，而应视为乙酸乙烯酯共聚物，归入子目3905.2100。但是由于有些人对氯乙烯—乙酸乙烯酯共聚物不熟悉，遇到这类商品往往会忙于到子目条文中寻找，碰到有具体列名的就会自然地归入其下，就会按上述思路和方法错误地将本题商品归入品目39.04项下并以"氯乙烯—乙酸乙烯酯共聚物"具体列名的子目"3904.3000"。

六、商品包装、重量（规格）等与商品归类的关系

在对某些商品进行归类时，除了应按上述原则和方法的规定、次序进行外，还需要考虑其在包装或者重量上的不同要求。常见的有零售包装和非零售包装，净重和毛重，不同的包装或净、毛重应归入不同的品目或子目。如第六类"化学工业及其相关工业的产品"类注二（第30章、第32章、第33章、第35章、第38章）："凡由于按一定剂量或作为零售包装而可归入品目30.04、30.05、30.06、32.12、33.03、33.04、33.05、33.06、33.07、35.06、37.07或38.08的货品，应分别归入以上品目，而不归入本《协调制度》的其他品目"。如品目31.05条文规定："含氮、磷、钾中两种或三种肥效元素的矿物肥料或化学肥料；其他肥料；制成片及类似形状或每包毛重不超过10千克的本章各项货品"。又如，第16章子目1602.1000所称的"均化食品"；第20章子目2005.1000所称的"均化蔬菜"，子目2007.1000所称的"均化食品"被规定为"经精细均化制成供婴幼儿食用或营养用"外，还规定为"零售包装，每件净重不超过250克"。符合上述规定的，归类时应优先归入上述子目。又如第85章章注四规定，"归入品目85.09的家用电动器具除地板打蜡机、食品研磨机及食品搅拌器、水果或蔬菜的榨汁器外，其他家用电器重量不超过20千克"。类似上述对商品包装和毛重、净重有特殊要求的，在对该类商品归类时应特别注意，否则将导致归类错误。

例16 密封塑料袋装婴儿均化食品，净重500克（成分含量：可见小块牛肉30%、胡萝卜65%、其他配料5%）。

商品分析及归类：本题商品为婴儿均化食品。本题可分为两步进行解题：首先，本题商品为均化食品，要先看看是否符合第16章子目注释一的规定，即子目1602.10均化食品，是指满足以下3个条件的品目16.02的食品：(1) 仅以肉、食用杂碎或动物血为基料的；(2) 经精细均化制成专供婴幼儿食用或营养用；(3) 零售包装（每件净重不超过250克）。本题商品虽然为均化食品，但因为重量超过250克，所以应确定为非均化食品，不能按均化食品归类。其次，再确定该商品到底应按肉制品归类，还是按蔬菜制品归类。根据第16章章注二和第20章章注一（二）的规定，按重量计含有20%以上的香肠、肉、食用杂碎、动物血、鱼、甲壳动物、软体动物或其他水生无脊椎动物及其混合物的食品应归入第16章品目16.02"其他方法制作或保藏的肉、食用杂碎或动物血"。所以，本题商品应按照按重量计含有20%以上的牛肉归类，归入商品编码1602.5090。

七、正确处理"混合货品"中材料、元素或物质含量的关系

这里所称的"混合货品"泛指由两种或两种以上材料、元素或物质组成的货品。如第二类"植物产品"中的混合调味品，第四类"食品；饮料、酒及醋；烟草、烟草及烟草代用品的制品"中的混合食品，第七类"塑料及其制品；橡胶及其制品"中的共聚物（包括共缩聚物、共加聚物、嵌段共聚物及接枝共聚物），第十一类"纺织原料及纺织制品"中的混纺机织物，以及第十五类"贱金属及其制品"中贱金属的合金及复合材料制品等。

对于上述"混合货品"的归类，一般按以下原则确定品目：

1. 应按其中重量最大的那种材料、元素或物质归类；

2. 当没有一种材料、元素或物质重量较大时，应按可归入的有关品目中的最后一个品目所列材料、元素或物质归类；

3. 在比较重（含）量大、小时，应将属于同一品目或同一章下的材料、元素或物质含量相加后比较。

不难发现，上述原则确定品目的思路是建立在归类总规则二和归类总规则三的基础上的，"混合货品"是以含量最大的材料、元素或物质具有其基本特征为重要标准，对于各材料、元素、物质含量相等的"混合货品"按从

后归类原则，即应按可归入的有关品目中最后一个品目所列材料、元素或物质归类。

然而，以下情况则不应按其中重量最大的那种材料、元素或物质归类，如：

1. 对于混合食品，如果动物类原料（香肠、肉、食用杂碎、动物血、鱼、甲壳动物、软体动物或其他水生无脊椎动物及其混合物）的含量在20%以上（其中不同的动物原料的量可以相加），则应归入第16章（但品目19.02的包馅食品，品目21.03及21.04的食品除外）。

2. 对于"混合食用油、脂"，所称"混合食用油、脂"即用第15章各种动、植物油、脂及其分离品混合制成的食用油、脂或制品（品目15.16的食用油、脂及其分离品除外），不应按其中含量最大的那种油、脂归类而应归入品目15.17项下。

3. 第十五类贱金属与非该类元素（贵金属除外）构成的合金，只有第十五类贱金属的总重量等于或超过其他类元素的总重量时才归入该类（但第72章、第74章所规定的铁合金及铜母合金，不按含量最大的金属归类）。

4. 只要其中一种贵金属［金、银、铂（指铂、铱、锇、钯、铑及钌）］含量达到合金重量的2%，该合金就被视为贵金属合金。首先，只要铂含量在2%及以上的，就按铂合金归类，而铂含量不一定为合金中含量最高的贵金属。其次，只要金含量在2%及以上的，在不含铂或铂含量小于2%的情况下，就按金合金归类，而金含量不一定为合金中含量最高的贵金属。最后，银含量在2%及以上的其他合金，按银合金归类。

因此，贵金属合金归类的先后顺序为：铂合金最优先，其次是金合金，最后为银合金。

例17 食用调和油（大豆油60%、花生油20%、菜子油15%、棕榈油5%）。

商品分析及归类：本题商品是由4种植物油（大豆油、花生油、菜子油、棕榈油）混合而成的食用调和油。归类时应注意，不能简单地因其中大豆油含量最高，就将其以豆油归入品目15.07项下。原因是本题商品是混合调和油，而不是单纯的豆油。本题商品符合第15章品目15.17"……**本章各种动、植物油、脂及其分离品混合制成食用油、脂或制品**"。因此，该商品应归入品目15.17项下，其下的第二个一级子目"-其他"（1517.9），三级子目则归入其下第二个三级子目"---其他",因此,本题商品编码为1517.9090。

例18 含61%氯乙烯、35%乙酸乙烯酯、4%马来酐的共聚物粒子。

商品分析及归类:本题共聚物由氯乙烯、乙酸乙烯酯、马来酐构成,其中,氯乙烯单体含量最大,故其品目根据第39章章注四的规定应按氯乙烯聚合物归入品目39.04。根据第39章子目注释一(一)的规定,由于氯乙烯与乙酸乙烯酯单体单元的合计含量(61%+35%=96%)超过了95%,故应按"氯乙烯—乙酸乙烯酯共聚物"归入子目3904.3000。因此,本题商品编码为3904.3000。

例19 含精梳羊毛40%、涤纶长丝35%、腈纶短纤25%的漂白机织物。

商品分析及归类:该机织物由3种纺织原料组成(精梳羊毛、涤纶长丝、腈纶短纤),其中,虽然精梳羊毛含量最大,但根据第十一类类注二(二)3的规定,由于涤纶长丝与腈纶短纤同属化学纤维,应将两者含量相加(35%+25%=60%)。由于相加的结果超过了羊毛的含量,并且涤纶长丝的含量超过了腈纶短纤的含量,故应归入第54章。由于涤纶长丝属于合成纤维长丝,故其机织物应归入品目54.07。根据涤纶长丝含量和漂白等条件,本题商品编码为5407.9100。

例20 含铑1%、钯1.5%、银97.5%的合金粉。

商品分析及归类:本题合金粉由3种(铑、钯、银)元素组成,且都为贵金属,其中钯与铑属于"铂"的范围,故根据第71章章注四(二),铑与钯的含量应合并计算(1%+1.5%=2.5%)。再根据第71章章注五的规定,该合金粉应按"铂粉"归入品目71.10,由于钯的量超过铑的含量,因此应按"钯粉"确定子目,本题商品应归入商品编码7110.2100。

八、区域商品文化与《协调制度》规定的关系

区域商品文化是某个地域或行业组织对某些商品的规格、成分、材料或名称等所作的规定和标准。这些规定和标准已经长期被该地域人们接受,已经形成一定的影响力,且被长期使用。但是,上述所谓的规定和标准并不一

定与《协调制度》的规定相符。例如，我们平常将针织面料制作的、带翻尖领、有门襟的短袖针织服装称为T恤衫，而《协调制度》第61章章注五中品目61.09规定所认定的T恤衫是指针织或钩编的套头衫、开襟衫、背心及类似品，不包括带有束带、罗纹腰带或其他方式收紧下摆的服装。又如，《协调制度》第72章章注一（五）对不锈钢的定义是"**按重量计含碳量在1.2％及以下，含铬量在10.5％及以上的合金钢，不论是否含有其他元素**"，而《中国大百科全书》中规定的不锈钢含铬量却不小于12％。再如，对青铜的归类，第74章子目注释（二）对青铜所作的规定和定义与工业上所称的青铜也是不同的，它专指以锡为主要合金元素的铜基合金（锡青铜），即"**铜与锡的合金，不论是否含有其他元素。含有其他元素时，按重量计含锡量应大于其他各种元素的单项含量。当按重量计含锡量在3％及以上时，锌的含量可大于锡的含量，但必须小于10％**"。而在工业上则习惯将以锡、铅、硅、铝等为主要合金元素的铜基合金分别称为"锡青铜""铅青铜""硅青铜""铝青铜"等。因此，在《协调制度》中，除锡青铜属于青铜范围的商品外，其余在工业上被称为青铜的商品均归类为"其他铜合金"。另外，《协调制度》第2章中提到的动物食用杂碎，如肠、膀胱、胃、血这些动物杂碎，它们在一部分国家或民族的饮食文化中是食用的佳肴，而在另外一部分国家或民族的饮食文化中却不作食用。《协调制度》规定，这些动物食用杂碎不管事实上是否作为食用，一律按不可食用归入第5章，作为不适合食用的动物产品。

为了正确进行商品归类，还应了解商品的商业名称或俗称与其规范学名（商品名称）之间的对应关系，一般而言《协调制度》《税则》《海关统计商品目录》中的税目（品目）条文通常是以商品学名来表述其商业名称或俗称的，在这种情况下，如果不清楚它们之间的对应关系则容易出现错误归类的情况。例如，牛黄、马宝、猴枣等俗称是动物牛、马、猴体内的结石，"供配制药用的动物器官及其他动物产品"，归类时应按学名"黄药"归入第5章品目05.10项下。再如，福尔马林的学名是甲醛水溶液，涤纶的学名是聚酯类纤维，腈纶的学名是聚丙烯腈纤维，有机玻璃的学名是聚甲基丙烯酸甲酯等。在商品归类时，如果能够弄清楚待归类商品的商业名称或俗称与其学名的对应关系，就会大大提升归类的正确性。

因此，在进行进出口商品归类时，具有法律效力的归类应以《协调制度》中的有关规定为依据，而绝不可以以某地域或行业标准、商业名称或俗称、商品文化作为进出口商品归类的依据。

例 21　冻的猪肚丝

　　商品分析及归类：本题商品为冻的猪肚丝。猪肚也就是猪的胃。根据我国饮食习惯，猪肚是可食用的猪杂碎，应归入第 3 章"可食用动物产品"，但根据《协调制度》第 2 章章注二的规定，应作为动物的不可供人食用的产品归入第 5 章品目 05.04 "整个或切块的动物（鱼除外）的肠、膀胱及胃，鲜、冷、冻、干、熏、盐腌或盐渍的"，至于是否切成块、片、丝等，并不影响该商品归类。因此，本题商品应归入商品编码 0504.0029。

第四节　进出口商品归类示例解析

　　本节的示例解析旨在对《协调制度》归类总规则（一）～（六）的实际应用提供指导，使读者理解和掌握进出口商品归类的方法。本节内容也是对第五章、第六章知识的小结，同时为第七章各类商品归类知识的具体讲解做准备。

一、由铁（80%）、金（2%）、银（3%）和铜（15%）制成的合金条（非货币用合金）

（7108.1300）

　　商品分析及归类：该商品是由 80% 铁、2% 金、3% 银、15% 铜制成的合金条（非货币用合金）。归类总规则一规定，"具有法律效力的归类，应按品目条文和有关类注或章注确定，如品目、类注或章注无规定，按以下规则确定"。本题商品是由铁、金、银和铜等多种金属元素组成的合金。第十五类类注一（五）已对合金的归类作出了相关的规定，第十五类的贱金属不包括第 71 章的贵金属合金，即这些合金的归类应按第 71 章章注四和章注五来确定。因此，本题商品应根据注释按贵金属的合金进行归类。本题商品应以贵金属归入第 71 章，并按金合金归入品目 71.08，根据其用途（非货币用）、加工程度（半制成品）而归入商品编码 7108.1300。

二、化学纯丙烷

（2711.1200）

　　商品分析及归类：该商品为丙烷，是一种存在于天然气和石油热解气体中的低烷烃，是无色、能液化的气体。按属性，丙烷属于有机化学品，归类时应按有机化学品归入第 29 章，但第 29 章章注二（三）对丙烷作了规定，丙烷应归入第 27 章。尽管"丙烷"属有机化学品，但由于具有法律效力的依据是注释，而不是标题，因此，根据归类总规则一的规定"具有法律效力的归类，应按品目条文和有关类注或章注确定"，丙烷不能按标题归入第 29 章，而应按章注归入第 27 章。本题商品的商品编码为 2711.1200。

三、未上衣领的棉质机织女衬衫

（6206.3000）

商品分析及归类：本题商品属于服装的不完整品，其虽未缝上衣领，但已具有衬衫完整品的基本特征。归类总规则二（一）规定，"品目所列货品，应视为包括该项货品的不完整品或未制成品，只要在进口或出口时该项不完整品或未制成品具有完整品或制成品的基本特征。"本题商品应按完整品的棉质机织女衬衫归入商品编码 6206.3000。

四、含 20% 柑橘皮的绿茶（每包净重 6 千克）

（0902.2090）

商品分析及归类：本题商品为含 20% 柑橘皮的绿茶，即属于由柑橘皮和绿茶组成的混合物，虽含有 20% 柑橘皮，但其基本特征还是茶，而非柑橘皮。根据归类总规则二（二）的归类规定，"品目中所列材料或物质，应视为包括该种材料或物质与其他材料或物质混合或组合的物品。品目所列某种材料或物质构成的货品，应视为包括全部或部分由该种材料或物质构成的货品。"因此，本题商品应按绿茶归入商品编码 0902.2090。

五、由一支带钥匙环的笔形电筒和一支圆珠笔组成的零售组合用物品

（圆珠笔：9608.1000）

（手电筒：8513.1010）

商品分析及归类：本题商品是由圆珠笔和手电筒组成的供零售用的物品，即由手电筒和圆珠笔组成的成套货品。根据归类总规则三（二）对零售成套货品的归类规定，"零售成套货品必须同时符合下列 3 个条件，即（1）零售包装，（2）由归入不同品目的物品构成，（3）在用途上是相互补充、配合

的。由于本套货品不符合第三个条件的规定,即在用途上不是相互补充、配合使用的,因此,本题商品不能按零售成套货品的主要特征进行归类,而应分别归类。"本题圆珠笔应归入商品编码 9608.1000,手电筒应归入商品编码 8513.1010。

六、用50%牛肉与50%鱼肉混合而成的饺子馅

(1604.2099)

商品分析及归类:本题商品是由 50%牛肉与 50%鱼肉混合而成的饺子馅,为肉类混合食品,归类时应按肉制食品归入第 16 章。由于牛肉与鱼肉含量相等,均为 50%,无法按归类总规则三(二)确定其基本特征,因此,应根据归类总规则三(三)规定,"应按号列顺序归入其可归入的最末一个品目"。其中牛肉属于品目 16.02 项下的商品,鱼肉属于品目 16.04 项下的商品。根据上述归类总规则三(三)规定的从后归类原则,本题商品应以鱼肉归类,归入商品编码 1604.2099。

七、由50%大麦、30%小麦和20%燕麦滚压制片组成的混合谷物片

(1104.1910)

商品分析及归类:本题商品由 50%大麦、30%小麦和 20%燕麦滚压制片组成的混合谷物片。归类总规则三(二)规定,"按构成货品基本特征的材料或部件归类。"根据基本特征归类原则,大麦的成分含量最大,已构成该混合谷物片的主要特征,本题商品应按主要特征的大麦归入商品编码 1104.1910。

八、"康师傅"方便面(内装一块面饼、一包调料包、一只塑料叉)

(1902.3030)

商品分析及归类:本题商品为零售成套包装的食品,是由一块方便面饼、一包调味包和一支塑料叉组成的成套货品。根据归类总规则三(二)的零售成套货品的归类规定,"零售成套货品,必须同时符合下列三个条件,即(1)零售包装,(2)由归入不同品目的物品构成,(3)在用途上具有相互补充、配合使用的特点。"由于本题成套货品符合上述零售成套货品的规定条件,其

中的方便面饼构成了整个零售成套货品的基本特征，因此，本题商品应按方便面食品归入商品编码1902.3030。

九、银制茶叶罐，装有绿茶（包装重1千克）

（银茶罐：7114.1100）

（绿茶：0902.1090）

商品分析及归类：本题商品为银质茶叶罐内装入绿茶，即银质茶叶罐为绿茶的包装容器，应适用于归类总规则五（一）的归类原则。由于银质罐子的价值相对于绿茶来说较贵重，无论是从其价值还是从其作用来分析判断，该银制罐都"本身构成了整个货品的基本特征"，因此，根据归类总规则五（一）的规定，其不能与绿茶一并归类。根据归类总规则一，银罐子应与绿茶分别归类。银茶罐应归入商品编码7114.1100，绿茶应归入商品编码0902.1090。

十、铅晶质玻璃花瓶，氧化铅含量为20%

（7013.9900）

商品分析及归类：本题商品为铅晶质玻璃花瓶，其材料属性属于玻璃制品，归类时应按"玻璃及其制品"归入第70章，并按室内装饰用的玻璃器皿归入品目70.13。本题商品似乎可以按照具体列名原则归入子目7013.9100，也可以按照其他玻璃制品归入子目7013.9900。根据第70章子目注释规定，子目7013.91所称"铅晶质玻璃"，仅指按重量计氧化铅含量不低于24%的玻璃。本题铅晶质玻璃花瓶，氧化铅含量仅为20%，应按子目的法定归类应按子目条文或有关的子目注释等来确定，因此，本商品应按子目注释归入商品编码7013.9900。

十一、用于缝制女睡衣裤棉质色织平纹机织物（按重量计含棉量在85%及以上每平方米重量超过200克）

（5209.4100）

商品分析及归类：本题商品为用于缝制女睡衣裤棉质色织平纹机织物，归类时应注意审题，本题待归类商品是棉质色织平纹机织物，而不是用该面料缝制的女睡衣裤。因此，本商品应归入第52章品目52.09项下"棉机织物，按重量计含棉量在85%及以上，每平方米重量超过200克"，依据"色织""平纹机织物"这两个条件，本题商品应归入商品编码5209.4100。

十二、液体猪油，混有5%花生油供食用

（1517.9090）

商品分析及归类：本题商品为液体猪油中混有5%花生油，应为混合油脂。归类时我们很容易将此商品错误理解为虽混有5%花生油但未失去液体猪油的基本特征，从而认定符合归类总规则二（二），而理直气壮地将其按液体猪油归入品目15.03。15.03品目条文表明，"猪油硬脂、液体猪油、油硬脂、食用或非食用脂油，未经乳化、混合或其他方法制作"，但其品目条文明确表明该品目不包括混合油脂；而品目15.17的品目条文"人造黄油；本章各种动、植物油、脂及其分离品混合制成的食用油、脂或制品，但品目15.16的食用油、脂及其分离品除外"，该品目条文包括本题商品。依据品目条文确定本题商品应归入品目15.17，商品编码为1517.9090。本题主要向初学者强调，在确定品目时应注意品目条文和类、章注释永远优先于归类总规则二～五。

十三、零售包装组成成套工具装于一塑料工具箱（内有：钳子、锤子、螺丝刀、扳手、凿子、白铁剪等）

（8206.0000）

商品分析及归类：本题商品为成套的贱金属工具，其中有子目8203.2的钳子、子目8205.2的锤子、子目8205.4的螺丝刀、子目8204.1的扳手、子目8205.3凿子、子目8203.3的白铁剪等。品目82.06的条文表明，由品目82.02至82.05中两个或多个品目所列工具组成的零售包装成套货品，而本题商品符合品目82.06的商品范围，因此，本题商品应按成套工具归入商品编码8206.0000。

十四、皮革制小提琴盒

（4202.9100）

商品分析及归类：本题商品为皮革制小提琴盒。皮革制小提琴盒虽然属于归类总规则五（一）列举的包装容器，但本题商品未同时满足归类总规则五（一）按装在该盒内的小提琴一并归类的条件，即（1）制成特定形状或形式，（2）适合长期使用，（3）与所装物品一同出售，（4）与所装货品一同报验，（5）不构成整个货品的基本特征。因为两者分别进口或出口报验，违

背归类总规则五（一）与所装货品一并归类的前提条件，所以，本题商品只能按皮革制小提琴盒归入品目42.02，商品编码为4202.9100。

十五、个人用成套梳妆旅行用具（由刷子、梳子、剪子、镊子、指甲锉、镜子、剃刀架及修剪指甲工具等组成）

（9605.0000）

商品分析及归类：本题商品为个人成套旅行梳妆用的成套货品。看起来是一套满足个人旅行中梳妆用的成套货品，也完全符合规则三（二）所称零售成套货品条件，是否应该按其具有该套货品基本特征的某一货品归类呢？不可以。因为第96章品目96.05品目条文明确表明"个人梳妆、缝纫或清洁鞋靴、衣服用的成套旅行用具"列名了本题商品。因此，对于品目条文或注释已有规定的成套货品，是不能按归类总规则三（二）处理的。本题商品应归入品目96.05，而不能运用归类总规则三（二）。本题强调，在符合归类总规则三（二）所称零售成套货品条件的货品，应优先按品目条文或注释的要求归类。

十六、针织印花棉制床单

（6302.1010）

商品分析及归类：本题商品为针织印花棉制床单。本题商品应归入第63章品目63.02"床上、餐桌、盥洗及厨房用的织物制品"。

在确定品目63.02项下的子目时，初学者很容易直接按"棉制床单"的具体列名将其归入子目6302.2110，其结果是错的。其错误的根源就在于没有按照归类总规则六"子目的比较只能在同一数级上进行"的规定执行。品目63.02项下有6个一级子目，即"-针织或钩编的床上用织物制品""-其他印花的床上用织物制品""其他床上用织物制品""针织或钩编的餐桌用织物制品""其他餐桌用织物制品""盥洗及厨房用棉制毛巾织物或类似的毛圈织物的制品"。在同一数级上进行比较，本题商品一级子目应归入第一个一级子目（-针织或钩编的床上用织物制品），在该一级子目范围内确定三级子目（没有设二级子目），这样会十分准确地将该商品归入商品编码6302.1010。由于有些初学者不能够严格遵守归类总规则的规定，一看到有"床单"的具体列名就把一切规则丢掉，迫不及待地"跳级""越级"归类，因此最终酿成错误。

第五章~第六章进出口商品归类强化训练习题

一、多项选择题

1. 归类总规则一的正确含义是（　　）。

A. 类、章及分章的标题，仅为查找方便而设

B. 具有法律效力的归类，应按品目条文和有关类注或章注确定

C. 具有法律效力的归类应按有关类注确定

D. 如品目、类注或章注无其他规定，按以下规则确定

2. 归类总规则二（二）的正确含义是（　　）。

A. 品目所列商品包括以某种材料为主，兼有或混有其他材料或物质的商品

B. 品目所列商品包括所兼有或混有的材料和物质并不改变原有商品的特征或性质为条件的

C. 如果所添加的材料或物质改变了原商品的特征或性质，则应按规则三进行归类

D. 如果所添加的材料或物质改变了原商品的特征或性质，而且根据混合物或组合物所含材料或物质可以归入两个及两个以上品目时，则应按规则三进行归类

3. 归类总规则二（一）的正确含义是（　　）。

A. 品目所列商品包括其不完整品或未制成品

B. 品目所列商品包括具有完整品或制成品基本特征的不完整品或未制成品

C. 品目所列商品包括运输、包装等原因进口或出口时的未组装件及拆散件

D. 品目所列商品包括完整品或制成品在运输、包装等原因进出口时的未组装件或拆散件

4. "零售成套货品"需同时符合的条件是（　　）。

A. 至少由两种看起来可归入不同品目的物品构成

B. 包装内的物品不论在使用上是否存在必然联系

C. 为了适应某种需要而将几件产品或物品包装在一起

D. 其包装形式适于直接销售给用户而货物无须重新包装

5. 适合供长期使用的包装容器，必须符合哪些要求，才可以与所装的物品一同归类（　　）。

A. 制成特定形状或形式　　　　B. 适合长期使用

C. 与所装物品一同报验　　　　D. 与所装物品一同出售

E. 不构成整个物品的基本特征

6. 下列有关归类总规则六的正确表述是（　　）。

A. 子目的比较只能在同一数级上进行

B. 子目的比较可不在同一数级上进行

C. 一级子目只能与一级子目比较

D. 一级子目可与二级子目比较

二、判断题（正确的打"√"，错误的打"×"）

1. 归类总规则五（二）的正确含义可以这样表述：在一同报验时，当包装容器明显不能重复使用时，就应与所装货品一并归类；当包装容器明显能重复使用时，就不应与所装货品一并归类。（　　）

2. 归类总规则三（二）适用的条件是：（1）混合物；（2）不同材料的组合货品；（3）不同部件的组合货品；（4）零售的成套货品。（　　）

3. 归类总规则六规定：商品在子目上归类的法律依据是子目条文和子目注释，在子目条文或子目注释没有规定的情况下，可按类注或章注的规定办理。（　　）

4. 依据归类总规则二的规定，虽不能直接使用，但只需经过进一步加工即可使用的未制成品，即可按制成品归类。（　　）

5. 根据归类总规则一的规定，具有法律效力的商品归类依据应是：（1）类、章及分章的标题；（2）品目条文；（3）有关类注或章注。（　　）

第七章 《协调制度》下的各类进出口商品归类实务

对进出口商品进行归类是对外贸易,特别是进出口报关业务的一项基本技能。本章重在进行应用能力的训练,以提高能力为本位,在前面所讲授的商品归类的总规则及原则和方法的基础上,对《协调制度》各类、章、分章所列商品归类,通过典型例题,在注重实际动手能力训练的基础上,让初学者通过实训积累经验,进一步培养解决实际问题的能力。为实现上述目标,本章对《协调制度》中人们不太熟悉或者专业知识性很强的商品,专门编写了相关知识,以期帮助初学者提高对该类商品的认识,进行正确的商品分析,确定正确的商品归类思路,准确运用商品归类的原则和方法进行正确归类。

本章主要是对《协调制度》中所列目录的各类进出口商品,运用商品归类总规则、原则和方法在报关实践中完成对进出口商品的归类,同时采用实训操作的方式进行系统讲解。为了表述方便,本章分为21节,每节分别对应《协调制度》分类目录中所列的每类商品归类的原则和方法进行系统讲述。本章学习重点将在每节逐一提示,不在此一并总结。

第七章 《协调制度》下的各类进出口商品归类实务

第一节 第一类 活动物；动物产品

本节学习目的及重点、难点、疑点

1. 旨在理解、掌握并运用商品归类原则和方法对《协调制度》第一类所涉及的商品进行归类。

2. 关于动物产品归类，其难点是根据动物产品的加工程度判断其适于归入本类，还是适于归入后面的其他类（如第四类）。

3. 归入本类或归入其他类的动物产品，主要依据加工程度、添加的物质是否超过本类各章注释，以及品目条文允许的范围来区分。

一、本类商品的主要内容及范围

本类商品的范围主要涉及：

第 1 章　活动物

第 2 章　肉及食用杂碎

第 3 章　鱼、甲壳动物、软体动物及其他水生无脊椎动物

第 4 章　乳品；蛋品；天然蜂蜜；其他食用动物产品

第 5 章　其他动物产品

第 1 章至第 5 章中除少数特例（如巡回展出的流动马戏团、动物园活动物应归入第 95 章）外，包括了所有种类的活动物。除另有规定的例外，均包括其幼仔在内，以及经过有限度地简单加工的动物产品。在这里所指的"简单加工"，通常是对第 2 章、第 3 章的动物产品进行鲜、冷、冻、干、熏、（盐）腌、（盐）渍等加工处理（也有例外，如品目 03.05 的熏鱼、品目 03.06 的甲壳动物等）。其简单加工的产品可以供人食用的在第 2 章、第 3 章、第 4 章，不可供人食用的（如第 1 章、第 2 章的死动物）在第 5 章。**进口改良种用的动物，须由省级人民政府有关部门出具证明文件，否则不论其实际用途如何，一律不得归入"改良种用动物"。**

二、本类商品的归类原则和方法

本类活动物在《协调制度》中基本分成两部分。

第一部分活动物包括马、驴、骡、牛、猪、羊、家禽以及第3章以外的其他活动物,列入第1章;第二部分活动物包括鱼、甲壳动物、软体动物及其他水生无脊椎动物,列入第3章。

活动物的归类比较简单,只要将第3章"鱼、甲壳动物、软体动物及其他水生无脊椎动物"与第1章的动物区别开来即可。做出这样的区别判断并不困难,困难在于动物产品的归类。其难点在于根据动物产品的加工程度判断其适于归入本类,还是适于归入后面的其他类(如第四类)。同时,又由于第2章至第5章的动物产品种类比较多,而各章有关产品加工程度的标准也各有不同,具体到某一种动物产品加工到何等程度属于"简单加工",可归入第3章,而加工到何等程度属于"深加工",超出了"简单加工"的范围,应该归入第四类或其他类。

归入本类或其他类的动物产品,主要依据加工程度、添加物质是否超过本类各章注释,以及品目条文允许的范围来区分。在一般情况下,这种归类应该遵循以下原则。

（一）超过了本类加工程度以及添加物质允许范围的食用动物产品,主要归入第三类和第四类

例如,动物油脂归入第15章的有关品目;对用其他方法加工和保存的肉、鱼、甲壳动物、软体动物及其制品,归入第16章的有关品目;包肉馅的面食归入第19章的有关品目。需要注意的是,其中最容易与本类的食用动物产品发生归类混淆的是第四类第16章的动物产品。

（二）超过了本类加工程度允许范围的非食用动物产品,主要归入第四类、第十二类及第二十类

配制的动物饲料、肉骨粉等,应归入第23章的有关品目;已加工羽毛、羽绒及其制品等,应归入第67章的相关品目;对已加工的兽牙、骨、玳瑁壳、角、鹿角等,供雕刻用动物质材料应归入第96章的相关品目。需要注意的是,其中最容易与本类的非食用动物产品发生归类混淆的是第67章的有关货品。

下列状态的肉及食用杂碎（不论其是否烫洗或作类似处理，但未经烹煮的）属于简单加工：

1. 鲜的（包括运输途中用盐临时保藏的肉及食用杂碎）；
2. 冷的，产品温度一般降至零摄氏度左右，但未冻结的；
3. 冻的，即冷却到产品的冰点以下，以便产品全部冻结的；
4. 盐腌、盐渍、干制或熏制的。

作上述简单方式加工处理，目的是为了储藏、保存的需要。用非上述加工方式处理制作或保藏的肉或食用杂碎，例如用面包屑或面糊包裹、加香草或用胡椒和盐等调味的肉或食用杂碎，以及用任何方法烹煮（如煮、蒸、烤、煎、炸、炒）的肉或食用杂碎，应作为超过了上述简单加工范围的复杂加工，归入品目16.02。

（三）关于鱼归类时，应注意区分品目03.02~03.03的鱼与品目03.04的鱼片及其他鱼肉的区别

1. 品目03.02~03.03的鱼，包括整条、去头、去肚或切成带骨鱼块的鱼。

2. 品目03.04的鱼片，指顺鱼脊骨平切的长条肉片。它们构成鱼的左边或右边，但鱼头、鱼肠、鱼鳍（脊鳍、臀鳍、尾鳍、腹鳍、胸鳍）和鱼骨（脊骨、胸骨、肋骨、鳃骨或镫骨等）已去除，两边也不连接。有时为了使肉成片或便于随后切成薄片，鱼片可带有鱼皮，这些不影响该商品归类。

3. 品目03.04的其他鱼肉，是指去骨鱼肉（不论是否绞碎），与鱼片一样，由于清理不彻底而残存有少量鱼骨并不影响该鱼肉的归类。

（四）鱼、甲壳动物、软体动物及其他水生无脊椎动物归入第3章，其他活动物（马、驴、骡、牛、猪、羊、家禽、狗、蛇、蜂等）归入第1章

1. 动物杂碎归类

（1）供人食用的杂碎，如果适合供人食用，可归入第2章；不适合供人食用（因保存不当导致变质），则归入第5章。

（2）专供制药用的杂碎（如胆囊、肾上腺、胎盘等），如为鲜、冷、冻或用其他方法暂时保藏的，归入品目05.10；经过干制的，则归入品目30.01。

（3）既可供人食用，又可供制药用的杂碎（如肝、肾、肺、脑、胰腺、

脾、脊髓）按以下情况归类：

①临时保藏（例如，用甘油、丙酮、酒精、硼酸钠临时保藏）以供药用的，归入品目 05.10；

②干制的，归入品目 30.01；

③其他如果适合供人食用的，归入第 2 章；

④不适合供人食用的，归入第 5 章。

（4）既可供人食用，又有其他用途的杂碎（例如，皮），适合供人食用的归入第 2 章，不适合供人食用、具有其他用途的，应归入第 5 章及其他有关章。

（5）根据第 2 章章注二的规定"**动物的肠、膀胱、胃（品目 05.04）或动物血（品目 05.11、30.02）**"，必须按不可食用的动物产品归入第 5 章（其中动物血，如果符合品目 30.02 规定，则归入品目 30.02）。第 2 章章注二的规定与我国饮食文化具有很大的差异，在对上述动物产品归类时，应该根据该章注将其归入品目 05.04。

2. 乳品归类及相关商品知识

（1）乳及奶油。

未浓缩及未加糖或其他甜味物质的乳及奶油归入品目 04.01，浓缩、加糖或其他甜物质的乳及奶油归入品目 04.02。常见的乳及奶油有以下几个品种：

①消毒乳，由原料乳经预处理，加热杀菌后制得。按加工要求不同可分为巴氏灭菌乳和超高温灭菌乳。

②炼乳，由原料乳经预处理，加热杀菌后经真空浓缩制得，一般浓缩至乳固体含量提高 2~2.5 倍，按加糖与否又分为甜炼乳和淡炼乳。

③奶粉，由原料乳经预处理，加热杀菌后经真空浓缩，再经喷雾干燥制得，一般 8 份鲜奶可制得 1 份乳粉。根据需要，可加工为全脂奶粉、全脂加糖奶粉、半脂奶粉、脱脂奶粉等。

④奶油，乳经奶油分离机分离后得到的含脂率高的部分为奶油，不含脂肪的部分为脱脂乳。

（2）酪乳，结块、发酵、酸化的乳及奶油。

酪乳，结块、发酵、酸化的乳及奶油归入品目 04.02。常见的有以下两种：

①酪乳（buttermilk），在黄油生产过程中，将成熟后的奶油置于搅拌器搅拌，利用机械的冲击力，使脂肪球膜破坏而形成奶油颗粒，通过搅拌分离出的液体。

②酸乳（yogurt），由原料乳接入专用菌种，再经保温发酵而制得。可在酸乳中加入蔗糖、果浆或果块、香精等品种。

（3）乳清。

乳清（whey），干酪加工的副产品，液态，略带黄绿色，主要含乳糖，还含有少量蛋白质、维生素和矿物质。将乳清浓缩烘干即得乳清粉。

乳清归入第4章品目04.04。子目0404.10所称"改性乳清"，是指由乳清成分构成的制品，即全部或部分去除乳糖、蛋白或矿物质的乳清、加入天然乳清成分的乳清以及由混入天然乳清成分制成的产品。

第4章章注三规定，乳清经浓缩并加入乳或乳脂制成的产品，若同时具有下列3种特性，则视为乳酪归入品目04.06：

①按干重计乳脂含量在5%及以上的；

②按重量计干质成分至少为70%，但不超过85%的；

③已成型或可以成型的。

（4）乳酪及凝乳。

乳酪（cheese），又称干酪、芝士，由原料乳加发酵剂进行乳酸发酵，然后加凝乳酶进行凝固。凝结的部分是凝乳（curd），而液态部分是乳清。去除乳清再经加工即可制得干酪。按含水量的多少可分为软干酪、半硬质干酪、特硬干酪。干酪是一种高蛋白、高脂肪的营养食品。乳酪归入品目04.06。

（5）乳中提取的脂和油。

从乳中提取的脂和油归入品目04.05，一般有下列品种。

①黄油（butter），《协调制度》中的品目04.05所称"黄油"，仅指从乳中提取的天然黄油、乳清黄油及调制黄油（新鲜、加盐或酸败的，包括罐装黄油），按重量计乳脂量在80%及以上，但不超过95%，乳的无脂固形物最大含量不超过2%，以及水的最大含量不超过16%。黄油中不含添加的乳化剂，但可含有氯化钠、食用色素、中和盐及无害乳酸菌的培养物。

归类时应特别注意，黄油须是完全用乳制得，如果是由动物、植物的油、脂或其混合油、脂制成的与天然黄油相类似的"黄油"，则应作为人造黄油归入第15章品目15.17。

②乳酱（dairy spreads），《协调制度》中的品目04.05所称乳酱是一种油包水型可涂抹的乳状物，乳脂是该制品所含的唯一脂肪，按重量计其含量在39%及以上，但小于80%。

归类时应特别注意,如果含乳脂以外的其他脂或者含乳脂少于39%的"乳酱",则不能归入品目04.05,根据具体情况可归入品目15.17或21.06。

 易错点提示

归类时容易与本类货品发生错误归类的商品主要有:

(1) 容易错误归入本类第3章的主要有鲸、海豚等水生哺乳动物,以及在水中生活的龟、鳖、蛙、鳄鱼等动物;

(2) 容易错误归入本类第1章的主要有流动马戏团、流动动物园的活动物与其设备同时报验并为其组成部分,这些商品应归入品目95.08。

例1 改良种用野牛。

商品分析及归类:改良种用动物是指由我国主管部门认定为"纯种"的种用动物。凡进口改良用的动物,须经省一级有关部门出具证明才能归入与第1章有关的子目。如果没有证明,则无论其实际用途如何,一律不作改良种用动物归类。因此,只有试题给出了"改良种用",才能考虑"改良种用"的相关编码。本题商品应归入商品编码0102.9010。

例2 "远洋"牌烤鱿鱼丝,用新鲜的鱿鱼配以白砂糖、盐、味精后烤制而成,125克/袋。

商品分析及归类:本题商品是烤鱿鱼丝。鱿鱼属于软体动物,由于已经过烤制加工,其加工程度及范围超过了第3章品目03.07的加工范围,因此,本题商品应归入第16章品目16.05"制作或保藏的甲壳动物、软体动物及其他水生无脊椎动物"项下。归入一级子目"-软体动物"项下的二级子目"--墨鱼及鱿鱼",本题商品应归入商品编码1605.5400。

例3 经烹煮的大麻哈熏鱼。

商品分析及归类:大麻哈鱼是鲑科麻哈鱼属的鱼种,本题大麻哈鱼是经过先煮后熏的鱼。归类时似乎应该按鱼归入第3章,也似可按鱼制品归入第16章。根据第3章品目03.05条文规定,"品目03.05包括'熏鱼',不论在熏制前或者熏制过程中是否烹煮"。由于本题商品的加工程度符合第3章品目03.05的加工范围，因此，本题商品仍应归入第3章，商品编码应为0305.4120。

例4　制刷用马毛（非成束）。

商品分析及归类：马毛属于动物产品，归类时应按动物产品归入第5章。查阅品目条文，由于品目没有相关的产品列名，因此，应按"其他品目未列名动物产品"归入品目05.11。根据第5章章注四"本《协调制度》所称'马毛'，是指马科、牛科动物的鬃毛和尾毛"，本题商品应归入商品编码0511.9940。

例5　制刷用马毛（成束）。

商品分析及归类：马毛属于动物产品，归类时似应按马毛归入第5章，但根据第5章章注一（四）"本章不包括供制帚、制刷用的成束、成簇的材料（品目96.03）"，因此，成束的制刷用马毛不能按马毛归入第5章，而只能按马毛制品归入第96章。本题商品应归入商品编码9603.9090。

例6　用乳为原料制得的冰激凌。

商品分析及归类：冰激凌是英文ice cream的音译，是用牛乳或乳制品及蔗糖为主要原料，加入蛋或蛋制品、稳定剂（如明胶、琼脂等）、香料等物质，经严格消毒后，再乳化、凝制而成的。含有天然成分的乳应归入第4章。由于本题商品是以乳为原料再添加其他物质所制得的食品，其加工程度超出了第4章天然乳的加工范围，因此，不能按乳归入第4章，而应按乳制品归入第19章或第21章。本题商品应归入商品编码2105.0000。

例7　活的海参。

商品分析及归类：本题商品为活的海参。海参属于第3章"鱼、甲壳动物、软体动物及其他水生无脊椎动物"中的水生无脊椎动物，应归入第3章品目03.08项下的一级子目"-海参（仿刺参、海参纲）"。由于本题中的海参是"活的"，因此其二级子目应归入"--活、鲜或冷"，又由于本题并未告知该活海参是否专门用作"种苗",故其三级子目应归入"---其他",因此,本题商品应归入商品编码 0308.1190。

进出口商品归类强化训练习题

一、商品归类题

1. 活的淡水小龙虾
2. 活甲鱼(供食用的)
3. 改良种用野牛
4. 冷藏的中华绒螯蟹
5. 活珍珠鸡(供食用、重量大于 2 千克)
6. 干的猪蹄筋
7. 鲜的整头乳猪肉(重量不足 10 千克)
8. 灌入肠衣的熏、腌牛肉(未经绞碎、未调味)
9. 流动动物园巡回展出用羊
10. 未炼制的牛脂肪
11. 已烹煮的大麻哈熏鱼
12. 用于制药的干海龙
13. 加有蜂王浆的天然蜂蜜
14. 牛尾毛
15. 猴枣
16. 天然黄油(零售包装)
17. 干鱼肚

二、单项选择题

1. 制刷用马毛(成束)
   A. 0511.9940　　B. 9603.9090　　C. 0502.9019　　D. 0511.9990
2. 马宝
   A. 0510.0010　　B. 0511.0090　　C. 0101.2900　　D. 0511.9190
3. 冷大麻哈鱼
   A. 0304.3900　　B. 0304.9900　　C. 0302.1300　　D. 0304.4100
4. 中华绒螯蟹
   A. 0306.1490　　B. 0306.3290　　C. 0306.3490　　D. 0306.9310

5. 用乳为原料制作的冰激凌
A. 2105.0000　　　B. 0402.2900　　　C. 0402.9900　　　D. 0402.9000

第二节　第二类　植物产品

本节学习目的及重点、难点、疑点

1. 旨在理解、掌握并运用商品归类原则和方法对《协调制度》第二类所涉及的商品进行归类。

2. 只经过简单加工的植物产品才归入本类，如果超出这一范围而进行了进一步的深加工则应归入后面其他类（如第四类）。

3. 加工程度以及添加的物质超过了本类所允许范围的食用植物产品，主要归入第三类和第四类。

4. 超过本类加工程度所允许范围的非食用植物产品，主要归入第四类和第二十类。

一、本类商品的主要内容及范围

本类商品主要涉及《协调制度》：

第 6 章　活树及其他活植物；鳞茎、根及类似品；插花及装饰用簇叶

第 7 章　食用蔬菜、根及块茎

第 8 章　食用水果及坚果；柑橘属水果或甜瓜的果皮

第 9 章　咖啡、茶、马黛茶及调味香料

第 10 章　谷物

第 11 章　制粉工业产品；麦芽；淀粉；菊粉；面筋

第 12 章　含油子仁及果实；杂项子仁及果实；工业用或药用植物；稻草、秸秆及饲料

第 13 章　虫胶；树胶；树脂及其他植物液、汁

第 14 章　编结用植物材料；其他植物产品

本类商品范围从第 6 章至第 14 章，共 9 章，包括所有种类的活植物及经

过有限度的简单加工的植物产品。

二、本类商品的归类原则和方法

植物产品的归类与动物产品的归类思路基本一致，即对本类的植物产品，需特别注意其加工程度。只经过简单加工的植物产品可以归入本类，如果超出这一加工范围进行了进一步的深加工，则应归入后面其他有关类（如第四类）。本类植物产品与动物产品比较，其种类、用途更复杂，而各有关章及其具体植物产品加工程度所规定的标准也不尽相同，这些都可能给归类带来困难。归类时，方法仍是首先在本类相应章的有关品目条文、章注、类注中查找。如果与规定相符，则应归入本类；如果与规定不相符，则视为其加工程度已超出允许范围，因为超出了"简单加工"范围，所以，应作为深加工产品而归入后面其他有关类（如第四类）。由此可见，是归入本类，还是归入其他类植物产品的主要依据是其加工程度、添加的物质是否超过本类各章注释以及品目条文允许的范围。在一般情况下：

——加工程度以及添加的物质超过了本类所允许范围的食用植物产品，主要归入第三类和第四类。例如，植物油归入第 15 章，化学纯蔗糖归入第 17 章，面包等面食归入第 19 章。加工程度较高的食用蔬菜、根及块茎，加工程度较高的食用水果、坚果及其制品归入第 20 章，番茄沙司归入第 21 章等。

——超过本类加工程度所允许范围的非食用植物产品主要归入第四类和第二十类。例如，豆饼归入第 23 章，用于雕刻的已加工的植物材料归入第 96 章。

（一）干蔬菜的归类

根据第 7 章章注三的规定，"**品目 07.12 包括干制的归入品目 07.01 至 07.11 的各种蔬菜，但下列各项除外：**

1. 做蔬菜用的脱荚干豆（品目 07.13）；
2. 品目 11.02 至 11.04 所列形状的甜玉米；
3. 马铃薯细粉、粗粉、粉末、粉片、颗粒及团粒（品目 11.05）；
4. 用品目 07.13 的干豆制成的细粉、粗粉及粉末（品目 11.06）。"

对于干蔬菜的归类应注意，可食用的高淀粉或菊粉含量的蔬菜、植物块茎及块根和球茎的粉，如玉米和马铃薯的粉以及甘薯、木薯的粉等应归入第 11 章；甜玉米、鲜辣椒、蘑菇、块菌、葱、蒜等是蔬菜，品目 07.12 的干蔬菜不包括作为蔬菜用的脱荚干豆,其应归入品目07.13。"

(二) 混合调味品的归类

根据第9章章注一的规定,"品目09.04至09.10所列产品的混合物,应按下列规定归类：

1. 同一品目的两种或两种以上产品的混合物仍应归入该品目；
2. 不同品目的两种或两种以上产品的混合物应归入品目09.10。

品目09.04至09.10的产品(或上述'1'或'2'项的混合物)如添加了其他物质,只要所得的混合物保持了原产品的基本特性,其归类应不受影响。基本特性已经改变的,则不应归入本章；构成混合调味品的,应归入品目21.03。"

例如,20%的胡椒粉与80%的辣椒粉的混合物,由于胡椒粉与辣椒粉都归入品目09.04,属于同一品目的混合物,因此仍归入品目09.04。

又如,20%的胡椒粉与80%的肉桂粉的混合物调料,由于胡椒粉归入品目09.04,肉桂粉归入品目09.06,该调料属于不同品目的混合物,因此应归入品目09.10。

如果调味品及其混合物中添加了其他物质而改变了其基本特性,构成另一混合调味料,则应按混合调味品归入品目21.03。

需要注意的是,易错误归入本章的商品,比如能用作调味香料但主要用途不是作为调味香料的某些植物,如芥子(品目12.07)及芥子粉(品目21.03)。

(三) 种植用种子的归类

根据第12章章注三的规定,"甜菜子、草子及其他草本植物种子、观赏用花的种子、蔬菜种子、林木种子、果树种子、巢菜子(蚕豆除外)、羽扇豆属植物种子,可一律视为种植用种子,归入品目12.09。

但下列各项即使作种子用,也不归入品目12.09：

1. 豆类蔬菜或甜玉米(第7章)；
2. 第9章的调味香料及其他产品；
3. 谷物(第10章)；
4. 品目12.01至12.07或12.11的产品。"

归类时需要注意的是,品目12.09所述种植用种子,不是以是否作为种用为唯一标准,对确实为种用的植物种子,当其在本章其他品目或《协调制度》其他品目列名更为具体时，一般不将其归入品目 12.09。例如：

1. 种用的大豆、花生、亚麻子、油菜子以及主要用作香料、药料、杀虫、杀菌或类似用途的植物，应分别归入品目 12.01 至 12.02，12.04 至 12.06 或 12.11。

2. 种用的油棕果及油棕仁、棉子、蓖麻子、芝麻、芥子、红花子、罂粟子、牛油树果等，应归入品目 12.07。

3. 种用豆类蔬菜、甜玉米、油橄榄，应归入第 7 章。

4. 种用的巴西果、腰果及其他食用坚果（非含油），应归入品目 08.01 或 08.02。

5. 种用的胡椒、辣椒等调味香料及其他产品，应归入第 9 章。

（四）植物加工产品的归类

植物产品与动物产品归类的思路大致相同，主要以其加工程度作为其归类判断的标准，对本类植物产品归类需要特别注意其加工程度并以此入手。只经过简单加工的植物产品仍归入本类。

通常情况下，下列状态的植物（如蔬菜）视为简单加工：

1. 鲜的；

2. 冷的，是指产品的温度一般已降至零摄氏度左右但未冻结；

3. 冻的，是指产品已冷却到冰点以下并且已经全部冻结，包括冻前加有盐或糖的蔬菜和冻前蒸过或用水煮过的蔬菜；

4. 暂时保藏，是指使用前在运输或贮存时仅为暂时保藏而进行处理（例如，存于二氧化硫气、盐水、亚硫酸水或其他防腐液中），但不适于直接食用的蔬菜，它们主要用于食品工业的原材料。

如果其加工程度或添加某物质超出了本类所允许的范围，而进行了进一步深加工的，则应归入后面的其他类（第四类）。

由于本类植物产品相对于动物产品而言，无论是种类还是用途都更复杂，因此有关章对具体的植物产品加工程度规定的标准不尽相同。归类方法仍是首先在第二类相应章及具体有关品目条文与章注、类注中查找，如果相符则归入本类，否则若其加工程度已经超出了本类所允许范围，则作为深加工产品而归入其他相关章。

例如，咖啡归入品目 09.01，而咖啡精，经查第 9 章品目 09.01 条文，已超出该章加工范围，所以应在第四类第 21 章中查找，归入品目 21.01。

（五）虫胶、树胶、树脂、树胶脂、油树脂的归类及有关知识

1. 虫胶：指昆虫在几种热带树上分泌的树脂物质。
2. 树胶、树脂、树胶脂及油树脂：植物分泌液，遇到空气会凝固，但相互之间还有区别：

（1）树胶为黏性物质，无气味，无味道，稍溶于水，燃烧时不熔化、无气味，如阿拉伯树胶。

（2）树脂不溶于水，稍有气味，导电性能差，带有负电荷，加热变软，甚至可完全熔化。燃烧时火焰有烟，有特别的气味，如龙血树脂。

（3）树胶脂，是不同比例的树胶和树脂组成的天然物，因而可部分溶于水，一般具有刺激的特殊气味和味道，如没药。

（4）油树脂，是一种渗出液，其成分主要为易挥发的树脂物质。其中的香脂则是以苯甲酸或肉桂酸化合物含量最高为特征的油树脂，如秘鲁香脂。

虫胶、天然树胶、树脂、树胶脂及油树脂归入品目13.01。上述天然产品还可以经洗涤、提纯、漂白、捣碎或研粉，但不得经进一步处理，若加水加压处理成为可溶于水的树胶和树胶脂，则应归入品目13.02，若经硫酸处理成为可溶性树胶则应归入品目35.06，若经热处理成为可溶于干性油的树脂则应归入品目38.06。

这里需要特别申明的是：

第13章，子目1302.1100的鸦片，我国政府明令禁止进口。

（六）品目12.11范围内的植物产品的归类

品目12.11的条文规定主要用作香料、药料、杀虫、杀菌或类似用途的植物产品归入其项下。它们可以是完整的，也可以是部分品，例如，皮、根、梗、叶、花、果等，并且经过简单加工的（如干、切割、捣碎、磨碎、研粉或去壳等）均归入本品目。但应注意的是下列植物，即使可以作香料、药料、杀虫、杀菌或类似用途，也不能归入品目12.11。

1. 其他品目有更为具体列名的植物产品。如丁香，在品目09.07已有具体列名，即使在某种情况下作香料用途，也不能归入品目12.11；又如橘子皮晒干称为陈皮可作药用，因在品目08.14已有具体列名，也不能因其作为药用而归入品目12.11。

2. 对于用于提取固定油类（第15章）的子仁或果实，因其主要用途是

提取油脂的，即使这些油脂可以用作香料、药料、杀虫、杀菌等或类似用途，也仍应归入品目 12.01 ~ 12.07。

3. 超过品目 12.11 简单加工范围的植物产品：

（1）若经混合或制成一定剂量或零售包装的供治病、防病用法定药品，则应按药品用途归入第 30 章相关品目（品目 30.03 或 30.04）。

（2）若经混合或制成零售包装的香料产品，应按其用途归入品目 33.03 ~ 33.07。

（3）若经混合或制成零售包装的杀虫药、杀菌或类似产品，应按其用途归入品目 38.08。

（七）茶的归类

经不同工艺制成的商品茶，一般可分为绿茶、红茶、青茶、黑茶、黄茶、白茶等。

1. 绿茶是将茶叶经杀青、揉捻、干燥等工序制得；
2. 红茶是将茶叶经萎凋、揉捻、发酵、干燥等工序制得；
3. 青茶是将茶叶经萎凋、做青、杀青、揉捻、干燥等工序制得；
4. 黑茶是将茶叶经杀青、揉捻、渥堆、干燥等工序制得；
5. 黄茶是将茶叶经杀青、揉捻、闷黄、干燥等工序制得；
6. 白茶是将茶叶经萎凋、干燥等工序制得。

在《协调制度》中，按照茶的加工工艺是否包含发酵把茶分成两类，而分别归入同一品目下的不同子目：

1. 子目 0902.10、0902.20 的绿茶（未发酵）；
2. 子目 0902.30、0902.40 的红茶（已发酵）及半发酵。

由于绿茶是不经氧化的茶类，又称不发酵茶，因此归入子目 0902.10 或 0902.20；

由于红茶属于氧化茶类，又称全发酵茶，因此归入子目 0902.30 或 0902.40；

由于青茶又称乌龙茶，界于绿茶和红茶之间，故又称半发酵茶，因此归入子目 0902.30 或 0902.40；

由于黑茶、黄茶属于发酵茶，而白茶则属于轻微发酵茶，因此应归入子目 0902.30 或 0902.40。

另外，在加工过程中加入精油（如柠檬油或佛手柑油）、人造香精，或各种芳香植物的某部分或果实（如茉莉花、干橙皮或干丁香）的茶，也应归入本章品目 09.02 项下。

例8 天然圣诞树（未经装饰）。

商品分析及归类：圣诞树是圣诞节用装饰品，归类时似乎可以按圣诞节用品归入第 95 章的品目 95.05，也可以按天然植物归入第 6 章的品目 06.04。由于本商品申明未经装饰，不具有明显节日装饰品特征，因此不能归入第 95 章，而应归入第 6 章。本题正确的商品编码是 0604.2090。

例9 辣椒干。

商品分析及归类：辣椒又名番椒，是茄科辣椒属一年生草本植物。辣椒属于蔬菜，归类时似乎可以按蔬菜归入第 7 章，但依据第 7 章章注四规定，"**本章不包括辣椒干及辣椒粉（品目 09.04）**"。因此，本题商品不能按蔬菜归入第 7 章，而应按调味品归入第 9 章。本题正确的商品编码是 0904.2100。

例10 15%辣椒粉、25%肉豆蔻衣、60%玉米粉的混合物。

商品分析及归类：从混合物材料看，该商品由部分调味香料组成，归类时应按调味香料归入第 9 章。第 9 章章注一规定，"品目 09.04 至 09.10 所列产品的混合物，应按下列规定归类：（一）同一品目的两种或两种以上产品的混合物仍应归入该品目；（二）不同品目的两种或两种以上产品的混合物应归入品目 09.10。

品目 09.04 至 09.10 的产品［或上述（一）或（二）项的混合物］如添加了其他物质，只要所得的混合物保持了原产品的基本特性，其归类应不受影响。基本特性已经改变的，则不应归入本章；构成混合调味料的，应归入品目 21.03。"

本题商品中的"15%辣椒粉、25%肉豆蔻衣"属于品目 09.04 至 09.10 的调味香料产品，成分含量占 40%，由于其他添加物质玉米粉的成分含量占 60%，该混合物因所添加的其他物质而改变了品目 09.04 至 09.10 的产品及其混合物的基本特性，因此，本题正确的商品编码是 2103.9090。千万不可错误地理解其混合物中，玉米粉含量占 60%，应依据归类总规则三（二）具有混合物基本特征,将该商品以"玉米粉"归入第11章。在此再次强调,商品归类时品目条文和类注、章注,永远优先于归类总规则。

例11 去壳燕麦。

商品分析及归类:燕麦是禾本科,燕麦属一年生草本植物,属于谷物类植物,归类时似乎应按谷物归入第10章。但第10章章注一(二)规定,"**本章不包括已去壳或经其他加工的谷物。**"因此,本题商品不能归入第10章,而根据第11章章注二的相关规定,应归入第11章。本题商品应按已经去壳加工的燕麦归类,归入品目11.04。品目条文,"**经其他加工的谷物(例如,去壳、滚压、制片、制成粒状、切片或粗磨),但品目10.06的稻谷、大米除外;谷物胚芽,整粒、滚压、制片或磨碎的**"。因此,本题正确的商品编码是1104.2200。

例12 即食面筋。

商品分析及归类:该商品是指不需要做任何处理,可以直接食用的面筋,其属于谷物的粉制品,似乎可以归入第11章"制粉工业产品;麦芽;淀粉;菊粉;面筋"中。然而该面筋为即食面筋,其加工程度已超过了第11章谷物产品的加工范围,因此,归类时不能按谷物产品将其归入第11章,而应按谷物制品将其归入第19章。查阅品目,由于第19章品目未有即食面筋的具体列名,因此本题商品应按面食归入品目19.02,正确的商品编码是1902.3090。

例13 供纺织用的高粱(生的)。

商品分析及归类:该商品是供纺织用的植物类材料,归类时似乎应按植物产品归入第14章。根据第14章章注一的规定,本章不包括归入第十一类的下列产品,即"**主要供纺织用的植物材料或植物纤维,不论其加工程度如何;或经过处理使其只能作为纺织原料用的其他植物材料**"。因此,本题商品不能归入第14章,而应作为纺织用的植物材料归入第53章。本题正确的商品编码是5305.0099。

例14 已煮熟的芦笋罐头。

商品分析及归类:芦笋属于一种蔬菜,似乎可以归入第7章"食用蔬菜、根及块茎"。由于该商品已经煮熟制成罐头,其加工程度已超过第7章鲜、冷、冻、干、切块、切片的有关品目条文简单加工程度的规定,因此本题商品应归入第20章"蔬菜、水果、坚果或植物其他部分的制品",品目20.05"其他未冷冻蔬菜,用醋或醋酸以外的其他方法制作或保藏的,但品目20.06的产品除外"项下,一级子目"-芦笋"项下的三级子目"---罐头",因此,本题正确的商品编码为2005.6010。

 例15 印度有一种咖喱粉,以丁香、小茴香、胡荽子、芥末子、黄姜粉和辣椒等香料配制而成。

商品分析及归类:咖喱粉属于制作食物时的调味香料,故应归入第9章"咖啡、茶、马黛茶及调味香料",品目09.10"姜、番红花、姜黄、麝香草、月桂叶、咖喱及其他调味香料"项下的一级子目"-其他调味香料",二级子目似乎可归入"--本章注释一(二)所述的混合物",由于品目09.10条文列有咖喱具体列名,因此本题商品不能以"本章注释一(二)所述的混合物"归入该二级子目下,而应归入二级子目"--其他",本题正确的商品编码为0910.9900。

易错点提示

1. 归类时容易与本类货品发生错误归类的商品

(1)容易与本类第6章商品发生错误归类的商品主要有:①供种植用的植物子仁、果实;②食用蔬菜、根及块茎等。

(2)容易与本类第8章发生错误归类的商品主要有:①油橄榄应归入第7章;②咖啡应归入第9章;③花生、干椰子肉、其他含油果实以及刺槐豆、杏仁等应归入第12章;④可可豆应归入第18章等。

(3)容易与本类第9章发生错误归类的商品主要有:虽能用作调味香料但主要用途不是作调味香料的某植物,如芥子应归入品目12.07,芥子粉应归入品目21.03。

(4)容易与本类第10章发生错误归类的商品主要有:①甜玉米应归入品目07.10;②干菜豆应归入品目07.12或07.13。

(5)容易与本类第13章发生错误归类的商品主要有:①咖啡、茶、马黛茶的精汁应归入第21章;②按重量计生物碱含量不低于50%的罂粟秆浓缩物应归入品目 29.39；③鞣料膏、染料膏应归入第 32 章；④天然橡胶和野生橡胶应归入第 40 章；⑤按重量计蔗糖含量超过 10% 及以上或制成糖食的甘草浸膏应归入第 17 章。

（6）容易与本类第 13 章发生错误归类的商品主要有：已加工的供雕刻、制扣以及制其他小商品用的植物的硬质子、核、壳、果等应归入第 96 章（品目 96.02）的商品。

2. 归类注意点

（1）容易与本类的食用植物产品发生混淆的是第 19 章和第 20 章的商品；

（2）掌握主要用于编结的未加工或经简单加工的植物材料与第十一类的纺织材料的区别。

进出口商品归类强化训练习题

一、商品归类题

1. 种用马铃薯
2. 成捆的制帚用高粱
3. 干莲子（500 克袋装）
4. 西洋参片（干的，50 克/盒）
5. 盐水浸泡暂时保藏的小白蘑菇
6. 出芽 1 厘米的水仙花头
7. 用纸带系捆的玫瑰花束
8. 500 克袋装干制的小白蘑菇
9. 干黑木耳
10. 生姜（非种用）
11. 咖喱粉
12. 大豆粉
13. 种用白芝麻
14. 西洋参
15. 冬虫夏草
16. 干椰子肉
17. 中国生漆
18. 鸦片

19. 松脂
20. 蔺草

二、单项选择题

1. 炒熟的核桃
A. 0802.4090　　　B. 0802.9090　　　C. 0813.4090　　　D. 2008.1999

2. 10%未磨胡椒、10%辣椒粉、20%肉豆蔻衣、60%玉米粉的混合物
A. 2103.9090　　　B. 0908.2000　　　C. 0910.9100　　　D. 0910.9900

3. 已焙炒花生仁
A. 1202.1090　　　B. 2008.1120　　　C. 1207.9999　　　D. 1208.9000

4. 成束的制帚用高粱
A. 1404.9090　　　B. 9603.1000　　　C. 1007.0090　　　D. 1401.9090

第三节　第三类　动、植物油、脂及其分解产品；精制的食用油脂；动、植物蜡

本节学习目的及重点、难点、疑点

1. 旨在理解、掌握并运用商品归类原则和方法对《协调制度》第三类涉及的商品进行归类。

2. 归入品目15.21的天然动、植物蜡可以精制漂白或着色。但是，归类时应特别注意，上述蜡的混合蜡则不能归入本章。

3. 关于油脂归类，重点是根据油脂的不同加工方式和加工程度来判断归类，应分别按其加工方式和加工程度的不同归入相应的品目。

4. 混合的油、脂是指本章各种动物油、脂或植物油、脂间及其分离品混合制成的食用油、脂或制品，但不包括品目15.16的食用油、脂及其分离品。混合油、脂应归入本章品目15.17。

一、本类商品的主要内容及范围

本类商品主要涉及《协调制度》的第15章"动、植物油、脂及其分解产

品；精制的食用油脂；动、植物蜡"。

本章的商品，包括以第一类、第二类的动物、植物为原料加工而获得的动物、植物油脂，油脂分解产品，混合食用油，动物、植物蜡，处理油脂或蜡所剩的残渣。

二、本类商品的归类原则和方法

本类商品品目不多，而且与其他商品之间的区分也比较明显，其重点就是根据油脂的不同加工方式和加工程度来判断归类。例如，"初榨的豆油""精制的豆油""氢化的豆油""氧化的豆油""混合的豆油"，它们的归类应随其加工方式和加工程度的不同分别归入 1507.1000、1507.9000、1516.2000、1518.0000、1517.9090。

同时，还应注意，易错误归入本类的商品，如未炼制的猪油脂肪及家禽脂肪应归入品目 02.09，从乳中提取的黄油及其他油、脂应归入品目 04.05，动物油渣、提取植物油所剩的油渣饼及其他残渣应归入第 23 章（油脚除外），可可油、可可脂应归入品目 18.04，游离状态的脂肪酸、精制蜡等应归入第六类，从油类提取的油膏应归入品目 40.02。

（一）变性的油、脂及其分离品归类

变性的油、脂及其分离品是指加入了变性剂，如加入了石油、松节油、甲苯等物质，得到的不能供人食用的油、脂及其分离品。第 15 章章注三规定："**品目 15.18 不包括变性的油、脂及其分离品，这些货品应归入其相应的未变性油、脂及其分离品的品目。**"例如，变性的初榨豆油，未经化学改性，应按初榨豆油归入品目 15.07。

需要指出的是，变性加工与化学改性加工是两个不同的概念，不要混淆，其归类根据章注三的规定，也与改性加工不同。

（二）经化学改性的油、脂的归类

化学改性是指动、植物油、脂及分离品，经化学加工后改变了化学结构以改善某些方面的性能（如熔点、黏性），但这些产品必须仍然保持其原有的基本结构，不能进行改变其原有的组织和晶体结构的进一步加工。例如，"动、植物油、脂及其分离品，全部或部分氢化、相互酯化、再酯化或反油酸化，不论是否精制，但未经进一步加工，应归入品目 15.16。动、植物油、脂及其分离品，

经过熟练、氧化、脱水、硫化、吹制或在真空、惰性气体中加热聚合及用其他化学方法改性的，但品目 15.16 的产品除外，应归入品目 15.18"。

（三）混合的油、脂的归类

所称混合的油、脂是指第 15 章各种动物油、脂或植物油、脂间及其分离品混合制成的食用油、脂或制品，但不包括品目 15.16 的食用油、脂及其分离品。油、脂的混合通常有下列 3 种情况：

1. 不同的动物油、脂及其分离品的混合；
2. 不同的植物油、脂及其分离品的混合；
3. 动物和植物油、脂及其分离品的混合。

上述这些混合油、脂应归入第 15 章品目 15.17。

（四）鱼肝油归类

不论是否通过辐射或用其他方法提高维生素含量的鱼肝油，均应归入品目 15.04，但制成零售包装或经过乳化或加有其他物质以供治疗疾病的鱼肝油应归入第 30 章。

（五）甘油（丙三醇）的归类

粗甘油（以干燥产品的重量计算，纯度在 95% 以下）应归入品目 15.20，以干燥产品重量计算纯度在 95% 及以上的甘油应归入品目 29.05，制成药品或加有药料的甘油应归入品目 30.03 或 30.04，加入香水或化妆品的甘油应归入第 33 章。

（六）动植物蜡的归类

动物蜡包括虫蜡（主要有蜂蜡、虫胶蜡、白蜡）及鲸蜡。植物蜡则是从某些植物获得，如巴西棕榈蜡、小烛树蜡、墨西哥树蜡等。

归入品目 15.21 的天然动植物蜡可以精制漂白或着色。但是，归类时应特别注意，上述蜡的混合蜡不能归入本章，通常有以下 5 种情况：

1. 两种或两种以上动物蜡的混合；
2. 两种或两种以上植物蜡的混合；
3. 动物蜡与植物蜡的混合；
4. 动物蜡或植物蜡与矿物蜡或人造蜡的混合；
5. 以一种或多种蜡为基料，与脂肪、树脂、矿物或其他材料（颜料除外）的混合。

上述这些混合蜡通常应归入第34章相关品目。

三、本类商品的商品编码编排结构规律

综上所述，本类商品在《协调制度》中编排结构的规律如表7-1所示。

表7-1 本类商品的商品编码编排结构

序号	品目	子目	品目编码
1	油脂（初榨、精制）	动物	15.01~15.06
		植物	15.07~15.15
2	油脂（化学改性）		15.16、15.18
3	混合食用油		15.17
4	动、植物蜡		15.21
5	残渣		15.22

例16 由初榨豆油45%、氧化花生油30%、氢化棕榈油25%组成的混合食用油。

商品分析及归类：该商品是由3种植物油组成的混合食用油，应按植物油脂归入第15章。如何确定其品目？该混合食用油应被视为混合物，且其中豆油含量为45%，所占比例最高，似乎构成其基本特征，是否应运用规则三（二）的基本特征归类原则，将其按豆油归入品目15.07呢？仔细查阅本章品目条文后，却发现应运用规则一归类。由于品目15.17条文有具体列名"……**本章各种动、植物油、脂及其分离品混合制成的食用油**……"，因此本题商品应按混合油归入品目15.17，本题商品正确的商品编码是1517.9090。

例17 未经化学改性的精制豆油。

商品分析及归类：该商品"豆油"是一种食用的植物油，应按植物油归入第15章。根据加工程度（未经化学改性、精制）的特点，应归入品目15.07，因此本题正确的商品编码是1507.9000。

例18 氧化的菜油。

商品分析及归类：该商品为氧化的菜油。氧化油是通过加热（通常加入少量氧化剂）而加工制得。菜油是一种可食用的植物油，应按植物油脂归入第15章。根据其氧化的加工程度应归入品目15.18，该品目条文规定，"**动、植物油、脂及其分离品，经过熟练、氧化、脱水、硫化、吹制或在真空、惰性气体中加热聚合及用其他化学方法改性的，但品目15.16的产品除外；本章各种油、脂及其分离品混合制成的其他品目未列名的非食用油、脂或制品**。"因此本题正确的商品编码是1518.0000。

 易错点提示

归类时容易与本类的货品发生错误归类的商品主要有：

（1）未炼制的猪脂肪及家禽脂肪应归入品目02.09；

（2）从乳中提取的黄油及其他油、脂应归入品目04.05；

（3）动物油渣、提取植物油所剩的油渣饼及其他残渣应归入第23章（油脚除外）；

（4）可可油、可可脂归入品目18.04；

（5）游离状态的脂肪酸、精制蜡等应归入第六类；

（6）从油类提取的油膏应归入第40章品目40.02。

进出口商品归类强化训练习题

一、商品归类题

1. 由多种食用植物油调制而成的烹调油

2. 氧化的菜油

3. 未炼制的猪脂肪

4. 液体猪油混有5%食用花生油

5. 精制菜子油（芥子酸含量按重量计算为2%）

6. 粗甘油（按重量计甘油纯度为90%）

二、单项选择题

1. 由氧化棕榈油25%、氧化花生油30%、初榨豆油45%组成的混合食用油

A. 1507.9000　　　B. 1511.9090　　　C. 1508.9000　　　D. 1517.9090

2. 食用调和油（含大豆油60%、花生油20%、菜子油15%、棕榈油5%）
   A. 1507.9000   B. 1518.0000   C. 1517.9090   D. 1508.9000
3. 初榨的菜子油（按重量计芥子酸含量为1.8%）
   A. 1514.1100.   B1514.9110   C. 1514.1900   D. 1514.9900
4. 未炼制的家鸡脂肪
   A. 0207.1319   B. 0208.1090   C. 0209.9000   D. 1516.1000

第四节　第四类　食品；饮料、酒及醋；烟草、烟草及烟草代用品的制品

本节学习目的及重点、难点、疑点

1. 旨在理解、掌握并运用商品归类原则和方法对《协调制度》第四类所涉及的商品进行归类。

2. 掌握第16章1602.10所称"均化食品"、第20章2005.10所称"均化蔬菜"、2007.10所称"均化食品"子目归类的要求。

3. 理解、运用第16章章注二，品目19.02的包馅食品和品目21.03所列的调味汁及其制品、混合调味品、21.04所列的汤料及其制品、均化混合食品，不论其中动物类原料的含量是否在20%以上，一律不再归入第16章，而应分别归入第19章品目19.02、第21章品目21.03或品目21.04。

一、本类商品的主要内容及范围

本类商品主要涉及《协调制度》：

第16章　肉、鱼、甲壳动物、软体动物及其他水生无脊椎动物的制品

第17章　糖及糖食

第18章　可可及可可制品

第19章　谷物、粮食粉、淀粉或乳的制品；糕饼点心

第20章　蔬菜、水果、坚果或植物其他部分的制品

第 21 章　杂项食品
第 22 章　饮料、酒及醋
第 23 章　食品工业的残渣及废料；配制的动物饲料
第 24 章　烟草、烟草及烟草代用品的制品

本类商品从第 16 章至第 24 章共 9 章，包括以动、植物为原料加工得到的食品、饮料、酒、醋、动物饲料、烟草等，其中基本是以第一类和第二类所属的动物、植物性产品为原料经加工制作而成的产品。一般情况下，以第一类动物为原料加工得到的食品归入第 16 章；主要以第二类植物为原料加工得到的食品归入第 17 章至第 20 章，其中糖归入第 17 章，可可及可可制品归入第 18 章（含可可的饮料应归入品目 22.02），谷物、粮食粉、淀粉或乳制品归入第 19 章，蔬菜、水果、坚果等产品归入第 20 章；杂项食品归入第 21 章；饮料、酒、醋归入第 22 章；食品工业产生的残渣、废料、饲料归入第 23 章；烟草及制品归入第 24 章。

二、本类商品的归类原则和方法

（一）混合食品归类

第 16 章章注二规定：混合食品如含有两种或两种以上的动物类原料食品（香肠、肉、食用杂碎、动物血、鱼、甲壳动物、软体动物或其他水生无脊椎动物及其混合物）按重量计含量在 20% 以上的（其中不同的动物原料的含量可以相加）应归入第 16 章。对于含有两种或两种以上上述产品的食品的归类，则应按其中含量最大的产品归入第 16 章的相关品目。

易错点提示

特别值得注意的是，对于按上述规定归类的混合食品，若属于包馅食品（由面食原料制成的未发酵食品，可以是完全包裹如饺子，也可以是一端张开的如大饼肉卷，甚至可以是层叠的）应归入品目 19.02；若属于品目 21.03 所列的调味汁及其制品、混合调味品和品目 21.04 所列的汤料及其制品、均化混合食品，不论其中动物类原料的含量是否在 20% 以上，一律不再归入第 16 章，而应分别归入第 19 章品目 19.02、第 21 章品目 21.03 或品目 21.04。

例19 猪肉占12%、牛肉占18%、马铃薯占70%混合而成的罐头食品。

商品分析及归类：该混合食品中的猪肉、牛肉均分别没有达到20%以上，但这两项合起来却达到了30%，超过了20%，所以该罐头食品应归入第16章相关品目16.02。又因为其中的牛肉含量超过了猪肉，所以应按牛肉食品确定子目归类。因此，本题正确的商品编码为1602.5010。

例20 猪肉占21%、粉丝占10%、白菜占19%、面粉占50%混合而成的饺子。

商品分析及归类：本题商品是由猪肉、粉丝、白菜为馅制作的饺子，属于混合食品。该混合食品中的猪肉尽管其含量在20%以上，但由于饺子属于品目19.02的包馅食品，因此应归入第19章品目19.02"面食，不论是否煮熟、包馅（肉馅或其他馅）或其他方法制作，例如，通心粉、意大利面条、面条汤团、馄饨、饺子、奶油面卷；古斯面食，不论是否制作"项下。一级子目应归入"-包馅面食，不论是否烹煮或经其他方法制作"。因此，本题正确的商品编码为1902.2000。

（二）均化混合食品的归类

第21章章注三规定："均化混合食品是指两种或两种以上的基本配料，例如，肉、鱼、蔬菜或果实等，经精细均化制成适合供婴幼儿食用或营养用的零售包装食品（每件净重不超过250克）。为了调味、保藏或其他目的，可以加入少量其他配料，还可以含有少量可见的小块配料。"属于均化混合食品规定的必须按均化混合食品归入品目21.04。

例21 鱼肉占60%、蔬菜占30%、调味料10%，经精细制成专供婴幼儿食用的均化混合食品（净重200克，带包装）。

商品分析及归类：本题商品为专供婴幼儿食用的均化混合食品，该混合食品由于是由鱼肉和蔬菜两种基本配料精细制成的，符合第21章章注三规定的"均化混合食品"的条件，因此该商品应归入第21章品目21.04"汤料及其制品；均化混合食品"项下，一级子目应归入"-均化混合食品"。因此，本题正确的商品编码为 2104.2000。

(三) 均化食品的归类

对均化食品的归类，依据第 16 章、第 20 章的子目注释，分为"均化食品""均化蔬菜"，应按照子目注释规定的条件归类。

1. 子目 1602.10 的均化食品

这里的均化食品是指，"用肉、食用杂碎或动物血经精细均化制成适合供婴幼儿食用或营养用的零售包装食品（每件净重不超过 250 克）。为了调味、保藏或其他目的，均化食品中可以加入少量其他配料，还可以含有少量可见的肉粒或食用杂碎粒。归类时该子目优先于品目 16.02 的其他子目。"也就是说，子目 1602.1000 的均化食品，应满足以下 3 个条件：

（1）仅以肉、食用杂碎或动物血为基料；

（2）经精细均化制成专供婴幼儿食用或营养用；

（3）零售包装（每件净重不超过 250 克）。

2. 子目 2005.10 所称的均化蔬菜

这里的均化蔬菜是指，"蔬菜经精细均化制成适合供婴幼儿食用或营养用的零售包装食品（每件净重不超过 250 克）。为了调味、保藏或其他目的，均化蔬菜中可以加入少量其他配料，还可以含有少量可见蔬菜粒。归类时，子目 2005.10 优先于品目 20.05 的其他子目。"

3. 子目 20.07 所称均化食品

这里的均化食品是指，"果实经精细均化制成适合供婴幼儿食用或营养用的零售包装食品（每件净重不超过 250 克）。为了调味、保藏或其他目的，均化食品中可以加入少量其他配料，还可以含有少量可见的果粒。归类时，子目 2007.10 优先于品目 20.07 的其他子目。"

对于上述子目所称的"均化食品"，分别举例解析如下：

（1）由精瘦肉经精细均化制成的供婴幼儿食用的每件净重 250 克的食品，该食品符合"均化食品"的规定，应作为"均化食品"归入 1602.1000。

（2）由甜玉米经精细均化制成的供婴幼儿食用的每件净重 200 克的食品，该食品符合"均化蔬菜"的规定，归入子目 2005.1000。

（3）由苹果经精细均化制成的供婴幼儿食用的每件净重 250 克的食品，该食品符合"均化食品"的规定，应作为"均化食品"归入子目 2007.1000。

需要特别注意的是，对于每件净重大于 250 克的均化食品，应按相应的非均化食品归类。

例22 袋装婴儿均化食品，含有30％牛肉（可见小肉块）、65％胡萝卜、5％其他配料，净重500克。

商品分析及归类：本题商品虽然也被称为均化食品，供婴幼儿食用，但每件净重已经超过250克，不符合第16章子目注释一规定的条件，因而应按照非均化食品进行归类。第16章章注二和第20章章注一（二）的规定："**按重量计必须含有20％以上的香肠、肉、食用杂碎、动物血、鱼、甲壳动物、软体动物或其他水生无脊椎动物及其混合物**"，这些食品应归入第16章品目16.02"其他方法制作或保藏的肉、食用杂碎或动物血"，且应归入子目1602.5090。

（四）糖的归类

糖包括（除化学纯糖外）各种糖，如蔗糖、乳糖、麦芽糖、葡萄糖及果糖，以及糖浆、人造蜜、焦糖、提取或精炼糖时所剩的糖蜜和食糖，其应归入第17章相关品目，而化学纯蔗糖、乳糖、麦芽糖、葡萄糖及果糖也应归入第17章。其他化学纯糖（蔗糖、乳糖、麦芽糖、葡萄糖及果糖除外）及其他产品应归入第29章品目29.40。

需要注意的是，容易错误归入第17章的商品主要有含有可可的糖食。同时，还应该注意掌握本章的固体糖和糖蜜可加香料或着色剂。加香料或着色剂的糖浆不归入本章，而应归入第21章品目21.06。

糖食，是指以糖（糖浆）为主要原料，添加香料、果料、乳制品、凝胶剂及其他辅料，按一定工艺制成的固体或半固体甜味食品。例如，硬、软糖果，口香糖，糖果包装的果子冻等。

以糖（糖浆）为原料制得的糖食归入品目17.04，而以合成甜味剂替代糖作原料制得的"糖食"（主要供糖尿病患者用）不属于本章的糖食，不能归入品目17.04，而应归入品目21.06。

（五）饮料、酒、醋的归类

对于酒的归类，应了解各种常见的酒的加工工艺。酒的加工方法分为发酵酒和蒸馏酒。不同加工方法的酒，其归类也不同。

发酵酒归入品目22.03～22.06，例如，黄酒、葡萄酒、啤酒、果酒等。

蒸馏酒归入品目 22.07～22.08，例如，威士忌、白兰地、伏特加、中国的白酒等。

 易错点提示

归类时应注意，容易错误归入本章的商品，如本章的商品经配制后适用于烹饪而不适宜作为饮料的制品：料酒应归入品目 21.03，药酒应归入品目 30.04。

对于饮料的归类，在自然界存在各种各样的水，其中海水应归入品目 25.01，普通的天然水和天然矿泉水应归入品目 22.01，这些水可以经过澄清或纯净处理，但是根据第 22 章章注一（三）的规定，"**蒸馏水、导电水及类似的纯净水归入品目 28.53。**"若在水中添加某些物质，如加味或加糖（或其他甜味物质）的水（如柠檬水、橘子水、可口可乐饮料），则应归入品目 22.02。

对于醋的归类，醋是酿造得到的，而醋的代用品是以水稀释醋酸再用焦糖或其他色素着色得到的。醋及醋的代用品均应归入品目 22.09。但是，根据第 22 章章注一（四），按重量计浓度超过 10% 的醋酸应作为有机化合物归入第 29 章品目 29.15。

（六）可可食品的归类

要掌握可可食品的归类，需要对可可及其加工工艺有一定的了解。

可可豆是可可树的种子，大量存在于可可果内，可可豆经焙炒易于去壳，仁易粉碎，便于浓缩及改善香味。焙炒后，可将壳、皮、胚芽和破碎的可可仁分开。

可可膏通过碾磨焙炒可可豆（已除净壳、皮和胚芽）而得，其产品呈固态片状、团状或块状。这种状态的可可膏虽然可以制成糖食，但通常却用于生产可可脂、可可粉及巧克力。

可可脂是可可豆中的脂肪物质，通常用热压可可膏或整颗可可豆制得。可可粉通过粉化半脱脂的可可膏而得。

巧克力主要由可可膏及糖或其他甜物质组成，通常加有香料及可可脂，也有用可可粉及植物油替代可可膏的，有时还加入乳、咖啡、榛子、杏仁、橘皮等。

白巧克力是由糖、可可脂、奶粉及香料组成，因不含可可（可可脂仅是可可中的脂肪成分，不能看成是可可），所以不能以可可或可可制品归类，而应以不含可可的糖食归入品目17.04。

对于可可食品的归类，应按照第18章章注一的规定，有些食品虽含有可可成分却不应归入本章的食品范围。以可可为原料制成的食品，涉及《协调制度》多个相关品目，因而第18章"可可食品"的归类应注意掌握该章章注一的规定，含可可的食品有些可以归入第18章，有些则应归入其他章。例如，含可可的饮料不能按含可可的食品归入品目18.06，而应按饮料归入品目22.02。

按可可的加工分类，在本章中的编排结构规律如下：

可可豆 ·· 归入品目18.01
废料 ·· 归入品目18.02
可可膏 ·· 归入品目18.03
可可脂 ·· 归入品目18.04
可可粉 ·· 归入品目18.05
可可食品 ··· 归入品目18.06

（七）杂项食品的归类

1. 经加工的咖啡、茶、马黛茶的归类

上述"经加工"是指咖啡、茶、马黛茶其加工程度超出了品目09.01、09.02、09.03规定的加工范围。例如，速溶咖啡，它是经浸提并脱水或经浸提后冷冻及真空干燥的咖啡，由于其加工程度已超出了品目09.01的简单加工范围，因此应归入品目21.01项下，该商品的编码为2101.1100。又如，"大麦咖啡""麦芽咖啡"等虽称为咖啡，但其实为咖啡代替品、仿制咖啡或用于掺入咖啡内的各种烘炒产品，根据第21章章注一（二）的规定，含咖啡的焙炒咖啡代用品应归入品目09.01，已经焙炒的咖啡代用品及其浓缩精汁应归入品目21.01。

2. 酵母的归类

所谓酵母是指以糖类、淀粉和其他工、农业副产品为原料，用发酵培养法生产的微生物制品。人们很早就学会利用酵母制作发酵食品和酿酒。酵母可分为活性酵母与非活性酵母，活性酵母可引起发酵，如啤酒酵母、发面酵母等属于这类酵母；非活性酵母则不具有发酵力，一般为用于添加在食品中提高其营养或用于改进食品的口味的酵母，或用于饲料中蛋白质补充的饲料酵母。

酵母归类时要区分是活性酵母还是非活性酵母，前者应归入子目

2102.1000，后者应归入子目2102.2000。发面常用的发酵粉不同于酵母，是由化工产品（如碳酸氢钠、碳酸铵等）混合而成的。在适当条件下发酵粉释放出二氧化碳，因而使面团发酵。发酵粉归入子目2102.3000。

例23 棉花糖。

商品分析及归类：本题商品是棉花糖，是人们常见的糖果，属于糖食，应归入第17章品目17.04"不含可可的糖食（包括白巧克力）"项下。一级子目应归入"-其他"，因此，本题正确的商品编码为1704.9000。

例24 包心鱼丸，1 000克/袋。配料为鳗鱼肉50%、面粉20%、猪肉20%、河虾5%、香菇5%。制作过程是：将鳗鱼肉泥与面粉混合加水搅拌，挤捏成丸状，以猪肉、河虾、香菇剁碎做馅，煮熟冷却后装袋速冻。

商品分析及归类：本题商品包心鱼丸，是将第一类"活动物；动物产品"与第二类"植物产品"深度加工的食品，故应归入第四类第16章。根据第16章章注二规定，本章的食品按重量计必须有20%以上的香肠、肉、食用杂碎、动物血、鱼、甲壳动物、软体动物或其他水生无脊椎动物及其混合物。对于含有两种或两种以上前述产品的食品，则应按其中重量最大的产品归入第16章的相应品目。但本条规定不适用于品目19.02的包馅食品和品目21.03及21.04的食品。由于本题商品鱼肉、猪肉、河虾的含量合计为75%，则远超出20%，因此应归入第16章。又由于该鱼丸尽管是包馅工艺制成的，但不属于面食，因此不能以包馅面食归入品目19.02。

综合上述理由及根据第16章章注二的规定，本题商品由于鱼肉的含量超过了猪肉和河虾的含量，因此应按照鱼的加工产品归入品目16.04"制作或保藏的鱼；鲟鱼子酱及鱼卵制的鲟鱼子酱代用品"项下，一级子目应归入"-其他制作或保藏的鱼"，三级子目和四级子目均应归入"其他"，因此，本题正确的商品编码为1604.2099。

例25 "加多宝"红罐凉茶，含有水、白砂糖以及具有清热去火功效的中草药。

商品分析及归类：本题商品罐装凉茶，采用易拉罐包装，打开即可饮用，故属于一种饮料,应归入第22章品目22.02"加味、加糖或其他甜物质的水,包括矿泉水及汽水,其他无酒精饮料,但不包括品目20.09的水果汁或蔬菜汁"项下。由于本题商品凉茶是在水中加入了少量的具有清热去火功效的植物液汁,但未改变其作为饮料的基本特征,因此其一级子目应归入"-加味、加糖或其他甜物质的水,包括矿泉水及汽水",本题正确的商品编码为2202.9000。

例26 "湖北孝感米酒"(酒精浓度15%),用2升的陶罐盛装。

商品分析及归类:本题商品孝感米酒。米酒是我们日常生活中常见的一种通过酒曲发酵后而制作的发酵酒,其制作过程是将煮熟的糯米凉冷后与适量的酒曲拌和经发酵而成。米酒应归入第22章"饮料、酒及醋",品目22.06"其他发酵饮料(例如,苹果酒、梨酒、蜂蜜酒);其他品目未列名的发酵饮料的混合物及发酵饮料与无酒精饮料的混合物"项下。在这里,应注意对"饮料"含义的理解,根据第22章章注三的规定,即指按容量计酒精浓度超过0.5%的饮料,应属于含酒精饮料,本题米酒酒精浓度为15%,属于含酒精饮料。根据第22章章注三的规定不能归入品目22.02无酒精饮料(酒精浓度不超过0.5%),本题商品米酒属于黄酒,因此,本题正确的商品编码为2206.0010。

例27 绿豆汤罐头,由绿豆煮熟并加糖制成。

商品分析及归类:本题商品罐头装绿豆汤。绿豆汤由绿豆经煮熟并加糖,其加工程度已超出了第7章"食用蔬菜、根及块茎"的简单加工范围,不应归入第7章,而应归入第20章"蔬菜、水果、坚果或植物其他部分的制品"。

又根据第7章品目07.13下的一级子目"-豇豆属及菜豆属"项下细分出二级子目"--绿豆"的具体列名,从而判定绿豆属于菜豆,由于绿豆属于蔬菜(菜豆)且又未冷冻,因此应归入第20章品目20.05"其他未冷冻蔬菜,用醋或醋酸以外的其他方法制作或保藏的,但品目20.06的产品除外"项下,一级子目"-豇豆及菜豆"。再从生活常识可知,制作绿豆汤罐头就必须将绿豆脱荚,为此其二级子目应归入"--脱荚的",三级子目应归入"---罐头",该项下有两个四级子目"----赤豆馅""----其他"。因此,本题正确的商品编码为2005.5119。

在此,对本题商品归类的过程作如下讨论:在进出口商品归类的实践中,对某些待归类商品在《协调制度》中的属性,往往需要通过《协调制度》其他章相关品目的提示才能完成。本题商品归类的关键是通过第7章品目07.13

项下子目"绿豆"的列名,判断出绿豆属于菜豆,避免错误归类。在商品归类实践中应注重这方面能力的培养。

 易错点提示

归类时容易与本类货品发生错误归类的商品主要有:

(1) 化学纯的蔗糖、乳糖、麦芽糖、葡萄糖及果糖均归入本类第17章,其他化学纯糖则应归入第29章。

(2) 用本类第22章的商品经配制后适于烹饪而不适于作饮料的制品如:料酒归入品目21.03;药酒归入品目30.04;海水属于矿产品类,应归入品目25.01;蒸馏水、导电水及类似纯净水归入品目28.53;醋酸浓度在10%以上的归入品目29.15。

进出口商品归类强化训练习题

一、商品归类题

1. 水煮后经冷冻的去壳对虾

2. 煮熟的猪肝罐头

3. 盒装白巧克力

4. 绿豆粉制的干粉丝

5. 酿酒葡萄汁(含有酒精、已发酵)

6. 口香糖(零售包装)

7. 三明治(夹猪肉火腿,占三明治重量的20%)

8. 猪肉韭菜馅的冻馄饨

9. 比萨饼

10. 含有肉粒的婴儿均化食品,每件重250克

11. 味美思酒(1 000毫升,玻璃瓶装)

12. 农夫山泉矿泉水

13. 镇江香醋

14. 伏特加酒

15. 茅台酒

16. 骨肉粉(甲壳动物肉杂碎)

17. 狗食罐头

18. 谷糠

19. 武大郎炊饼

20. 皇上皇香肠

二、单项选择题

1. 婴儿均化食品（含有 30% 鸡肉，有可见小肉块，65% 胡萝卜，5% 其他配料），每件净重不超过 250 克

    A. 1602. 1000   B. 1602. 3210   C. 1602. 3292   D. 0706. 1000

2. 食品罐头，成分：45% 蟹肉、45% 贝柱、10% 其他配料

    A. 1605. 1000   B. 1605. 2900   C. 1602. 9010   D. 1605. 6900

3. 由蛋粉、奶粉、麦精及可可组成的调制粉状食品（全脱脂可可含量为 4%，非婴儿用，每件净重 500 克）

    A. 1901. 2000   B. 1901. 9000   C. 0408. 9900   D. 0402. 1000

4. 汉堡包（夹牛肉饼、卷心菜，牛肉占其重量的 20%）

    A. 1905. 4000   B. 1902. 2000   C. 1602. 5090   D. 1902. 3090

5. 以鱼 45% 和蔬菜 50% 为基本配料制成的细腻糊状食品，专供婴儿食用，200 克装

    A. 1602. 1000   B. 2104. 2000   C. 1604. 2099   D. 1602. 9090

第五节　第五类　矿产品

本节学习目的及重点、难点、疑点

1. 旨在理解、掌握并运用商品归类原则和方法对《协调制度》第五类所涉及的商品进行归类。

2. 矿产品的归类，其归类思路与前面第一类、第二类的动、植物产品相似，从其加工程度入手。

3. 归入本类的矿产品一般只经过了有限度的简单加工。如果其加工程度超过了这个限度，而进行了进一步的深加工，则应该归入《协调制度》后面的有关章。

一、本类商品的主要内容及范围

本类商品主要涉及《协调制度》：

第 25 章　盐；硫黄；泥土及石料；石膏料、石灰及水泥

第 26 章　矿砂、矿渣及矿灰

第 27 章　矿物燃料、矿物油及其蒸馏产品；沥青物质；矿物蜡

本类商品从第 25 章至第 27 章共 3 章。主要包括从陆地或者从海洋中提取的原料性的矿物产品，及其经过洗涤、粉碎、研粉、淘洗、筛分和其他机械的物理方法精选过的矿产品。也就是说，它们都是仅经过有限的加工的产品。除有特别规定外，凡属于矿产品的都应归入本类。其中燃料（主要是指煤、石油、天然气）及其加工产品归入第 27 章，主要金属矿产品归入第 26 章，其他矿产品则归入第 25 章。

二、本类商品的归类原则和方法

对于矿产品，其归类思路与前面第一类、第二类的动、植物产品相似，从其加工程度入手。归入本类的矿产品一般只经过了有限度的简单加工。如果其加工程度超过了这个限度，而进行了进一步的深加工，则应该归入《协调制度》后面的有关章。例如，大理石，"简单的切割处理的大理石"应归入品目 25.15，如果在此基础上进行了进一步的深加工，"表面经精细磨光的大理石"，则应归入第 68 章品目 68.02。

（一）第 25 章矿物品的归类

对于第 25 章矿物品的归类，就其加工程度的范围而言，其加工程度主要依据第 25 章章注一的规定："除条文及注释四另有规定的以外，本章各品目只包括原产状态的矿产品，或只经过洗涤（包括用化学物质清除杂质而未改变产品结构）、破碎、磨碎、研粉、淘洗、筛分以及用浮选、磁选和其他机械物理方法（不包括结晶法）精选过的货品，但不得经过焙烧、煅烧、混合或超过品目所列的加工范围。"归类时应注意品目条文、章注、类注中有例外情况，如"煅烧过的菱锶矿"，依据第 25 章章注四的规定，应归入本章品目 25.30 项下。

 易错点提示

归类时容易与第 25 章的货品发生错误归类的商品主要有：

1. 氯化钠

（1）普通盐、食用盐和纯氯化钠归入第 25 章品目 25.01；

（2）加调味料的盐，如芹盐，归入第 21 章品目 21.03；

（3）氯化钠光学元件，归入第 90 章品目 90.01；

（4）装于安瓿的氯化钠注射液，归入第 30 章品目 30.04。

2. 石墨及其制品

（1）天然石墨归入第 25 章品目 25.04；

（2）人造石墨归入第 38 章品目 38.01；

（3）经表面加工制成的石墨制品（非电器用）归入第 68 章品目 68.15；

（4）烧制而成的耐火石墨材料归入第 69 章品目 69.02 或 69.03；

（5）石墨（碳）电极、碳刷归入第 85 章品目 85.45。

3. 黄铁矿

（1）黄铁矿俗称硫铁矿，呈淡黄色粒状或块状，有金属光泽，分为未焙烧和已焙烧黄铁矿两种；

（2）未焙烧黄铁矿（主要用于提炼硫）按非金属矿归入第 25 章品目 25.02；

（3）已焙烧黄铁矿（因失去硫，主要成分为三氧化二铁）按铁矿砂归入第 26 章品目 26.01。

4. 硫黄

（1）普通硫黄，如自然硫、精制硫、研磨硫，归入本章品目 25.03；

（2）升华硫黄、沉淀硫黄及胶状硫黄归入第 28 章品目 28.02；

（3）配定剂量的药用硫黄归入第 30 章品目 30.04；

（4）制成零售包装用于杀菌剂的硫黄归入第 38 章品目 38.08。

5. 石英

（1）石英是硅石的天然结晶体，品种和质量不适合制造宝石，而且加工范围不超过第 25 章章注一（便于破碎而进行热处理除外），归入第 25 章品目 25.06。

（2）适用于制造宝石的石英归入第 71 章品目 71.03。

本章货品在《协调制度》编排规律如下：

盐、未焙烧的黄铁矿、硫黄、天然石墨 ………… 归入品目 25.01～25.04

各种天然砂、土、石料、石膏、石灰等 ………… 归入品目 25.05～25.22

水泥、水泥熟料 ……………………………………………… 归入品目 25.23

其他品目未列名的矿产品（包括稀土金属矿）………… 归入品目 25.30

（二）第 26 章矿物的归类

第 26 章主要包括金属矿的范围，包括各种冶金工业（用于提取第 71 章所列的贵金属和第十五类所列的贱金属）的金属矿砂、矿渣及矿灰，还包括其他矿渣及矿灰，如品目 26.21 的海草灰，焚化城市垃圾所产生的灰、渣等。第 26 章章注二规定：**"品目 26.01～26.17 所称"矿砂"，是指冶金工业中提炼汞，品目 28.44 的金属以及第十四类、第十五类金属的矿物，即使这些矿物不用于冶金工业，也包括在内。但品目 26.01 至 26.17 不包括不是以冶金工业正常加工方法处理的各种矿物。"**

并不是所有"金属矿"都全部归入该章，如"稀土金属矿"就不能归入该章而应归入第 25 章品目 25.30。该章对金属矿产品的加工也有一定的限定，即品目 26.01 至 26.17 不包括以非冶金工业正常加工方法处理的各种矿物。如天然的铜矿应归入品目 26.03，而采用化学方法从天然铜中提取的硫化铜，由于其加工程度（属于非冶金工业正常加工方法）已超出了简单加工范围，该产品应作为化工品归入第 28 章品目 28.30。

本章矿砂所允许的加工方法：

1. 物理或物理—化学加工，包括破碎、磨碎、磁选、重力分离、浮选、筛选、分级、矿粉造块（如通过烧结或挤压等制成粒、球、砖、块状，不论是否加入少量黏合剂）、干燥、煅烧、焙烧以使矿砂氧化、还原或使矿砂磁化等（但不包括使矿砂硫酸盐化或氯化等）。

2. 化学加工（如溶解加工），此法主要是为了清除不需要的物质。

本章还包括了含铅汽油的淤渣（子目 2620.2100）及焚烧城市垃圾所产生的灰渣（子目 2621.1000）。

 易错点提示

归类时需要注意，虽含上述金属，但属于以下情况的矿砂不归入第 26 章：

（1）其他品目已列名的，例如，未焙烧黄铁矿归入品目 25.02，天然冰晶石及天然锥冰晶石归入品目 25.30；所含金属无商业提取价值的（如土色料、明矾石）归入品目 25.30；宝石或半宝石归入第 71 章等。

（2）用于提炼镁的矿物，即白云石归入品目 25.18、菱镁矿归入品目 25.19、光卤石归入品目 31.04。

（3）碱金属或碱土金属（锂、钠、钾、铷、铯、钙、锶及钡）的矿品归入品目28.05，含盐的上述矿物归入品目25.01，重晶石及毒重石归入品目25.11，菱锶矿归入品目25.30。

（4）从其脉石或杂矿石中分选出来的天然金属（如金属块或金属粒）及天然合金，归入第十四类或第十五类。

（5）稀土金属矿砂归入品目25.30。

本章货品在《协调制度》中的编排规律如下：

铁矿砂按成分不同分为赤铁矿、黄铁矿、褐铁矿、磁铁矿、菱铁矿、除未焙烧黄铁矿（归入品目25.02）以外，其他均 ………… 归入品目26.01

其他贱金属及贵金属矿砂…………………………… 归入品目26.02~26.17

冶炼金属所产生的熔渣及其他矿渣、矿灰 ……… 归入品目26.18~26.21

（三）第27章矿物渣的归类

本章矿物渣的归类就其加工方法与前面的第25章、第26章不同。第27章的煤、石油、天然气可以进行化学提取和进行其他加工，但需要注意的是，经过化学提取得到的矿物属于一般"粗产品"应归入本章；如果经过进一步的化学提纯的非粗产品，则应归入第29章。例如，子目2707.10、2707.20所称"粗苯""粗甲苯"归入本章，而"精苯"因加工程度已超过本章允许的加工范围，应归入第29章品目29.02。

1. 煤的干馏及有关副产品

（1）煤的干馏是指煤在隔绝空气的条件下加热、分解，生成焦炭（或半焦炭）、煤焦油、煤气等产物的加工过程。

（2）焦炭是指干馏（或炭化、气化）煤、褐煤或泥煤制得的固体产物，归入品目27.04。

（3）煤气是指在煤气厂或炼焦炉内干馏煤制得的气体混合物（由氢、甲烷、一氧化碳等组成），归入品目27.05。

2. 石油炼制及有关石油产品

（1）石油的炼制是指将原油用蒸馏的方法分离成轻、重不同馏分油类的过程。

（2）石油产品可以分为：石油溶剂与化工原料、石油燃料、润滑剂、石蜡、石油沥青、石油焦等。其中，石油燃料主要包括汽油、煤油、柴油、重质燃料油等。这些石油产品分别归入品目27.10~27.13。其商品知识及性能如下：

①汽油的沸点范围（又称馏程）为30℃至205℃，主要由四碳和十二碳烃类组成，用于作为汽车、飞机等的燃料。

②柴油的沸点范围有180℃至370℃和350℃至410℃两类。前者称为轻质柴油，后者称为重质柴油，主要用作柴油发动机的燃料。5至7号燃料油是按油在100℃时的运动黏度来分类的，如5号燃料油的运动黏度为$5.0mm^2/s$至$14.9mm^2/s$，6号燃料油运动黏度为$15.0mm^2/s$至$50mm^2/s$，7号燃料油的运动黏度大于$185mm^2/s$。

③煤油的沸点范围为150℃至250℃，挥发性比汽油低，比柴油高，主要用作各种喷灯、汽灯、汽化炉及煤油炉的燃料。

本章货品在《协调制度》中的编排规律如下：

煤 ………………………………………………… 归入品目27.01～27.03
煤的蒸馏产品 …………………………………… 归入品目27.04～27.08
原油 ……………………………………………………… 归入品目27.09
矿物油制品、石油气 …………………………… 归入品目27.10～27.11
矿物蜡、沥青等其他产品 ……………………… 归入品目27.12～27.15
（注意：沥青制品，如成卷的沥青油毡 ………… 归入品目68.07）
电力 ……………………………………………………… 归入品目27.16

易错点提示

本类产品归类时应注意：

对于本类矿物产品归类，一般情况下只经过有限度的简单加工的，归入本类所属相关章，但应注意对于少数"纯的"化工产品，作为特例不归入第六类，而应归入本类。例如，纯的氯化钠、纯的氧化镁、纯的甲烷、纯的丙烷。

例28 升华硫黄。

商品分析及归类：硫黄经过加热有升华现象，将硫黄在密封容器中加热成蒸气，再通过一系列密封室，使其冷却，凝成细分状硫黄，即得升华硫黄。升华硫黄是一种纯度很高的硫黄，依据其加工程度，根据第25章章注二（一）的规定，该商品应归入品目28.02。也就是说，除了升华硫黄、沉淀硫黄、胶状硫黄应归入商品编码2802.0000以外，其他所有硫黄均应归入商品编码2503.0000。本题商品"升华硫黄"应归入商品编码2802.0000。

例29 氧化镁（符合化学定义，非培养体、非光学元件）。

商品分析及归类：氧化镁属于金属氧化物，归类时似应按无机化合物归入第28章，但根据第28章章注三（一）的规定，第28章不包括**氯化钠或氧化镁（不论是否纯净）**及第五类的其他产品。因此，氧化镁不论其是否纯净都不能归入第28章，而应归入第25章。本题正确的商品编码是2519.9091。

 例30 未焙烧的黄铁矿。

商品分析及归类：该商品黄铁矿又称"硫铁矿"，主要是用于提炼硫黄。因此，按非金属矿产品（矿砂）归入第25章。"未焙烧的黄铁矿"是指未提炼硫黄的铁矿砂。查阅第25章品目条文，应按具体列名归入品目25.02。本题正确的商品编码是2502.0000。

 例31 用过的润滑油。

商品分析及归类：该商品为"用过的润滑油"，属于不再适用于作为原产品使用的废油。归类时应按石油产品归入第27章。由于第27章章注三（一）对品目27.10的废油作了规定："**不再适用于作为原产品使用的废油（例如，用过的润滑油、液压油及变压器油）**"，因此本题商品不能作为润滑油归入商品编码2710.1991，而应作为废油归入商品编码2710.9900。

进出口商品归类强化训练习题

一、商品归类题

1. 钨矿砂
2. 硅砂及石英砂（不论是否着色）
3. 氯化钠
4. 海水
5. 重晶石（天然硫酸钡）
6. 生石灰

7. 白水泥（不论是否人工着色）

8. 铜矿砂

9. 未烧结铁矿砂（平均粒度小于0.8毫米）

10. 黄金矿砂

11. 海藻灰

12. 泥煤

13. 无烟煤

14. 原油

15. 液化天然气

16. 沥青岩

17. 重柴油

18. 润滑油

19. 石油沥青

20. 石蜡（按重量计含油量小于0.75%）

二、单项选择题

1. 用过的变压器油
   A. 2710.2000　　B. 2710.1299　　C. 2710.1919　　D. 2710.9900

2. 已加工的大理石墓碑石
   A. 6802.9311　　B. 2515.1200　　C. 6802.2110　　D. 6802.9190

3. 稀土金属矿砂
   A. 2530.9020　　B. 2805.3000　　C. 2805.3020　　D. 2530.9099

第六节　第六类　化学工业及相关工业的产品

本节学习目的及重点、难点、疑点

1. 旨在理解、掌握并运用商品归类原则和方法对《协调制度》第六类所涉及的商品进行归类。

2. 符合化学定义的纯净物是基本化工原料，按照产品的化学结构先无机后有机的顺序分别列入第28章、第29章。

3. 不符合化学定义的混合物，是具有特定用途的相关化学工业的产品，按照其用途分列于各章，即依次归入第30章至第38章。

4. 注意掌握对优先归类原则的运用。

（1）凡符合品目28.44或28.45规定的货品（放射性矿砂除外），应分别归入这两个品目而不归入《协调制度》的其他品目。

（2）凡符合品目28.43、28.46或28.52规定的货品，应分别归入以上品目而不归入本类其他品目。

（3）凡由于按一定剂量或作为零售包装而可以归入品目30.04、30.05、30.06、32.12、33.03、33.04、33.05、33.06、33.07、35.06、37.07或38.08的货品，应分别归入以上品目，而不应归入本《协调制度》编码的其他品目。

5. 由两种或两种以上单独成分配套的货品，其部分或全部成分属于本类范围以内，混合后则构成第六类或第七类的货品，应按混合后产品归入相应的品目，但其组成成分必须同时符合规定的条件。

一、本类商品主要内容及范围

本类商品主要涉及《协调制度》：

第28章　无机化学品；贵金属、稀土金属、放射性元素及其同位素的有机及无机化合物

第29章　有机化学品

第30章　药品

第31章　肥料

第32章　鞣料浸膏及染料浸膏；鞣酸及其衍生物；染料、颜料及其他着色料；油漆及清漆；油灰及其类似胶黏剂；墨水、油墨

第33章　精油及香膏；芳香料制品及化妆盥洗品

第34章　肥皂、有机表面活性剂、洗涤剂、润滑剂、人造蜡、调制蜡、光洁剂、蜡烛及类似品、塑型用膏、"牙科用蜡"及牙科用熟石膏制剂

第35章　蛋白类物质；改性淀粉；胶；酶

第36章　炸药；烟火制品；火柴；引火合金；易燃材料制品

第37章　照相及电影用品

第38章 杂项化学产品

本类商品从第28章至第38章共计11章，可分为两个部分：

第一部分商品基本上是符合化学定义的纯净物，是基本化工原料，按照产品的化学结构先无机后有机的顺序分别列入第28章、第29章。无机化学品（少部分特殊有机化学品）应归入第28章，其他有机化学品应归入第29章。

第二部分商品基本上是不符合化学定义的混合物，是具有特定用途的相关化学工业的产品，按照其用途分列于各章，即依次归入第30章至第38章，如：

（1）第30章药品，同时还包括用于医疗、外科、牙科或兽医用的医用品或相关物料。

（2）第31章肥料，包括通常作为天然或人造肥料的绝大多数产品。

（3）第32章染料、颜料、油漆、油墨，包括用于鞣料及软化皮革的制剂（植物鞣膏、合成鞣料以及人造脱灰碱液）；植物、动物或矿物着色料及有机合成着色料，以及着色剂制成的大部分制剂（油漆、陶瓷着色颜料、墨水等）；干燥剂及油灰等其他制品。

由此可见，除高分子化工产品、作为材料使用的金属单质以及部分石油化工产品外，本类几乎包括了所有的化学工业以及与化学相关的工业产品。化工产品是进出口商品中的一个大类，也是《协调制度》中的重要部分。由于化工产品的名称、成分等比较复杂，需要掌握一定的化学专业知识，因此归类比较困难，为此必须把握应归入本类的商品的主要内容及范围，再依据本类商品归类要则，对产品进行正确的归类。

二、本类商品归类原则和方法

（一）优先归类原则

优先归类原则是指依据本类类注释规定，凡是符合规定品目的规定货品，应优先于《协调制度》其他品目的归类原则。

1. 优先于《协调制度》其他品目的归类原则

（1）本类类注一（一）规定："（一）凡符合品目**28.44**或**28.45**规定的**货品（放射性矿砂除外），应分别归入这两个品目而不归入《协调制度》的其他品目。**"就是说除了放射性矿砂以外，所有的放射性化学元素、同位素及它们的化合物，即使可以归入其他品目，也应一律归入品目 28.44 或 28.45。

例 32 钴 60（2002 年报关员资格全国统一考试商品归类试题）。

商品分析及归类：钴 60 是贱金属钴的放射性同位素。根据第六类类注一（一）的规定，该商品应优先于归入品目 28.44，或 28.45 而不归入《协调制度》其他品目，商品编码为 2844.4020。

例 33 重醋酸（2001 年报关员资格全国统一考试商品归类试题）。

商品分析及归类：重醋酸是由氢的同位素氘（重氢）制得的醋酸，应作为同位素的化合物归类。根据第六类类注一（一）规定，本题商品应优先归入品目 28.45，该商品的商品编码为 2845.9000。

（2）本类类注二规定："除上述类注一另有规定的以外，凡由于按一定剂量或作为零售包装而可归入品目 30.04、30.05、30.06、32.12、33.03、33.04、33.05、33.06、33.07、35.06、37.07 或 38.08 的货品，应分别归入以上品目，而不应归入《协调制度》的其他品目。"

例 34 零售包装的染料。

商品分析及归类：染料属于一种化工产品并且制成零售包装。根据本类类注二的规定，应优先归入品目 32.12，因此正确的商品编码为 3212.9000。

2. 优先于本类其他品目商品的归类原则

"除上述另有规定外，凡符合品目 28.43、28.46 或 28.52 规定的货品，应分别归入以上品目而不归入本类的其他品目"。也就是说，除了品目 28.44 或 28.45 外，如果某化工产品既可以归入品目 28.43、28.46 或 28.52，又可以归入本类的其他品目，应一律归入品目 28.43、28.46 或 28.52。

例 35 硝酸银已制成零售包装供摄影用。

商品分析及归类：硝酸银属于一种制成零售包装可供摄影用的化工产品。根据上述规定，即使制成零售包装，也应归入品目 28.43 而不应归入品

37.07。因此本题商品应归入 2843.2100。

还需要注意的是：

1. 非放射性同位素及其化合物的归类（品目 28.45）。
2. 非放射性、非同位素形式的贵金属化合物等商品的归类（品目 28.43）。
3. 非放射性、非同位素形式的稀土金属的化合物的归类（品目 28.46）。

（二）化学品溶液的归类原则

1. 本类产品的水溶液与原产品归入同一品目，如：福尔马林，它是有机化学品甲醛的水溶液，应按甲醛归入 2912.1100。

2. 当原产品是溶于非水介质所形成的溶液时，如果加入该溶液是出于安全或者运输考虑，同时加入溶剂后不致使产品变得不适于一般性用途，而仅适于某特殊用途，则此种溶液应按原产品归入同一品目。

3. 当原产品是溶于非水介质所形成的溶液时，如果使产品适用于某特殊用途而不适于一般性用途，此种溶液一般应归入品目 38.24。例如溶于甲苯的氯氧化碳应归入品目 38.24。

（三）配套的化工品的归类原则

第六类类注三规定："由两种或两种以上单独成分配套的货品，其部分或全部成分属于本类范围以内，混合后则构成第六类或第七类的货品，应按混合后产品归入相应的品目，但其组成成分必须同时符合下列条件：

（1）其包装形式足以表明这些成分不需经过改装就可一起使用的；

（2）一起进口或出口的；

（3）这些成分的属性及相互比例足以表明是相互配用的。"

例如，由丙烯酸聚氨酯树脂、安息安乙醚、活性稀释剂按一定比例配合，且符合上述三个条件的混合后构成的胶，应按上述配套化工品的归类原则，归入品目 35.06。

1. 第 28 章商品归类要点

（1）第 28 章商品结构规律

化学元素 ·· 归入品目 28.01～28.05

无机酸、非金属氧化物 ····························· 归入品目 28.06～28.11

非金属卤化物、非金属硫化物 ·················· 归入品目 28.12～28.13

无机碱、金属氧化物 ································ 归入品目 28.14～28.25

无机盐 …………………………………… 归入品目 28.26~28.42

杂项产品 ………………………………… 归入品目 28.43~28.53

（2）本章商品相关商品知识

《协调制度》将所有非金属元素和金属元素中的一部分归入本章，而对于金属元素中的贵金属和贱金属元素作为材料分别归入第十四类和第十五类。

①非金属元素

非金属元素一共有 20 种，包括卤素（氟 F、氯 Cl、溴 Br、碘 I）、硫 S、碳 C、氢 H、稀有气体（氦 He、氖 Ne、氩 Ar、氪 Kr、氙 Xe）、氧 O、硒 Se、碲 Te、氮 N、磷 P、砷 As、硅 Si、硼 B。

（注意：上述非金属元素的同位素应归入品目 28.45。）

②金属元素

金属元素归入本章的包括碱金属（锂 Li、钠 Na、钾 K、铷 Rb、铯 Cs、钫 Fr）、碱土金属（铍 Be、镁 Mg、镭 Ra、钙 Ca、锶 Sr、钡 Ba）、稀土金属（镧 La、铈 Ce、镨 Pr、钕 Nd、钐 Sm、铕 Eu、钆 Gd、铽 Tb、镝 Dy、钬 Ho、铒 Er、铥 Tm、镱 Yb、镥 Lu、钪 Sc、钇 Y、钷 Pm）。另外，还包括汞 Hg。

（注意：放射性金属元素包括其同位素应归入品目 28.44，而非放射性金属元素的同位素则应归入品目 28.45。）

③无机酸

无机酸是指在水溶液中能电离产生氢离子的化合物。根据酸根的组成可分为无氧酸（如盐酸）和含氧酸（硫酸、硝酸、磷酸等）。

④非金属无机氧化物

非金属无机氧化物是指由非金属元素与氧元素形成的化合物，如由非金属元素硫与氧组成的化合物——二氧化硫。

（注意：这里的非金属无机氧化物中的非金属元素不应包括氢，原因是非金属元素氢和氧可以形成化合物——水或过氧化氢，它们分别归入品目 28.53 与 28.47。）

⑤非金属卤化物

非金属卤化物是指由非金属元素与卤素形成的化合物，如由非金属元素氮与氯形成的化合物——三氯化氮。

（注意：这里的非金属卤化物中的非金属元素应不包括碳和氢，原因是碳元素与卤素形成的化合物属于有机化合物，非金属元素氢元素与卤素形成的化合物属于无机酸。）

⑥非金属卤氧化物

非金属卤氧化物是指由非金属元素与氧和卤素形成的化合物,如由非金属元素磷与氧、氯形成的化合物——三氯氧化磷。

⑦非金属硫化物

非金属硫化物是指由非金属元素与硫元素形成的化合物,如由非金属元素碳与硫形成的化合物——二硫化碳。

(注意:这里的非金属硫化物中的非金属不包括氢,非金属元素氢与硫元素可以形成无机酸。)

⑧无机碱

无机碱是指在水溶液中能电离产生氢氧根离子的化合物。《协调制度》将无机碱分为金属氢氧化物(如由金属元素钠与氢氧根形成的化合物氢氧化钠)和其他无机碱(指在分子结构中不含氢氧根的无机碱以及不含金属的无机碱,如品目28.14的氨水、品目28.25的肼、品目28.25的胲等)。

⑨金属氧化物

金属氧化物是指由金属元素与氧元素形成的化合物,如由金属元素铜与氧形成的化合物——氧化铜。

⑩金属过氧化物

金属过氧化物是指由金属元素与过氧基形成的化合物,如由金属元素钡与过氧基形成的化合物——过氧化钡。

⑪无机酸盐

无机酸盐是指金属或铵根离子与酸根离子形成的化合物。根据酸根的不同情况,无机酸盐又可分为无氧酸盐和含氧酸盐,区别在于前者的酸根不含氧而后者的酸根含氧。(无氧酸盐一般称为某化某,如品目28.27氯化物、品目28.30硫化物等;含氧酸盐一般称为某酸某,如品目28.36碳酸盐、品目28.40硼酸盐等。)

⑫无机过氧酸盐

无机过氧酸盐是指金属或铵根离子与酸根离子形成的化合物。

⑬放射性元素、放射性同位素、含放射性元素或同位素的化合物(有机或无机)

放射性元素是指第28章章注六(一)所列的锝、钷、钋及原子序数大于84的元素。

⑭胶态贵金属、贵金属汞齐、贵金属的化合物(有机或无机)

这里所指的贵金属是指第71章章注四所列的银、金、铂(铱、锇、钯、铑、钌）。

胶态贵金属是指贵金属通过一定的方法（如用胶体磨粉碎或其他方法）制成极细（一般在1微米以下）的粒子，这样的粒子能悬浮在水中形成胶体，如胶态银。

贵金属汞齐是指贵金属与汞（水银）形成的合金，如银汞齐。

贵金属的无机化合物是指由贵金属元素与其他元素形成的无机化合物，如硫酸银。

贵金属的有机化合物是指由贵金属元素与其他元素形成的有机化合物，如乙酸银。

（3）第28章商品归类要点

该章章注一（一）规定，除另有规定以外，归入本章的产品必须是**单独的化学元素及单独的已有化学定义的化合物，无论是否含有杂质**。

所称"已有化学定义"是指无机物分子中所含各元素的重量比（即化学计量比）是固定不变的。

所称"杂质"仅适用于在制造（包括纯化）过程中直接产生的存在于单项化学化合物中的物质。也就是说，这些物质是由于制造过程中的种种原因而产生的，如果此种物质是故意残留下来或加入的，并使产品适于特殊用途，而不适于一般用途，则不能视为所允许的杂质。该产品属于混合物，不符合化学定义的纯净物，而不属于本章商品范围，不应归入本章。

例36 放射性乙醇。

商品分析及归类：该商品乙醇俗称酒精，由糖质原料和淀粉原料经发酵，或乙烯直接或间接水合而成。归类时似乎可以按乙醇归入第22章，也可以按放射性化合物归入第28章。根据第28章章注六（三）规定，品目28.44适用于所有能呈现放射性现象的放射性物质（不论是无机或有机，也不论是否已有化学定义或是否混合），即使本来可以归入《协调制度》的其他品目，也一律归入品目28.44。本题商品应归入商品编码2844.4090。

例37 贵金属汞齐。

商品分析及归类："汞"也称"水银"，是唯一在室温下呈液态的金属。汞能溶解许多金属生成汞合金，即汞齐。本题商品为贵金属汞齐，归类时似乎可磷酸的无机酸酯,应归入品目 29.20。

⑨含氮基化合物归入品目 29.21~29.29。例如:苯胺应归入品目 29.21。

⑩有机—无机化合物归入品目 29.30~29.31。例如:二甲硫属于有机硫化合物,应归入品目 29.30。

⑪杂环化合物及核酸归入品目 29.32~29.34。例如:四氢呋喃属于含有氧杂原子的杂环化合物,应归入品目 29.32。

⑫磺胺归入品目 29.35。例如:磺胺嘧啶应归入品目 29.35。

⑬其他杂项有机产品(维生素、激素、生物碱、化学纯糖、抗菌素等)归入品目 29.36~29.42。例如:青霉素属于抗菌素,应归入品目 29.41。

3. 第 30 章商品归类要点

(1) 第 30 章章注一(一)(五)规定,本章不包括:"(一) **食品及饮料(例如,营养品、糖尿病食品、强化食品、保健食品、滋补饮料及矿泉水),但不包括供静脉摄入用的滋养品(第四类);(五)品目 33.03~33.07 的制品,不论是否具有治疗及预防疾病的作用。**"

(2) 药品的归类。

①对于未配定剂量,也未制成零售包装的药品,则要分清其是未混合产品还是混合产品,若是一种成分的未混合产品,则应归入第 28 章或第 29 章;若是多种成分的混合产品,则应归入品目 30.03。

②对于已配定剂量或已制成零售包装的药品应归入品目 30.04。也就是说,"药品"归类一般应按下列方法确定,详见表 7-2 所示:

表 7-2 药品归类方法

序号	加工程度	加工细分	归入品目
1	已配定剂量或已制成零售包装		30.04
2	未配定剂量也未制成零售包装	仅含一种成分	第 28 章或第 29 章
		包含多种成分	30.03

本章包括医药用品,按其性质分类,其编排结构规律如下:
用于医疗的人体或动物制品 ·················· 归入品目 30.01
用于医疗的血制品等 ························ 归入品目 30.02
药品 ································· 归入品目 30.03~30.04
用于医疗的辅助用品 ························ 归入品目 30.05
其他 ··································· 归入品目 30.06

以按贵金属汞齐归入第 28 章,又可按贵金属归入第 71 章。根据第 71 章章注三(一)规定,"本章不包括贵金属汞齐(品目 28.43)"。因此,本题商品不能归入第 71 章,只能归入第 28 章。本题商品应按汞齐归入商品编码 2843.9000。

例 38　元明粉(精制硫酸钠,分子式为 Na_2SO_4)。

商品分析及归类:该商品元明粉是精制硫酸钠(Na_2SO_4),属于无机化学品中的硫酸盐。归类时应按无机化学品归入第 28 章的第五分章。由于品目 28.33 已有硫酸钠列名,因此本题商品应按具体列名归入商品编码 2833.1100。

2. 第 29 章商品归类要点

(1) 第 29 章章注一(一)规定,归入该章的产品必须是"**单独的已有化学定义的有机化合物,不论是否含有杂质**"。"单独的已有化学定义的化合物"提法虽与第 28 章一样,但重点不一样。第 28 章"单独的已有化学定义的化合物"重点强调"化学计量比",而第 29 章"单独的已有化学定义的化合物"的重点在其结构上,即应为"已知化学结构且在生产(包括纯化)过程中未故意加入其他物质的化学化合物"。

第 29 章商品范围广泛,从简单到复杂,按分子结构排列品目,即烃(第一分章),含氧基有机化合物(第二分章至第八分章),含氮基化合物(第九分章),有机—无机化合物、杂环化合物、核酸及其盐以及磺(酰)胺(第十分章),从动植物提取的初始物质(第十一分章至第十二分章),其他有机物(第十三分章)。

(2) 根据分子结构的不同特征,可归入本章的有机化合物。

①烃归入品目 29.01～29.02。例如:乙烯属于无环烃,应归入品目 29.01。

②烃的卤化、磺化、硝化、亚硝化衍生物归入品目 29.03～29.04。例如,氯仿属于烃的卤化衍生物,应归入品目 29.03。

③醇归入品目 29.05～29.06。例如:甲醇应归入品目 29.05。

④酚归入品目 29.07～29.08。例如:苯酚应归入品目 29.07。

⑤醚归入品目 29.09～29.11。例如:乙醚应归入品目 29.09。

⑥醛、酮归入品目 29.12～29.14。例如:丙酮应归入品目 29.14。

⑦羧酸及其酸酐、酰卤化物、过氧化物和过氧酸归入品目 29.15～29.18。例如:苯甲酸属于环一元羧酸应归入品目 29.16。

⑧非金属无机酸酯归入品目 29.19～29.20。例如:亚磷酸三甲酯属于亚

例如,"安乃近原药,粉状、5千克包装",由于该商品仅有一种成分且未配定剂量,也未制成零售包装,因此应归入第29章2933.1920。若该商品为安乃近药片,是已配定剂量(片),则应归入品目30.04。

 易错点提示

归类时容易与第30章的货品发生错误归类的商品主要有:
(1)糖尿病食品归入第四类项下;(2)药品原药归入第29章项下;(3)药用的单一胶态贵金属归入品目28.43;(4)以熟石膏为基本成分的牙科用品归入品目34.07;(5)非治疗及预防疾病用的血清蛋白归入品目35.02。

 例39 氯霉素眼药水,10毫升/支。

商品分析及归类:该商品是一种用以治疗眼疾的抗菌素类药。根据其包装状态(10毫升/支)可知,该药品为零售包装,已配定剂量药品,因此归类时不能按氯霉素原药归类于第29章品目29.41,而应按氯霉素药品归入第30章品目30.04。本题商品应归入商品编码3004.2090。

 例40 含有头孢克洛的药品(未配定剂量)。

商品分析及归类:该药品是先锋霉素的一种,属于抗菌素类药。由于其为头孢克洛的药品,而非单一成分的纯净药品,因此归类时不能按单一成分的原药归入第29章品目29.41,而应按混合药品归入第30章。又由于该药品未配定剂量,因此本题商品应按未配定剂量的混合药归入品目30.03,并按含有先锋霉素的药品归入商品编码3003.2015。

 例41 非典疫苗针剂(人用)。

商品分析及归类:该"疫苗"是悬浮于盐溶液、油(脂制疫苗)或其他溶剂中的含病毒或细菌微生物制剂,用以注射于肌体内,使之产生免疫力,从而对有关疾病起预防和治疗作用。非典疫苗针剂属于预防性药品,归类时应按药品归入第30章。由于品目30.02已列有免疫制品的列名,因此,本题商品的商品编码为3002.2000。

例42 跌打损伤敷料（胶黏）。

商品分析及归类：该"跌打损伤敷料（胶黏）"是指直接敷于皮肤的创伤面、暴露的组织创伤及外科感染面等的外用药。根据其用途按药品归入第30章，由于品目30.05已有相关药品的列名，因此，本题正确的商品编码为3005.1090。

 例43 利福平胶囊，24粒/盒，抗结核病药。

商品分析及归类：本题商品利福平胶囊，该药品已制成了24粒/盒，为此属于已配定剂量和零售包装的药品，应归入第30章品目30.04"**由混合或非混合产品构成的治病或防病用药品（不包括品目30.02、30.05或30.06的货品），已配定剂量（包括制成皮肤摄入形式的）或制成零售包装**"项下。同时，从第29章品目29.41"**抗菌素**"项下子目2941.9030"---利福平及其衍生物，以及它们的盐"的具体列名，获知本题商品属于抗菌素类药物。因此，本题商品利福平应归入品目30.04项下一级子目"-其他，含有抗菌素"项下三级子目"---其他"。本题正确的商品编码为3004.2090。

（讨论：本题商品利福平是治疗结核病的药物，对于不太了解药性的非医务人员来说仅凭该商品是药品，要准确地将其归类于第30章品目30.04项下哪个子目是困难的。对于某些商品，我们往往需要通过借助《协调制度》其他品目来确定待归类商品的属性。在此我要着重强调，希望读者注重这方面能力的培养。）

(3) 用于医疗的辅助用品的归类。

供医疗、外科、牙科或兽医用的辅助用品是指软填料、纱布、绷带、橡皮膏及类似物品，归类时分以下几种情况：

①已经药物浸涂的以上物品，应归入品目30.05，如浸渍碘或水杨酸甲酯等软填料，浸、涂药物的橡皮膏等。

②未经药物浸涂的以上物品，但已制成零售形式或零售包装供医疗、外科、牙科或兽医用，应归入品目30.05。

③未经药物浸涂的以上物品，但又未制成零售形式或零售包装供医疗、外科、牙科或兽医用，则不能归入品目30.05，应归入品目59.06。

(4) 其他医药用品的归类

根据本章章注四的规定，只有满足该条所列的11项医药用品范围内的商品才可以归入品目 30.06。同时也只能归入该品目而不得归入《协调制度》的其他品目。

4. 第 31 章商品归类要点

（1）《协调制度》中的肥料一般是指含有肥效元素氮、磷或钾的化学品。本章包含了天然肥料和人造肥料的绝大多数产品。

①天然肥料主要包括动物肥料（如鸟粪）、植物肥料（如适于作肥料用的腐烂植物产品）和动物肥料与植物肥料的混合肥料。另外包括动植物产品经混合或化学处理制成的肥料。

②人造肥料包括单一肥料和复合肥料。单一肥料是指含氮、磷或钾中一种肥效元素的肥料，复合肥料是指含氮、磷或钾中两种或三种肥效元素的肥料。

③本章肥料编排结构规律如下：

天然肥料 …………………………………………… 归入品目 31.01

人造肥料（单一肥料）——

氮肥 ………………………………………………… 归入品目 31.02

磷肥 ………………………………………………… 归入品目 31.03

钾肥 ………………………………………………… 归入品目 31.04

人造肥料（复合肥料）：

复合肥料归入品目 31.05。（如果是单独的已有化学定义的化合物，则必须符合本章章注五的规定才能归入品目 31.05，若不符合本章章注五的规定，而应该作为无机化合物归入品目 28.35，如用作肥料的磷酸钾，含有磷、钾两种肥效元素，由于不符合本章章注五规定应归入品目 28.35。）

（2）根据第 31 章章注二、三、四规定：

①在章注中没有列名的产品，即使有时作为肥料使用，也不应归入第 31 章；

②即使某些产品有时不做肥料用，但在注释中已明确列名，则仍应归入本章。

上述意思表明"肥料"的归类要注意两点：

第一，如果是一种化学成分的肥料，应由第 31 章章注一（二）、章注二（一）、章注三（一）、章注四（一）及章注五来判断哪些可归入第 31 章，哪些应归入第 28 章或第 29 章。例如，"氯化铵肥料"由于不符合第 31 章章注二（一）的规定，因此应作为化工原料归入商品编码 2827.1010。

第二，如果商品本身是属于第31章的肥料，但由于制成符合品目31.05条文中所述的形状或包装，则应归入品目31.05。例如，"5千克包装的氯化钾"，虽符合第31章章注四（一）所规定的货品范围（氯化钾），但由于其包装又制成了零售包装（符合品目31.05条文所述的形状或包装），因此根据本章章注四的规定，则该商品的商品编码为3105.1000。

 易错点提示

归类时容易与本章的货品发生错误归类的商品主要有：

在运用本章章注二～五时，应特别注意纯净化学品的归类：（1）在注释中没有具体列名的产品即使作肥料用，也不应归入本章（第31章），如不论是否作肥料用的纯净氯化铵应归入品目28.27；（2）在注释中已明确列名的某些产品有时即使不作肥料用，仍应归入本章，如不论是否作肥料用的纯净硝酸钠，应归入品目31.02或31.05。

例44　20千克装、化学纯级、粉末状硝酸钠。

商品分析及归类：该商品为化学纯级、粉末状硝酸钠，是一种含氮化肥，也是无机化学品。归类时似乎应按肥料归入第31章品目31.02，也可按无机化学品归入第28章品目28.34。根据第28章章注三（三）和第31章章注二（一）的规定，每包毛重超过10千克重的硝酸钠，无论是否纯净均应归入品目31.02。由于品目31.02已有硝酸钠具体列名，因此本题商品的商品编码为3102.5000。

例45　由过磷酸钙和硫酸钾混合的肥料（包装每袋重6千克）。

商品分析及归类：该商品——过磷酸钙属于磷肥，硫酸钾属于钾肥。本题商品是一种将两种肥料产品加以混合的化学肥，归类时应按肥料归入第31章。本题商品在该章的相关品目为31.03和31.05。根据第31章章注三规定，毛重不超过10千克的肥料应归入品目31.05，而品目31.05条文明确标明包括每包毛重量不超过10千克的本章各项货品，因此本题商品根据其包装重量应归入商品编码3105.1000。

例46 脲 $CO(NH_2)_2$（毛重大于 10 千克，生产脲醛树脂用原料）。

商品分析及归类：该商品脲又名碳酰二胺或尿素，是生产脲醛树脂等的重要化工原料，同时也是优质的化学合成有机酰胺态氮素化肥。归类时似乎可以按有机化学品归入第29章，也可按肥料归类归入第31章。根据第29章章注二（六）的规定，第29章不包括尿素（品目31.02或31.05）。因此本题商品不能归入第29章，只能归入第31章。根据第31章章注二（一）的规定，又根据其包装重量（毛重大于10千克），本题商品应归入商品编码3102.1000。

例47 硝酸钾肥料。

商品分析及归类：硝酸钾也称钾硝或硝石，得自硝酸钠和氯化钾，为无色晶体、玻璃化团块或白色晶体粉末，可用于制火药、玻璃、火柴，还可以用作肥料和分析试剂等。其用途较广，本题商品以"硝酸钾肥料"作为肥料用，是否就一定归入第31章呢？依据第31章章注二（一）的规定，不符合该章注所规定的货品范围，因此不能按肥料归入第31章，而应按化工原料归入第28章，本题商品应归入商品编码2834.2110。

5. 第32章商品归类要点

（1）根据第32章章注一（一）规定，本章不包括单独的已有化学定义的化学元素及化合物。应该注意品目32.03及32.04所述货品、品目32.06的用作发光体的无机产品，品目32.07所述形状的熔融石英或其他熔融硅石制成的玻璃及品目32.12的零售形状或零售包装的染料及其他着色料，即使是单独的已有化学定义的也应分别归入这些品目。

（2）根据第32章章注四规定，品目32.08包括由品目39.01至39.13所列产品溶于挥发性有机溶剂的溶液（胶棉除外），溶剂重量必须超过溶液重量的50%，否则应归入第39章。

本章的重点商品是着色料与油漆。着色料主要包括染料和颜料，要注意的是在化学合成的着色料中，有机着色料与无机着色料（不包括用作发光体的无机产品）的归类方式不同，前者不论是否符合化学定义都应归入品目32.04，后者如果是符合化学定义的，则不能归入本章而应该归入第28章或第29章。

综上所述，第32章商品品目设定规律如表7-3所示：

表7-3　第32章商品品目设定规律

序号	商品	性质	性质细分	归入品目
1	鞣料			32.01~32.02
2	色料	天然	动物	32.03
3			植物	32.03
4			矿物	32.06
5		合成	有机	32.04
6			无机	32.06
7		色淀		32.05
8	油漆	合成聚合物为基本成分	非水介质	32.08
9			水介质	32.09
10		其他		32.10
11	其他			32.07（陶瓷等工业用）32.11~32.15

易错点提示

归类时容易与本章的货品发生错误归类的商品主要有：

（1）生漆归入品目13.02；（2）沥青胶黏剂归入品目27.15；（3）已着色的打字机用色带归入品目96.12；（4）鞣酸盐及其他鞣酸衍生物归入品目29.36~29.39、35.01~35.04。

例48　溶于挥发性有机溶剂中的乙烯聚合物（按重量计含乙烯聚合物60%，有机溶剂40%）。

商品分析及归类：该商品是由乙烯聚合物和有机溶剂组成。归类时似乎可以乙烯聚合物为主要特征归入第39章。根据第32章章注四的规定，品目32.08包括由品目39.01~39.13所列产品溶于挥发性有机溶剂的溶液（胶棉除外），但溶剂重量必须超过溶液重量的50%。由于本题商品有机溶剂重量为40%，显然没有超过溶液重量的50%的标准，因此应按聚合物归入第39章，而不能按油漆及清漆归入第 32 章。本题商品应归入以乙烯聚合物为主要特征的品目 39.01，该商品的商品编码是 3901.9090。

例 49 由 80% 白色颜料、10% 黏合剂、10% 填料组成的水浆涂料（非零售包装）。

商品分析及归类：该商品水浆涂料是一种主要由着色颜料或矿物质（如白粉）与极少量的黏合剂（如皮胶或酪蛋白），有的还加有填料、除虫剂或防腐剂而组成的涂料，通常为粉状，但也有的为糨糊状或乳胶状。归类时应按染料归入第 32 章，由于品目未有水浆涂料列名，因此，本题商品应按其他涂料归入品目 32.10，商品编码为 3210.0000。

例 50 溶于挥发性有机溶剂中的丙烯酸聚合物，丙烯酸聚合物占溶液总重量的 45%。

商品分析及归类：该商品由丙烯酸聚合物和有机溶剂组成，归类时似乎应该以丙烯酸聚合物为主要特征，归入第 39 章，但根据第 39 章章注二（五）规定，本章不包括品目 39.01~39.13 所列的任何产品溶于挥发性有机溶剂的溶液（胶棉除外），但溶剂重量必须超过溶液重量的 50%（品目 32.08）。由于本题商品的有机溶剂重量为 55%，显然超过溶液重量的 50% 的标准，因此，该商品不能以聚合物归入第 39 章，而应按油漆及清漆归入第 32 章。由于品目 32.08 包括以合成聚合物或化学改性天然聚合物为基本成分的油漆及清漆（包括瓷漆及清漆），分散于或溶于非水介质的，因此，本题商品应归入商品编码 3208.2010。

6. 第 33 章商品归类要点

（1）归类时应注意，品目 33.01 仅是天然的植物香料，如果是化学合成的单独化学成分的香料，则一般应归入第 29 章。

（2）归类时应注意，品目 33.01 仅是单一的植物香料，如果是几种香料的混合物或是与其他成分的混合物，则一般应归入品目 33.02。

（3）关于品目 33.07 的化妆盥洗品的归类，则要注意本章章注四所规定的范围。主要适用于下列产品：香袋，通过燃烧散发香气的制品，香纸及用化妆品浸渍或涂布的纸，隐形眼镜片或假眼用的溶液，用香水或化妆品浸渍、涂布、包覆的絮胎、毡呢及无纺织物，动物用盥洗品。

（4）本章商品包括香料、香料制品及化妆盥洗品其编排结构规律如下：

天然香料 …………………………………………… 归入品目 33.01

混合香料 …………………………………………… 归入品目 33.02

化妆盥洗品 ………………………………………… 归入品目 33.03～33.07

易错点提示

归类时容易与本章的货品发生错误归类的商品主要有：

（1）天然油树脂或植物浸膏归入品目 13.02；（2）非零售包装（供润肤用）的凡士林归入品目 27.12；（3）具有芳香料制品、化妆品或盥洗品等辅助用途的药品归入品目 30.03 或 30.04；（4）香皂归入品目 34.01；（5）脂松节油、木松节油和硫酸盐松节油归入品目 38.05。

例 51 薄荷醇。

商品分析及归类：薄荷醇也称薄荷脑，是从薄荷油中分离得到的一种萜醇，为薄荷油的主要成分。由于其属于化学合成的单独化学成分的香料，因此本题商品归类时不能按香料归入第 33 章，而应按单一的醇类有机物归入第 29 章。本题商品应归入品目 29.06，并按具体列名归入商品编码 2906.1100。

例 52 隐形眼镜片用药水。

商品分析及归类：该商品是一种在佩戴隐形眼镜过程中用以清洁、消毒或浸泡隐形眼镜片的盥洗液。因此应按化妆盥洗品归入第 33 章。根据本章章注四的规定，品目 33.07 包括隐形眼镜片用的溶液。因此，本题商品应归入品目 33.07，并按其他化妆盥洗品归入商品编码 3307.9000。

例 53 天然的檀香油。

商品分析及归类：该商品天然的檀香油，是由檀香树的干或根经蒸汽蒸馏而得的一种精油。归类时应按精油归入第 33 章，根据其单一的植物成分而归入品目 33.01，本题商品应归入商品编码 3301.2999。

7. 第 34 章商品归类要点

（1）关于表面活性剂的相关商品知识。

①本章"有机表面活性剂"的含义：根据本章章注三的规定，品目 34.02 所称"有机表面活性剂"，是温度在 20℃时与水混合配成 0.5% 浓度的水溶液，并在同样温度下搁置 1 小时后与下列规定相符的产品：

　　A. 成为透明或半透明的液体或稳定的乳浊液而未离析出不溶解物质；

　　B. 将水的表面张力降低到每厘米 45 达因及以下。

②结构及作用：表面活性剂分子由亲水基和疏水基组成。表面活性剂分子在水中能自动定向地吸附于水溶液与空气的界面处，亲水基伸向水溶液而疏水基伸向空气，这样，表面活性剂通过界面吸附而形成的单分子膜在界面处起隔离的作用。这使得空气和水溶液的接触面显著减小，从而使水的表面张力急剧下降，因而表面活性剂具有乳化、增溶、分散、渗透、湿润、发泡、洗净等作用，可以作乳化剂、破乳剂、渗透剂、发泡剂、消泡剂、湿润剂、分散剂、抗静电剂等，广泛应用于食品、纺织、医药、农药、化妆品、采矿等领域。

③以离子类型分类：表面活性剂通常按离子类型分为，在水中能电离成离子的为离子型表面活性剂，不能电离成离子的为非离子型表面活性剂（如壬基酚聚氧乙烯醚）。在离子型表面活性剂中，再以显示表面活性部分所带电荷的种类分成阴离子型表面活性剂（如十二烷基苯磺酸钠）、阳离子型表面活性剂（如氯化十八烷基三甲基铵）和两性表面活性剂（如十二烷基二甲基甜菜碱）。

④归类规律：表面活性剂归入品目 34.02。其中，阴离子型表面活性剂归入子目 3402.1100，阳离子型表面活性剂归入子目 3402.1200，两性表面活性剂归入子目 3402.1900，非离子型表面活性剂归入子目 3402.1300。

（2）本章货品归类要点。

①归类时应注意，归入商品编码 3402.1100～3402.1900 的表面活性剂仅含一种表面活性剂，如果同时含有几种表面活性剂或是表面活性剂溶于有机溶剂等情况，则应作为表面活性剂制品归入商品编码 3402.2010～3402.9000。

②根据第 34 章章注一（三）规定，如果表面活性剂产品属于洗发剂、洁齿品、剃须膏及沐浴用制剂，则优先归入第 33 章的相应品目。如"含有表面活性剂的洗发香波"应归入品目 33.05 而不应归入 34.02。

③本章商品归类应该注意：

　　A. 对于肥皂的归类；

B. 消毒皂与含同样成分的消毒剂的区别；

C. "牙科用制品"（品目 34.07）不包括牙科用熟石膏（应归入品目 25.20）、牙科黏固剂及品目 30.06 的其他牙科填料；

D. 表面活性剂及其含有表面活性剂的产品的归类。

本章商品编排结构规律如下：

肥皂 ……………………………………………… 归入品目 34.01

表面活性剂 ……………………………………… 归入品目 34.02

润滑剂 …………………………………………… 归入品目 34.03

人造蜡 …………………………………………… 归入品目 34.04

光洁剂擦洗膏 …………………………………… 归入品目 34.05

蜡烛 ……………………………………………… 归入品目 34.06

塑型用膏 ………………………………………… 归入品目 34.07

易错点提示

归类时容易与本章的货品发生错误归类的商品主要有：

(1) 含肥皂或其他有机表面活性剂的洗发剂、洁齿品、剃须膏及沐浴用制剂归入品目 33.03、33.06 及 33.07；(2) 含有表面活性剂的润滑剂及对纺织材料、皮革、毛皮或其他材料的油脂处理的制剂（当其中石油或沥青矿物油产品占 70% 或以上时）归入品目 27.10。

例 54 用洗涤剂浸渍的无纺织物。

商品分析及归类：该商品是指用纺织纤维经压合而成的织物。由于本题商品的无纺织物已用洗涤剂浸渍，因此不能按纺织物归入第 56 章的品目 56.03，而应按洗涤制品归入第 34 章的品目 34.01，本题商品应归入商品编码 3401.1990。

例 55 清洁玻璃用去污粉。

商品分析及归类：该商品是一种专用于清洁去除玻璃表面污迹的清洁剂。归类时应按洗涤剂归入第 34 章。根据第 34 章章注二的规定，含磨料粉的产品，只有条状、块状或模制形状可以归入品目 34.01，其他形状的应作为"去污粉及类似制品"归入品目 34.05。因此，本题商品为玻璃用去污粉，不能按有形状去污产品归入品目 34.01，而应该按非有形状的产品归入品目 34.05，本题商品应归入商品编码 3405.4000。

 例 56 含有机表面活性剂的沐浴香波。

商品分析及归类：该商品沐浴香波是一种含有机表面活性剂成分的，供沐浴用的盥洗品。归类时似乎可按盥洗品归入第 33 章，也可以按洗涤剂归入第 34 章。根据第 34 章章注一（三）的规定，含肥皂或其他有机表面活性剂的洗发剂、洁齿品、剃须膏及沐浴用制剂，应归入品目 33.05、33.06 及 33.07。因此，含有机表面活性剂的沐浴香波不能按洗涤剂归入第 34 章的品目 34.02，而应按盥洗品归入第 33 章的品目 33.07。本题商品应归入商品编码 3307.3000。

8. 第 35 章商品归类要点
（1）关于蛋白质的归类。

蛋白质是由多种氨基酸结合而成的高分子化合物，是生物体的一种主要组成物质，也是生命活动的基础。具有催化作用的各种酶和调节生理机能的某些激素都是蛋白质。《协调制度》将蛋白质分成酪蛋白（包括其衍生物，如酪蛋白酸钠、酪蛋白酸铵、氯化酪蛋白、溴化酪蛋白）归入品目 35.01，白蛋白（包括其衍生物，如铁白蛋白盐、溴化白蛋白）归入品目 35.02，作胶的蛋白归入品目 35.03，其他蛋白（包括其衍生物，如谷蛋白、球蛋白、角蛋白、核蛋白等）归入品目 35.04。

（2）关于胶的归类。

酪蛋白胶归入品目 35.01。动物胶归入品目 35.03（如明胶、鱼鳔胶、骨胶、皮胶、筋胶等），以淀粉、糊精或其他改性淀粉为基本成分的胶归入品目 35.05，其他品目未列名的调制胶及黏合剂归入品目 35.06。

（3）关于酶的归类。

酶是生物体产生的蛋白质，具有引起和调节活性细胞内外特殊化学反应的性能，细胞新陈代谢包括的所有化学反应几乎都是在酶的催化下进行的，所以酶也称生物催化剂。酶在食品、纺织、制革、发酵、农业、医药等多种行业有广泛的应用。《协调制度》将酶归入品目 35.07（该品目包括纯净酶、酶催浓缩物、其他品目未列名的酶制品）。但是，预鞣用酶制剂，根据本章章注一（三）的规定则应归入品目 32.02。

(4) 归类时注意事项

①适用于作胶或黏合剂的产品零售包装，每件净重不超过 1 千克的应归入品目 35.06。

②食品添加剂主要由氨基酸及氯化钠混合物构成的水解蛋白质，以及除去脱脂大豆粉某些成分而制得的浓缩产品应该归入品目 21.06。

③治病或防病用的血份应作为药品归入第 30 章（例如人血浆）。

④本章的胶与第 32 章的胶黏合剂填料、第 39 章的制胶用树脂是不同的。本章货品包括蛋白类物质、改性淀粉、胶、酶其编排结构规律如下：

酪蛋白 ·· 归入品目 35.01
白蛋白 ·· 归入品目 35.02
适于作胶的蛋白 ······································ 归入品目 35.03
其他蛋白 ··· 归入品目 35.04
改性淀粉 ··· 归入品目 35.05
其他品目未列名的调制胶 ························· 归入品目 35.06
酶 ·· 归入品目 35.07

 易错点提示

归类时容易与本章的货品发生错误归类的商品主要有：
(1) 酵母归入品目 21.02；(2) 治病、防病用的血清蛋白归入第 30 章；
(3) 预鞣用酶制剂归入品目 32.02；(4) 加酶的浸透剂、洗涤剂及其他产品归入第 34 章；(5) 硬化蛋白归入品目 39.13。

例 57 明胶（每件净重 1 千克）。

商品分析及归类：该商品明胶是水溶蛋白物质，通常通过用温水（加酸或不加酸）处理皮张、软骨、硬骨、筋腱或类似动物物料而制得，用于配制食品、药品及感光乳剂等。本题商品属于蛋白类物质，归类时似乎应该按蛋白类物质归入第 35 章，按具体列名商品归入品目 35.03。但由于其包装净重不超过 1 千克，因此，不能按包装净重超过 1 千克的胶产品归入品目 35.03，而应按包装净重不超过 1 千克的胶产品归入品目 35.06。本题商品的商品编码为 3506.1000。

例58 麦芽糖糊精（还原糖以右旋糖的干重量计9%）。

商品分析及归类：该商品是通过用酸或酶使淀粉水解的降解法所得产品。糊精属于改性淀粉，归类时应按改性淀粉归入第35章。根据第35章章注二的规定，品目35.05所称"糊精"是指淀粉的降解产品，其还原糖含量以右旋糖的干重量计不超过10%。如果还原糖超过10%，应归入品目17.02。由于本题商品还原糖含量以右旋糖的干重量计不超过10%，因此，本题商品仍应归入品目35.05，商品编码为3505.1000。

9. 第36章商品归类要点

（1）根据第36章章注一规定，本章不包括单独的已有化学定义的化合物。这些物品通常归入第28章或第29章。例如：品目29.04的三硝基甲苯（TNT）。但本章章注二（一）、（二）所述的易燃材料制品是指聚乙醛、六甲撑四胺及类似物质，已制成片、棒或类似形状作燃料用的；以酒精为基本成分的固体或半固体燃料及类似的配制燃料；直接灌注香烟打火机及类似打火器用的液体燃料或液化气体燃料，其包装容器的容积不超过300立方厘米。

（2）本章不包括闪光灯材料（品目37.07），也不包括通过化学发光现象产生光效应的物品（品目38.24）、硝化纤维素（品目39.12）及品目39.06的物品（军火等）。

本章货品包括炸药，引爆所需的辅助产品，产生光、声、烟、火焰或火花制的制品。其编排结构规律如下：

发射药 ·· 归入品目36.01
配制炸药 ·· 归入品目36.02
爆炸配件 ·· 归入品目36.03
烟火制品 ·· 归入品目36.04
火柴 ·· 归入品目36.05
其他易燃材料制品 ···································· 归入品目36.06

 易错点提示

归类时容易与本章的货品发生错误归类的商品主要有以下几种，应掌握其正确归类：（1）雷酸汞归入品目28.42；（2）三硝基甲苯（TNT）归入品目 29.04；(3) 闪光灯材料归入品目 37.07；(4) 化学发光现象产生光效应的物品归入品目 38.24；(5) 硝化纤维素归入品目 39.12；(6) 军火归入品目 93.06；(7) 木屑黏结块等燃料不属于易燃材料，应归入品目 44.01。

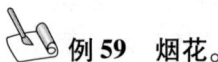 **例 59** 烟花。

商品分析及归类：该商品是通过燃烧产生声、光、烟雾以供节日喜庆娱乐活动用的烟火制品，归类时应按烟火制品归入第 36 章，并按具体列名归入品目 36.04。因此，本题商品的商品编码为 3604.1000。

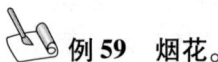 **例 60** 香烟打火机用液化丁烷（容器容积 300 立方厘米）。

商品分析及归类：该商品液化丁烷是一种从天然气或石油制得的气态粗制烃，这些烃在温度 15℃、压力 101.3 千帕时为气态，在压力下可以以液态装于金属容器内。液化丁烷属于液化气体燃料。归类时应按易燃材料制品归入第 36 章。由于品目 36.06 已有相关产品列名，且容器容积不超过 300 立方厘米，因此，本题商品归入品目 36.06，商品编码为 3606.1000。（若容器容积超过 300 立方厘米，则应归入品目 27.11，商品编码为 2711.1310。）

10. 第 37 章商品归类要点

(1) 对于未曝光的照相用品，根据其基材来判断归类，如果是纸、纸板、纺织物制的，归入品目 37.03；其他材料制的归入品目 37.01 或品目 37.02。

(2) 在品目 37.01 与品目 37.02 中，如果是平片，归入品目 37.01；如果是卷片，归入品目 37.02。对于"摄影用品"，重点应注意 37.01、37.02、37.03、37.07 这 4 个品目，其编排基本规律如表 7-4 所示：

表 7-4　FCA 与 FOB 的比较

序号	基材材质	基材形状	归入品目
1	纸、纸板、纺织物		37.03
2	其他材料	平片	37.01
3		卷片	37.02

第 37 章主要包括在某种基材（如纸、纺织物、塑料等）上涂有感光乳剂

而制得的照相及电影用的感光材料,以及在此基础上经曝光、冲洗的产品。按感光、冲洗的过程及基材的不同而分类,其编排结构规律如下:

未曝光 …………………………………………… 归入品目 37.01~37.03
(具体如下:
①以纸、纸板、纺织物以外材料,硬片及平面软片归入品目 37.01;
②成卷状软片归入品目 37.02;
③以纸、纸板、纺织物归入品目 37.03。)
已曝光未冲洗 ………………………………………… 归入品目 37.04
已曝光已冲洗 ……………………………………… 归入品目 37.05~37.06
摄影用化学品 ………………………………………… 归入品目 37.07

 易错点提示

归类时容易与本章的货品发生错误归类的商品主要有以下几种,应掌握其正确归类:

(1) 已冲印的感光纸、纸板及布应归入第 49 章或第十一类;(2) 摄影及电影用品的废碎料应按其构成材料归入相应品目;(3) 零售包装的硝酸银归入品目 28.43;(4) 摄影用闪光灯泡归入品目 90.06。

 例 61 零售包装供冲洗照相胶卷用显影剂。

商品分析及归类:该商品是指能使曝过光的卤化银还原成银影,即能使曝过光的潜影显现成可见影像的制剂。显影剂属于摄影用化学制剂,归类时应按摄影制品归入第 37 章,并按摄影用化学制剂归入品目 37.07。因此,本题商品的商品编码为 3707.9010。

 例 62 未曝光的黑白摄影用纸质感光片(长 100 米、宽 800 毫米)。

商品分析及归类:本题中的黑白摄影用纸质感光片属于感光材料,归类时应按照相用品归入第 37 章。由于感光片未受光作用(未曝光),因此,根据其材质(纸质)应归入品目 37.03。再根据其尺寸规格(长 100 米、宽 800 毫米)及用途(彩色摄影用),本题商品的商品编码为 3703.1010。

例 63 未曝光的激光排版用平面软质胶片（宽 300 毫米，长 100 米）。

商品分析及归类：所谓"曝光"是指感光材料受光作用的过程。本题商品激光排版用平面软质胶片属于感光材料，归类时应按照相用品归入第 37 章。由于该胶片未曝光，即未受光作用，因此根据其材质应归入品目 37.01，依据其尺寸规格（宽 300 毫米、长 100 米）及用途（激光排版用），本题商品的商品编码为 3701.3021。

11. 第 38 章商品归类要点

本章是"杂项"化学产品，即不能归入第六类中前面各章的化学产品，一律归入本章。

本章所包括的化学产品，除了本章章注一（一）所列另有规定的以外，不包括单独的已有化学定义的元素及化合物，它们通常应归入第 28 章或第 29 章。

由于本章是"杂项"，收录了不能归入第六类前面各章的化学产品，所以其结构难有明显规律，归类时应特注意有关品目、子目所包括的货品范围和定义。

（1）对于杂项化学产品归类，应注意与第 28 章、第 29 章的区别。该章属于按用途分类时，前面几章未涉及的杂项化工产品。

（2）根据第六类类注二的规定，制成零售包装符合品目 38.08 规定的货品，应优先归入这一品目，而不归入《协调制度》的其他品目（品目 28.43~28.46 除外）。

（3）品目 38.25 为《协调制度》其他品目未列名的化学工业及相关的化学产品、配制品及副产品，城市垃圾，下水道淤泥，本章章注六规定的其他废物。

（4）对于其他化学产品归类，所谓其他化学产品是指不能归入第六类中前面各章的化学产品，而又未在本章其他品目列名的化学产品，对于这类的化学产品其归类原则和方法如下：

①如果属于化学工业及其相关工业的副产品应归入品目 38.25，例如生产抗菌素时获得的残渣，其中抗菌素含量极低，适于配制复合动物饲料；

②如果属于化学工业及其相关工业的废物应归入品目 38.25；

③其他未列名的化学工业及相关工业的化学产品则应归入品目 38.24，例如以碳酸钠、硅酸钠、鞣酸等为基料制成的防垢剂（加到硬水中可沉淀大部分溶解的钙盐或镁盐，防止锅炉及其他水循环设备中含钙沉积物的形成），由于不能归入第六类中其他品目，故按"其他品目未列名的化学工业及其相关

工业的化学品"归入品目 38.04。

（5）归类时应注意：

①品目 38.24 所包括的货品范围；

②子目 3808.50 所包括的货品范围；

③子目 3825.41 和 3825.49 关于"废有机溶剂"的定义。

 易错点提示

归类时容易错误归入本章的货品如下，应掌握其正确归类：

（1）废油归入品目 27.10；（2）废药物归入品目 30.06；（3）第 28 章至第 29 章的"检定参照物"。

 例64 狗用香波（含有除虫剂，可杀死虱子），零售瓶装。

商品分析及归类：该商品是具有除虫功能的洗涤制品，归类时似可按动物用盥洗品归入第 33 章的品目 33.07，也可按杀虫剂归入第 38 章的品目 38.08。由于狗用香波的基本特征是含有杀虫剂，因此根据归类总规则三（二）的基本特征归类原则，本题商品应按杀虫剂归入第 38 章，商品编码为 3808.9119。

 例65 附有证书的牛奶检定参照物（该奶粉具有确定的组分）。

商品分析及归类：该商品为"检定参照物"，是指附有证书的参照物，该证书标明了参照物的属性检定值，确定这些检定值的方法以及每项检定值的可靠度，这些参照物用于分析、校准和比较。本题商品是牛奶检定参照物，属于诊断或实验用试剂，因此不能按牛奶归入第 4 章或第 19 章，而应按诊断或实验用试剂归入第 38 章。根据第 38 章章注二（二）的规定，除第 28 章和第 29 章的产品外，检定参照物在本《协调制度》中优先归入品目 38.22。因此，本题商品的商品编码为 3822.0090。

 例66 下水道淤泥。

商品分析及归类：该商品是经城市污水处理厂处理的淤泥，包括预处理的废料、洗涤污垢和性质不稳定的淤泥。归类时应根据其用途按杂项化工产品归入第38章,并按具体列名原则归入商品编码3825.2000。

进出口商品归类强化训练习题

一、商品归类题

1. 氢化可的松(未配定剂量,非零售包装)

2. 三聚氰胺(蜜胺)

3. 安乃近原药,粉状,5千克装

4. 柠檬酸

5. 草酸

6. 甲醛

7. 乙醚

8. 一氯二氟甲烷

9. 乙烯

10. 硝酸银(零售包装的摄影制剂)

11. 重水(氧化氘)

12. 天然铀

13. 稀土金属(氧化钇)

14. 氰化钾

15. 氨水

16. 二氧化碳

17. 硫酸

18. 用作局部麻醉的普鲁卡因针剂

19. 洗手液,400毫升塑料瓶装,含有机表面活性剂、杀菌剂、香精等成分

20. 一次成像平片、未曝光

21. 头孢西丁制剂

22. 爆竹

23. 感光乳液

24. 电影胶片(已曝光未冲洗)

25. 人造石墨

26. 杀虫剂(零售包装)

二、单项选择题

1. 云南白药药粉，含三七等中药原料，有止血、消炎等功效，5 千克装
   A. 3003.2090　　B. 3004.9053　　C. 1211.9012　　D. 1211.9039

2. 早孕自测卡，纸质、涂有检测试剂，通过与尿液接触后的颜色变化来初步判断是否怀孕
   A. 3822.0090　　B. 3822.0010　　C. 3006.6090　　D. 3006.2000

3. 超过有效保存期的复方甘草片（含阿片粉、已配定、零售包装）
   A. 3004.4090　　B. 3004.9090　　C. 3006.9200　　D. 1211.9036

4. 医院的医疗废弃物
   A. 3825.1000　　B. 3825.9000　　C. 3825.4900　　D. 3825.3000

5. 田七牙膏（具有消炎、杀菌功能，含有濒危植物成分）
   A. 1211.9012　　B. 3306.1010　　C. 3306.1090　　D. 3306.9000

6. 生产抗菌素所获得的残渣（其抗菌素含量极低，适于配制复合动物饲料）
   A. 3825.9000　　B. 3824.9090　　C. 2309.9010　　D. 3004.9090

第七节　第七类　塑料及其制品；橡胶及其制品

本节学习目的及重点、难点、疑点

1. 旨在理解、掌握并运用商品归类原则和方法对《协调制度》第七类所涉及的商品进行归类。

2. 本类商品归类时应注意对橡胶与塑料的区分，不能简单地依据商品的名称来区分其属于橡胶或属于塑料，而是要通过商品的化学结构进行区分，然后再作出判定。

3. 品目 39.01～39.14 所称的"塑料""初级形状"与品目 40.01～40.03 及 40.05 所称的"橡胶""初级形状"的判别。

4. 理解、掌握并正确运用第 39 章章注四、五规定，共聚物、聚合物混合体、化学改性聚合物的归类要求条件。

5. 正确区分未硫化橡胶与硫化橡胶。未硫化橡胶应归入品目 40.01～40.06，对于硫化橡胶应归入品目 40.07～40.17。

一、本类商品的主要内容及范围

本类商品主要涉及《协调制度》：

第 39 章　塑料及其制品

第 40 章　橡胶及其制品

本类商品包括第 39 章塑料及其制品、第 40 章橡胶及其制品，一共 2 章。这 2 章所包括的原料都属于高聚物，是由高分子聚合物组成的塑料与橡胶以及它们的制品。除天然的以外，合成的高分子聚合物大多是由第 29 章的有机化合物聚合得到的。

本类商品从加工程度看：呈"初级形状→半制成品→制成品"，即按"原料→半制成品→制成品"规律顺序排列。对本类商品归类时应注意对橡胶与塑料的区分，不能简单地依据商品的名称来区分橡胶或塑料，而是要通过商品的化学结构进行区分，然后再作出判定。例如，"聚氨酯橡胶"，虽名称中有"橡胶"二字，但其实质是塑料。

二、第 39 章商品的归类原则和方法

《协调制度》所称"塑料"是指品目 39.01～39.14 的材料，这些材料能够在聚合时或聚合后在外力（一般是热力和压力，必要时加入溶剂或增塑剂）作用下通过模制、浇铸、挤压、滚轧或其他工序制成一定的形状，成形后除去外力，其形状仍保持不变。

塑料的种类很多，各有其特殊的物理、化学等性能，分类方法也多种多样。

（一）本章商品的相关商品知识

按照用途的不同，塑料可分为通用塑料和工程塑料。通用塑料用途很广，如聚乙烯、聚丙烯、聚氯乙烯、聚苯乙烯、聚氨酯等；工程塑料适用于工程结构、机械部件、化工设备等工业用途，如聚碳酸酯、聚酰胺、ABS 树脂等。

按照塑料受热后的性能可分为热塑性塑料和热固性塑料。热塑性塑料可通过反复加热软化成形而制成制品，如聚乙烯、聚苯乙烯、聚酰胺等；热固性塑料可通过或已通过化学或物理方法制成不溶性产品，如环氧树脂、不饱和聚酯等。

本章包括塑料及其制品。根据塑料的加工而分两个分章，第一分章包括初级形状的聚合物，第二分章包括废碎料及下脚料、半制成品及制成品。

在第一分章中，根据聚合物取得方式的不同而分为合成聚合物与"人造"

共缩聚物、共加聚物、嵌段共聚物及接枝共聚物）及聚合物混合体应按聚合物中重量最大的那种共聚单体单元所构成的聚合物归入相应品目。在本注释中，归入同一品目的聚合物的共聚单体单元应作为一种单体单元对待。

如果没有任何一种共聚单体单元重量为最大，共聚物或聚合物混合体应按号列顺序归入其可归入的最末一个品目。

依照上述规定，具体归类方法如下：

①首先，将属于同一品目下的单体单元的含量相加；

②然后按含量高的品目归类，如果含量相等，则按归类总规则三（三）"从后原则"归类。

例67 由45%乙烯、35%丙烯及20%异丁烯的单体单元组成的初级形状的共聚物。

商品分析及归类：本题所述共聚物中丙烯与异丁烯的聚合物同属于品目39.02，依据规定"属于同一品目下的单体单元的含量相加"（即35%丙烯+20%异丁烯=55%），超过了45%乙烯单体单元含量。因此，本题中的共聚物品目应归入品目39.02。

例68 由50%乙烯与50%苯乙烯的单体单元组成的初级形状共聚物。

商品分析及归类：本试题所述共聚物中由于乙烯单体单元含量与苯乙烯单体单元含量相等（同为50%），依据规定"如果含量相等则按归类总规则三（三）'从后原则'归类"，本题中"初级形状的乙烯聚合物"归入品目39.01，而"初级形状的苯乙烯聚合物"归入品目39.03。因此，本题商品应归入品目39.03。

（2）子目确定方法

根据第39章子目注释的规定，属于本章任一品目下的聚合物（包括共聚物）及化学改性聚合物应按下列规则归类：

①在同级子目中有一个"其他"子目的

A. 子目所列聚合物名称冠有"聚（多）"的（例如：聚乙烯及聚酰胺-6,6），是指列名的该种聚合物单体单元含量在整个聚合物中按重量计必须占**95%及以上**。

聚合物（包括天然聚合物和经化学处理的天然聚合物）。

在第二分章中，品目39.15包括塑料的废碎料及下脚料。品目39.16~39.25包括塑料的半制成品或列名的塑制品。品目39.26包括其他品目未列名的塑料制品及品目39.01~39.14所列其他材料的制品。

1. "初级形状"塑料的判别

依据第39章章注六的规定，品目39.01~39.14所称的"初级形状"只限于下列各种形状：

（1）液体及糊状，包括分散体（乳浊液及悬浮液）及溶液；

（2）不规则形状的块、团、粉（包括压型粉）、颗粒、粉片及类似的散装形状。

也就是说，符合上述形状属于"初级形状"。该章塑料在归类时应注意其加工形状，属于初级形状的塑料，根据该章章注六的规定，应归入第一分章品目39.01~39.14。

2. 关于有关名词及概念的知识解释

（1）单体：构成聚合物的单个分子，是能起聚合反应而成为高分子聚合物中的结构单元的简单化合物。如氯乙烯单体能起聚合反应而成为聚氯乙烯，又如乙烯单体与乙酸乙烯酯单体能起聚合反应而成为乙烯—乙酸乙烯酯共聚物等。

（2）单体单元：聚合过程中单个单体分子所产生的最大结构单元，如聚氯乙烯。

（3）聚合物：按照单体的个数可分为均聚物与共聚物。

均聚物：由一种单体聚合而成，例如，乙烯聚合而成的聚乙烯。

共聚物：由两种或两种以上的单体聚合，生成在同一高分子结构中含有两种或两种以上单体单元的聚合物，例如，由乙烯与丙烯聚合而成的乙烯—丙烯共聚物。

3. 共聚物的归类

共聚物，依据第39章章注四的规定，它包括在整个聚合物中，按重量计没有一种单体单元的含量在95%及以上的各种聚合物。对于共聚物归类，应按章注四的规定确定品目，再按下述（二）"本章商品归类方法"进行归类。

（二）本章商品归类方法

1. 聚合物（包括共聚物）归类

（1）品目确定具体操作

第39章章注四规定，在该章中，除条文另有规定的以外，共聚物（包括例如：由 15% 乙烯、85% 氯乙烯的单体单元组成的共聚物应归入子目 3904.4000，而不能归入子目 3904.1000，因为子目 3904.1000 项下的聚氯乙烯属于具体列名聚合物，因此根据规定，"该种聚合物单体单元含量在整个聚合物中按重量计必须占 95% 及以上"（即氯乙烯单体单元含量必须占 95% 及以上），而本题共聚物中氯乙烯的单体单元含量只有 85%，根据"在同级子目中有一个'其他'子目"的规定，本题共聚物应归入子目 3904.4000。

B. 子目 3901.30、3901.40、3903.20、3903.30 及 3904.30 所列共聚物，其共聚单体单元含量在整个聚合物中按重量计占 95% 及以上，即应归入上述子目。

例如，由 60% 的氯、35% 的乙烯乙酸酯和 5% 的马来酐的单体单元组成的共聚物应作氯乙烯—乙酸乙烯酯共聚物归入子目 3904.3000，因为氯乙烯和乙烯乙酸酯两种单体单元含量在整个聚合物中已占 95%。

C. 不符合上述 1、2 两款规定的聚合物，应按聚合物中重量最大的那种单体单元（与其他各种单一的共聚单体单元相比）所构成的聚合物归入该级其他相应子目。

例如：由 40% 的乙烯、35% 丙烯和 20% 异丁烯的单体单元组成的共聚物。因为丙烯单体单元和异丁烯单体单元为同一品目下，按规定两种单体单元应相加后大于乙烯单体单元，品目应归于 39.02 的聚合物。子目归类，应在丙烯和异丁烯的单体单元进行比较（乙烯单体单元不参与比较），而丙烯单体单元含量超过了异丁烯单体单元含量，应以其他丙烯共聚物归入子目 3902.3090。因此，归入同一子目的聚合物单体单元应作一种单体单元对待。只有在同级子目中的聚合物共聚单体单元才可以进行比较。

具体方法为：首先将属于同一级子目下的单体单元的含量相加，然后按含量高的子目归类，如果含量相等则"从后归类"。

D. 化学改性聚合物如未在其他子目具体列名，应归入列名为"其他"子目内。

②在同级子目中没有列名"其他"子目的

A. 聚合物应按聚合物中重量最大的那种单体单元（与其他各种单一的共聚物单体单元相比）所构成的聚合物归入该级相应子目。为此，归入同一子目的聚合物单体单元应作为一种单体单元对待。只有在同级子目中的聚合物共聚单体单元才可以进行比较。

B. 如果没有一种或一组共聚单体单元重量最大，则共聚物或聚合物混合体应按税则号列顺序归入有关子目中的最后一个子目,即"从后归类"。

✍ **例69** 95%高密度聚乙烯(HDPE)和5%聚异丁烯构成的聚合物混合体。

商品分析及归类:本题所述聚合物应作为高密度聚乙烯归入品目39.01,子目最终归入3901.2000。因为同级子目中有一个"其他"子目,该共聚物有一种(聚乙烯HDPH)单体单元的重量在整个聚合物中,按重量计在95%及以上,所以,应按所列名冠有"聚(多)"的聚合物归类。

✍ **例70** 氯乙烯—乙酸乙烯酯共聚物,其中,氯乙烯单体单元为55%,乙酸乙烯酯单体单元为45%。

商品分析及归类:本题所述共聚物是以氯乙烯为主要共聚单体,品目应归入品目39.04,子目最终归入子目3904.3000。因为同级子目中有一个"其他"子目,该具体列名共聚物的共聚单体单元的重量之和为100%(即氯乙烯单体单元为55%+乙酸乙烯酯单体单元45%),根据共聚单体单元含量在整个聚合物中按重量计占95%及以上的规定,所以,本题共聚物应按具体列名"氯乙烯—乙酸乙烯酯共聚物"归类。本题商品编码为3904.3000。

✍ **例71** 以45%乙烯单体单元、35%丙烯单体单元及20%异丁烯单体单元构成的共聚物。

商品分析及归类:由于本题所述共聚物中的丙烯单体单元和异丁烯单体单元是属于同一品目(39.02)项下的单体单元,其含量相加之和为55%(35%丙烯单体单元加20%异丁烯单体单元)超过乙烯单体单元,因此,本共聚物应归入品目39.02。又由于丙烯单体单元比归入同一品目39.02的异丁烯单体单元比率大,在同级子目中有一个"其他"子目,因此应作为丙烯共聚物的商品编码为3902.3090。

✍ **例72** 由40%乙烯单体单元、30%丙烯单体单元及30%异丁烯单体单元构成的共聚物粉末(初级形状)。

商品分析及归类:本题所述共聚物中由于丙烯单体单元和异丁烯单体单

元属于同一品目（39.02）项下的单体单元，其含量相加之和为60%（30%丙烯单体单元加30%异丁烯单体单元）超过了乙烯单体单元，因此应归入品目39.02。又因为丙烯单体单元与异丁烯单体单元比率相同，应按规则"如果没有一种或一组共聚物单体单元重量最大，则共聚物或聚合物混合体应按号列顺序归入有关子目中最后一个子目"，即按"从后归类"归入以"其他"列名的子目39.02。"9"是同级子目中最后一个子目，所以不应以丙烯共聚物归类。该题中的共聚物的商品编码为3902.9000。

例73 由60%苯乙烯单体单元、30%丙烯腈单体单元及10%乙酸乙烯酯单体单元构成的共聚物。

商品分析及归类：本题所述共聚物，苯乙烯重量最大为主要共聚单体，应归入品目39.03。该品目项下没有具体列名的本题所述共聚物的子目，但有部分共聚单体单元构成的具体列名共聚物子目即"-苯乙烯-丙烯腈（SAN）共聚物"。由于该共聚物的共聚单体苯乙烯单体单元与丙烯腈单体单元的重量之和为90%，依据规定列名的该种聚合物单体单元含量在整个聚合物中按重量计必须占95%及以上。由于该共聚物的共聚单体苯乙烯单体单元与丙烯腈单体单元的重量之和只有90%，未达到规定的95%，所以该共聚物不能以"-苯乙烯-丙烯腈（SAN）共聚物"归类（同级子目中有一个"其他"子目时，具体列名共聚物的共聚单体单元的重量之和应在95%及以上）。所以，本题商品的商品编码为3903.9000。

例74 聚乙烯（比重0.92）与聚乙酸乙烯酯组成的聚合物混合体（颗粒状、初级形状），按占聚合物总重量计算：其中聚乙烯单体单元为50%，聚乙酸乙烯酯单体单元为50%。

商品分析及归类：本题所述共聚物共聚单体单元重量相同。根据第39章章注四规定，共聚物混合体应按聚合物混合体中重量最大的那种单体单元所构成的聚合物的品目归类，"如果没有任何一种共聚单体单元重量为最大，共聚物或聚合物混合体应按号列顺序归入其可归入的最末一个品目"。为此，应依"从后归类"原则归类。聚乙烯应归入品目39.01，聚乙酸乙烯酯应归入品目39.05。所以本题商品依据规定应按聚乙酸乙烯酯聚合物归类归入品目39.05。因为品目39.05下有一个"其他"子目，依据子目注释一规定，本题商品乙酸乙烯酯含量不足95%，所以不能视为聚乙酸乙烯酯，而应视为乙酸乙烯酯共聚物，又因为颗粒状是固态，不属于水分散体，所以本题商品的商品编码为3905.2900。

2. 化学改性聚合物归类

化学改性聚合物是指聚合物主链上的支链通过化学反应发生了变化的聚合物。

（1）品目确定

根据第39章章注五的规定，化学改性聚合物"应按未改性的聚合物的相应品目归类。本规定不适用于接枝共聚物"。

（2）子目确定

根据子目注释一规定：若在同级子目中有一个"其他"子目的，按（一）3规定，即化学改性聚合物如未在其他子目具体列名，应归入列名为"其他"的子目内。若在同级子目中没有一个"其他"子目的，按（二）规定，即化学改性聚合物应按相应的未改性聚合物的子目归类。

3. 聚合物混合体的归类

（1）品目确定

①聚合物混合体应按聚合物中重量最大的那种共聚单体单元所构成的聚合物归入相应品目，归入同一品目的聚合物的共聚单体单元应作为一种单体单元对待。

②如果没有任何一种共聚单体单元重量最大，则聚合物混合体应按税则号列顺序归入其可归入的最后一个品目。

（2）子目确定

聚合物混合体应按单体单元比例相等、种类相同的聚合物归入相应子目。

例75 由96%的聚乙烯和4%的聚丙烯组成比重大于0.94的聚合物混合体。

商品分析及归类：在本题所述的聚合物混合体中，聚乙烯共聚单体单元重量最大，按规定应按其所构成的聚合物归入品目39.01。由于比重大于0.94，因此该题商品的商品编码为3901.2000。

4. 塑料半制成品和制成品的归类

对于塑料制品的归类，其要点是如何区分塑料半制成品和塑料制成品。通常根据加工形状、加工的程度来判定是塑料半制成品还是塑料制成品。

(1) 塑料半制成品其具体加工形状（如条、杆、型材及异型材、管、板、片、膜、箔、带、块状等），即品目39.16～39.21条文所描述的。

(2) 塑料制成品则根据其用途归类，即品目39.22～39.26条文所表述的塑料制品。

5. 塑料的废碎料和下脚料的归类

对于塑料的废碎料和下脚料的归类，本章设立了一个专门品目39.15。一般情况下可以直接按品目39.15条文"塑料的废碎料及下脚料"归入该品目。但是，不是所有的塑料的废碎料和下脚料都应归入该品目。根据本章章注七的规定，如果该废碎料及下脚料属于"初级形状的单一种类的热塑性材料"，则不应再归入品目39.15，而是应归入品目39.01～39.14的相应品目。也就是说，同时满足以下条件的废碎料及下脚料：(1) 具有初级形状；(2) 单一种类；(3) 热塑性，不能归入品目39.15，而应归入39.01～39.14的相应品目。

 易错点提示

归类时容易与本章货品发生错误归类的商品主要有以下几种，正确的商品归类为：

(1) 天然树脂应归入第13章；(2) 酯胶、再熔胶归入第38章；(3) 注意按用途、功能或"杂项"方式在其他类、章具体列名的塑料制品，如：游泳帽归入第65章、塑料制液体泵归入第84章、塑料椅归入第94章、塑料玩偶归入第95章、塑料纽扣归入第96章等；(4) 取名为"橡胶"而不符合第40章章注的范围和定义的商品，还应按"塑料"归入第39章（如乙丙橡胶、硅橡胶等）。

例76 回收废的"可乐"饮料瓶并粉碎成细小碎片（该饮料瓶是由化学名称为"聚对苯二甲酸乙二酯"的热塑性塑料制成的）。

商品分析及归类：本题所述废的回收"可乐"碎塑料，根据本章章注七规定，"品目39.15不适用于已制成初级形状的单一的热塑材料废碎料及下脚料（品目39.01～39.14）"。因本题商品所用材料聚对苯二甲酸乙二酯是热塑性塑料，所以不能归入品目39.15。依据本章章注六规定，细小碎片在品目39.01～39.14被称为"初级形状"，应归入品目39.07"初级形状的聚缩醛、其他聚醚及环氧树脂；初级形状的聚碳酸酯、醇酸树脂、聚烯丙基酯及其他聚酯"项下第六个一级子目"-聚对苯二甲酸乙二酯"项下的第二个三级子目"---其他",因此,本题商品的商品编码为3907.6190。

本章商品在《协调制度》结构编排上,一般是按加工程度排列的,其结构编排规律如表7-5所示:

表7-5 第39章商品结构编排规律

序号	加工程度	加工性质	性质细分	品目归类
1	初级形状	合成		39.01~39.11
2		人造	纤维素	39.12
3			其他	39.13
4		离子交换剂		39.14
5	废碎料及下脚料			39.15
6	半制成品			39.16~39.21
7	制品			39.22~39.26

三、第40章商品的归类原则和方法

《协调制度》所称"橡胶",是指不论是否硫化或硬化的下列产品:天然橡胶、巴拉塔胶、古塔波胶、银胶菊胶、糖胶树胶及类似的天然树胶、合成橡胶、从油类中提取的油膏以及上述物品的再生品。

1. 本章所称"橡胶"和品目40.02所称"合成橡胶"应符合第40章章注一和章注四确定的范围和定义。取名为"橡胶"而不符合上述章注的范围和定义的,应按"塑料"归入第39章(如乙丙橡胶、硅橡胶等)。

2. 根据本章章注三的规定,品目40.01、40.02、40.03及40.05所称"初级形状",只限于下列形状:

(1)液状及糊状,包括胶乳(不论是否预硫化)及其他分散体和溶液;

(2)不规则形状的块、团、包、粉、粒、碎屑及类似的散装形状。

但是,根据本章章注五(一)的规定,由于品目40.01、40.02不适用于与有机溶剂相混合的橡胶,因此品目40.01、40.02不包括上述"其他分散体和溶液"这样的"形状"。

3. 本章所称"橡胶"是指天然橡胶或合成橡胶,根据其是否硫化而分成未硫化橡胶和硫化橡胶。对于未硫化橡胶应归入品目40.01~40.06,对于硫

化橡胶应归入品目 40.07~40.17（如新的轿车用橡胶轮胎属于硫化橡胶）。

（1）硫化橡胶根据其加工形状和用途来确定归类。

（2）未硫化橡胶成初级形状，成板、片、带等形状的，需要根据本章章注五（一）（二）的规定归入品目 40.01、40.02 或 40.05。

4. 对橡胶与纺织品复合物的归类（第 40 章与第十五类的商品容易混淆），按照注释规定，下列商品归入本章：

（1）用橡胶浸渍、涂布、包覆或层压的毡呢，按重量计，含纺织材料在 50% 及以下，以及完全嵌入橡胶的毡呢。

（2）完全嵌入橡胶或用肉眼可以辨出两面全部用橡胶涂层或包覆的无纺织物，但仅颜色变化的不在此列。

（3）用橡胶浸渍、涂布、包覆或层压的纺织物（按第 59 章章注四的规定）归入本章则应同时满足以下条件：

①每平方米重量超过 1 500 克；

②并且按重量计纺织材料含量在 50% 以下。

（4）与纺织物、毡呢或无纺织物组合的海绵橡胶板、片、带，其中纺织物仅起增强作用。

本章包括橡胶原料、半制成品及制品。按加工程度排列，本章商品在《协调制度》结构编排上，其规律如表 7-6 所示：

表 7-6　第 40 章商品结构编排规律

序号	是否硫化	形状	性质	品目归类
1	未硫化	初级形状或板、片、带	天然橡胶	40.01
2			合成橡胶	40.02
3			再生橡胶	40.03
4			废橡胶	40.04
5			复合橡胶	40.05
6		其他形状		40.06
7	已硫化	硫化橡胶		40.07~40.16
8		硬质橡胶		40.17

 易错点提示

归类时容易与本章的货品发生错误归类的商品主要有以下几种，正确的归类如下：

（1）用未硫化的天然橡胶或合成橡胶浸渍或包覆的纺织纱线应归入品目 56.04；（2）硬质橡胶制的机械器具、电气器具及其零件应归入第十六类相应章；（3）灯具、照明装置及发光标志的橡胶零件（按其用途归入品目 94.05）等；（4）取名为"橡胶"而不符合橡胶定义的第 39 章塑料货品，如乙丙橡胶实为乙烯——丙烯共聚物应归入商品编码 3901.9010 或 3902.3010。

例 77　丁二烯橡胶乳胶。

商品分析及归类：本题所述商品丁二烯橡胶也称"BR 橡胶"，是以丁二烯单体作为原料的不饱和聚合物。根据第 40 章章注四对合成橡胶的定义，本题商品应按橡胶归入第 40 章。根据第 40 章章注三对初级形状的认定，本题商品应按初级形状的橡胶归入品目 40.02。由于品目 40.02 已有丁二烯橡胶的具体列名，因此，本题商品的商品编码为 4002.2010。

例 78　摩托车用新充气橡胶轮胎。

商品分析及归类：该题商品橡胶轮胎属于橡胶制成品，归类时应按橡胶归入第 40 章。由于其为新的摩托车橡胶轮胎，因此根据新旧程度归入品目 40.11，并根据其用途归入商品编码 4011.4000。

例 79　烟胶片（简称 R.S.S.）。

商品分析及归类：本题商品烟胶片（简称 R.S.S），是天然橡胶胶乳经少许电解质作用形成的凝聚物，再经压去水分、烟熏而制成的片状天然生橡胶。归类时应按橡胶归入第 40 章。由于品目 40.01 已有烟胶片具体列名，因此本题的商品编码为 4001.2100。

例 80　加入了硫化剂、促进剂、增塑剂、颜料等的丁腈橡胶粒。

商品分析及归类：该商品丁腈橡胶粒添加了硫化剂、促进剂、增塑剂、颜料等物质。因此根据本章章注五（一）规定，该商品不符合天然橡胶、合成橡胶的要求，应看成是复合橡胶，应按复合橡胶归类。本题商品应归入商品编码 4005.9900。

1. 蓝湿牛皮，是用铬盐鞣制的牛皮，呈蓝色，保持湿润柔软状态（归入商品编码4104.1111）。

2. 全粒面未剖层革，是未被剖层的皮，揭去表皮时可见原有的粒面，其表面未作磨面处理（归入品目41.04）。

3. 粒面剖层革，是被剖两层或多层皮革的靠外面的那层革（归入品目41.04）。

（三）油鞣皮革，漆皮及层压漆皮；镀金属皮革的归类

1. 油鞣皮革是通过用鱼油或动物油反复鞣制，然后加热烘干或晾干，用碱水洗去余油，最后清洁皮张的表面，并用浮石或其他磨料进行磨里加工制得，该种皮革应归入品目41.14。

2. 漆皮是在皮革上涂有一层清漆或大漆，或在皮革表面覆盖一层塑料膜的皮革，其表面光亮如镜面，涂层或塑料膜的厚度不得超过0.15毫米。该种皮革应归入品目41.14。

3. 层压漆皮是在皮革表面覆盖一层塑料片，其厚度超过0.15毫米，但不超过总厚度的一半，其表面光洁如镜面，此种皮革应归入品目41.14。

4. 镀金属皮革即表面涂有金属粉末或覆盖一层金属箔的皮革，此种皮革应归入品目41.14。

（四）再生皮革，皮或再生皮革的边角废料；皮革粉末的归类

这里所指的"再生皮革"仅指《协调制度》第41章品目41.15的皮革。仅包括以真皮革或皮革纤维为基本成分的再生皮革，而不包括以真皮革以外其他材料为基本成分的仿皮革。例如，第39章的塑料仿皮革、第40章的橡胶仿皮革、第48章的纸及纸板仿皮革或第59章的涂层纺织品仿皮革。

再生皮革可以染色、压花、抛光，粒面或压印，用金刚砂或刚玉砂起绒，也可涂清漆或镀金属。

皮革或再生皮革的边角废料包括：

1. 在加工皮革（包括再生皮革或羊皮化处理的皮革）货品过程中所产生的皮革边角废料，适于制再生皮革或胶水等，或用作肥料。

2. 废旧的皮革制品，不再作原用途使用，也不能用于制造其他皮革制品。

3. 皮革粉屑（皮革磨光及磨里所产生的废料），可用作肥料或用以制造人造起毛皮革、再生皮革的衣品等。

4. 皮革细粉，研磨皮革废料而得，用于制造仿鹿皮织物或作为塑料的填料等。

上述再生皮革，皮革或再生皮革的边角料；皮革粉末均应归入品目 41.15。

 易错点提示

归类时容易与本章的货品发生错误归类的商品主要有以下几种，正确的归类如下：

（1）生皮的边角废料应归入品目 05.11；（2）部分或整张的带羽毛或羽绒的鸟皮（当仅经过洗涤、消毒或仅为保藏而做过处理时应归入品目 05.05，而经过进一步加工的应归入品目 67.01）。

四、第 42 章商品的归类原则和方法

（一）皮革制品的归类

1. 各种材料制成的鞍具及挽具，适用于各种动物用

包括适合各种动物用的，使用皮革、再生皮革、毛皮、纺织物或其他材料制成的各种器具。这些器具包括在骑畜、挽畜、驮畜用的鞍具及挽具（包括缰、辔、挽绳）、马用护膝垫、眼罩和护蹄、马戏团动物的装饰品，任何动物用的口套，狗和猫的颈圈、挽绳及饰物，鞍褥、鞍垫及马褡裢，以及制成特殊形状专门供骑马者用的毯子、狗外套。

使用各种材料制成的上述鞍具、挽具及相关器具按用途应归入第 42 章品目 42.01。

2. 旅行用品、手提包及类似容器，归入品目 42.02

（1）本品目所包括的物品较多，可分为两部分：

①包括用任何材料制成的衣箱、提箱、小手袋、公文箱、公文包、书包、乐器、枪套等。其类似容器，包括帽盒、相机附件盒、弹药盒、猎刀鞘及野营刀鞘等。

②用皮革或再生皮革、塑料片、纺织材料、钢纸或纸板制成的旅行包、化妆包、帆布包、手提包、购物袋、钱夹等。它们可以是全部或主要用以上材料或纸包覆制成。其类似容器，包括皮夹子、文具盒、笔盒、票证盒、针线盒、钥匙袋、雪茄烟盒、烟丝盒、工具或珠宝卷包、鞋盒、刷盒等。

（2）上述物品归入本章品目 42.02，归类时应注意：

①归入本品目的制品，如果装有用贵金属、包贵金属、天然或养殖珍珠、

进出口商品归类强化训练习题

一、商品归类题

1. 线性低密度聚乙烯粒子（初级形状）
2. 氯磺化聚乙烯（初级形状）
3. 环化橡胶（初级形状）
4. 成卷塑料糊墙纸（表层为印有图案的聚氨酯塑料，衬底为涤纶无纺布，宽45厘米）
5. 丙烯聚合物衣架
6. 用丙烯聚合物（塑料）扁条（宽度6毫米）编制缝合而成的遮阳帽
7. 氯乙烯—乙酸乙烯酯共聚物，按重量计含乙酸乙烯酯单体单元为50%，氯乙烯单体单元为50%（非水分散体）
8. MS非泡沫板，MS即甲基丙烯酸甲酯（单体单元占30%）、苯乙烯（单体单元占70%）的共聚物
9. ABS（丙烯腈—丁二烯—苯乙烯共聚物）塑料制音箱外壳
10. 由50%乙烯与50%苯乙烯的单体单元组成的初级形状的共聚物
11. 由45%乙烯与35%丙烯及20%异丁烯的单体单元组成的初级形状的共聚物
12. 由95%乙烯与5%丙烯的单体单元组成的共聚物粒子（比重0.93）
13. 由96%的聚乙烯和4%的聚丙烯组成、比重大于0.94的聚合混合体
14. 废"可乐"饮料瓶，经机器粉碎成细小碎片（该饮料瓶由聚对苯二甲酸乙二酯的热塑性塑料制成）
15. 废品回收的各类废碎料及下脚料
16. 烟胶片
17. 新的轿车用橡胶轮胎
18. 硫化橡胶制避孕套
19. 用纯涤纶机织物增强的硫化橡胶输送带
20. 放射性医用硫化橡胶制劳保手套

二、单项选择题

1. 按重量计乙烯单体单元为35%、丙烯单体单元为35%、异丁烯单体单元为30%的乙烯-丙烯-异丁烯共聚物（初级形状）

    A. 3901.9090   B. 3902.3090   C. 3902.3010   D. 3902.2000

2. 乙烯—乙酸乙烯酯—氯乙烯接枝共聚物，其中，乙烯单体单元为36%、乙酸乙烯酯单体单元为24%、氯乙烯单体单元为40%，白色粉末，未加增塑剂

  A. 3901.3000 B. 3901.9090 C. 3904.4000 D. 3904.3000

3. 一种将氮化钛材料用真空溅射技术在优质的聚对苯二甲酸乙二酯薄膜上形成纳米级的涂层，具有隔热、防紫外线、防爆效果的汽车用隔热膜

  A. 8708.2990 B. 3920.6200 C. 3921.1290 D. 3926.9090

4. 含有银化合物的废碎料（不含其他贵金属及其化合物）

  A. 7112.9910 B. 3915.9090 C. 3903.9000 D. 3912.9000

5. 航空器用半实心橡胶轮胎

  A. 4012.9010 B. 4012.9090 C. 4013.9090 D. 4012.1300

第八节　第八类　生皮、皮革、毛皮及其制品；鞍具及挽具；旅行用品、手提包及类似容器；动物肠线（蚕胶丝除外）制品

本节学习目的及重点、难点、疑点

1. 旨在理解、掌握并运用商品归类原则和方法对《协调制度》第八类涉及的商品进行归类。

2. 本类的制品所使用的材料既包括用皮革或毛皮材料制作而成，也包括非皮革、非毛皮材料制成的制品。如：品目42.01适用于动物用的鞍具和挽具，可用任何材料制成；品目42.02的衣箱、手提箱等也可用非皮革材料制成。

3. 生皮在鞣制前进行任何加工还应按生皮归类，只有经鞣制后才应按皮革归类。

4. 应注意，生皮去毛经鞣制后称为皮革，面上没有毛。带毛的皮张经鞣制后称毛皮，毛还保留在皮上。除品目41.01至41.03的生皮可以带毛外，其他的带毛生皮都应包括在品目43.01的生毛皮范围内。

一、本类商品的主要内容及范围

本类商品主要涉及《协调制度》:

第 41 章 生皮(毛皮除外)及皮革

第 42 章 皮革制品;鞍具及挽具;旅行用品、手提包及类似容器;动物肠线(蚕胶丝除外)制品

第 43 章 毛皮、人造毛皮及其制品

本类商品从第 41 章至第 43 章,一共 3 章。其中,第 41 章包括生皮和皮革,不包括制品,并且按加工程度,品目从低到高的结构规律排列;第 42 章主要包括六个部分,是用第 41 章的商品为原料,经过进一步加工而制得的皮革制品和其他具有皮革特征且用其他材料制成的商品,如手提包、旅行用品及类似容器、动物肠线制品;第 43 章包括毛皮制品,如毛皮制的衣服、衣着、附件及其制品。

二、本类商品的归类原则和方法

1. 本类制品所使用的材料在归类时应注意,既包括大部分用皮革或毛皮材料制作而成的制品,也包括非皮革、非毛皮材料制成的制品。如品目 42.01 适用于动物用的鞍具和挽具,可用任何材料制成;品目 42.02 的衣箱、手提箱等也可用非皮革材料制成。

2. 第 41 章商品是皮革制品的原材料,其商品在《协调制度》中的结构排列,依据加工程度由低到高的规律排列。

本章章注二(一)、(二)及章注三有专门规定,其规律如表 7-7 所示:

表 7-7 第 41 章商品编排规律

序号	加工程度	品目归类
1	生皮	41.01~41.03
2	经鞣制但未经过进一步加工的皮及其坯革	41.04~41.06
3	经鞣制或半硝处理后进一步加工的皮革	41.07、41.12、41.13
4	特种皮革(油鞣皮革、漆皮革及层压漆皮和镀金属皮革)	41.14
5	再生皮革及皮革边角料	41.15

3. 用于机器、机械器具零件的皮革制品归类,这里主要是指用作机器、机械器具作为零件的皮带、皮制防漏油、漏气的密封垫圈等应归入品目

42.05，而不要归入第十六类按械器零件归类。

4. 对皮革服装和毛皮服装归类时，应该区分皮革或再生皮革制的服装与毛皮制服装和衣服及衣着附件。

（1）皮革或再生皮革的服装归入品目42.03；

（2）毛皮制服装归入品目43.03，即使以毛皮作衬里的服装也应归入品目43.03；

（3）人造毛皮服装归入品目43.04，即使以人造毛皮作衬里的服装也应归入品目43.04。

同时应注意，仅以毛皮或人造毛皮作为服装装饰的（指饰边），一般应按其制作服装的面料归入相应品目而不归入本类。

（4）用皮革与毛皮或用皮革与人造毛皮制成的"衣服及衣着附件"主要包括分指手套及露指手套、围裙及其他防护用衣着裤吊带、腰带、子弹带及腕带（不包括手表带品目91.13）应归入品目42.03。

三、第41章商品的归类原则和方法

（一）生皮的归类

本章所指生皮可以带毛或不带毛，可以成张、半张、成条、成块，并适合被加工成皮革。其他的生毛皮应归入品目43.01。

生皮在鞣制前进行任何加工还应按生皮归类，只有经鞣制后才应按皮革归类。初鞣成的皮是湿皮，进行干燥后可制成干革，未经进一步加工的湿革和干革归入品目41.04~41.06。

生皮可以是新鲜的（即未经处理的），也可以是为了防腐而经过盐渍、干燥、石灰浸渍、浸酸或用其他方法保藏的，还可以对皮张进行清洁、剖层或刮肉处理，但不能进行鞣制或类似处理（如羊皮化处理），也不能作进一步加工。

归类时应注意，生皮不包括未烹煮食用动物皮（归入品目02.06或02.10）、已烹煮食用动物皮（归入品目16.02），既不能供人食用又不能供制皮革的动物皮（归入品目05.11）。

（二）未经进一步加工的皮革的归类

本章所指未经进一步加工的皮革是指包括已鞣制的动物去毛皮张、湿革、干革（坯革），但由于其未经进一步加工，因此还不是成品皮革。

宝石或半宝石（天然、合成或再造）制的零件，即使这些零件不是仅作为小配件或小饰物的，只要其未构成物品的基本特征，仍应归入本品目。但如果这些零件已构成物品的基本特征，则应按本章章注三（二）规定归入第71章。

②本品目不包括本章章注三（一）所列物品。

——非供长期使用的带把手塑料薄膜袋，不论是否印制（品目39.23）；

——编结材料制品（46.02）。

3. 皮革或再生皮革制的衣服及衣着附件归入品目42.03

归入本品目的货品包括服装上衣、大衣还包括分指手套、连指手套及露指手套（运动手套及防护劳保手套）、围裙、袖套及其他防护用衣着、背带、腰带、子弹带、紧身裙、领带及腕带。（装有电热元件的上述货品仍应归入本品目。）

上述货品归入本章品目42.03，归类时应注意：

（1）本品目不包括用有皮革增强的纺织材料制成的服装（第61章或第62章）。

（2）本品目不包括板球或曲棍球的护胫以及击剑面罩、胸铠等运动护具，这些护具应归入第95章，但皮革运动服和运动手套仍应归入本品目。

（3）归入本品目的制品如果装有用贵金属、包贵金属、天然或养殖珍珠、宝石或半宝石（天然、合成或再造）制的零件，即使这些零件不是仅作为小配件或小饰物的，只要其未构成物品的基本特征，仍应归入本品目。但如果这些零件已构成物品基本特征，则应按本章章注三（二）规定归入第71章。

（4）如果皮革制品具有其他章的基本特征，则该皮革制品应归入其他有关的章，例如皮鞋应归入第64章（品目64.03）、皮帽应归入第65章（品目65.06）、皮沙发应归入第94章（品目94.01）、皮革制家具应归入第94章（品目94.03）、皮革制球类应归入第95章（品目95.06）、皮纽扣应归入第96章（品目96.06）、皮鞭应归入第66章（品目66.02）、皮表带应归入第91章（品目91.13）等。

（二）动物内脏制品归类

这里所称动物内脏制品仅指动物的肠线（蚕胶丝除外）、肠膜、膀胱或筋腱制品。它们包括羊肠线，主要用于制球拍、渔具和机器零件；膀胱制品，如烟袋等；筋腱制成的机器传动带及制传动带的编带等。

上述动物内脏制品应归入本章品目42.06。

易错点提示

归类时容易与本章的货品发生错误归类的商品主要有以下几种,正确的归类如下:

(1) 单独报关的挽具附件及装饰物,如马镫、马嚼子、马铃铛及类似品及带扣(一般归入第十五类);(2) 马鞭及鞭子应归入品目 66.02;(3) 非供长期使用的、带把手的塑料薄膜袋应归入品目 39.23;(4) 编结材料制品如柳条编结的衣箱应归入品目 46.02;(5) 按用途在其他章具体列名的某些皮革制品,如皮鞋(第 64 章)、皮表带(归入品目 91.13)等。

五、第 43 章商品的归类原则和方法

1. 本章的生毛皮是除第 41 章品目 41.01 至 41.03 带毛生皮外的其他动物带毛生皮〔第 41 章章注一(三)已规定〕。只要在鞣制之前的都视作生毛皮,不论是天然状态的毛皮还是经过清洁,即为了防腐而干制或盐腌(湿渍或干腌)等的毛皮,都应作为生毛皮归入本章品目 43.01。毛皮的碎片以及头尾爪等部分,只要是生皮,也应归入本品目。但应注意不能作为皮货用的毛皮废料,则不能归入本品目而应归入第 5 章品目 05.11。

2. 本章所称"毛皮"根据本章章注一的定义规定,是指已鞣制的各种动物的带毛毛皮,但不包括品目 43.01 的生毛皮。在这里应注意,生皮去毛经鞣制后称为皮革,皮革是光面,面上没有毛。带毛的皮张经鞣制后称毛皮,毛还保留在皮上。除第 41 章品目 41.01 至 41.03 的生皮可以带毛外,其他的带毛生皮都应包括在品目 43.01 的生毛皮范围内。已鞣的各种动物的带毛毛皮归入本章品目 43.02。品目 43.02 包括未缝制的已鞣毛皮(包括头、尾、爪和其他块片)及未缝制的已鞣的整张毛皮,同时还包括已缝制已鞣毛皮及其部分是一种半成品,由两张或多张皮或碎皮缝制而成,一般不加其他材料制成,此种半成品需要再进一步加工。

3. 将品目 43.02 的商品作进一步加工即可制成品目 43.03 所包括的各种衣服及其部分品和衣着附件(皮手筒、女用披肩、领带、衣领等)。它们主要用毛皮、以毛皮作衬里、以毛皮作面的材料(仅以毛皮镶边的除外)制成。具体归类应按本章章注三、章注四规定处理。

(1) 皮革的面,毛皮衬里的衣服应按毛皮衣服归入品目 43.03 "毛皮制

的衣服、衣着附件及其他制品"归类;

(2) 毛皮作面,以纺织物作里子的大衣,应按毛皮衣服归入品目43.03"毛皮制的衣服、衣着附件及其他制品"归类;

(3) 纺织物作面,以毛皮作里子的衣服,应按毛皮衣服归入品目43.03"毛皮制的衣服、衣着附件及其他制品"归类。

品目43.03还包括由毛皮制成的或毛皮构成其主要特征的各种其他制品及其零件。如小地毯、床罩、未装填的坐垫套、罩套、手提包、狩猎袋及干粮袋等。

(4) 仅在衣领和袖口用毛皮装饰的大衣等则按纺织服装归入第62章的相关品目。

4. 本章所称"人造毛皮",根据本章章注五的规定,是指以毛、发或其他纤维黏附或缝合于皮革、织物或其他材料之上而构成的仿毛皮,但不包括以机织或针织方法制得的仿毛皮(一般应归入品目58.01或60.01)。

品目43.04包括人造毛皮及其制品,即成匹的材料及其制品(包括衣服衣着附件),其制品的范围与品目43.03的规定相同。

 易错点提示

归类时容易与本章的货品发生错误归类的商品主要有以下几种,正确的归类为:

(1) 带羽毛或羽绒的鸟皮应归入品目05.05或67.01;(2) 用皮革与毛皮(或人造毛皮)制的手套,无论皮革或毛皮(人造毛皮)是里还是面应归入品目42.03。

 例81 鞣制后染色的牛皮坯革(非湿革、全粒面未剖层、在干燥前染色)。

商品分析及归类:本题商品是鞣制后不带毛的牛皮坯革,按品目条文列名归入品目41.04,根据本章章注二(二)规定:"品目41.04~41.06所称'坯革',包括在干燥前经复鞣、染色或加油(加脂)的皮"。所以,本题商品应归入品目41.04。该商品的商品编码按具体列名归入4104.4100。

 例82 木制衣箱。

商品分析及归类:本题商品为木制衣箱。该商品为木制,归类时似乎可以按木制品归入第44章，或按容器归入第42章。根据第44章章注一（五）的规定本章不包括品目42.02的物品。由于品目42.02包括用任何材料制成衣箱、提箱、小手袋、公文箱、公文包、书包等，那么品目42.02的衣箱也可以包括用木材料制成，因此，本题商品的商品编码为4202.1900。

例83 里层是以兔毛皮为衬里，外层是牛皮作面料制成的手套。

商品分析及归类：本题所述手套由牛皮和兔皮两种材质制成，归类时似乎可以按牛皮手套归入第42章，也可按兔毛皮手套归入第43章。根据第43章章注二（三）的规定，本章不包括用皮革与毛皮或用皮与人造毛皮制成的手套（品目42.03），因此，本题商品应作为皮革手套归入第42章，而不能按兔毛皮手套归入第43章。手套属于衣着附件，根据其材质（牛皮），本题商品应归入品目42.03，并根据非专供运动、非劳保手套的条件，本题商品的商品编码为4203.2990。

例84 男式大衣，面料为纯羊毛华达呢，衬里为兔毛皮。

商品分析及归类：该题商品男士大衣是一件由毛纺织物作面料，以兔毛皮作衬里的服装，归类时似乎可以按纺织面料以羊毛服装归入第62章，又可以以衬里材质为兔毛皮的服装归入第43章。第43章章注四的规定："以毛皮或人造毛皮为衬里或作面（仅饰边的除外）的衣服及衣着附件（不包括注释二所述的货品），应分别归入品目43.03或43.04，但毛皮或人造毛皮仅作为装饰的除外。"因此，本题商品应按兔毛皮服装归入品目43.03，商品编码为4303.1010。

例85 机器用皮革垫圈。

商品分析及归类：本题商品为机器用皮革垫圈，皮革垫圈属于皮革制的机器零件，归类时似乎可以按皮革制品归入第42章，也可按机器零件归入第十六类。根据第十六类类注一（二）的规定，"机器用皮革零件，不能按机器零件归入第十六类，而应按材质归类"。因此，本题商品应按材质（皮革）归入第42章，并根据其用途归入品目42.05，本题商品的商品编码为4205.0020。

例 86 用棉布作面料，兔毛皮作衬里的手套。

商品分析及归类：本题商品是用棉布作面，兔毛皮作衬里的手套。该手套由棉布和兔毛皮两种材质构成，归类时似乎可以按棉布手套归入第 61 章或第 62 章，也可以按兔毛皮手套归入第 43 章。根据第 43 章章注四的规定，以毛皮或人造毛皮衬里或作面（仅饰边的除外）的衣服及衣着附件，应分别归入品目 43.03 或 43.04。因此，本题商品应按毛皮手套归入第 43 章，而不能按棉布手套归入第 61 章或第 62 章。手套属于衣着附件，根据其材质（毛皮），本题商品的商品编码为 4303.1020。

进出口商品归类强化训练习题

一、商品归类题

1. "鳄鱼"牌牛皮公文包
2. 女式羊皮腰带
3. 钢纸眼镜盒
4. 面料为猪皮、里料为人造革的劳保手套
5. 经鞣制后进一步加工的蛇皮
6. 蓝湿牛皮（粒面剖层革）
7. 人造毛皮制的可拆卸大衣领
8. 兔皮围巾（已缝制，加有其他材料）
9. 整张狗皮坐垫（未缝制，不加其他材料）
10. 羊皮夹克

二、单项选择题

1. 面料纯毛大衣呢、衬里为貂皮的男式大衣
   A. 4302.3010   B. 4303.1010   C. 4302.3090   D. 6201.1100
2. 羊皮女式手套
   A. 4203.2990   B. 4303.1020   C. 4303.9000   D. 6116.9100
3. 带有人造毛皮饰边的人造纤维制女式风衣
   A. 4303.1010   B. 4203.1000   C. 4303.9000   D. 6202.1390

第九节　第九类　木及木制品；木炭；软木及软木制品；稻草、秸秆、针茅或其他编结材料制品；篮筐及柳条编结品

本节学习目的及重点、难点、疑点

1. 旨在理解、掌握并运用商品归类原则和方法对《协调制度》第九类所涉及的商品进行归类。

2. 第44章品目中所称"木"也包括竹及其他木质材料，以及本章子目注释所称"热带木"的范围。

3. 大部分木制品归入第44章，但也有部分木制品已构成其他章货品的特征，不能归入本章。主要注意第44章章注一的规定。

4. 对于第46章"编织材料"的范围，特别应注意截面尺寸不超过1毫米的塑料单丝及表观宽度不超过5毫米的塑料扁条的制品不应归入第46章，应按纺织品归入第十一类。

一、本类商品的主要内容及范围

本类商品主要涉及《协调制度》：

第44章　木及木制品；木炭

第45章　软木及软木制品

第46章　稻草、秸秆、针茅或其他编结材料制品；篮筐及柳条编结品

本类商品从第44章至第46章共3章，其中第44章主要包括木及木制品。其中的木制品，根据本章章注六的规定：……**本章品目中所称"木"也包括竹及其他木质材料**，也就是说，还包括竹制品；第45章主要包括软木及其制品（各种形状的天然软木、压制软木）；第46章主要包括稻草、秸秆、针茅或其他编结材料及这些材料所编结成的制品。

二、本类商品的归类原则和方法

（一）第 44 章的商品归类重点

第 44 章商品归类的重点在于树种及其加工程度，同时注意区分竹的原料归入第 44 章；竹及其木质材料制品一般按木制品归入同一品目。大部分木制品归入本章，但也有部分木制品已构成其他章货品的特征，不能归入本章。主要注意第 44 章章注一（五）（八）（十四）（十五）（十六）的规定。另外还应该掌握本章子目注释关于子目 4403.41～4403.49，4407.21～4407.29，4408.31～4408.39 及 4412.31 所称"热带木"的木材范围。

第 44 章商品的结构编排是按照加工程度由低到高排列，顺序为粗加工的木材→半成品→木材制成品。其结构编排如表 7－8 所示：

表 7－8　第 44 章商品结构编排规律

序号	加工程度	品目归类
1	木材原料（不包括竹的原料）	44.01～44.06
2	经简单锯、削、刨平、端接及制成连续形状的木材	44.07～44.09
3	木质碎料板、纤维板、胶合板及强化木等	44.10～44.13
4	木制品	44.14～44.21

（二）关于第 45 章的商品归类

本章为软木及软木制品。其中，软木几乎全部为生长在欧洲南部或非洲北部的栓皮褚树的外层树皮。软木质地轻而富有弹性，可压缩性强，有不透水，抗腐蚀，绝热，隔音等特征。

本章是按软木产品加工程度来排列顺序的，即按原料—半制成品—制成品。其结构规律如表 7－9 所示：

表 7－9　第 45 章商品结构编排规律

序号	加工程度	品目归类
1	天然软木	45.01
2	天然软木半制成品	45.02
3	天然软木制品	45.03
4	压制软木及其制品	45.04

天然软木（品目45.01）是指未加工或经简单加工的天然软木，也包括软木废料碎的颗粒状、粉状的软木。

天然软木半制成品（品目45.02）是指天然软木，除去表皮或粗切成方形或长方形正方块、板片或条状。若切成矩形（包括正方形）以外其他形状的块、板、片、条时应作为软木制品归类归入品目45.03。

天然软木制品是指：

（1）各种塞子制成边角已磨圆的直角圆柱体，锥体圆柱体或矩形棱柱体的天然软木塞。塞子且可经染色、抛光、涂蜡、穿孔或者可装金属塑料等。

（2）各种制成圆片、垫片及薄片、瓶或罐盖的衬片等。

（3）切割成矩形（包括正方形）以外其他形状的天然软木块、板、片及条，渔网的浮子、防滑垫、桌垫等其他垫。

压制软木及其制品（品目45.04）是指将软木碎、软木粒或软木粉用以下任一方法高温加压制得：

（1）加入黏合物质，如未硫化橡胶、胶、塑料、焦油、明胶。

（2）不加入黏合物质而将温度升至300℃。这种情况下软木所含的天然树脂胶起黏合剂作用。此法压制的软木制品保留了天然软木的特征。而且在比重、抗张强度或抗压强度等性能方面优于天然软木。

本章不包括：

（1）第64章的鞋靴及其零件；

（2）第65章的帽类及其零件；

（3）第95章的物品（如玩具、游戏品及运动用品）。

（三）关于第46章商品的归类

应根据本章章注一"编织材料"的范围，特别应注意截面尺寸不超过1毫米的塑料单丝及表观宽度不超过5毫米的塑料扁条的制品不应归入本章，而应按纺织品归入第十一类。同时还应注意区分与第14章"编结用植物材料"，品目14.01主要包括竹。须指出的是本章所指的编结材料，就其材料本身不归入本章，而是分布在其他章里，但把这些编结材料编成半制成品或制成品时才应归入本章。

（四）有关木制品归类

1. 大部分木制品归入第44章，但也有部分木制品因已构成其他货品的特征而不应归入本章，如表 7-10 所示：

表 7-10　木制品归类规律

序号	名称	品目归类
1	木制的家具和活动房屋	第 94 章
2	木制衣箱	第 42 章
3	木制的刷子	第 96 章
4	木制的积木	第 95 章
5	木制的手杖	第 66 章

2. 关于加工板材及强化木、压制软木的相关商品知识

（1）木质碎料板及其他类似木质材料板

所称木质碎料板是指经压紧或挤压木片或木粒及其他木质材料（如蔗渣、竹子、稻草、秸秆、亚麻或大麻）的碎片而制得的各种长度、宽度、厚度的平板产品。一般通过加入有机黏合剂（通常为热固性树脂）黏聚而成。黏合剂一般不超过木板总重量的 15%，通常可用肉眼在边缘上看出其所含的木片、木粒或其他碎片，类似的如取向卷片板及卷片板等。这些产品还可以经品目 44.09 所述的加工，或经弯曲、穿孔，制成瓦楞形，切割或制成矩形或正方形以外的其他形状，以及经其他任何加工，只要它们还不具有其他品目所列物品的特征。

定向刨花板由多层长度至少是宽度两倍的薄木片条制得，这些木片条与黏合剂（防水的）混合后，互相叠在一起形成厚度片，木片条在表层通常为纵向，而在中间层通常为横向或无定向。

上述木质碎料板及其他类似木质材料板（例如定向板及华夫板）归入第 44 章品目 44.10。

（2）木纤维板或其他木质材料纤维板

所称木纤维板或其他木质材料纤维板通常是机械纤维分离处理的小木片或用其他已纤维分离的木素纤维素材料（如以蔗渣或竹子制得材料）制得，木纤维板中的纤维通过黏合的以及由于含有木素纤维自身的黏着特性相互紧密黏聚在一起，另外，也可加入树脂或其他有机黏合物质将纤维加以黏聚。纤维板可以是单层板，也可以是几层板黏合在一起的多层板。

中密度纤维板（MDF）是用干法生产工序制成的，为了加强黏合，在干木质纤维板中添加了热固性树脂，其密度常在 0.45 克/立方厘米~1 克/立方厘米。在未制成形的状况下，它有两个光滑表面，可用于制家具、内装饰及建筑用等。

上述木纤维板或其他木质材料纤维板归入第 44 章品目 44.11。

（3）胶合板、单板饰面板及类似的多层板

所称胶合板是指用三层及以上薄板层叠胶合及压合制得，通常上下层的纹理是成一定角度的，从而使木板具有更大强度，每层板都称为"夹板"，胶合板通常由单数的多层夹板组成，中间一层称为"芯板"。

所称单板饰面板是指由一层饰面用薄板在压力下胶黏于一个通常为较次木质的底板上而组合成的木板。

类似多层板包括木块芯胶合板和用其他材料代替木芯板的胶合板。木块芯胶合板，其板芯较厚，由木块、木板条或小木方胶合在一起组成，表面盖有层板。这类胶合板非常坚硬牢固，使用时无须框架和衬背。用其他材料代替木芯板的胶合板，例如，用一层或多层的木质碎料板、纤维板、胶合在一起的木废料，石棉或软木为芯层的胶合板。

上述胶合板、单板饰面板及类似的多层板归入第 44 章品目 44.12。

（4）强化木

所称强化木是指第 44 章章注二规定，经过化学或物理方法处理（对于多层黏合木材，其处理应超出一般黏合需要），从而增加了密度或硬度并改善了机械强度，抗化学或抗电性能的木材。这种木可以是整块的，也可以是几层木黏合在一起的。通常用于制造齿轮、梭子、轴承及其他机械零件，推进器、绝缘体及其他电气货品，并用于化学工业的容器等。

上述强化木，成块、板、条或异型的均应归入第 44 章品目 44.13。

（5）压制软木

所称压制软木通常是将软木碎软粒或软木粉用以下任一方法高温加压制得：

①加入黏合物质，如未硫化橡胶、胶、塑料、焦油、明胶。

②不加黏合物质而温度升至约 300℃。这种情况下软木中的天然树胶起黏合剂的作用。压制软木保留了大部分天然软木的特征，但在比重、抗张强度或抗压强度等性能上优于天然软木。它还适用于直接磨制成任何尺寸或形状，更为广泛地用作建筑材料，如制镶板、砖、瓦，磨制成一定形状（圆桶形、壳形等）用于热水管或蒸汽管的绝热或保护，用于石油输油管道的衬里，用于建筑工业中的膨胀接头以及用于生产滤器。

上述压制软木及其制品归入第 45 章品目 45.04。

（五）木地板归类

详见表 7-11：

表7-11 木地板归类规律

序号	名称	品目归类
1	天然木地板（又称"实木地板"）	44.09
2	碎料木制地板	44.10
3	纤维板制木地板	44.11
4	胶合板制木地板	44.12
5	拼花木地板	44.18

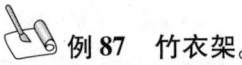例87 竹衣架。

商品分析及归类：该商品是以竹为原材料制成的衣架，根据第44章章注六的规定，"**本章品目中所称'木'，也包括竹及其他木质材料**"。因此，该衣架虽以竹为原料，但依据本章章注六规定，仍按木制品归入第44章。由于品目没有相关产品列名，因此本题商品应按其他木制品归入品目44.21。该品的商品编码为4421.1000。

例88 表层为西非红豆木薄板，其他两层为针叶木薄板压制的三合板（每层薄板厚为1毫米）。

商品分析及归类：本题商品为三合板，也称"胶合板"，是指用多层薄板黏合、压制而成的板材。归类时应按木材归入第44章。查阅品目44.12已有多层列名。根据第44章子目注释得知，西非红豆木在44.12的子目中被称为"热带木"，因此，根据薄板厚度为1mm，本题商品的商品编码为4412.3100。

例89 涂塑的保温瓶软木塞子。

商品分析及归类：该商品是由塑料和软木两种材质组成的，归类时可以按塑料材质归入第39章，也可按软木材质归入第45章。分析本题商品"涂塑的保温瓶软木塞子"，是在软木塞子的基础上加入了其他材料（涂塑），虽加入了涂塑材料，但未改变其软木的基本特征。因此，根据归类总规则三（二）的基本特征归类原则，本题商品仍按软木塞子归入第45章，而不应归入第39章。因此，本题商品的商品编码为4503.1000。

例90　灯芯草编结席子。

商品分析及归类：该商品是以灯芯草为原料，运用编结工艺制成的席子。归类时应按编结品归入第46章。根据第46章章注一的规定，本章所称"编结材料"包括灯芯草。由于本题商品属于第46章所规定的"编结材料"范围的编结制成品，因此，本题商品的商品编码是4601.2911。

 例91　由表观宽度为3毫米的聚酯扁条编结的垫子。

商品分析及归类：本题商品是以聚酯扁条为原材料，应用编结工艺而制得的垫子。归类时似乎应该按编结品归入第46章。依据第46章章注一的规定，截面尺寸不超过1毫米的塑料单丝及表观宽度不超过5毫米的塑料扁条的制品不应归入本章，而应按纺织品归类。由于本题商品的编结材料不属于第46章编结品的编结材料范围，因此，本题商品应按品目54.04所列材料的机织物归入品目54.07，商品编码为5407.2000。

 易错点提示

归类时容易与本类货品发生错误归类的商品主要有以下几种，正确的归类为：

1. 容易错误归入第44章的货品

（1）明显具有不同于本章用途的木及木质材料，如主要作香料、药料、杀虫、杀菌或类似用的木片、刨花、木碎、木粒或木粉应归入品目12.11；（2）按用途在其他章具体列名的木制品，如木椅子应归入第94章等。

2. 容易错误归入第45章的货品

按用途在其他章具体列名的软木制品，如软木制的鞋靴零件应归入第64章；帽应归入第65章；衬有软木圆片的贱金属制皇冠盖应归入品目83.09；软木弹垫应归入品目93.06；玩具、游戏品、运动用品及其零件，包括钓鱼竿浮子应归入第95章。

3. 容易错误归入第46章的货品

应该注意第46章章注二规定的本章不包括的货品范围，如不论是否编结而成的线、绳、索、缆应归入品目56.07；第64章和第65章的鞋靴帽类及零件等。

进出口商品归类强化训练习题

一、商品归类题

1. 已浸渍沥青的铁轨枕木
2. 藤条编织的衣箱
3. 苇帘
4. 竹条编织的凉席
5. 柳条菜篮子
6. 压制软木砖
7. 木制电缆卷筒
8. 已拼装的竹制多层地板
9. 木制压舌片（医用一次性制品）
10. 强化木板

二、单项选择题

1. 木制中餐桌
    A. 4419.0099　　　　B. 4421.9090　　　　C. 9403.4000　　　　D. 9403.6099
2. 竹制饰面用单板（厚度小于或等于6毫米）
    A. 4408.9013　　　　B. 4408.3919　　　　C. 4408.1090　　　　D. 4408.9099
3. 未经机械加工，密度大于0.8克/立方厘米，厚度小于或等于5毫米的中密度纤维板
    A. 4411.1219　　　　B. 4411.1211　　　　C. 4411.1291　　　　D. 4411.9290

第十节　第十类　木浆及其他纤维状纤维素浆；回收（废碎）纸或纸板；纸、纸板及其制品

本节学习目的及重点、难点、疑点

1. 旨在理解、掌握并运用商品归类原则和方法对《协调制度》第十类所涉及的商品进行归类。

2. 本类商品的结构排列规律是按照加工顺序编排，从纸浆→各种纸（板）→各种纸（板）制品及印刷品。

3. 归入品目48.01和48.03～48.09的纸、纸板、纤维素絮纸及纤维素纤维网纸。对所列各品种的纸应符合第48章章注八规定的条件。

4. 在承认其面值国家流通未使用的邮票、印花税票及类似票证，钞票，空白支票，股票，债券及类似所有权凭证，归入第49章品目49.07。

一、本类商品的主要内容及范围

本类商品主要涉及《协调制度》：

第47章　木浆及其他纤维状纤维素浆；回收（废碎）纸或纸板

第48章　纸及纸板；纸浆、纸或纸板制品

第49章　书籍、报纸、印刷图画及其他印刷品；手稿、打字稿及设计图纸

本类商品从第47章至第49章共3章。包括造纸原料纸浆（即木浆及其他纤维素、回收纸及纸板）、纸及其纸制品、印刷品。按纸张的加工顺序分列于纸浆（第47章）、纸张及其制品（第48章）和印刷品（第49章）。

本类商品包括造纸行业、印刷行业加工生产的产品。对纸浆进行加工制得各种纸（板），对制得的各种纸（板）进一步加工制得纸（板）的制品及印刷品等，因此，通过了解本类包括的3章商品的内容，不难发现其结构排列规律是按照加工顺序编排的，即从纸浆→各种纸（板）→各种纸（板）制品及印刷品。这对理解本类各章所包括的商品内容，掌握本类商品的归类是有帮助的。

经加工制得的纸（板）的各种制品大部分包括在本类中。但是，某些经加工的纸（板）及制品却不能归入本类，这是由于其基本特征已属于其他章所包括的产品，因此，并不是所有的纸（板）及其制品都归入本类，归类的原则是按商品的基本特征及各章所包括的加工范围和各章内各商品列名情况而决定的。（例如，感光纸归入品目37.03，肥皂纸归入品目34.01。）

二、本类商品的归类原则和方法

本类商品按纸张的加工顺序分列于各章：纸浆（第47章）→纸张及其制品（第48章）→印刷品（第49章）。

（一）第 47 章的商品归类原则和方法

本章商品主要包括造纸的各种纸浆，通过对植物材料进行机械的、化学的、半化学的处理，加工成主要含有水的及一部分植物纤维素的均匀的纸浆，如机械木浆、化学木浆、半化学木浆等。也可以把含有水的纸浆过滤后制成湿的或干的、成块状、卷状或呈粉末状及粉片状、成张大包捆扎的。

本章商品仅包括各种纸浆及回收（废碎）纸或纸板。而纸浆的原材料主要是木材及其他植物材料，还有废旧纺织物等，这些原料不包括在本章中，应分归入其他相关章。

1. 本章商品编排结构规律

木浆：

机械木浆 ·· 归入品目 47.01
化学木浆，溶解级 ·· 归入品目 47.02
碱木浆或硫酸盐木浆，但溶解级的除外 ······················ 归入品目 47.03
亚硫酸盐木浆，但溶解级的除外 ······························ 归入品目 47.04
用机械与化学联合制浆法制得的木浆 ······················ 归入品目 47.05
其他纤维状纤维浆 ·· 归入品目 47.06
回收（废碎）纸或纸板 ·· 归入品目 47.07

2. 本章商品的相关知识

本章的纸浆主要是从各种植物材料或植物质纺织废物料中获得的纤维素纤维。纸浆是造纸的基本原料，纸浆的品质优劣，对纸的品质高低有重要影响。纸浆是利用机械方法或化学方法处理植物纤维素及纤维而获得的产物。造纸工业所用的纸浆原料中木材占大多数，用原料木材制成的纸浆称为木浆，依获得方法不同分为机械木浆；化学木浆，溶解级；碱木浆或硫酸盐木浆；亚硫酸盐木浆；用机械与化学联合纸浆法制得的木浆。

（1）机械木浆：机械木浆是用机械力量将木材紧压在旋转的磨石上进行碾磨，使木材离解或研磨成木质纤维，所获得的木浆，也称磨木浆。机械木浆的纤维很短，因此，制造的纸张强度较差，在日光的作用下很容易变黄、发脆，化学稳定性较差。机械木浆通常不单独使用，一般与化学木浆混合使用。

上述机械木浆归入本章品目 47.01。

（2）化学木浆，溶解级：本章章注已对其定义作出了规定，即"是指温度在 20℃时浸入含 18% 氢氧化钠的苛性碱溶液内，1 小时后，按重量计含有

92%及以上的不溶级分的碱木浆或硫酸盐木浆,或者含有88%及以上的不溶级分的亚硫酸盐木浆。对于亚硫酸盐木浆,按重量计灰分含量不得超过0.15%"。化学木浆是先将木材切成木片或木粒,然后用化学药品(常用的有氢氧化钠、氢氧化钠与部分转化为硫化钠的硫酸钠的混合物、亚硫酸氢钙或亚硫酸氢氧)加以处理,去除了大部分木质素和其他非纤维素物质制得的。化学木浆与用同样原料制得的机械木浆相比,纤维更长,且纤维素更多。

上述化学木浆,溶解级归入本章品目47.02,归类时应注意本品目仅包括本章章注所符合规定定义的溶解级化学木浆。同时,归类时还要特别注意其与碱木浆、硫酸盐木浆及亚硫酸盐木浆的区别。

(3)碱木浆或硫酸盐木浆,但溶解级的除外:该种木浆是用强碱溶液蒸煮木片状的木材制得的。碱木浆用的煮液是氢氧化钠溶液,硫酸盐木浆用的煮液是经改性的氢氧化钠溶液。由于氢氧化钠和硫化钠的溶液对纤维原料的作用比较缓慢,纤维受损程度不大,比较强韧有力,因该纸浆呈褐色,因此该木浆也称为牛皮纸浆。

上述碱木浆或硫酸盐木浆,但溶解级的除外,归入本章品目47.03,归类时应注意本品目的碱木浆或硫酸盐木浆的特征是除溶解级规定以外的特征。

(4)亚硫酸盐木浆,但溶解级的除外:该种木浆是亚硫酸盐法制浆,一般使用酸性溶液,使用的化学品,如亚硫酸氢钙、亚硫酸氢镁、亚硫酸氢钠等,调制煮液,它们广泛用于处理云杉纤维。该种木浆中的纤维较长,强度较高,较柔软,具有良好的交织力,且容易漂白。可单独使用,也可与其他纸浆混合使用,可制造各种书写或印刷纸、防油纸、高级纸张。

上述亚硫酸盐木浆,但溶解级的除外,归入本章品目47.04,归类时应注意本品目的亚硫酸盐木浆的特征是除溶解级规定以外的特征。

(5)用机械与化学联合纸浆法制得的木浆:该种木浆又分为半化学木浆、化学—机械木浆。半化学木浆是经两种工艺处理制得的,即首先将木片状的木材在浸煮器中用化学方法软化处理,然后再进行机械磨浆,该种木浆含有大量杂质和木质物质,主要用于造中等质量纸。半化学纸浆一般又称为半化学中性硫酸盐纸浆(NSSC)、半化学亚硫酸氢盐纸浆或半化学牛皮纸浆。

化学—机械木浆是将木材碎片、刨花、锯末或类似物通过磨浆机制得的。在磨浆时加入少量的化学品进行煎煮处理。根据生产时所采用的复合工艺及各道工艺次序的不同,化学—机械木浆又称为化学热压机械木浆(CTMP)、化学木片机械木浆(CRMP)或热压化学机械木浆(TCMP)。化学—机械木浆主要用于生产新闻纸、棉纸及图表纸。

上述化学—机械木浆归入本章品目 47.05。

(二) 第 48 章的商品归类原则和方法

相比本类商品的其他章，第 48 章的商品归类较复杂。该章包括第 47 章的木浆或其他纤维素浆制成的纸、纸板及其制品，也包括复合纸或复合纸板的制品。但又不是所有的纸和纸板或含纸和纸板制成的产品都归入本章。如本章不包括纸的印刷品（第 49 章），香水纸即用化妆品浸渍或涂布的纸（第 33 章），用肥皂或洗涤剂浸渍、覆盖或涂布的纸（品目 34.01），其他不应归入第 48 章的产品。也就是说，归类时应注意本章章注二所列的本章不包括的纸及制品范围的规定。

第 48 章商品编排结构规律

未涂布的机制或手工纸…………………………… 归入品目 48.01~48.05

未涂布但经进一步加工的纸……………………… 归入品目 48.06~48.08

经涂布的纸………………………………………… 归入品目 48.09~48.11

特定用途的纸及其制品…………………………… 归入品目 48.12~48.23

1. 本章货品有关品目的专业技术规定的要求

(1) 品目 48.02 所称"书写、印刷或类似用途的纸及纸板""未打孔的穿孔卡片和穿孔纸带纸"，是指主要用漂白纸浆或用机械或化学—机械方法制得的纸浆制成的纸及纸板，并且符合下列任一标准：

①每平方米重量不超过 150 克的纸或纸板：

A. 用机械或化学—机械方法制得的纤维含量在 10% 及以上，并且

——每平方米重量不超过 80 克；

——本体着色。

B. 灰分含量在 8% 以上，并且

——每平方米重量不超过 80 克；

——本体着色。

C. 灰分含量在 3% 以上，亮度在 60% 及以上。

D. 灰分含量在 3% 以上，但不超过 8%，亮度低于 60%，耐破指数等于或小于 2.5 千帕斯卡·平方米/克。

E. 灰分含量在 3% 及以下，亮度在 60% 及以上，耐破指数等于或小于 2.5 千帕斯卡·平方米/克。

②每平方米重量超过 150 克的纸或纸板:

A. 本体着色。

B. 亮度在 60% 及以上,并且

——厚度在 225 微米及以下;

——厚度在 225 微米以上,但不超过 508 微米,灰分含量在 3% 以上。

C. 亮度低于 60%,厚度不超过 254 微米,灰分含量在 8% 以上。

品目 48.02 不包括滤纸及纸板(含茶袋纸)或毡纸及纸板。

(2) 品目 48.03 至 48.09 仅适用于下列规格的纸、纸板、纤维素絮纸及纤维素纤维网纸:

①成条或成卷,宽度超过 36 厘米;

②成张矩形(包括正方形),一边超过 36 厘米,另一边超过 15 厘米(以未折叠计)。

(3) 品目 48.14 所称"壁纸及类似品"仅限于:

①适合作墙壁或天花板装饰用的成卷纸张,宽度不小于 45 厘米,但不超过 160 厘米:

A. 起纹、压花、染面、印有图案或经其他装饰的(例如植绒),不论是否用透明的防护塑料涂布或覆盖;

B. 表面饰有木粒或草粒而凹凸不平的;

C. 表面用塑料涂布或覆盖并起纹、压花、染面、印有图案或经其他装饰的;

D. 表面用不论是否平行联结或编织的编结材料覆盖的。

②适于装饰墙壁或天花板用的经上述加工的纸边及纸条,不论是否成卷。

③由几幅拼成的壁纸,成卷或成张,贴到墙上可组成印制的风景画或图案。

既可作铺地制品,也可作壁纸的以纸或纸板为底的产品,应归入品目 48.23。

(4) 品目 48.20 不包括切成一定尺寸的活页纸张或卡片,不论是否印刷、压花、打孔。

(5) 品目 48.23 主要适用于提花机或类似机器用的穿孔纸或卡片,以及纸花边。

(6) 除品目 48.14 及 48.21 的货品外,印有图案、文字或图画的纸、纸板、纤维素絮纸及其制品,如果所印图案、文字或图画作为其主要用途,应归入第 49 章。

2. 本章货品有关子目的专业技术规定的要求

（1）子目 4804.11 及 4804.19 所称"牛皮衬纸"，是指所含用硫酸盐法或烧碱法制得的木纤维不少于全部纤维重量的 80% 的成卷机器整饰或上光纸及纸板，每平方米重量超过 115 克，并且最低缪伦耐破度符合下表所示（其他重量的耐破度可参照下面的表换算），详见表 7-12。

表 7-12　其他平方米重量的耐破度换算表

重量 （克/平方米）	最低耐破度 （千帕斯卡）
115	393
125	417
200	637
300	824
400	961

（2）子目 4804.21 及 4804.29 所称"袋用牛皮衬纸"，是指所含用硫酸盐法或烧碱法制得的木纤维不少于全部纤维重量的 80% 的成卷机器上光纸，每平方米重量不少于 60 克，但不超过 115 克，并且符合下列一种规格：

①缪伦耐破指数不小于 3.7 千帕斯卡·平方米/克，并且横向伸长率大于 4.5%，纵向伸长率大于 2%；

②至少能达到下表所示的最小撕裂度和最小抗张强度。其他重量的可参照下表换算，详见表 7-13。

表 7-13　平方米重量的最小撕裂度和最小抗张强度

重量 （克/平方米）	最小撕裂度 （毫牛顿）		最小抗张强度 （千牛顿/米）	
	纵向	纵向加横向	横向	纵向加横向
60	700	1510	1.9	6
70	830	1790	2.3	7.2
80	965	2070	2.8	8.3
100	1230	2635	3.7	10.6
115	1425	3060	4.4	12.3

（3）子目4805.11所称的"半化学的瓦楞纸"，是指所含用机械和化学联合法制得的未漂白硬木纤维不少于全部纤维重量的65%的成卷纸张，并且在温度为23℃和相对湿度为50%时，经过30分钟的瓦楞芯纸平压强度测定（CMT30），抗压强度超过1.8牛顿/平方米。

（4）子目4805.12包括主要用机械和化学联合法制得的草浆制成的成卷纸张，每平方米重量在130克及以上，并且在温度为23℃和相对湿度为50%时，经过30分钟的瓦楞芯纸平压强度测定（CMT30），抗压强度超过1.4牛顿/平方米。

（5）子目4805.24和4805.25包括全部或主要由回收（废碎）纸或纸板制得的纸浆制成的纸及纸板。强韧箱纸板也可以有一面用染色纸或漂白或未漂白的非再生浆制得的纸做表层。这些产品缪伦耐破指数不小于2千帕斯卡·平方米/克。

（6）子目4805.30所称"亚硫酸盐包装纸"，是指所含用亚硫酸盐法制得的木纤维超过全部纤维重量的40%的机器砑光纸，灰分含量不超过8%，并且缪伦耐破指数不小于1.47千帕斯卡·平方米/克。

（7）子目4810.22所称"轻质涂布纸"，是指双面涂布纸，其每平方米总重量不超过72克，每面每平方米的涂层重量不超过15克，原纸中所含用机械方法制得的木纤维不少于全部纤维重量的50%。

3. 关于纸张的归类

（1）品目48.01至48.05所列的纸张应按本章章注三所规定的加工方法（包括经砑光、高度砑光、釉光或类似处理，仿水印、表面施胶的纸及纸板；同时还包括用各种方法本体着色或染成斑纹的纸、纸板、纤维素絮纸及纤维素纤维网纸）。新闻纸和牛皮纸及纸板应符合本章章注四和章注六规定的规格和纤维含量的要求。

（2）归入品目48.01和48.03~48.09的纸、纸板、纤维素絮纸及纤维素纤维网纸。对所列名品种的纸应符合本章章注八规定的条件：

——成条或成卷，宽度超过36厘米；

——成张矩形（包括正方形）时，一边超过36厘米，另一边超过15厘米（以未折叠计）。

对于品目48.03~48.09所列名的小规格尺寸的纸（即不符合本章章注八规定尺寸），一般应归入48.16~48.23的相关品目。基于受品目48.03~48.09纸品规格尺寸及形状的限制，而不符合本章章注八的规定的成卷、成张的新闻纸应归入品目 48.02，卫生纸、面巾、餐巾纸以及家庭或卫生用的类似纸、纤维素絮纸和纤维素纤维网纸应归入品目 48.18，复写纸、自印复写纸及其他拷贝或转印纸（包括涂布或浸渍的油印蜡纸或胶印版纸）应归入品目 48.16，不符合品目 48.04~48.08 规格的同类的非成卷、成张的纸品一般也应归入品目 48.23。

例 92 成卷的半透明纸，宽 30 厘米。

商品分析及归类：本题商品为成卷的半透明纸，宽 30 厘米。半透明纸在第 48 章品目条文 48.06 有具体列名，该商品似可归入品目 48.06 项下。查阅本章章注八却不能归入其项下，而应归入品目 48.23。为什么呢？本章章注八规定，品目 48.03 至 48.09 不适用宽 30 厘米的纸。由于本题商品不符合品目 48.06 的货品规格要求，因此本题商品应归入品目 48.23，最终归入子目 4823.9090。

在确定部分子目时，有些还应考虑所含纸浆的种类。木浆是造纸的主要原料，根据加工方法的不同可分为 3 种：机械浆、化学浆和化学—机械浆。如子目 4802.5 要求，不含机械浆或化学—机械浆，或这些纸浆的含量不超过全部纤维含量的 10%。

4. 关于壁纸的归类

品目 48.14 的壁纸必须符合本章章注九规定的条件，成卷状且宽度在 45 厘米~160 厘米。若既可铺地又可作为壁纸，则按铺地制品归入品目 48.23。

5. 关于涂布纸的归类

涂布纸是指在纸的单面或双面施以涂料，以使纸面产生特殊的光泽，或使其适合特定需要。品目 48.10 的涂布纸与品目 48.11 的涂布纸的主要区别是，前者主要涂布高岭土或其他无机物质，如铜版纸；后者用于涂布塑料、沥青、焦油、蜡或其他有机物质，如涂布相纸、绝缘纸和热敏纸等。

6. 本章所列纸、纸板归类注意点

（1）正确区分有关品目所列纸、纸板的区别。

①品目 48.03 与品目 48.18 项下纸、纸板的区别：品目 48.03 项下的纸、纸板为大规格货品，而品目 48.18 项下的纸、纸板为小规格货品。

②品目 48.09 与品目 48.16 项下纸、纸板的区别：品目 48.09 项下的纸、纸板为大规格货品，而品目 48.16 项下的纸、纸板则为小规格货品。

③子目 4805.4000、4812.0000 项下纸、纸板：其中子目 4805.4000 项下纸、纸板为大规则货品，而子目 4823.2000 项下纸、纸板则为小规格货品，都是通过造纸机制得的。子目 4812.0000 项下的货品是仅用纸浆制得的货品。

（2）品目 48.02、48.04、48.05 与品目 48.10 的关系。

品目 48.02、48.04、48.05 的纸、纸板经高岭土或无机物涂布后制得，品目 48.10 项下的纸、纸板，其中：

①品目 48.02 经涂布后制得子目 4810.1 或 4810.2 的纸、纸板；

②品目 48.04 经涂布后制得子目 4810.3 的纸、纸板；

③品目 48.05 经涂布后制得子目 4810.9 的纸、纸板。

（3）除品目 48.14 及 48.21 的货品外，印有图案、文字或图画纸（板）及其制品，如果所印图案、文字或图画作为其主要用途，则应归入第 49 章有关品目。

（4）经加工的纸（板）及其制品的基本特征若符合其他章时，应归入其相关章品目。例如：香水纸归入第 33 章（品目 33.07），擦鞋纸归入第 34 章（品目 34.05），感光纸归入第 37 章（品目 37.03），捕蝇纸归入第 38 章（品目 38.08），纸灯罩归入第 94 章（品目 94.05），纸制人造花归入第 67 章（品目 67.02），靶纸归入第 95 章（品目 95.08）等。

（三）第 49 章的商品归类原则和方法

本章（除极个别的物品外）包括所有以印花纹图案、文字或图画决定其基本特征及用途的各种印刷品。

本章的货品一般是印在纸上的，但也包括可印在其他材料上，只要具有所印花纹图案文字或图画决定其基本性质及用途的特征。一般来说，本章的印刷品可以理解为是在第 48 章的纸张的基础上进一步加工而制得的产品。除常见的印刷品（如书籍、报纸、小册子、图画、广告品、绘画、乐谱原稿或印本）以外，本章还包括以下货品：

——各种印刷的地图、水道图及类似图表，包括地图册、挂图、地形图及地球仪、天体仪，归入本章品目 49.05；

——手绘的建筑、工程、工业、商业、地形或类似用途的设计图纸原稿，手稿，用感光纸照相复印，复写纸誊写及其上述物品复制件，归入本章品目 49.06；

第七章 《协调制度》下的各类进出口商品归类实务

——在承认或将承认其面值的国家流通或新发行并且未经使用的邮票、印花税票及类似票证，印有邮票或印花税票的纸品钞票，空白支票，股票、债券及类似所有权凭证，归入本章品目49.07；

——转印贴花纸（移画印花法用图案纸），归入本章品目49.08；

——印刷或有图画的明信片；印有个人问候、祝贺、通告的卡片，不论是否有图画、带信封或饰边等归入本章品目49.09；

——印刷的各种日历，包括日历芯，归入本章品目49.10；

——其他印刷品，包括印刷的图片及照片，归入本章品目49.11。

易错点提示

本章商品归类时应注意，本章不包括下列货品，它们是：

（1）透明基的照相负片或正片（第37章）；

（2）立体地图、设计图表或地球仪、天体仪，不论是否印刷（第90章，品目90.23）；

（3）第95章的扑克牌或其物品；

（4）雕版画、印刷画、石印画的原本（品目97.02），品目97.04的邮票、印花税票、纪念封、首日封、邮政信笺及类似品，以及第97章的超过100年的古物或其他物品。

1. 关于邮票的归类

我国发行未使用的新邮票按印刷品归入品目49.07，我国发行已使用的旧邮票按收藏品归入品目97.04。外国发行但我国不承认其面值的邮票不论是否已使用，一律按收藏品归入品目97.04。

2. 关于报纸、杂志的归类

根据第49章章注三规定，用纸以外的材料装订成册的报纸、杂志和期刊，以及一期以上装订在同一封面里的成套报纸、杂志和期刊，应归入49.01，不论是否有广告材料。一般的报纸和杂志归入品目49.02。

3. 已印刷的壁纸及标签的归类

对于品目48.14的壁纸及品目48.21的纸或纸板制各种标签，归类时应注意，即使已经印刷有图案或文字仍归入第48章，而不能以印刷品归入第49章。

4. 其他印刷品的归类

其他印刷品是指本章内其他品目未具体列名的所有印刷品，包括照片及印刷图片。对于已镶框的图片及照片，如果是图片或照片构成物品的主要特征，应归入本章品目49.11；否则，应按框架的属性，作为木材、金属制品分别归入其相应章的相关品目。某些印刷品是需要手工或打字来填写内容的，只要其具有印刷品的主要特征且符合第48章章注十二规定，应以"**其他印刷品**"归入第49章。对于只需要填写某些内容（如日期及姓名等信息）的各种印刷表格、通函及印有消息通知等的类似物品，也应以"**其他印刷品**"归入第49章。

以"**其他印刷品**"归入本章的物品如下：

（1）广告印刷品（包括海报），主要以广告为目的的年刊及类似出版物，各种商品目录及旅游宣传品。

（2）印刷有马戏节目、体育大事、歌剧、戏剧或类似表演消息的小册子。

（3）示意地图、房地产开发商项目宣传单、画册。

（4）解剖学、植物学等的示教图表及图解。

（5）电影票、戏票、音乐会票及其他入场券、各类交通工具乘坐票。

上述货品以其他印刷品归入本章品目49.11。

例93 植物羊皮纸（卷装，宽度大于15厘米）。

商品分析及归类：本题商品植物羊皮纸，是将优质未施胶及无填料的纸，在硫酸中浸泡数秒后制得的。酸的作用是使部分纤维转化成胶化纤维素，因而具有胶质的不渗透性。植物羊皮纸属于一种变性加工纸，归类时仍应按纸张归入第48章。根据该章章注八对品目48.06纸品规格的规定，本题商品的商品编码是4806.1000。

例94 未印有图案的首日封（未贴邮票）。

商品分析及归类：该题商品属于用纸制的信封，一般信封上印有文字。归类时似乎可以按纸制信封归入第48章，又可以按印刷品归入第49章。根据第48章章注十二规定，印有图案文字或图画的纸、纸板、纤维素纸及其制品，如果所印图案、文字或图画作为主要用途，应归入第49章。由于本题商品所印有的文字并非主要用途，因此不能归入第49章，而应归入第48章。本题商品的商品编码是4817.1000。

第七章 《协调制度》下的各类进出口商品归类实务

例 95 玻璃卡纸（100%漂白化学木浆制造，300 克/平方米，规格 787 毫米 ×1 092 毫米）。

商品分析及归类：该题商品玻璃卡纸也称铸涂纸，是一种钢板原纸涂布白色无机涂料加工而成的印刷用纸。由于本题商品为涂布高岭土或其他无机物的纸，因此应按无机涂布纸归入品目 48.10。根据其纸浆成分（100%化学木浆）和尺寸规格（787 毫米 ×1 092 毫米），本题商品的商品编码是 4810.9900。

例 96 成卷的半透明纸，宽 30 厘米。

商品分析及归类：本题商品半透明纸是以未漂白化学木浆为原料，经过长时间的高黏状打浆后而成的一种防油包装纸。归类时应按纸张归入第 48 章，并似乎可以按具体列名归入品目 48.06。但根据本章章注八对纸尺寸规格的规定，品目 48.03~48.09 仅适用于成条或成卷、宽度超过 36 厘米的纸。由于本题成卷半透明纸的宽度为 30 厘米，不符合本章章注八的规定，因此本题商品不能归入 48.06，只能归入品目 48.23。本题商品的商品编码是 4823.9090。

例 97 经漂白的牛皮纸，宽 32 厘米，成卷，135 克/平方米。

商品分析及归类：本题商品为经漂白的牛皮纸（宽 32 厘米，成卷，135 克/平方米）。本题商品应按纸张归入第 48 章，并似乎可以按具体列名归入品目 48.04"成卷或成张的未经涂布的牛皮纸及纸板，但不包括品目 48.02 或 48.03 的货品"项下的一级子目"-其他牛皮纸及纸板，每平方米重量不超过 150 克"下的二级子目 4804.3900"--其他"。但根据本章章注八的规定，品目 48.03 至 48.09 仅适用于成条或成卷，宽度超过 36 厘米的相关纸品。由于本题商品牛皮纸宽 32 厘米，不符合归入品目 48.04 纸张的规格尺寸的要求，因此，本题商品应归入品目 48.23。本题商品的商品编码为 4823.9090。

例 98 成卷印刷有图案的壁纸（宽度为 80 厘米）。

商品分析及归类：本题商品为印有图案的壁纸（宽度为 80 厘米）。本题商品似乎可以按壁纸归入第 48 章，也可以按印刷品归入第 49 章。查阅第 48

章章注十二，除品目48.14及48.21的货品外，印有图案、文字或图画的纸、纸板、纤维素絮纸及其制品，如果所印图案、文字或图画作为其主要用途，应归入第49章。由于本题商品又符合第48章章注九关于壁纸的条件（宽度为80厘米）。所以本题商品应按壁纸归入第48章品目48.14，因此，本题商品的商品编码为4814.9000。

 易错点提示

归类时容易与本类货品发生错误归类的商品主要有以下几种，正确的归类为：

1. 容易错归入本类第47章的商品

（1）合成纸浆应归入品目39.20。

（2）主要由第47章纸浆构成的纸浆制品（应按用途分别归入第48章品目48.12、48.18、48.22和48.23）。

2. 容易错误归入本类第49章的商品

（1）透明基底的照相负片或正片应归入第37章；（2）立体地图、设计图表或地球仪、天体仪应归入品目90.23；（3）使用过的邮票应归入品目97.04；（4）以所印花纹图案、文字或图画作为商品的主要用途的应归入品目39.18、39.19、48.14或48.21的货品等。

进出口商品归类强化训练习题

一、商品归类题

1. 未经分拣的废报纸
2. 回收电视机瓦楞纸包装箱
3. 供绘画用宣纸
4. 一次性纸杯
5. 纸质书签
6. 小人书
7. 结婚请柬
8. 新的钞票
9. 新发行的邮票

10. 无碳复写纸（规格为 20 厘米×30 厘米）

11. 双面铜版纸（所含用机械或化学—机械法制的纤维≤10%，规格：787 毫米×1 092 毫米）

12. 塑料涂面的壁纸

13. 塑料浸涂的绝缘纸

14. 卷烟纸

15. 透明窗户纸

二、单项选择题

1. 使用过的邮票
A. 4907.0010　　B. 9704.0010　　C. 4907.0090　　D. 4909.0090

2. 使用过的印花税票
A. 9704.0090　　B. 4907.0030　　C. 4907.0090　　D. 4911.1090

3. 管状卷烟纸
A. 4813.9000　　B. 4813.2000　　C. 4813.1000　　D. 4805.1900

第十一节　第十一类　纺织原料及纺织制品

本节学习目的及重点、难点、疑点

1. 旨在理解、掌握并运用商品归类原则和方法对《协调制度》第十一类所涉及的商品进行归类。

2. 第 50 章至第 55 章（包括纺织原料、普通纱线、普通机织物）是按照纺织加工程序由低到高顺序排列，即纺织工业的原料→纺织中间产品（纱线）→纺织半制成品（机织物）。

3. 从第 56 章至第 63 章（包括特种纱线、特种织物、制成品），包括以特殊的方式或工艺制成的或有特殊用途的半成品及制成品。

4. 对化学纤维归类时应该特别注意正确区分化学"合成纤维"和化学"人造纤维"的范围。

5. 对化学纤维单丝归类时应该特别注意截面尺寸不超过 1 毫米，表观宽度不超过 5 毫米。

6. 根据本类类注二规定的原则和方法，对可归入第 50 章至第 55 章及品目 58.09 或 59.02 的由两种或两种以上纺织材料混合制成的货品归类。

一、本类商品的主要内容及范围

本类商品主要涉及《协调制度》：

第 50 章　蚕丝
第 51 章　羊毛、动物细毛或粗毛；马毛纱线及其机织物
第 52 章　棉花
第 53 章　其他植物纺织纤维；纸纱线及其机织物
第 54 章　化学纤维长丝；化学纤维纺织材料制扁条及类似品
第 55 章　化学纤维短纤
第 56 章　絮胎、毡呢及无纺织物；特种纱线；线、绳、索、缆及其制品
第 57 章　地毯及纺织材料的其他铺地制品
第 58 章　特种机织物；簇绒织物；花边；装饰毯；装饰带；刺绣品
第 59 章　浸渍、涂布、包覆或层压的纺织物；工业用纺织制品
第 60 章　针织物及钩编织物
第 61 章　针织或钩编的服装及衣着附件
第 62 章　非针织或非钩编的服装及衣着附件
第 63 章　其他纺织制成品；成套物品；旧衣着及旧纺织品；碎织物

本类商品从第 50 章至 63 章共 14 章，是《协调制度》中的一个商品"大家族"，它包括纺织工业使用的各种纺织原料（如丝、毛、棉、麻、化纤等），也包括各种纺织半制成品或中间产品（如纱线、机织物等）和纺织制成品（如地毯、服装、毛巾、装饰品等）。纺织品是我国进出口商品中的一个大类，无疑也是《协调制度》中的重要内容之一，归类时应掌握纺织产品的分类原则、加工状况、商品在各章的编排规律、商品特征。本类商品分为两大部分：

第一部分，从第 50 章至第 55 章（包括纺织原料、普通纱线、普通机织物），在这部分各章商品基本上是按照纺织加工程度由低到高顺序排列，也就是按纺织工业的原料、纺织中间产品（纱线）、纺织半制成品（机织物）的顺序排列。具体见表 7–14。

表 7-14 第一部分商品归类规律

序号	原料性质	原料属性	归属章目
1	天然	丝	第 50 章
2		毛	第 51 章
3		棉	第 52 章
4		麻	第 53 章
5	化学	长丝	第 54 章
6		短纤	第 55 章

第二部分，从第 56 章至第 63 章（包括特种纱线、特种织物、制成品），这部分商品范围广泛，包括以特殊的方式或工艺制成的或有特殊用途的半成品及制成品。具体包括长度在 5 厘米及以下的纺织纤维、特种纱线、线绳索、缆、絮胎、非织造布、特种机织物和簇绒织物、狭幅织物、针织物和钩编织物、地毯料及地毯、与非纺织材料混合制纺织商品、各种纺织制成品等。具体见表 7-15。

表 7-15 第二部分商品归类规律

序号	纺织商品	归属章目
1	无纺织物、特种纱线等	第 56 章
2	地毯等	第 57 章
3	特种机织物、刺绣品等	第 58 章
4	特殊处理的织物、工业用纺织制品	第 59 章
5	针织物、钩编织物	第 60 章
6	服装（针织或钩编）	第 61 章
7	服装（非针织或非钩编）	第 62 章
8	其他制成品	第 63 章

二、本类商品的相关专业性商品知识

本类商品是我国进出口商品中的一个大类，也是我们见得多，用得多的一类商品，同时也是一类专业性很强的商品。为方便大家对这类商品的正确归类，在这里特别编写对本类商品专业性知识的介绍，以便大家在对这类商品归类时，可以正确地进行商品分析，确立正确的解题思路。

（一）纺织纤维的分类

纺织纤维按其来源可分为天然纤维和化学纤维两大类。

1. 天然纤维

（1）动物纤维：蚕丝、动物毛。

（2）植物纤维：棉花、其他植物纤维（麻等）。

2. 化学纤维

（1）人造纤维

①再生纤维素纤维：

A. 黏胶纤维包括人造丝（长丝）、人造棉、人造毛；

B. 铜氨纤维；

C. 醋酸纤维；

D. 硝酸纤维。

②再生蛋白纤维：

A. 动物蛋白（牛奶、乳酪）纤维；

B. 植物蛋白（大豆、花生）纤维。

（2）合成纤维

①聚酰胺纤维（锦纶或尼龙）；

②聚酯纤维（涤纶）；

③聚乙烯醇纤维（维纶或维尼纶）；

④聚丙烯腈纤维（腈纶）；

⑤聚丙烯纤维（丙纶）；

⑥聚氯乙烯纤维（氯纶）；

⑦聚氨酯纤维（氨纶）。

（二）纺织纤维制造工艺

1. 化学纤维制造工艺

（1）制造化学纤维的3个阶段

制造化学纤维通常要经过纺丝液的制备、溶液纺丝和纺丝后加工3个阶段。

①纺丝液的制备依照原料的不同，其制备方法有熔体法和溶液法两种。熔体法是将固体高聚物加热使其融化成黏性液体。溶液法是将纺丝原料高聚物用溶剂溶解成黏性的丝液。

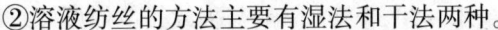

②溶液纺丝的方法主要有湿法和干法两种。

湿法纺丝：纺丝液从带有大量细孔的喷丝头中喷出后，在凝固液中由于溶剂扩散和凝固液渗透而固化成丝。其特点是喷丝头孔数多，纺丝速度慢。用此法纺丝的有黏胶纤维、腈纶、维纶、氯纶等。

干法纺丝：纺丝液从喷丝头中喷出后，在热空气中因溶剂迅速挥发而凝固成丝。质量较好的丝，通常用于纺制长丝。熔体纺丝是高聚物熔融液从喷丝头中喷出后，在空气或水中冷却凝固成丝。熔体纺丝过程简单，速度快，用于纺涤纶、锦纶、丙纶等合成纤维。经喷丝头中喷出的化学纤维都是长丝状态的。

③纺丝后加工：纺丝所得的叫初生纤维，强度低，延伸度大，手感差，还不能供纺织使用，必须进行后加工处理。不同品种的纤维要经过不同的后加工。例如，供制造切段成短纤维的涤纶纤维要经过集束、拉伸、上油、卷曲、干燥定型、切断、打色等过程。长丝则一般须经过拉伸、加捻、后处理、包装等程序。

化学纤维经过拉伸，其内部的大分子排列更为整齐，纤维的强度可以提高，而延伸度则降低，与此同时，长度增大，纤度变细，纤维经拉伸后，还必须进行定型处理，否则遇热后分子运动加剧，已排列整齐的大分子会再次散乱，纤维长度会缩短。高收缩纤维就是根据这个原理制造的。拉伸后经过热定型处理的纤维，以后加热时，只要温度未超过定型时的温度，纤维内部结构不再变化，长度不再缩短，高强低伸性质可以保持下去，就叫作正规纤维。

（2）化纤的两种状态

①化学纤维的长丝，主要用来做纯纺织品或交织品，如化纤绸缎、丝袜、纱巾、被面、一些衬衫和外衣织物等。切段后的短纤维则大多用来制作混纺品，如毛涤纶、黏锦华达呢、混纺毛毯、涤棉布、毛黏呢绒等产品，这些都是用两种或两种以上品种的短纤维混纺后制成的。

长丝丝束，是指由成千或更多互相平行的化学纤维连续单丝聚在一起，形成无捻的线型集合体。丝束是制短纤维的原料，它看起来很长但必定要切断作混用，故应作短纤归类。

②化学纤维短纤维，由化学纤维的长丝切短后所得，按一定的规格切短，一般分为毛型、棉型和中长型3种。毛型短纤维按羊毛长度及粗细切短，长度约65毫米~120毫米，可与羊毛或其他毛型短纤维混纺。棉型短纤维按棉

花长度及粗细切短，长度约 30 毫米～50 毫米，一般与棉或其他棉型短纤维混纺。中长型短纤维是介于毛型和棉型规格之间的，长度约 50 毫米～75 毫米，中长纤维可与其他各种中长型短纤维混纺，并可利用原有棉纺设备，略加改进，大量生产仿毛织品。

（3）常见的化学纤维品种

①黏胶纤维

黏胶纤维属人造纤维（再生纤维素纤维）中的主要品种之一，除此之外还有醋酸纤维和铜氨纤维等。其中由于铜氨纤维生产要消耗大量的铜，醋酸纤维的生产成本较高，因此它们都未得到广泛发展。而黏胶纤维是化学纤维中发展最早的品种，也是最常见的一种再生纤维素纤维，目前生产的黏胶纤维品种有普通长丝（人造丝）、短纤维（人造棉、人造毛）。

黏胶丝的生产过程：植物纤维与碱作用，制成碱纤维素，再与二硫化碳作用生成纤维素黄酸钠，将纤维素黄酸钠溶于稀碱溶液即成黏胶溶液，再将黏胶溶液经纺丝机的喷丝头形成黏胶细丝，在凝固溶液的作用下纤维素黄酸钠凝固分解再生成黏胶细丝。经过洗涤、脱硫、漂白、皂洗、干燥等一系列后加工，制得所需要的纤维。由于这种纤维是黏胶溶液喷丝而成的，所以称为黏胶纤维。黏胶纤维在生产过程中，如果是通过一个个细小的孔道喷射出来的，则它的表面很光滑，当光线照射时，呈现较亮的光泽，这种长丝状态的纤维称为有光人造丝，如果在生产工艺加入 0.5%～2% 的不与黏胶纺丝液起化学变化的二氧化钛消光剂，就可制得半光人造丝或无光人造丝。

②聚酰胺纤维

聚酰胺纤维又称尼龙或锦纶（学名聚己内酰胺纤维），有长丝和短纤之分。聚酰胺纤维的原料由二元胺与二元酸缩聚长链分子组成，主要品种有聚酰胺-6、聚酰胺-6,6、聚酰胺-6,10、聚酰胺-10,10 等，其中以数字表示它的分子中所含碳原子的数目，由于聚酰胺-6 纤维产品是在辽宁锦西化工厂试制成功的，故定名为锦纶。聚酰胺纤维几乎是所有纤维中强度最大的，耐磨性及耐碱性好、弹性好，但吸湿及透气性差。

③聚酯纤维

聚酯纤维又称涤纶（学名聚对苯二甲酸乙二酯纤维）。生产涤纶纤维所用原料的中间体是通过对煤或石油的加工产物苯、二甲苯、乙烯等，处理加工并聚合后经熔融挤压纺丝，再经过牵伸加捻定型等后加工制成的长丝或纤维。涤纶纤维的性能优良、成本较低、强度大、耐酸、耐碱性较差，弹性好，不皱不缩，但吸湿及透气性差。涤纶短纤维可与其他各种短纤维进行混纺，其中与棉花混纺后织成的布就是最常见的涤棉布。涤纶纤维是理想的纺织材料，是用途最广的纺织纤维。

④聚乙烯醇纤维

聚乙烯醇纤维又称维纶或维尼纶，生产该纤维的原料乙炔（电石气），与醋酸反应生成一种透明液体醋酸乙烯，经聚合后用烧碱处理，生成白色粉末状的聚乙烯醇，溶于热水中调制成胶液，经纺丝即得聚乙烯醇纤维，其成本低，纤维性能近似棉花，有"合成棉花"之称，可加工制成长丝或短纤维。

⑤聚丙烯腈纤维

聚丙烯腈纤维又称腈纶，其性质类似羊毛，故有"合成羊毛"之称。制造腈纶的原料为丙烯腈，可从煤和石灰石等制取乙炔和氢氰酸，再由它们合成制得，也可从石油裂化产品之一的丙烯与氨为原料合成制得。经聚合后成为聚丙烯腈，以湿法纺丝生产短纤维，以干法纺丝生产长丝。腈纶强度较好，其性质更接近羊毛。

⑥聚丙烯纤维

聚丙烯纤维又称丙纶，其单体是丙烯，原料的主要来源是炼油废气、天然气或石油裂解所得的烯烃气体的分离产物，经过提纯，进行聚合制得聚丙烯纤维，有长丝及短纤维。丙纶纤维常用作渔网、滤布、工作服、包装布、地毯、工业用布、医药用消毒纱布、棉絮等。

⑦聚氯乙烯纤维

聚氯乙烯纤维又称氯纶，有长丝及短纤维。制造氯纶纤维的原料丰富，工艺简单，成本较低。工业生产氯纶纤维普遍采用乙炔与氯化氢或乙烯与氯气为原料，生产过程包括氯乙烯单体的合成，氯乙烯的聚合，聚氯乙烯纺丝及后加工。氯纶强度与棉花相似，化学性质稳定，氯纶常用于做游泳衣、工业滤布、工作服、包装布、救火衣、地毯等。

⑧聚氨酯纤维

聚氨酯纤维又称氨纶，它是一种高弹性纤维。伸长率超过200%时，仍能很快恢复原来长度的纤维称为高弹性纤维，而氨纶的弹性已达500%。它由聚氨基甲酸酯制得，只有长丝状态。氨纶的化学性质稳定，通常用于制造束腰带、紧身衣（如游泳衣、体操服等）、袜子、衣服罗口以及外科手术用布等。

2. 纱的加工

将纺织纤维材料（不论是长丝或短纤维）制成纱线的过程称为纺纱加工

过程，在纱（单纱）的基础上，用两根或以上的纱并合加捻再纺成线。因为纤维状态有长的和短的两种，所以其加工方法也有两种。对于短纤维（如棉、麻、毛、蚕丝短纤维、化纤短纤维），需经过开松、除杂、梳理、并合、牵伸等工序处理，制成纤维条，再对纤维条加捻制成一根很长的并有一定细度、强度等有关品质的纱，在纱的基础上再制成线。纱线既是商品，又是纺织物生产的原料。对于长纤维（如蚕丝及化学纤维的各品种的长丝），则是用两根或以上的丝合并加捻制成纱，再制成线。

由于选用纺织纤维原料种类的不同，纺纱加工可分为棉纺、毛纺、绢纺、麻纺和化学纤维纺纱等。

（1）棉纺

棉纺的生产过程一般包括配棉、混棉、开棉与清棉、梳棉、精梳棉、并条、粗纺、精纺等工序。在这里我们选择与第 52 章商品归类关联较紧密的工序加以介绍。

①精梳棉：对品质要求较高或纺制高支纱的粗棉条，需要经过精梳棉工序，目的是进一步清除棉条纤维中的残余杂质和短纤维，使纤维进一步伸直而有顺序地平行排列，再制成棉条，其称精梳棉（也称生条）。

②粗纺：是将熟条通过牵伸、加捻等纺成粗纱。加以适当的捻度，可使纤维抱合成粗纱，并相应增加纱的强度，最后将粗纱卷绕在纱管或筒管上，供精纺工序或某些织造工序使用。

③精纺：精纺是成纱的最后一道工序，是将粗纺纱再经牵伸、加捻，使其达到具有良好均匀度及一定细度和强度的细纱，并卷绕成所需结构与尺寸的纱管。

（2）毛纺

根据产品要求及加工工艺的不同，毛纺系统分为粗梳毛纺和精梳毛纺。

①粗梳毛纺：选用的纤维长度和细度整齐度较差，成纱的条干内部纤维不完全平行伸直，形条干不匀，表面突出较多长短不一的毛羽。粗梳毛纱支数一般在 18 支以下，较粗，适用于织造粗厚或有绒的毛织物。这些织物比较厚实且重，表面有一层丰满的绒毛形成的呢面，有纯毛和混纺品种，如麦尔登呢、大衣呢、法兰绒、粗花呢等。

②精梳毛纺：选用的纤维较长、较细，经精梳后纤维条整齐度、均匀度较好、捻度较大、纱的表面光滑，条干及毛羽都较粗梳毛纱好，手感松软，纱支细而较坚韧，强度高。毛纱支数一般在 20 支以上，适用于织造精细的毛织物和

混纺织物，这些织物一般较轻薄，织纹清晰，平整光洁，柔软细密，富有弹性，色泽柔和，经久耐穿，如华达呢、哔叽、凡立丁、花呢、派力司等。

（3）缫丝及绢纺

①缫丝：由一粒蚕茧抽出的单根长丝，十分细弱，细度约3D（3旦），不能直接作为制造织品的原料，因此要集中若干粒蚕茧，同时进行抽丝加以胶合成多根蚕丝合并的生丝，这一生产过程称缫丝。缫丝有手工缫丝和机械缫丝两种。用手工缫丝的，品质较差，粗细不一致，其产品称为土丝。机械缫丝是缫丝厂中通过缫丝机进行缫丝，品质较好，粗细度比较均匀，其产品称为厂丝。由两根或两根以上的厂丝或者土丝并合加捻后成纱。

②绢纺：利用不能缫丝的蚕茧，扯开拉断成丝的短纤维，再利用这些短纤维进行类似棉纺的各工序，加工制成一根很长的绢纺纱。

③抽丝纱：对于缫丝、茧衣、织绸工序中不能用的废茧、废丝及生产回丝等短纤维原料进行纺纱，这些纱称为抽丝纱。

3. 表示（纱，线）特征的名词

（1）捻向：指加捻的方向。加捻有两个方向，顺时针方向加捻，称为"S"捻；逆时针方向加捻，称为"Z"捻。

（2）捻度：指在每米长度的纱或线中加了多少个捻。

（3）细度：一般情况下常用细度来描述纱或线的主要特征，表现纱线细度的常用度量制有定长制和定重制两大类。

4. 定长制

定长制：包括公制号数和公制旦数两种表示方法。

（1）公制号数（Tex）：是国际贸易通行的纱的细度表示方法，常用T（特）来表示。公定回潮率为8.5%，纺成的1 000米长的1根纱，重量为1克，则该纱的细度为1T（1特），称1号纱；1 000米长的棉纱，重10克，即为10号纱（10T），特数越大，纱越粗。

（2）公制旦数（Denier）：用于蚕丝长丝、化纤长丝及纤维的细度，称为旦尼尔，用D表示。其规定是纺成的9 000米的长丝纱，重量是1克，则说纱细变为1D（1旦）。同样长度的纱若重10克，即为10D（10旦），旦数越大，纱越粗。

5. 定重制

定重制：包括英制支数和公制支数两种表示方法。

（1）英制支数（Count）：是英国纺织业中表示纱线细度的计算方法，英制支数以"S"表示，公定回潮率为9.89%，1磅重的纤维，纺出长度有840

码长的 1 根纱，则该纱的细度为 1 英支（1S），支数越大，纱越细。

（2）公制支数（Number）：以"N"表示，规定为 1 千克重的纤维，纺出长度为 1 000 米的 1 根纱，则该纱的细度为 1 公支（1N）。如 1kg 棉花，纺出长度为 36 000 米的 1 根纱，该纱细度为 36 公支（36N），支数越大，纱越细。

6. 混纺纱线

由两种或两种以上不同纤维（可以是不同品种的长丝，也可以是不同品种的短纤）按一定百分比均匀地混合在一起纺成的纱称混纺纱。由两根或两根以上的混纺纱纺成的线，或者由每根各不相同纤维纺成的几根纱再纺成的线，称为混纺线。

7. 变形纱线

变形纱线是对化纤纤维（无论是合成纤维还是人造纤维）的长丝或纱线用机械、物理的加工方法，经过变形热定型，或经蓬松的加工制得具有弹性或蓬松性的长丝纱线。如尼龙弹力长丝纱线、腈纶长丝膨体纱线等。

8. 缆线

缆线是指由至少有一条是股纱的两股或多股纱线在一次或多次合股工序中加捻纺成的纱线，缆线中的股是指构成缆线的每一根单纱或股纱。

三、本类商品的归类原则和方法

（一）纺织纤维的归类

纺织纤维是指纺织工业的原料，它分为天然纤维和化学纤维。天然纤维主要包括丝、毛、棉、麻，化学纤维依据第 54 章章注一的规定，又分为合成纤维和人造纤维。对于化学纤维的分类，应该特别注意正确区分合成纤维和人造纤维。

1. 合成纤维是将有机单体物质加以聚合而成的聚合物（如聚酰胺、聚酯、聚烯烃、聚氨基甲酸酯）或通过上述加工得到的聚合物经化学改性制得（如由聚乙酸乙烯酯水解而制得的聚乙烯醇）。

2. 人造纤维是将天然有机聚合物（如纤维素）溶解或经化学处理制成聚合物（如铜铵纤维或黏胶纤维），或将天然有机聚合物（如纤维素、酪蛋白及其他蛋白质或藻酸）经化学改性制成的聚合物（如酸纤维素纤维或藻酸盐纤维）。

化学纤维的分类见表 7 - 16：

表 7 – 16　化学纤维的分类

序号	分类	分类细分
1	合成纤维	聚酯纤维（涤纶）
2		聚酰胺（尼龙、锦纶）
3		聚丙烯腈（腈纶）
4		聚氨酯（氨纶）
5		聚丙烯（丙纶）
6		其他
7	人造纤维	黏胶纤维（人造棉、人造丝）、醋酸纤维、铜铵纤维、硝酸纤维
8		其他

（二）由两种或两种以上纺织纤维材料组成的混纺材料归类

依据以下原则和方法进行本类混纺材料的归类。

1. 归类原则

《协调制度》第十一类类注二规定：

"（一）可归入第 50 章至第 55 章及品目 58.09 或 59.02 的由两种或两种以上纺织材料混合制成的货品，应按其中重量最大的那种纺织材料归类。

当没有一种纺织材料重量较大时，应按可归入的有关品目中最后一个品目所列的纺织材料归类。

（二）在应用上述规定时，还应当本着以下原则处理相关关系：

1. 马毛粗松螺旋花线（品目 51.10）和含金属纱线（品目 56.05）均应作为一种单一的纺织材料，其重量应为它们在纱线中的合计重量；在机织物的归类中，金属纱线应作为一种纺织材料。

2. 在选择合适的品目时，应首先确定章，然后再确定该章的有关品目，至于不归入该章的其他材料可不予考虑。

3. 当归入第 54 章及第 55 章的货品与其他章的货品进行比较时，应将这两章作为一个单一的章对待。

4. 同一章或同一品目所列各种不同的纺织材料应作为单一的纺织材料对待。"

2. 归类的具体方法

（1）首先确定所在章，并将属于同一章的不同纺织材料重量合并相加后与其他章作比较重量，再按重量较大的归入那一章，如果重量相等则按从后原则归类。考虑到纺织纤维的特性，第 54 章和第 55 章同属化学纤维，所以在这 2 章与其他章比较时，这 2 章纺织材料的重量应合并计算。

（2）其次确定品目。与确定章的方法一样，将属于同一品目的不同纺织材料重量合并相加后，再与其他品目作比较，归入重量较大的那一品目，如果重量相等则按从后归类原则处理。

（3）特殊纱线，如马毛粗松螺旋花线和含金属纱线均作为一种单一的纺织材料计算。其重量应作为它们在纱线中的合计重量，即把金属线视作一种纺织材料。

总之，按上述方法归类时，应先确定章，再确定品目。就这一点而言，与其他商品归类的操作在程序上有所不同。另外，上述归类原则同样适用于混纺的纱线、织物及制成品的归类。

例99 按重量计含棉 35%、涤纶短纤维 65%，每平方米在 210 克的染色平纹机织物（幅宽 110 厘米）。

商品分析及归类：该机织物由两种纺织材料混纺制成，两种材料按重量计，涤纶短纤维大于棉。依据规定，应按涤纶机织归入第 55 章，品目 55.14。品目条文为合成纤维短纤制的机织物，按重量计合成纤维短纤含量在 85% 以下，主要或仅与棉混纺，每平方米重量超过 170 克。因此本题商品的商品编码为 5514.2100。

例100 按重量计含棉 50%、涤纶短纤维 50%，每平方米在 210 克的染色平纹机织物（幅宽 110 厘米）。

商品分析及归类：该机织物由棉和涤纶短纤维两种纺织材料混纺制成。两种材料按重量计相同，依据规定，应归入最末一个可归品目，所以应按化学纤维归入第 55 章（从后原则：棉属于第 52 章，涤纶属于第 55 章），品目 55.14。因此本题商品的商品编码为 5514.2100。

例101 按机织物总重量计算，粗梳毛涤混纺纱 89%（粗梳羊毛 45%，涤纶短纤维 44%），含金属纱线 11%（金属 1%、涤纶短纤维 10%），每平方米重 370 克的机织物，幅宽 110 厘米。

商品分析及归类：该机织物由两种纺织纱线混纺制成（89% 的粗梳毛混纺

纱和11%的金属纱线）。该机织物成分由3种纺织原料构成（粗梳羊毛45%、涤纶短纤维44%、金属纱线11%）。正确归类方法是按重量计粗梳羊毛涤纶混纺纱大于金属纱线，而粗梳毛涤纶混纺纱中羊毛重量最大，按规定该机织物按羊毛归入第51章，品目51.11。因此本题商品的商品编码5111.3000。

依据重量最大的粗梳毛混纺纱中的粗梳羊毛（45%）归入第51章品目51.11，品目条文为"粗梳羊毛或粗梳动物细毛的机织物"。该机织物的商品编码为5111.3000，即"-其他，主要或仅与化学纤维短纤混纺"。该题商品归类时应注意两点。

其一，依规定应视含金属纱线为单一纺织材料，与其他纺织材料比较重量；

其二，由于视含金属纱线为单一纺织材料，因此决不可以错误地将其成分中10%涤纶短纤维与粗梳毛混纺纱成分中44%涤纶短纤维相加（10%+44%=54%），形成重量最大。

例102 按重量含羊毛45%、黏胶短纤30%、锦纶短纤25%，每平方米重190克的色织平纹精纺机织物，幅宽110厘米。

商品分析及归类：该机织物由涉及本类两个章的纺织材料混纺制成，而其中黏胶短纤和锦纶短纤同属第55章化学短纤。根据规定，**同一章或同一品目所列各种不同的纺织材料应作为单一的纺织材料对待**。在归类时合并计重量。该机织物化学短纤重量最大（30%黏胶短纤维加上25%锦纶短纤维等于55%化学短纤维），大于羊毛（45%），该机织物应按化学短纤维归入第55章。又由于黏胶短纤重量为30%，大于重量为25%的锦纶短纤，应按人造纤维短纤机织物归入品目55.16，品目条文为"**人造纤维短纤纺制的机织物**"。依据按重量计人造纤维含量在85%以下，主要有羊毛混纺和色织平纹机织物等特征，该题商品的商品编码为5516.3300。

例103 按重量计含涤纶短纤50%、醋酸短纤25%、黏胶短纤25%，每平方米重170克的四线斜纹色织机织物，幅宽110厘米。

商品分析及归类：该机织物是由3种化学纤维制成的机织物，其中醋酸短纤和黏胶短纤同属人造纤维，是同一品目所列不同纤维品种，依据本类类注二（二）4的规定，其重量应合并计重（醋酸短纤25%加上黏胶短纤25%等于50%），人造纤维含量也为50%。由于涤纶短纤为合成纤维，与人造纤维重量相同,根据从后归类原则,该机织物应作为人造纤维机织物归入第55章品目55.16,品目条文为"**人造纤维短纤纺制机织物**",又依据涤纶短纤混纺、色织等特征,该商品人造纤维机织物应归入子目"-其他"项下,该商品的商品编码为5516.9300。

例104 按重量计含精梳羊毛40%、合成纤维长丝35%、人造纤维短纤25%,每平方米重190克的色织机织物,幅宽110厘米。

商品分析及归类:该题机织物是由羊毛和两种化学纤维混纺制成的,其中两种化学纤维为合成纤维和人造纤维短纤,根据本类类注二(二)3规定,"**当归入第54章及第55章的货品与其他章的货品进行比较时,应将这两章作为一个单一的章对待**"。合并计算两章内不同的纺织材料(35%合成纤维长丝加25%人造纤维短纤等于60%化学纤维),因而化学纤维重量大于羊毛重量,该机织物应以化学纤维织物归类。由于合成纤维长丝重量大于人造纤维短纤,因此应以化学纤维长丝织物归入第54章,品目54.07,品目条文为"**合成纤维长丝纱线的机织物,包括品目54.04所列材料的机织物**"。又根据羊毛混纺、色织等特征,本题机织物应归入子目"-其他机织物"项下:该商品的商品编码为5407.9300。

(三)关于纱线的归类

对于纱线的归类,要点在于首先确定待归类的纱线是属于特种纱线还是普通纱线。如果是普通纱线,再按纱线原料的性质在相关章(第50章至第55章)中查找合适的品目。特种纱线一般在第56章,普通纱线一般在第50章至第55章。

纱线商品在《协调制度》中的结构如表7-17所示:

表7-17 纱线商品的归类规律

序号	纱线分类	纱线细分	用途	品目归类
1	特种 (第56章)	与橡胶或塑料复合的纱线		56.04
2		含金属纱线		56.05
3		绳绒线、粗松螺旋线、 纵行起圈纱线等		56.06
4		线、绳、索、缆(符合类注三)		56.07

表 7 – 17 续

序号	纱线分类	纱线细分	用途	品目归类
5	普通（第 50 ~ 55 章）	缝纫线（符合类注五）		相应品目
6		非缝纫线	供零售用（符合类注四）	相应品目
7			非供零售用	相应品目

对于纱线的归类还应运用前述的专业知识，如纱线细度、纱线的捻向和捻度等。同时对于化纤纱线的归类，应注意截面尺寸超过 1 毫米的化纤单丝，其表观宽度超过 5 毫米的化纤扁条，应作为塑料归入第 39 章。

例 105 黏胶单丝（截面尺寸 0.9 毫米、细度 80 分特）。

商品分析及归类：该题黏胶单丝，单丝是指单根的、未被切断的连续丝条。由于黏胶属于化学纤维中的人造纤维，因此，归类时应按化学纤维长丝归入第 54 章。根据其截面尺寸及纱线细度归入品目 54.05，品目条文为"截面尺寸不超过 1 毫米、细度在 67 分特及以上的人造纤维单丝……"。本题商品的商品编码为 5405.0000。

例 106 黏胶空气变形丝（仿棉型纱线，非缝纫线，非零售用，捻度每米 100 转）。

商品分析及归类：该题黏胶空气变形丝是高蓬松性的变形纱线，属于长丝纱线的一种。黏胶纤维是化学纤维中的人造纤维。归类时应按化学纤维长丝纺织线归入第 54 章，并按非零售用的非缝纫线归入品目 54.03，品目条文为"人造纤维长丝纱线（缝纫线除外），非供零售用，包括细度在 67 分特以下的人造纤维单丝"，再根据该纱线的捻度特征归入商品编码 5403.3190。

例 107 聚丙烯扁条（表面宽 6 毫米、非发泡、非自黏）。

商品分析及归类：聚丙烯是化学纤维中的合成纤维。扁条属于长丝纱线中的一种，归类时似乎应该按化学纤维长丝归入第 54 章。但根据本类类注一（七）的规定本类不包括表面宽度超过 5 毫米的塑料扁条及类似品（如人造草),由于本题商品其表面宽度为6毫米,不属于品目54.04的商品范畴,因此应归入第39章。本题商品的商品编码为3920.2090。

(四) 关于织物的归类

对于织物的归类,如果掌握了前面所述的归类原则和方法则比较简单,织物是以纱线为材料的纺织物,其归类与纱线归类相似,确定其是属于普通机织物还是属于其他织物。普通机织物归入第50章至第55章,其他织物归入第56章至第60章。

织物按其制法分为以下几种,它们在《协调制度》中的结构如表7-18所示:

表7-18 织物归类规律

序号	织物分类	性质	归属章
1	机织物	普通	第50章~第55章
2		特殊	第58章
3	絮胎、毡呢、无纺织物		第56章
4	地毯		第57章
5	针织物、钩编织物		第60章
6	其他特殊加工的织物		第58章~第59章

1. 机织物主要在第50章至第55章中的每章后面部分:
第50章,品目50.07,包括天然丝纱线(丝或绢丝)制成的机织物;
第51章,品目51.11~51.13,包括动物毛纱线制成的机织物;
第52章,品目52.08~52.12,包括植物棉纱制成的机织物;
第53章,品目53.09~53.11,包括其他植物纤维制纱线(主要包括麻纱线)制成的机织物;
第54章,品目54.07~54.08,包括化学纤维长丝纱线制成的机织物;
第55章,品目55.12~55.16,包括化学纤维短纤维纱线制成的机织物。
2. 特种机织物及其他特种织物分布在第58章中:
(1) 特种机织物:品目58.01~58.03
①起绒织物:归入品目58.01 [其主要产品有灯芯绒(条绒)、平绒、丝绒等,也包括第58章章注二的织物]。
②毛巾织物及类似的毛圈机织物:归入品目58.02(主要表现在布面上有纱线起圈的特征,如毛巾布)。

③纱罗织物：归入品目58.03（其织物是由相邻的地经和绞经构成的机织物，称之"纱罗"。其加工特征应符合第58章章注三的规定）。

对于上述起绒机织物、毛圈机织物在归类时需注意应按照本类子目注释二（二）2的规定："对由底布和绒面或毛圈面构成的纺织品，在归类时可不考虑底布的属性。"

（2）其他特种织物：

①网眼薄纱：归入品目58.04（该织物其纬纱在每根经纱上都绕一下，成斜角线从一边织到另一边，形成网眼）。

②花边：归入品目58.04（该织物是一种透孔织物，没有明显的经纱和纬纱，花边中的图案体是用单根纱线相互绞扭形成）。

③标签、徽章、装饰带等：归入品目58.07、品目58.08。

例108 含棉40％、涤纶短纤40％、桑蚕丝20％的灯芯绒（已割绒），已染色，250克/平方米。

商品分析及归类：本题商品灯芯绒是起绒机织物，属于特种机织物，应归入第58章"特种机织物；簇绒织物；花边；装饰毯；装饰带；刺绣品"。按品目条文归入58.01"起绒机织物及绳绒织物"。

根据第十一类子目注释二（一）以及本类类注二（一）的规定，由于该题中的灯芯绒是由棉、涤纶、桑蚕丝三种纺织材料混纺而成，其中涤纶属于化学纤维，桑蚕丝属于丝，而棉与涤纶重量含量相等，故应按一级子目"棉制"和"化学纤维制"的后一个子目来确定，即归入一级子目"化学纤维制"。然后按列名归入二级子目5801.3200"割绒的灯芯绒"。因此本题商品的商品编码为5801.3200。

例109 手机挂绳，编带部分以涤纶纱线用编带机织成。

商品分析及归类：本题商品手机挂绳，其织物部分所用材料似乎属于品目58.08"成匹的编带"，但是手机挂绳显然属于织物制品，即应当看成是编带的制品。这种编带制品在第十一类"纺织原料及纺织制品"中并无具体列名的品目条文符合其条件，故应按"未列名"的其他纺织制品归入品目63.07"其他制成品"，然后一级子目归入6307.9000"-其他"。

（五）关于狭幅机织物的归类

狭幅机织物是指符合第58章章注五品目58.06所称的"狭幅机织物"的定义，应符合以下条件：

1. 幅宽不超过30厘米的机织物，不论是否织成或从宽幅料剪成，但两侧必须有织成的、胶粘的，或用其他方法制成的布边；

2. 压平宽度不超过30厘米的圆筒机织物；

3. 折边的斜裁滚条布，其未折边时的宽度不超过30厘米。

流苏状的狭幅机织物归入品目58.08。

 例110 尼龙纺织材料的输送带（织物厚2毫米，幅宽20毫米）。

商品分析及归类：本题商品输送带是指用于传送动力或输送货品的传送带。归类时似应按工业纺织品归入第59章。根据第59章章注六（一）的规定，品目59.10不适用于厚度小于3毫米的纺织材料制传动带或输送带，由于本题商品纺织厚度小于3毫米，不符合品目59.10的商品范围，因此，本题商品不能归入品目59.10，而应按普通机织物归类。又由于其幅宽为20毫米，因此，根据第58章章注五的规定应按狭幅机织物归入第58章，品目58.06项下的"-其他机织物""--化学纤维制"，因此，本题商品的商品编码为5806.3200。

（六）关于纺织制成品的归类

纺织制成品是指符合本类类注七所指条件之一的应作为"制成的"纺织品归类：

1. 裁剪成除正方形或长方形以外的其他形状的；

2. 呈制成状态，无须缝纫或其他进一步加工（或仅需剪断分隔联线）即可使用的（例如：某些抹布、毛巾、台布、方披巾、毯子）；

3. 裁剪成一定尺寸，至少有一边为带有可见的锥形或压平形的热封边，其余各边经本注释其他各项所述加工，但不包括为防止剪边脱纱而用热切法或其他简单方法处理的织物；

4. 已缝边或绲边，或者在任一边带有结制的流苏，但不包括为防止剪边脱纱而锁边或用其他简单方法处理的织物；

5. 裁剪成一定尺寸并经抽纱加工的；

第七章 《协调制度》下的各类进出口商品归类实务

6. 缝合、胶合或其他方法拼合而成的（将两段或两段以上同样料子的织物首尾连接而成的匹头，以及由两层或两层以上织物，不论中间有无胎料，层叠而成的匹头除外）；

7. 针织或钩编成一定形状，不论进口或出口时是单件还是以若干相连成幅的。

综上规定，若仅从大块布料裁剪下来的长方形（包括正方形）物品，如果未经加工和不带剪断分隔联线形成的流苏，不应视为"制成的"纺织品；而纺织材料的服装式样则应视为"制成的"纺织品。

例111 正方形台布，涤纶短纤维无纺织物裁切而成（110克/平方米），塑料袋装。

商品分析及归类：本题商品是以涤纶短纤维无纺织物为原料制得的台布，属于纺织物的制成品。归类时似乎应按其他纺织物制成品（服装除外）归入第63章，但由于该台布是以无纺织物作材质，而根据第63章章注二的规定，第63章不包括第56章的无纺织物制品，因此，本题商品不能按其他纺织物制成品归入第63章，而应按无纺织物归入第56章，并归入品目56.03，品目条文为"无纺织物，不论是否浸渍、涂布、包覆或层压"。根据其材质（涤纶短纤维）、织物的重量（110克/平方米）、商品特征，本题商品的商品编码为5603.9390。

例112 用于铺地制品的毡呢衬垫（非针刺，经层压）。

商品分析及归类：本题商品铺地制品衬垫是指置于地板与地毯之间的粗糙织物或毡呢衬垫。根据第57章章注二的规定，本章不包括铺地制品衬垫，这些物品应按其构成材料归类，因此，本题商品应根据其织结方法和构成材料，按毡呢归入第56章，归入品目56.02，品目条文为"毡呢，不论是否浸渍、涂布、包覆或层压"。本题商品的商品编码为5602.9000。

例113 全棉染色的灯芯绒（已割绒）机织物，450克/平方米。

商品分析及归类：本题商品全棉染色灯芯绒属起绒机织物，该织物是表面有一条条的顺织物方向的纤维绒毛，它由两个系统的纬纱线及一个系统的经纱线加工而成。其中一个系统的纬纱线及一个系统的经纱线织成底布，在织造的同时，另一个系统的纬纱线在织物的表面织成浮线，待织物全部织完，把织物上所有浮线剪断并整理后，就形成表面一条条绒毛。归类时根据其织造工艺（起绒）应按特种机织物归入第58章，并按起绒机织物归入品目58.01，品目条文为"起绒机织物及绳绒织物，但品目58.02或58.06的织物除外"。由于灯芯绒属于起绒织物，且已割绒，因此，根据其纤维成分（全棉），本题商品的商品编码为5801.2200。

（七）关于服装及衣着附件的归类

对于服装及衣着附件的归类是本类商品归类的重要内容，其重要性在于服装及衣着附件是纺织制品中与人类生活最为密切的商品，商品文化的不同可能影响对服装及衣着附件的正确归类。再加之服装及衣着附件归类时，还应考虑其面料、式样、用途，如"西服套装""便服套装"必须符合第61章、第62章章注三的定义条件。再如，"婴儿服装及衣着附件""滑雪服"必须符合其定义要求，一般运用以下方法归类：

1. 从制法入手判断待归类商品，是属于"针织或钩编"还是"非针织或非钩编"，来确定应归入第61章还是第62章：

（1）针织或钩编的商品归类于第61章（品目62.12的商品除外）；

（2）非针织或非钩编的商品归类于第62章。

2. 在第61章或第62章内，优先考虑"婴儿服装及衣着附件"的优先品目（即品目61.11、62.09），然后再考虑用塑料、橡胶或其他材料处理过的织物制成的服装。第62章还包括用毡呢、无纺布制成的服装。

3. 掌握"服装及衣着附件"在《协调制度》中的排列结构规律，一般是由外部服装到内衣裤，同类服装先男式后女式，再到中性服装，最后是婴儿服装，其他服装衣着附件。

在规格上对于服装，凡门襟为左压右的，应视为男式；右压左的，应视为女式（上述规定不适用于其式样已明显为男式或女式的服装）。对于不能按上述规定式样区分是男式还是女式的服装，一律按女式服装归入相应品目。

4. 对于套装归类（如西服套装、便服套装、滑雪套装），必须符合第61章或第62章相关章注的定义规定，才能作为套装一并归类，否则应分开归类。

5. 对于品目61.09 T恤衫的归类，应符合由质地较薄面料、针织或钩编的内衣类轻质服装,而且是无领、无扣、领口无门襟,不包括带有束带,罗纹腰带,下摆不能收紧等规格条件。按照我国服装文化,将质地轻薄针织或钩编的带翻领口开门襟的服装通常称为"T恤衫",在《协调制度》中应按照针织衬衫归类。若门襟为左压右的应视为男式归入品目61.05,若门襟为右压左的应视为女式归入品目61.06,而不能以"T恤衫"归类归入品目61.09。

例114 一条正方形黏胶机织手帕,其中一边长为80厘米。

商品分析及归类:本题商品是以黏胶机织布作面料而制成的手帕。手帕属于衣着附件,归类时应按衣着附件归入第62章。根据第62章章注七的规定,"正方形或近似正方形的围巾及围巾式样物品,如果每边均不超过60厘米,应作为手帕归类(品目62.13)。任何一边超过60厘米的手帕,应归入品目62.14。"本题商品虽称之为手帕,但由于其中一边超过60厘米,因此,不能按手帕归入品目62.13,而应归入品目62.14,品目条文为"披巾、领巾、围巾、披纱、面纱及类似品",又由于黏胶机织手帕属于人造纤维制,因此,本题商品的商品编码为6214.4000。

例115 针织束腰胸衣,其材质按重量计,棉占90%、氨纶(莱卡)占10%。

商品分析及归类:本题商品是以针织布作面料而制成的胸衣。胸衣属于衣着附件,因此归类时似乎应按针织衣着附件归入第61章。但根据本章章二(一)的规定,第61章不包括品目62.12的货品,因此,本题商品不能按针织服装归入第61章,而应按非针织服装归入第62章。又由于棉含量90%超过氨纶含量10%,因此,根据第十一类类注二(一)"**应按其中重量最大的那种纺织材料归类**"的规定,本题商品应按以棉为主要特征的束腰胸衣归入商品编码6212.3090。

例116 染色平纹机织物制女衬衫(布料按重量计含亚麻50%、涤纶短纤50%)。

商品分析及归类:本题商品是以机织布作面料制成的女衬衫。归类时应按机织服装归入第62章。查阅品目62.06已有女衬衫列名。由于该服装的涤纶短纤和亚麻的含量比例相同,因此,根据第十一类类注二(一)的规定,

"比例相同从后归类",本题商品应按"化学纤维机织物制的衬衫"归入商品编码6206.4000。

例117 已剪成手套形的针织经编纯棉布。

商品分析及归类:本题商品是以针织布作面料,已剪裁成手套形。手套属于衣着附件,因此归类时应按针织衣着附件归入第61章。本题商品虽属于手套的不完整品,仍需作下一道工序的缝合加工才能制成手套,但由于其已具有手套的基本特征,因此,根据归类总规则二(一)的基本特征归类原则,本题商品仍应视作完整品的手套归入品目61.16,品目条文为"**针织或钩编的分指手套、连指手套及露指手套**"。再根据其纤维属性(棉制),本题商品应归入商品编码6116.9200。

例118 一套零售包装的全棉男式服装,内有一件白衬衫,一条黑色短裤;上下装的面料质地,尺寸大小相互匹配。

商品分析及归类:本题商品是以全棉机织物作面料而制成的套装。归类时似乎可以按便服套装进行归类,但根据第62章章注三(二)"**便服套装各件面料质地、款式、颜色及构成必须相同;尺寸大小也须相互般配**"的规定,由于本题的商品套装,上下装颜色不相般配,因此不能视为便服套装,而应分别归类,归类时应按机织服装归入第62章。本题商品应分别按衬衫、短裤分别归类,衬衫商品编码为6205.2000、短裤商品编码为6203.4290。

例119 一套零售包装的女西服套装,内有一件针织棉西服上衣,一条针织棉裙子,上下装颜色、尺寸大小相互匹配。

商品分析:本题商品是以棉质针织物作面料而制成的西服套装。归类时应按针织服装归入第61章。根据第61章章注三(一)"**西服套装各件面料质地、颜色及构成必须相同,其款式也必须相同,尺寸大小还须相互般配**"的规定,本题商品符合西服套装的定义范围,因此,本题西服上衣和裙子应视为西服套装归入品目61.04,品目条文为"**针织或钩编的女式西服套装、便服套装、上衣、连衣裙、裙子、裙裤、长裤、护胸背带工装裤、马裤及短裤(游泳服除外)**",再根据该商品材质(棉)的特征归入商品编码6104.1920。

（八）关于婴儿服装及衣着附件的归类

依据第 61 章、第 62 章有关章注的规定，"婴儿服装及衣着附件"是指用于身高不超过 86 厘米的幼儿服装。

1. 若该"婴儿服装及衣着附件"属于第 61 章针织或钩编，既可以归入品目 61.11，也可以归入其他品目的商品，应优先归入品目 61.11。

2. 若该"婴儿服装及衣着附件"属于第 62 章非针织或非钩编，既可以归入品目 62.09，也可以归入该章其他品目的商品，应优先归入品目 62.09。

关于婴儿尿布归类在此需要特别说明一下：

根据 2013 年版及以往各版《进出口商品名称与编码》第 61 章章注六（一）和第 62 章章注四（一）的规定，名称为"婴儿服装及衣着附件"的品目 61.11、品目 62.09 包括婴儿尿布。而 2012 年正值协调制度商品分类目录修订年，从 2012 年起协调制度商品分类目录第 96 章杂项制品新增设了品目 96.19，品目条文规定"任何材料制的卫生巾（护垫）及止血塞、婴儿尿布及尿布衬里和类似品"归入品目 96.19 项下。那么按上述规定，"婴儿尿布"至少可以同时归入两个或两个以上品目，如何解决对于"婴儿尿布"的正确归类呢？根据归类总规则三（一）、（三）的原则，即三（一）"列名比较具体的品目，优先于列名一般的品目"，三（三）"应按号顺序归入其可归入的最末一个品目"，为此"婴儿尿布"应归入"列名比较具体的品目"或"归入其可归入的最末一个品目"，即应归入第 96 章品目 96.19 项下。

例 120 全棉针织婴儿服装。

商品分析及归类：本题商品是以全棉针织布作面料而制成的婴儿服装。归类时应按针织服装归入第 61 章。根据第 61 章章注六，"对于品目 **61.11**：（一）所称'婴儿服装及衣着附件'，是指用于身高不超过 86 厘米幼儿的服装；（二）既可归入品目 61.11，也可归于本章其他品目的物品，应归入品目 **61.11**。"的规定，看起来既可归入品目 61.11，又可归入本章其他品目的物品，应优先归入品目 61.11。因此，本题商品应按婴儿服装优先考虑品目 61.11，品目条文为"**针织或钩编的婴儿服装及衣着附件**"，并归入商品编码 6111.2000。

例 121 婴儿穿的全羊毛女式针织厚袜子。

商品分析及归类：本题商品婴儿用羊毛针织袜子，归类时似乎可以归入第 61 章品目 61.15，"针织或钩编的连裤袜、紧身裤袜、长筒袜、短袜及其他袜类，渐紧压袜类（例如，用以治疗静脉曲张的长筒袜）和无外缀鞋底的鞋类"项下，但根据第 61 章章注六的规定："**既可归入品目 61.11，也可归入本章其他品目的物品，应归入品目 61.11。**"该题商品属于"婴儿服装及衣着附件"，该商品归类时应根据第 61 章章注六的规定，优先归入第 61 章品目 61.11，品目条文"针织或钩编的婴儿服装及衣着附件"项下，再根据其材料、质地（羊毛）特征编码，本题商品的商品编码为 6111.9010。

 例 122 婴儿纯棉便服套装（供身高 86 厘米以下婴儿穿用，男式）。

商品分析及归类：本题商品是以纯棉机织布作面料而制成的便服套装，归类时应按纯棉机织服装归入第 62 章。查阅品目，本题商品似乎可按男式便服套装归入品目 62.03，又可按婴儿服装归入品目 62.09。根据第 62 章章注四，"对于品目 62.09：（一）所称'婴儿服装及衣着附件'，是指用于身高 86 厘米幼儿的服装；（二）既可归入品目 62.09，也可归入本章其他品目的物品，应归入品目 62.09"的规定，似乎可归入品目 62.09，又可归入本章其他品目的物品，应优先归入品目 62.09，品目条文为"婴儿服装及衣着附件"。本题商品属于"婴儿服装"，因此，本题商品应按婴儿服装优先归入品目 62.09，再根据其面料、质地（纯棉）归入商品编码 6209.2000。

（九）关于用特殊面料制作的服装的归类

1. 第 61 章中"用品目 59.03、59.06 或 59.07 的针织或钩编织物制成的服装"是指用特殊面料制作的服装，归类时既可以归入品目 61.13，也可以归入该章其他品目的服装（除品目 61.11 所列的以外），应一律归入品目 61.13。

2. 在第 62 章中"用品目 56.02、56.03、59.03、59.06 或 59.07 的织物制成的服装"是指特殊面料制作的服装，归类时既可以归入品目 62.10，也可以归入该章其他品目的服装（除品目 62.09 所列的外），应一律归入品目 62.10。

例123 我国南方特有一种称为"香云纱"的绸布，丝的含量在85%以上，桑蚕丝机织成布，天然染料染色，再经用河中黑泥涂抹、漂洗、曝晒，反复多次而成。

商品分析及归类：本题商品"香云纱"是我国特有的一种丝绸纺织面料，该产品运用其传统、独特的加工方式，使用广东地区一种叫山薯莨的野生薯类植物的汁液进行染色，再经河中黑泥反复多次涂抹、漂洗、曝晒而成。根据其坯料的不同分为莨纱和莨绸，前者是纱组织，后者是平纹组织。

本题商品是以原料桑蚕丝绸（平纹组织）为坯布，经染色加工而成，故按丝的机织物归入品目50.07，然后根据"丝的含量在85%以上"、"桑蚕丝""染色"的特征，本题商品应归入商品编码5007.2019。

本题商品归类应注意两点，其一，该产品尽管用河中黑泥涂抹，但所起作用是为了使泥中的化学成分与薯莨汁中的鞣酸进行反应，起到特别的染色效果。涂抹河中黑泥工序是为了染色的效果需要，它不会在坯布上形成涂层，黑泥最后要清洗干净，所以归类时不应错误归入品目59.07，"用其他材料浸渍、涂布或包覆的纺织物"。其二，本题商品"香云纱"是一种平纹组织，而如果是以纱组织为坯料的"香云纱"，则应作为特种机织物归入品目58.03。

例124 用聚氯乙烯涂布为面料，制成的人造革男式夹克衫。

商品分析及归类：本题商品人造革是一种在聚氯乙烯纺织物底基上涂覆塑料的复合织物，并以此为面制成的夹克衫，属于第59章品目59.03"用塑料浸渍、涂布、包覆或层压的纺织物……"，归类时应按"用特殊面料制作的服装"归入第62章品目62.10，品目条文为**"用品目56.02、56.03、59.03、59.06或59.07的织物制成的服装"**。本题商品的商品编码为6210.4000。

（十）关于围巾及围巾式样的商品归类

依据第62章章注七的规定，正方形或近似正方形的围巾及围巾式样的物品，如果每边均不超过60厘米，应作为手帕归类（品目62.13）。任何一边超过60厘米的手帕，应归入品目62.14。

例 125 印花机织物制正方形围巾（边长 60 厘米；按重量计，棉花占 50%、涤纶短纤维占 50%）。

商品分析及归类：本题商品是以机织布作面料制成的围巾。围巾属衣着附件，因此归类时应按衣着附件归入第 62 章。根据第 62 章章注七的规定，"正方形或近似正方形的围巾及围巾式样的物品，如果每边均不超过 60 厘米，应作为手帕归类（品目 62.13）。任何一边超过 60 厘米的手帕，应归入品目 62.14"，由于本题商品边长未超过 60 厘米，应按手帕归入品目 62.13。由于本题商品是由棉花和涤纶短纤维混纺而成的织物，两者成分含量相同，因此，根据第十一类类注二（一）的比例相同从后归类的规定，本题商品应按涤纶短纤维围巾归入商品编码 6213.9090。

 例 126 机织印花纯棉浴巾（毛巾组织）。

商品分析及归类：本题商品纯棉浴巾是以毛巾组织织造的纺织制品。归类时应按其他纺织制品归入第 63 章，并按用途归入品目 63.02。根据其织造工艺（毛巾组织）、纤维成分（纯棉）等特征，本题商品的商品编码为 6302.6010。

（十一）关于线、绳、索、缆的商品归类

1. 非编织或编结的线、绳、索、缆，归类时应按本类类注三（一）6 的规定。以金属线加强的纺织纱线一律归入品目 56.07，而它不同于品目 56.05 的含金属纱线，品目 56.07 的金属线通常较粗，仅用于作为加强用途而不起装饰作用。

2. 编织或编结的线、绳、索、缆，在任何情况下均应归入品目 56.07，不论其每米重量多少。本品通常是管状编带且紧密编织，一般不染色。

线、绳、索、缆可用作捆扎绳，或用于打包、牵引、吊装货物等。品目 56.07 项下的"线、绳、索、缆"的规格必须符合本类类注三的规定标准。如不符合类注三规定的纱线，一般归于第 50 章至第 55 章的纱线中。

例 127 黏胶纤维短纤制成的多股纱线 12 000 分特。

商品分析及归类：本题商品为黏胶短纤维制成的多股纱线，多股（合股）

纱线是指由两根或两根以上有捻单纱再经一次合股加捻形成的纱线。因此归类时应按化学纤维短纤维纱线归入第55章。但根据本类类注三（一）2的规定，"化学纤维纱线（包括第54章的用两根及以上单丝纺成的纱线），细度在**10 000分特以上**"，本题商品不能按普通纱线归入第50章至第55章，而应按"线、绳、索、缆"等特种纱线归入第56章，本题商品应归入品目56.07，商品编码为5607.9090。

例128 工作牌挂绳，编带部分以涤纶纱线用编带机织成。

商品分析及归类：本题商品工作牌挂绳，该工作牌挂绳的织物部分所用材料（涤纶纱线编带）属于第58章品目58.08，品目条文"成匹的编带；非绣制的成匹装饰带……"，归类时似乎可归入该品目项下，但是该工作牌挂绳"**用编带机织成**"显然属于织物制品，即应当看成是编带制品。而这种编带制品在第十一类"纺织原料及纺织制品"中并无具体列名的品目条文符合其条件，故应按"未列名"的纺织制品归入第63章品目63.07，品目条文为"**其他制成品……**"。因此，本题商品的商品编码为6307.9000。

例129 用于作枕头填充料的棉制絮胎。

商品分析及归类：本题商品絮胎是由粗梳纺织纤维网或气流成网法制成的网经一层一层相叠加，然后压紧以增强纤维间抱合力而制成。其特点呈蓬松柔韧海绵状，厚度均匀，其中内层纤维很易分开。归类时应按絮胎归入第56章，并归入品目56.01。根据其材质，本题商品的商品编码为5601.2100。

易错点提示

归类时容易与本类货品发生错误归类的商品主要有以下几种，正确的归类为：

（1）容易错误归入本类第50章的商品主要有：①消毒的蚕胶丝应归入品目30.06；②丝质的仿肠线应归入品目56.04；③丝绒应归入品目58.01；④纱类（纱罗组织）和罗类丝织物应归入品目58.03；⑤装有鱼钩的蚕胶丝或已制成的钓鱼线应归入品目95.07。

（2）容易错误归入本类第51章的商品主要有：①马毛及废马毛应归入品

目05.11；②长毛绒应归入品目58.01；③加工后供制假发或类似品的羊毛应归入品目67.03；④制刷用的成束兽毛应归入品目96.03。

（3）容易错误归入本类第52章的商品主要有：①棉短绒应归入品目14.04；②经药物浸渍或零售用的药棉和绷带应归入品目30.06；③毛巾织物及类似毛圈机织物应归入品目58.02。

（4）容易错误归入本类第53章的商品主要有：①未经加工的泥炭纤维应归入品目27.03；②符合线、绳、索、缆定义的麻绳应归入品目56.07；③废碎线、绳、索、缆应归入第63章。

（5）容易错误归入本类第54章的商品主要有：①截面尺寸超1毫米的塑料单丝或表观宽度超过5毫米的塑料扁条应归入第39章，它们的编织物应归入品目46.01；②化学纤维长丝丝束应归入品目55.01~55.04；③化学纤维长丝废料应归入品目55.05；④符合线、绳、索、缆定义纱线应归入品目56.07，起绒机织物应归入品目58.01。

（6）容易错误归入本类第55章的商品主要有：①长度不超过5毫米的化学纤维屑应归入品目56.01；②长毛绒织物应归入品目58.01；③毛巾布应归入品目58.02等。

（7）容易错误归入本类第56章的商品主要有：①刚性的合成革应归入第39章；②完全嵌入塑料或橡胶内的无纺织物应分别归入第39章或第40章。

（8）容易错误归入本类第57章的商品主要有：①手工针绣嵌花装饰毯应归入品目58.05；②以织物为底布用其他材料涂布或盖面的铺地制品（如列诺伦）应归入品目59.04；③铺地制品衬垫应按其构成材料归类。

（9）容易错误归入本类第58章的商品主要有：①线、绳、索、结制的网状织物应归入品目56.08；②以非纺织材料为底布的刺绣品等。

（10）容易错误归入本类第59章的商品主要有：①纺织材料仅起增强作用的泡沫塑料板、片或扁条应分别归入第39章或第40章；②厚度在3毫米以下的传动带料应分别按织物材料归入第50章至第55章或品目58.06等。

（11）容易错误归入本类第60章的商品主要有：①钩编花边应归入品目58.04；②针织或钩编的标签、徽章及类似品应归入品目58.07。

（12）容易错误归入本类第61章的商品主要有：①动物玩具应归入品目42.01；②针织或钩编的胸罩及类似品应归入品目62.12；③玩偶服装应归入第95章。

（13）容易错误归入本类第63章的商品主要有：①以纺织材料制的旅行

箱等应归入品目 42.02；②绑腿、护腿等应归入第 64 章；③以纺织物包面的褥垫、睡袋、寝具及类似品应归入品目 94.04。

进出口商品归类强化训练习题

一、商品归类题

1. 全棉静电植绒布，宽 1.5 米，成卷、220 克/平方米。加工方法：在全棉机织平纹布的表面涂胶，以黏胶短纤作为绒毛，利用异电荷相吸的原理，使绒毛垂直下落到印有胶黏剂图案的底布上。

2. 涤纶弹力丝（由聚酯化学纤维长丝加工成的变形纱线）（非供零售用）。

3. 一种牛津布，用尼龙短纤织成机织物，其一面涂上聚氨基甲酸酯用以防水，用于制作箱包材料。

4. 旧的装饰用机织羊毛挂毯（起绒、已制成品）。

5. 一套零售包装物品，由一幅棉机物、一筒羊毛绣线、一支不锈钢钩针组成，用以制作绣花台布。

6. 锦纶印花机织物制的窗帘。

7. 床罩用被褥状纺织物，由一层全棉针织布和一层胎料组成，幅宽 60 厘米。

8. 尼龙高强力纱制的帘子布（已涂胶）。

9. 具有铺地用品特征，但用于挂在墙上装饰的簇绒羊毛挂毯。

10. 用于小汽车的羊毛簇绒地毯。

11. 针织印花棉制床单。

12. 女士牛仔背带短裤，全棉机织。

13. 男士机织夹克衫，面料由 70% 棉、30% 涤纶混纺而成，夹里由 100% 涤纶制成，衬料由 70% 涤纶、30% 黏胶纤维制成。

14. 涤纶袖套。

15. 涂有黄铜粉末的每根单纱细度为 80 公支的粗梳双股棉纱线。

16. 供滑雪运动时穿着的零售套装盒，内装有一件带风帽、由拉链扣合的羊毛制厚夹克和一条羊毛机制长裤（两者均为非针织物）。

17. 羊毛针织西服背心。

18. 天蓝色机织长毛绒，绒面按重量计含羊毛 50%、涤纶短纤 50%（幅宽 110 厘米，每平方米重 360 克，经起绒）。

19. 结织栽绒地毯。按重量计，栽绒层含羊毛 45%、黏胶短纤维 30%、涤纶短纤维 25%。

20. 棉制絮胎用于作为枕头的填充料。

21. 聚酯薄膜真空镀铝扁条（表观宽度为 1 毫米）。

22. 用橡胶浸渍聚酯长丝纱线。

23. 聚酯短纤 60%、羊毛 40% 的纱线（非零售用）。

24. 聚丙烯长丝丝束。

25. 由 40% 的棉、30% 的人造纤维短纤和 30% 的合成纤维短纤混纺制成的未漂白机织物（该机织物每平方米重 220 克）。

26. 染色机织物，由绢丝和涤纶丝交织而成，其中绢丝占 80%、涤纶丝占 20%，宽 1.5 米，成卷，120 克/平方米。

27. 婴儿穿的全羊毛针织厚袜子。

28. 拉舍尔毛毯（以腈纶纱为原料，通过拉舍尔经编机制得）。

29. 全棉机织男士睡衣裤。

30. 成匹丝绒宽 106 厘米。

31. 涤纶丝部分定向单股纱线。

32. 涤纶短纤维缝纫线（供零售用）。

33. 真丝机织阿拉伯袍。

34. 含棉 40%、亚麻 35%、涤纶短纤 25%，混纺精梳单纱细度 30 特，绕在纱管上总重量 500 克。

35. 全棉毛圈机织物制成的儿童印花手帕。

二、单项选择题

1. 纺织纤维是指纺织工业原料分为天然纤维和化学纤维。下列属于天然纤维的是（　　）

　　A. 涤纶纤维　　　　B. 腈纶　　　　C. 麻　　　　D. 尼龙

2. 化学纤维分为：合成纤维和人造纤维。下列属于人造纤维的是（　　）

　　A. 聚酯纤维（涤纶）　　　　　　B. 醋酸纤维

　　C. 聚酰胺纤维（尼龙）　　　　　D. 聚丙纤维（丙纶）

3. 全羊毛针织儿童围巾

　　A. 6117.1020　　B. 6111.9010　　C. 6209.9010　　D. 6214.2010

4. 按重量计蚕丝纤维 40%、黏胶纤维 40%、弹性纱线 20% 的针织物（非起绒，幅宽 60 厘米）

A. 6004.1040　　　B. 6004.1000　　　C. 5408.1000　　　D. 5007.2011
　　5. 全棉针织长毛绒织物（幅宽60厘米）
　　A. 5801.2100　　　B. 6001.2100　　　C. 5802.1900　　　D. 6304.9129
　　6. 聚氯乙烯涂布的人造革（温度在摄氏15℃～30℃时，绕于直径7毫米的圆柱体上不会发生断裂）
　　A. 3918.1090　　　B. 3921.9090　　　C. 5903.1020　　　D. 5903.9020
　　7. 用于小汽车的羊毛簇绒地毯
　　A. 8708.2990　　　B. 5702.3100　　　C. 5705.0010　　　D. 5703.1000
　　8. 按重量计，含羊毛45%、黏胶短纤30%、锦纶25%，每平方米重190克的色织平纹精纺机织物（幅宽180厘米）
　　A. 5112.3000　　　B. 5408.2110　　　C. 5516.3300　　　D. 5408.2310
　　9. 亚麻线，经上光处理，细度150特
　　A. 5306.2000　　　B. 5607.9090　　　C. 5311.0090　　　D. 5607.5000
　　10. 聚酯薄膜真空镀铝扁条（表观宽度为1毫米）
　　A. 3902.6900　　　B. 3921.9090　　　C. 3919.9090　　　D. 5605.0000

第十二节　第十二类　鞋、帽、伞、杖、鞭及其零件；已加工的羽毛及其制品；人造花；人发制品

本节学习目的及重点、难点、疑点

　　1. 旨在理解、掌握并运用商品归类原则和方法对《协调制度》第十二类所涉及的商品进行归类。

　　2. 第64章鞋靴在归类时要分清鞋面及鞋底所用的材料，还要分清鞋面是否用缝、铆、钉、旋、塞或类似方法固定在鞋底上。

　　3. 第65章品目65.06主要包括安全帽（例如体育用帽、军事或消防员头盔、摩托车驾驶员、矿工或建筑工人用的头盔），不论是否装有防护垫或（对于某些头盔）装有话筒或耳机。

　　4. 第67章已加工羽毛、羽绒及其制品，是对HS第5章品目05.05中的物品进行进一步加工。

一、本类商品的主要内容及范围

本类商品主要涉及《协调制度》：

第 64 章　鞋靴、护腿和类似品及其零件

第 65 章　帽类及其零件

第 66 章　雨伞、阳伞、手杖、鞭子、马鞭及其零件

第 67 章　已加工羽毛、羽绒及其制品；人造花；人发制品

本类商品内容包括第 64 章至第 67 章共 4 章。其中第 64 章主要包括各种式样尺寸、用途及制作方法制的鞋靴；第 65 章主要包括各种材料（除石棉外）制成的任何用途（日用、戏剧用、化妆用、防护用等）的帽子（除第 95 章的玩偶帽外）和发网，且可带有各种材料制的装饰物；第 66 章主要包括各种材料制成的雨伞、阳伞、手杖、鞭子等；第 67 章主要包括已经加工的羽毛、羽绒及其制品、人造花和人发制品。

二、本类商品的归类原则和方法

对于本类商品的归类，应正确区分各章章注所列的不包括在本章的商品，避免将不应归入本章的商品误归入本章。如：装有冰刀或轮子的滑冰鞋不能归入第 64 章，而应按运动用途归入第 95 章；石棉材料制的鞋类、鞋靴应归入第 68 章；玩偶帽应归入第 95 章；石棉制的帽应归入第 68 章；旧帽子应归入第 63 章等。

（一）关于第 64 章鞋靴的归类原则

1. 本章的鞋靴在归类时既要分清鞋面及鞋底所用的材料，还要分清鞋面是否用缝、铆、钉、旋、塞或类似方法固定在鞋底上。

2. 本章包括的鞋靴可以用除石棉以外的任何材料制成（橡胶、皮革、塑料、木材、软木，包括毡呢及无纺织物在内的纺织品、毛皮、编织材料等），还可带有任何比例的第 71 章所列材料。但不包括用易损材料（纸、塑料薄膜等）制成的无缝鞋底的一次性鞋靴罩或套，这些产品应按其构成材料归类。在本章范围内鞋靴按其外底和鞋面的材料归入不同品目（品目 64.01 ~ 64.05）。根据第 64 章章注四的规定（除本章章注三规定外），当鞋面和鞋底由两种或两种以上材料构成，则鞋面材料应以占表面面积最大的那种材料为主；鞋底的材料，应以与地面接触最广的那种材料为主（附加后跟除外）。例

如：25 码的旅游鞋，鞋面由皮革和帆布构成，且皮革面积大于帆布的表面积，鞋底材料为橡胶。由于旅游鞋鞋底为橡胶、鞋面主要为皮革材料，所以该鞋应归入子目 6403.9900。

3. 本章子目 6402.12、6402.19、6403.12、6403.19 及 6404.11 所称"运动鞋靴"，归类时仅适用于：

（1）带有或可装鞋底钉、止滑柱、夹钳、马蹄掌或类似品的体育专用鞋靴。

（2）滑冰靴、滑雪靴及越野滑雪用鞋靴、滑雪板靴、角力靴、拳击靴及赛车鞋。

也就是说关于"运动鞋靴"的归类应符合本章上述子目注释所规定的条件范围，凡不符合该章子目注释所规定的条件范围，都不能按"运动鞋靴"归类。

本章鞋靴主要按不同鞋底及鞋面材料的组合特征编排，其结构规律如下：

①鞋靴：

A. 橡胶或塑料制外底及鞋面的防水鞋靴，归入品目 64.01。

B. 橡胶或塑料制外底及鞋面的其他鞋靴，归入品目 64.02。

C. 橡胶、塑料、皮革等制外底，皮革或纺织材料鞋面的鞋靴，归入品目 64.03~64.04。

D. 其他鞋靴，归入品目 64.05。

②鞋靴零件：归入品目 64.06。

③旧鞋靴应归入第 63 章品目 63.09 旧衣物项下。

（二）关于第 65 章帽类的归类原则

本章包括帽坯、帽身及帽兜，以及各种款式帽子，不论用何种材料（石棉除外）制成及用途如何（日用、戏剧用、化妆用、防护用等）。还包括任何材料制成的发网和帽类专用的零部件。本章的帽类可带有各种材料（包括第 71 章所列贵金属）制成的各式各样的装饰物。

1. 本章包括的帽类不论大小、颜色、款式，但归类时必须分清制帽的方法及所使用的材料。

2. 本章不包括下列帽类：

（1）旧的帽类，该类帽应归入第 63 章品目 63.09；

（2）石棉制帽类，该类帽应归入第 68 章品目 68.12；

（3）玩偶帽、其他玩具帽或狂欢节用品，该类帽应归入第 95 章相关品目；

（4）动物用的帽类，该类帽应归入第 42 章品目 42.01；

（5）披巾、围巾、薄头罩、面纱及类似品，该类帽应归入品目 61.17 或品目 62.14；

（6）假发及类似品，该类物品应归入品目 67.04。

3. 未装于帽上的各种帽子装饰物（扣子、别针、徽章、羽毛、人造花等）应归入适当的品目。

4. 关于品目 65.06（其他帽类）的适用范围。

本品目包括所有不归入本章前述各品目、第 63 章、第 68 章或第 95 章的各种帽类。本品目主要包括安全帽（例如体育用帽、军事或消防员头盔、摩托车驾驶员、矿工或建筑工人用的头盔），不论是否装有防护垫或（对于某些头盔）装有话筒或耳机。同时本品目还包括：

（1）橡胶或塑料制的帽类（如女子游泳帽、兜帽）；

（2）皮革或再生皮革制的帽类；

（3）毛皮或人造毛皮制的帽类；

（4）羽毛或人造花制的帽类；

（5）金属制的帽类。

本章商品编排结构规律如下：

毡呢模制的帽类（半制成及制成） …………… 归入品目 65.01、65.06

编结的或用任何材料的条带拼制成的帽类（半制成及制成）

…………………………………………………… 归入品目 65.02、65.04

其他帽类 ……………………………………… 归入品目 65.05、65.06

帽类零部件 …………………………………………… 归入品目 65.07

（三）关于第 66 章雨伞、阳伞、手、鞭子、马鞭及其零件的归类原则

本章主要包括各种材料制成的雨伞、阳伞（如仪仗用伞、伞式帐篷、手杖伞、露天餐饮用伞、市场、庭院用伞及类似伞）、手杖、棍、鞭子、马鞭及其类似品。上述货品不论其各部分用何种材料制成。

对于本章所列上述货品的零件及装饰品（品目 66.03），**不包括纺织材料制的零件、附件及装饰品或者任何材料制的罩套、流苏、鞭梢、伞套及类似品**。此类货品即使与 66.01 或 66.02 的物品一同进口或出口，只要未装配在一起，则不应视为上述品目所列物品的组成零件，而应分别归入各有关品目。（例如，布伞面，它虽属伞的零件，但依据本章章注二的规定不能归入品目

66.03，而应按纺织制品归入品目63.07。又如单独进口的尼龙制伞套，也应按纺织制品归入品目63.07，若该伞套套在伞上一同进口或一同出口，则按伞归入品目66.01）。

归入品目66.03的零件、附件等可不考虑其构成的材料（包括用贵金属、包贵金属、天然、合成或再造的宝石或半宝石制的）。

 易错点提示

归类时容易与本章的货品发生错误归类的商品主要有以下几种，正确的归类为：（1）不具有雨伞及阳伞遮雨及阳光用途和基本特征的，如"降落伞"应归入品目88.03；（2）不具有伞式帐篷的海滩帐篷应归入品目63.06；（3）高尔夫球杆、曲棍球杆、滑雪杖应归入第95章；（4）丈量用杖及类似品应归入品目90.17；（5）火器手杖、刀剑手杖、灌铅手杖及类似品应归入第13章；（6）第95章的货品（例如，玩具雨伞、玩具阳伞等）。

本章商品编排结构规律如下：
雨伞及阳伞（包括手杖伞、庭园用伞及类似伞） ……… 归入品目66.01
手杖、带座手杖、鞭子、马鞭及类似品 ……… 归入品目66.02
品目66.01或品目66.02所列物品的零件及装饰品 …… 归入品目66.03

（四）关于第67章已加工羽毛、羽绒及其制品；人造花；人发制品的归类原则

本章所列的羽毛、羽绒及其制品，是对《协调制度》第5章中品目05.05物品经进一步加工后的羽毛、羽绒及其制品。同时本章还包括除去本章章注三所列材料外，各种材料制的人造花，人发及纺织材料的制品。

归类时应特别注意区分本章章注一所列本章不包括的内容，以及本章品目67.01、67.02所列不包括的货品范围，避免将货品错误归入本章。对于"人造花、叶及其部分品、制成品"应该注意不包括：玻璃制品（第70章），以及以陶器、石料、金属、木料或其他材料经模铸、锻造、雕刻、冲压或用其他方法整件制成形的人造花、叶或果实；用捆扎、胶黏及类似方法以外的其他方法将部分品组合而成的上述制品。

> **易错点提示**

归类时容易与本章的货品发生错误归类的商品主要有以下几种，正确的归类为：（1）羽毛或羽绒仅作为填充料的物品（羽绒被应归入品目94.04）；（2）人发制滤布应归入品目59.11；（3）羽毛掸帚、粉扑及人发制的筛子应归入第96章；（4）玻璃制品人造花应归入第70章等。

进出口商品归类强化训练习题

一、商品归类题

1. 矫形鞋

2. 赛车鞋（皮革制鞋面、塑料制鞋底）

3. 摩托车用头盔

4. 用丙烯聚合物（塑料）扁条（宽度6毫米）编结的鞭条缝合成的遮阳帽

5. 马鞭

6. 带有丈量功能的手杖

7. 经梳理加工的假发

8. 黏胶纺织材料制的假发

9. 石棉制安全帽

10. 大袋包装的旧服装

二、单项选择题

1. 圣诞老人帽（针织物制）
A. 6505.0091　　B. 9505.1000　　C. 6506.9990　　D. 6505.0099

2. 已经防腐处理的羽毛
A. 0505.9090　　B. 0505.9010　　C. 6701.0000　　D. 0511.0099

3. 火器手杖
A. 6601.9900　　B. 6602.0000　　C. 9304.0000　　D. 9303.9000

4. 用黏胶纤维制的杜鹃花
A. 6702.1000　　B. 6702.9030　　C. 6702.9090　　D. 6304.1939

第十三节　第十三类　石料、石膏、水泥、石棉、云母及类似材料的制品；陶瓷产品；玻璃及其制品

本节学习目的及重点、难点、疑点

1. 旨在理解、掌握并运用商品归类原则和方法对《协调制度》第十三类所涉及的商品进行归类。
2. 本类商品基本都是以第25章的产品为原材料加工而成的制品，其加工程度却超出第25章章注一的加工范围（第25章仅限于经过洗涤、破碎、磨碎等机械物理方法初级加工）。

一、本类商品的主要内容及范围

本类商品主要涉及《协调制度》：

第68章　石料、石膏、水泥、石棉、云母及类似材料的制品

第69章　陶瓷产品

第70章　玻璃及其制品

本类商品内容包括第68章至第70章共3章。本类商品基本都是以第25章的产品为原材料加工而成的制品。

第68章的产品和制品大都是用第25章的石料、石膏、水泥、石棉、云母及类似材料，通过成形、模制，未经烘烧，仅改变了原来的形状，但没有改变其原料性质制成的。但其加工程度却超出了第25章章注一的加工范围（第25章仅限于经过洗涤、破碎、磨碎等机械物理方法初级加工）。

第69章的产品主要是用第25章的矿物黏土、高岭土、硅质化石粉等先成型后，再经过烧制、烧结成的陶瓷产品（品目68.04的陶瓷研磨制品除外）。

第70章的制品和产品是用第25章的矿物砂、石英等原料经完全熔融后，制成玻璃及其制品。

二、本类商品的归类原则和方法

（一）第68章产品的归类

第68章的产品大都是第25章原材料经过加工后所得，或者说本章产品是通过加工范围超过第25章章注一所允许的加工范围而获得的，通过成形、制模，改变了原来形状（没有改变其性质）。有些产品通过黏聚加工制得，如沥青制品或砂轮等产品，其中砂轮是用黏合材料玻璃化黏聚碾磨料制成的，还有些产品则是在高压釜内硬化而成的，如灰砂砖。本章中还包括经过加工后原材料发生根本变化的某些产品，如品目68.06矿渣棉、岩石棉等。品目68.12所包括的石棉织造的服装、鞋帽不应按"纺织品"归入第十一类。

本章品目归类时应注意：

1. 品目68.03板岩制品的加工应注意，天然板岩如果为天然块状或经劈、锯、粗切成块、片状的均应归入品目25.14。

2. 品目68.04包括的石磨、砂轮等不得装有支架，如果装有支架，不论是手推或脚踏操作的，应归入品目82.05；如果是机动的则应归入第84章或第85章。同时还须注意某些研磨工具附上磨料后，所具有的切齿、沟、槽等仍保持其原形和功能的工具，应归入品目82.02。同样，用以玻璃片、石英片等切成圆片的顶钻，如果其工作刃未涂研磨料时是光滑的，应归入品目68.04；如果工作刃口呈锯齿状的（不论是否涂有研磨料），则应归入品目82.07。

3. 品目68.06泡沫矿渣是将少量的水加入熔融矿渣中制成的，勿将它与密度较高的粒状矿渣相混淆。粒状矿渣是将熔融矿渣注入水中制成的，应归入品目26.18。

4. 品目68.07沥青或类似原料的制品。凡在使用前须重新熔化的沥青块，不论是精炼、脱水或与其他物料相混合，均不得归入本品目而应归入第27章相关品目。

 易错点提示

归类时容易与本章货品发生错误归类的商品主要有以下几种，正确的归类为：（1）用人造石墨或其他炭精制的块、板及类似半制成品应归入品目38.01；（2）用沥青涂层的包装纸及纸板应归入品目48.11；（3）印刷用石板应归入品目 84.42；（4）炉用炭电极应归入品目 85.45；（5）石笔应归入品目 96.09；（6）书写或绘画面的石板应归入品目 96.10。

本章商品编排结构规律如下：
石料制品 ·· 归入品目 68.01～68.03
研磨、砂布（纸）制品 ····················· 归入品目 68.04～68.05
其他矿物材料（沥青、石膏、水泥、石棉、云母等）制品
·· 归入品目 68.06～68.15

 例 130　成卷的沥青。

商品分析及归类：本题商品沥青是一种黑色呈固态或黏稠状，遇热即熔化，遇冷就硬结成蜡的耐酸、防水、绝缘性好的热塑性材料，一般分为煤沥青、石油沥青、天然沥青。成卷沥青是沥青制品。归类时不能按沥青产品归入第 27 章，而应按沥青制成品归入第 68 章。由于品目 68.07 已有沥青制品的列名，因此，根据其状态（成卷），本题商品应归入商品编码 6807.1000。

例 131　石棉制安全帽（帽内衬有纯棉机织物衬里）。

商品分析及归类：石棉是一种可以处理为极细且柔韧的纤维状硅酸盐矿物。本题商品属于石棉制成品，归类时似乎可以按帽类归入第 65 章的品目 65.05，又可按石棉制品归入第 68 章的品目 68.12。根据第 65 章章注一（二）的规定，第 65 章不包括石棉制帽类（品目 68.12），因此，本题商品不能归入品目 65.05，而应归入品目 68.12。本题商品的商品编码为 6812.9100。

 例 132　人造石墨制的轴承。

商品分析及归类：所谓轴承是由包含滚珠或滚柱的两个同心环（套圈）所组成，并配有一个定位圈，用以固定滚珠或滚柱，并使其间距保持恒定。由于要承受高压，因此轴承一般是用钢（特别是铬钢）制成，但具有特殊用途的轴承也可用青铜、塑料或人造石墨制成。轴承的归类应视其材质而定，钢铁制的应归入品目 84.82，人造石墨制的应归入品目 68.15，塑料制的应归入品目 39.26。本题商品应按其材质归入商品编码 6815.1000。

(二) 第69章陶瓷制品归类

本章货品的主要特征是成形后加以烧制。因此根据其成分和烧制工序分类，陶瓷产品可分为陶器、瓷器、炻器三大类。

陶器：陶器的原料是陶土和黏土，其主要成分为高岭石，含杂质较多，质地较粗，多孔、不透明，断面有吸水性。

瓷器：瓷器的原料是瓷土（即高岭土），含杂质较少，另加长石和石英。瓷器坯体致密，基本不吸水，洁白，较薄，多为施釉产品。瓷器又分细瓷（如日用细瓷、美术瓷、高压电瓷、高频瓷等）和特种陶瓷［如氧化物瓷、压电陶瓷、磁性瓷、氮化瓷、金属陶瓷（品目81.13）等］。

炻器：炻器又称半瓷器或仿瓷器，它介于陶器和瓷器之间，如表瓷、卫生陶瓷、化工陶瓷、低压电瓷、地砖、锦砖等。半瓷器或仿瓷器不作为瓷器归类。

本章陶瓷制品归类时，应注意某些陶瓷制品即使具有第十六类机器的功能特征或零件特征，仍应归入本章相关品目，如陶瓷泵、陶瓷水龙头等均应归入本章。

 易错点提示

归类时容易与本章货品发生错误归类的商品主要有以下几种，正确的归类为：（1）玻璃陶瓷应归入第70章；（2）金属陶瓷应归入品目81.13；（3）陶瓷制的绝缘子应归入品目85.46；（4）供电气机器等使用的绝缘配件应归入品目85.47等。

本章商品编排结构规律如下：

硅质石粉或类似硅土及耐火材料制品 ················· 归入品目69.01~69.03
其他陶器、石器、瓷器产品（建筑用；实验室、化学用；农业用；卫生设备用；厨房及家庭用；装饰用等）················· 归入品目69.04~69.14

 例133 用于贴墙的背衬纺织物的玻璃马赛克。

商品分析及归类：本题商品玻璃马赛克，而非陶瓷马赛克，根据其材质，归类时不能按陶瓷制品归入第69章，而应按玻璃制品归入第70章。由于品目70.16已有玻璃马赛克的具体列名,因此,本题商品应按具体列名归入商品编码7016.1000。

 例134 装饰用瓷制大花瓶。

商品分析及归类:本题商品装饰用瓷制大花瓶属于陶瓷制品,归类时应按陶瓷制品归入第69章,并依据其用途(装饰用)归入品目69.13。本题商品的商品编码为6913.1000。

 例135 用于腐蚀性流体的瓷制龙头(由莫氏硬度9以下的瓷制成)。

商品分析及归类:本题商品为瓷制龙头,属于陶瓷制品,归类时应按陶瓷制品归入第69章。品目69.09的商品范围包括实验室、化学或其他专门技术用的陶瓷器,用于腐蚀性流体的瓷制龙头属于专门技术用途的陶瓷器,本题商品符合品目69.09的商品范畴。因此,根据其由莫氏硬度为9或以下的瓷制成,本题商品的商品编码为6909.1100。

(三)第70章玻璃制品归类

玻璃是以不同比例的某种碱金属硅酸盐(硅酸钠或硅酸钾)与一种或多种钙或铅的硅酸盐相混合,并附加钡、铝、锰、镁等组成的一种熔融均匀混合物,经成形、冷却而获得的透明固体材料。《协调制度》所称"玻璃",包括熔融石英及其他熔融硅石。

本章包括除本章章注一所列物品外的各种形状的玻璃及其玻璃制品(包括钟表玻璃,品目70.15)。

1. 本章品目归类时的注意事项

(1)品目70.02是指"未加工的玻璃球、棒及管(品目70.18的微型玻璃球除外)",该品目不包括成为制成品或制成品零件的玻璃球、棒和管,这些产品应归入与其相应的品目,品目70.11、70.17、70.18或第90章。例如仅在管内涂有荧光材料的,不论是否经过其他加工均不得归入本品目,而归入品目70.11。又如,玩具性质的玻璃球应归入品目95.03。成形后经过磨光,作为某种瓶子的瓶塞用的玻璃球则应归入品目70.10。但已加工不能确定其用途的,则应归入品目70.20。

(2)品目70.06是指"经加工的品目70.03~70.05的玻璃",所谓经加工，包括弯曲或曲形玻璃，边缘经研磨、圆角、开槽、倒角、斜切、成形等加工的玻璃，或经打洞、开凹槽的玻璃，或经打毛的磨砂玻璃、冰花玻璃，雕刻或蚀刻玻璃、釉彩玻璃等具有装饰和各种花纹的玻璃。

①用其他材料镶框或配装于木材或贱金属上用作相片、图画等框架的玻璃片应归于品目44.14或品目83.06。

②单面印有图画的装饰用玻璃镜，不论是否镶框，应归入品目70.09或品目70.13（玻璃板制成的托盘不论是否着色、带框及带柄应归入品目70.13）。

③用纸、纸板、毡、金属等作背衬或镶有框架的广告板、招牌板、地址板、镶板、字母、数字及类似的小块图案应归入品目70.20。

④装有照明装置，则应归入品目94.05。

⑤用于家具上的未用其他材料装框或装镶的玻璃板（如果单独报关，应归于本品目），家具一同报关时不论是否已组装，只要明显用于该家具上的则应与家具一同归类。

⑥照相用玻璃底片（未曝光、已曝光或已冲洗）应归入第37章。

（3）品目70.07安全玻璃若装于其他物品上，构成了机器、用具或车辆零件的，应与有关机器、用具或车辆一并归类。若安全玻璃是单独进口的，即使说明是装于机器、用具或车辆上的仍应归入品目70.07。若用安全玻璃做镜片的护目镜则应归入品目90.04。

（4）品目70.09玻璃镜，不论是否镶框，仍按玻璃镜归类。品目70.09包括车辆后视镜，指若单独进口的"车辆后视镜"，即使说明是装于车辆上的，仍应归入本品目。若"车辆后视镜"已经装在车辆上，则应按第87章中的汽车归类。

（5）品目70.18的玻璃珠、仿珍珠、仿宝石及其制品，不能制成首饰状，若玻璃仿珍珠制成项链，应归入仿首饰应归入品目71.17。若制成医用假眼，属人造的人体部分应归入品目90.21（玻璃假眼仍应归入本品目）。

（6）品目70.19所称"玻璃棉"是指：

①按重量计二氧化硅的含量在60%及以上的矿质棉；

②按重量计二氧化硅的含量在60%以下，但碱性氧化物（氧化钾或氧化钠）的含量在5%以上或氧化硼含量在2%以上的矿质棉。

不符合上述规定的矿质棉应归入品目68.06。

品目70.19的玻璃纤维及玻璃纤维制品可具有以下形状：

①散装玻璃棉；

②梳条、粗纱、纱线和短切纤维；
③薄片、纤维网、席、垫、板及类似无纺产品；
④机织物，包括狭幅机织物。
本品目还包括帘、幕和其他玻璃纤维机织物制品。

2. 光学加工及玻璃制光学元件的归类原则

判断玻璃制光学元件是否属于进行了光学加工的区分界限为是否进行了抛光加工。

（1）若仅经过抛光前的一道或数道工序加工而成的玻璃物件应归入第70章；

（2）若一个或多个表面、全部或部分经过抛光处理具备光学性能的玻璃元件，应归入第90章。（例如：未经抛光的信号玻璃器及其他玻璃制光学元件，如汽车车头灯的透镜应归入品目70.14，呈弧面的平光太阳镜片、平光变色镜片等均应归入品目70.15，经光学加工的玻璃制光学元件，如玻璃制眼镜片应归入品目90.01。）

只有玻璃纤维和未经光学加工的光学元件才归入品目70.19和品目70.14，而光导纤维、经光学加工的光学元件应归入品目90.01。

只有不带外壳的保温瓶胆才归入本章品目70.20，而带外壳的保温瓶则应归入品目96.17。

本章按加工顺序，即材料至制品编排，其编排结构规律如下：

玻璃材料……………………………………… 归入品目70.01~70.08
玻璃制品……………………………………… 归入品目70.09~70.20

例136　浮法夹丝玻璃板（边缘已经加工但未用其他材料镶框和装配）。

商品分析及归类：本题商品浮法夹丝玻璃板是指把原料在熔炉中熔化，玻璃出炉后流入熔融金属浮槽内，再嵌入金属丝而形成的玻璃。归类时应按玻璃归入第70章。从其加工程度看，本题商品边缘已经加工，但未用其他材料镶框和装配，属于品目70.06的商品范畴。因此，本题商品应归入商品编码7006.0000。

例137　已成形的视力矫正眼镜用的变色玻璃片（未经光学加工）。

商品分析及归类：光学加工是指先用粗磨料，再用越来越细的磨料对玻璃表面进行研磨加工工序，其加工顺序为粗磨、修整、磨平和抛光。因此，归类时主要视加工程度而定。经过一道或数道抛光前的工序所制得的物品应按未经光学加工的玻璃归入第 70 章；但一面或多面全部或部分进行抛光，达到了所需光学性能的玻璃件，则根据其是否装配的情况按已经光学加工的玻璃归入第 90 章。本题商品由于未经光学加工，应归入第 70 章，并归入品目 70.15。根据其用途，本题商品的商品编码为 7015.1010。

 例 138 钢化玻璃制未镶框安全玻璃，已制成一定形状，专用于飞机。

商品分析及归类：本题商品为专用于飞机的钢化玻璃，归类时似乎可以按钢化玻璃归入第 70 章的品目 70.07，又可以按飞机零部件归入第 88 章品目 88.03。根据归类总规则三（一）列名比较具体的品目优先于列名一般的品目的规定，本题商品应按钢化安全玻璃的具体列名归入品目 70.07，并归入商品编码 7007.1110。

进出口商品归类强化训练习题

一、商品归类题

1. 大理石板材规格：120 厘米×200 厘米表面，底面切割平整，并且表面经过磨平抛光处理，用于建筑装修

2. 陶瓷汤碗

3. 炭精制的过滤器

4. 发电机碳刷

5. 陶瓷制法兰

6. 玻璃制量筒（普通玻璃制配药用）

7. 玻璃制近视眼镜片

8. 玻璃制仿宝石项链

9. 断路器瓷套管

10. 耐火材料制坩埚（按重量计石墨含量为 50%）

二、单项选择题

1. 玻璃制注射器针管
   A. 7002.3190   B. 7020.0099   C. 9018.3100   D. 9018.3900

2. 座钟玻璃
   A. 9114.3000   B. 7004.9000   C. 9114.9090   D. 7015.9010

3. 玩偶玻璃假眼
　　A.7018.9000　　　B.7020.0099　　　C.9021.3900　　　D.9012.9090
4. 陶瓷水龙头
　　A.8113.0090　　　B.6914.9000　　　C.6909.9000　　　D.8481.8040
5. X光用玻璃底片（未曝光）
　　A.3701.1000　　　B.3702.3220　　　C.7004.9000　　　D.7003.1900

第十四节　第十四类　天然或养殖珍珠、宝石或半宝石、贵金属、包贵金属及其制品；仿首饰；硬币

本节学习目的及重点、难点、疑点

1. 旨在理解、掌握并运用商品归类原则和方法对《协调制度》第十四类所涉及的商品进行归类。

2. 含贵金属的合金归类时，应依据第71章章注五的规定，只要其中任何一种贵金属的含量达到合金重量的2%，应视为贵金属合金。

3. 对于包贵金属的归类原则是，无论其覆盖层多薄都应按所包的贵金属（外层材料）归入本章的相关品目。

4. 对于镀贵金属的归类原则是，表面镀贵金属的贱金属，无论其镀层多厚都应该按被镀的贱金属或非金属（内层底材料）归类，归入相关章。

一、本类商品的主要内容及范围

本类商品主要涉及《协调制度》：

第71章　天然或养殖珍珠、宝石或半宝石、贵金属、包贵金属及其制品；仿首饰；硬币。本章商品分为三个分章：

第一分章　天然或养殖珍珠、宝石或半宝石

第二分章　贵金属及包贵金属

第三分章　珠宝首饰、金银器及其他制品

本章主要包括贵金属、包贵金属及其制品，以及天然或人工养殖珍珠、宝

石、半宝石的制品，同时也包括一些贱金属的仿首饰。但不包括镀贵金属的商品和品（税）目28.43的贵金属汞齐、胶态贵金属和贵金属的无机或有机化合物。

二、本类商品的归类原则和方法

（一）贵金属的归类原则

1. 所称"贵金属"依据第71章章注四（一）的规定，贵金属是指银、金及铂。铂是指铂、铱、锇、钯、铑及钌。

2. 含贵金属的合金归类时，应依据第71章章注五的规定，只要其中任何一种贵金属的含量达到合金重量的2%，应视为贵金属合金。在运用该章章注时还应遵守先后顺序原则，即章注五（一）最为优先、章注五（二）其次、章注五（三）最后的原则，也就是说应按以下规则归类：

（1）按重量计铂量在2%及以上的合金，应视为铂合金。

（2）按重量计含金量在2%及以上，但不含铂或按重量计含铂量在2%以下的合金应视为金合金。

（3）按重量计含银量在2%及以上的合金，应视为银合金。

综上规定，贵金属合金归类时需要按照如下先后优先顺序：

铂（或铂族）合金→金合金→银合金

3. 关于贵金属铂的归类，依据本章子目注释二、三的规定进行：

（1）子目7110.11及7110.19所称"铂"不包括铱、锇、钯、铑及钌，也就是说，只包括铂一种元素。不受本章章注四（二）的约束。

（2）对于品目71.10项下的子目所列合金的归类，按其所含铂、锇、钯、铱、铑及钌中重量最大的一种金属归类。

4. 关于贵金属的"未锻造"和"未制成"的范围：

（1）"未锻造"包括贵金属的块状、粒状、锭状、铸条状、小球状等；

（2）"未制成"包括贵金属的条、棒、丝、板片及带、型材、管状等。

例139 含铝80%、锌10%、银10%的合金板材。

商品分析及归类：本题商品是由铝、锌和银3种金属元素混合制得的合金板材。其中铝含量最大（80%），归类时似乎既可按贱金属（铝、锌）归入第十五类（第72章至第83章），也可以按贵金属（银）归入第十四类（第71章）。根据第71章章注五的规定，凡含有贵金属的合金，只要其中任何一种贵金属的含量达到合金重量的2%，即应视为贵金属合金。由于本题商品金属中银的含量为10%，因此本题商品应按贵金属合金归入第71章，并按银合金归入品目71.06。根据其状态（板材），本题商品的商品编码为7106.9290。

例140 按重量计含铁80%、含铜15%、含银3%、含金2%的金属合金（未经锻造，非货币用）。

商品分析及归类：本题商品是由铁、铜、银、金四种金属元素混合制得的合金材料。其中铁的含量最大（80%），归类时似乎既可按贱金属（铁、铜）归入第十五类（第72章至第83章），也可按贵金属（银、金）归入第十四类（第71章），根据第71章章注五的规定，凡含有贵金属的合金，只要其中任何一种贵金属的含量达到合金重量的2%，即应视为贵金属合金，为此本题商品应按贵金属归类，归入第71章。由于本题商品合金中，按重量计银、金含量均达到合金重量的2%，又根据第71章章注五，铂（或铂族）合金→金合金→银合金先后优先顺序的规定，本题商品归类应以金合金（未经锻造，非货币用）归入商品编码7108.1200。

例141 用于制钢笔尖粒的铱锇合金丝（其中铱70%、锇30%）。

商品分析及归类：本题商品——用于制钢笔尖粒的铱锇合金丝归类，根据第71章章注四（二）和子目注释三的规定：铱和锇属于铂族元素，按铂归类，所以该铱锇合金丝按铂半制成品归入品目71.10，商品编码为7110.4990。

（二）包贵金属和镀贵金属的归类

包贵金属是指以贱金属为底料，在其一面或多面用焊接、熔接、热轧或类似机械加工工艺方法覆盖一层贵金属材料；镀贵金属是指通过电镀等化学方法制得的。

1. 对于包贵金属的归类原则是，无论其覆盖层多薄都应按所包的贵金属（外层材料）归入本章的相关品目。

2. 对于镀贵金属的归类原则是，表面镀贵金属的贱金属，无论其镀层多厚都应该按被镀的贱金属或非金属（内层底材料）归类，归入相关章。

（三）首饰、仿首饰及金银器具的归类

1. 首饰是指全部或部分由贵金属或全贵金属制成，归入品目71.13，但

只适合于：

（1）个人用小饰物不论是否镶嵌宝石（如戒指、手镯、项圈、饰针、耳环、项链、表链、不同于品目91.13的表带和其他作装饰的链、怀表链及饰物、垂饰、领带夹、饰纽、袖扣等、宗教性十字架或其他勋章及徽章），帽饰（针、扣、环等）、发夹、头饰、发梳和其他类似物。

（2）通常放置在衣袋、手提包或佩戴在身上的个人用品（如雪茄盒或烟盒、鼻烟、口香糖盒或粉盒、链袋、念珠）。

①由贵金属、包贵金属制得的首饰，应归入品目71.13；

②由珍珠、宝石制得的首饰，应归入品目71.16；

③镶嵌珍珠、宝石的贵金属或包贵金属制得的首饰，归入品目71.13。

2. 仿首饰是指用珠宝、贵金属或包贵金属以外的材质制成的首饰。也就是说不含珍珠、宝石或半宝石及贵金属或包贵金属的，归入品目71.17，但只适用于上述首饰中的第1项货品。如铜制的戒指、塑料制的项链均视为仿首饰，归入品目71.17。

归类时应注意：镀贵金属的物品或珍珠、宝石、贵金属仅作为小零件、小装饰品的上述"首饰"中的第（1）项货品不按首饰归类，仍视为仿首饰，如镀金的铜制项链仍按仿首饰归入品目71.17，而不按首饰归入品目71.13；但如果是上述"首饰"中的第（2）项货品，则不能视为仿首饰，不归入本章，如塑料的眼镜盒应归入品目42.02。

3. 金银器具，包括装饰品、餐具、梳妆用品、吸烟用具及类似的家庭、办公室或宗教用的其他物品，应归入品目71.14。

 例142 镀金的铜手镯。

商品分析及归类：本题商品镀金铜手镯，是以贱金属——铜为基料经镀金加工的手镯。归类时似乎既可按贵金属（金）归入第十四类（第71章），又可按贱金属（铜）归入第十五类（第74章）。但由于镀金的铜手镯属于贱金属制的仿首饰，对于镀贵金属的归类原则是，表面镀贵金属的贱金属，无论其镀层多厚，都应该按被镀的贱金属或非金属（内层底材料）归类归入相关章，因此，归类时应按仿首饰归入第71章。又由于品目71.17已有贱金属制仿首饰的列名，因此，本题商品的商品编码为7117.1900。

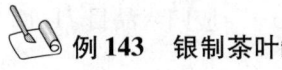 **例 143** 银制茶叶罐。

商品分析及归类：本题商品为银制的茶叶罐，属于贵金属器皿，归类时应按贵金属归入第 71 章。由于本题商品符合品目 71.14 "贵金属或包贵金属制的金银器及其零件"的商品范围，因此，本题商品的商品编码为 7114.1100。

（四）贵金属或包贵金属废碎料的归类

贵金属或包贵金属废碎料归入品目 71.12，主要包括：

——焚化照相胶片、印刷电路板等产生的含有贵金属或贵金属化合物的灰。

——造币厂或金匠、银匠和首饰匠等在工厂机械加工贵金属或包贵金属时产生的废料、残屑。

——不能再作原用途的破旧器具（餐具、金银器、丝网催化剂等）的废料。

——含有金属形态或化合物形态贵金属（如卤化银）的照相用硬片、软片、纸、纸板或纺织物的废碎料。

——含有贵金属的电子电路板及类似载体的废碎料。

——冶炼、电解或化学生产过程中所产生的含有贵金属的残渣（如电解精炼及电镀时产生的熔渣、淤渣，照相定影槽的银渣）。

本章前两分章货品为未制成品或半制成品，后一分章货品为制成品。本章按货品的加工程度排列，其编排结构规律如下：

1. 原材料及半成品

珍珠（未成串或镶嵌，天然或养殖的） ················ 应归入品目 71.01
钻石（未镶嵌） ································· 应归入品目 71.02
宝石或半宝石（未成串或镶嵌，天然或合成的）及其粉末
 ························· 应归入品目 71.03～71.05
银（未锻造、半制成或粉末状）及包银材料
 ························· 应归入品目 71.06～71.07
金（未锻造、半制成或粉末状）及包金材料
 ························· 应归入品目 71.08～71.09
铂（未锻造、半制成或粉末状）及包铂材料
 ························· 应归入品目 71.10～71.11

贵金属或包贵金属的废碎料 …………………… 应归入品目 71.12
2. 成品
首饰及其零件 …………………………………… 应归入品目 71.13
金银器及贵金属其他制品 ……………………… 应归入品目 71.14～71.15
珍珠、宝石或半宝石的制成品 ………………… 应归入品目 71.16
仿首饰 …………………………………………… 应归入品目 71.17
硬币 ……………………………………………… 应归入品目 71.18

 易错点提示

　　归类时容易与本章货品发生错误归类的商品主要有以下几种，正确的归类为：（1）专门配制作为牙科填料用的合金，应归入品目 30.06；（2）以贱金属或非金属为底料镀以贵金属的制品一般应按其底料归类；（3）所含贵金属仅作为小配件物品；（4）装有宝石或半宝石的器具（如钟表用宝石轴承，应归入子目 9114.9010）等。

进出口商品归类强化训练习题

　　一、商品归类题
　　1. 成套的银制餐叉
　　2. 一种工业用的钯基绕组线材，直径 0.15 毫米，按重量计含银 36%、含铜 4%，其余为钯
　　3. 未锻造的金属合金锭，按重量计含铂 0.5%、含锇 1%、含钯 3.5%、含铜 40%、含锌 55%
　　4. 未分级天然珍珠（乳白色，为便于运输暂时穿成串）
　　5. 用于制玻璃刀的钻石（已加工，未安装在手柄上）
　　6. 活动铅笔（银合金制笔杆）
　　7. 铜制怀表链
　　8. 一种樟木制成圆珠状，用线穿成戴在手腕上的手链
　　二、单项选择题
　　1. 铜制镀金领带夹
　　A. 7117.1900　　　　B. 7419.9190　　　　C. 7419.9999　　　　D. 6117.8090

2. 塑料项链
A. 3926.4000　　　B. 3926.2090　　　C. 7117.1900　　　D. 9615.9000

3. 包金香烟盒（内层材料为铝）
A. 7117.1900　　　B. 7616.9990　　　C. 7113.1919　　　D. 9614.0090

第十五节　第十五类　贱金属及其制品的归类

本节学习目的及重点、难点、疑点

1. 旨在理解、掌握并运用商品归类原则和方法对《协调制度》第十五类所涉及的商品进行归类。

2. 应注意区分本类类注一所列本类不包括的货品内容，从而避免将这些货品错误地归入本类。

3. 对于贱金属与贵金属的合金，当任何一种贵金属（或铂族）的含量均不足2%时，应按所含重量最大的贱金属归类，贱金属比例相同时按从后归类；否则应该归入第71章。

4. 对于贱金属与贱金属的合金，按其所含重量最大的贱金属归类，比例相同时按从后归类。

5. 对于由本类的贱金属和非本类的元素构成的其他合金，如果其中贱金属的总重量等于或超过所含其他元素的总重量，应作为本类贱金属合金归类；反之一般归入品目38.24。

6. 对于本类商品归类，其重点是第72章、第73章、第82章和第83章，难点是钢铁制品的归类。一般情况下，第73章包括那些结构简单的钢铁制品和通用机器零件，而那些具有特定用途的结构简单的钢铁制品归入第83章。

一、本类商品的主要内容及范围

本类商品主要涉及《协调制度》：
第72章　钢铁

第73章　钢铁制品

第74章　铜及其制品

第75章　镍及其制品

第76章　铝及其制品

第77章　（空章为将来所用预留）

第78章　铅及其制品

第79章　锌及其制品

第80章　锡及其制品

第81章　其他贱金属、金属陶瓷及其制品

第82章　贱金属工具、器具、利口器、餐匙、餐叉及其零件

第83章　贱金属杂项制品

本类从第72章至第83章（其中第77章为预留空章），目前名为12章实为只有11章内容，是《协调制度》中的一个大类，主要包括贱金属材料及其结构较为简单的贱金属制品、金属陶瓷及其制品。其中：

第72章主要包括钢铁的半制成品等原材料，如钢铁锭、半制成品和板材、条杆、丝、型材等钢材类；

第73章主要包括钢铁制品（是由第72章的产品经过进一步加工所得的结构比较简单的制品，如钢轨、管材、钢铁丝制品等）；

第82章主要包括贱金属制工具，如手工具（包括成套、零售包装的），供手工工具、机床、小型动力工具使用的可互换工具、机器或器具用的刀及刀片、供家用、专用的利口器等；

第83章主要包括贱金属杂项制品，如锁、铰链、小脚轮、帽钩、保险箱、办公用夹、钟、锣、相框、软管、塞子、盖子、标志牌、焊条等。

另外，第74章至第81章为有色金属、金属陶瓷及其制品。对其他主要贱金属及其制品专门列章，如第74章铜及其制品，第75章镍及其制品，第76章铝及其制品，第78章铅及其制品，第79章锌及其制品，第80章锡及其制品。

在同一章内，贱金属一般按加工程度由低至高的结构排列，即由初级形状→半制成品→制成品的规律依次排列。钢铁作为最重要的，使用范围最为广泛的贱金属被分为两章，即第72章（仅包括钢铁的初级形状和半制成品——钢材）、第73章（主要包括钢铁制品）。

第82章至第83章是按商品的功能及用途排列的，主要包括特定功能和

用途的制成品，其中第 82 章包括贱金属工具等，第 83 章为杂项金属制品。

《协调制度》中所称的"贱金属"是指：铁及钢、铜、镍、铝、铅、锌、锡、钨、钼、钽、镁、钴、铋、镉、钛、锆、锑、锰、铍、铬、锗、钒、镓、铪、铟、铌（钶）、铼及铊。

二、本类商品的归类原则和方法

（一）本类不包括的货品

本类商品归类时，应注意区分本类类注一所列本类不包括的货品内容，从而避免发生将这些货品错误地归入本类的情况。

（二）本类类注五含有贱金属的合金的归类原则（第 72 章、第 74 章所规定的铁合金及铜母合金除外）

1. 对于贱金属与贵金属的合金，当任何一种贵金属（或铂族）的含量均不足 2% 时，应按所含重量最大的贱金属归类，贱金属比例相同时按从后原则归类；否则应该归入第 71 章。

2. 对于贱金属与贱金属的合金，按其所含重量最大的贱金属归类，比例相同时按从后原则归类。

3. 对于由本类的贱金属和非本类的元素构成的其他合金，如果其中贱金属的总重量等于或超过所含其他元素的总重量，应作为本类贱金属合金归类；反之一般归入品目 38.24。

4. 本类所称"合金"包括金属粉末的烧结混合物、熔化而得的不均匀紧密混合物（金属陶瓷除外）及金属间化合物。

（三）复合材料制品的归类原则

除各品目另有规定的以外，贱金属制品（包括根据归类总规则作为贱金属制品的混合材料制品）如果含有两种或两种以上贱金属的，按其所含重量最大的贱金属的制品归类。为此：

1. 钢、铁或不同种类的钢铁，均视为一种金属；
2. 按照本类注释五的规定作为某一种金属归类的合金，应视为一种金属；
3. 品目 81.13 的金属陶瓷，应视为一种贱金属。

（四）贱金属废碎、旧料的归类原则

1. 凡功能仍作为原物使用的金属制品按原货品归类；

2. 在金属生产或机械加工过程中产生的废料及废屑，应归入以废碎料列名的品目；

3. 明显不能作为原物使用，并需经冶炼才可重新使用的废旧金属制品也应归入以废碎料列名的品目；

4. 明显不能作为原物使用，但不需冶炼就能适用于原用途或其用途（如经修补、改造即可使用或将损坏零件更换后即可使用）的废旧金属制品，应按相应用途商品归类。

对于本类商品归类，其重点、难点是第72章、第73章、第82章和第83章，难点是钢铁制品的归类，也就是判断哪些钢铁制品应归入第73章，哪些钢铁制品应归入第83章。一般情况下，第73章包括那些结构简单的钢铁制品和通用机器零件，而那些具有特定用途的结构简单的钢铁制品归入第83章，如钢铁制的保险柜、锁等。对于某些镀有贵金属的商品，仍归入本类相关品目。

（五）通用零件的归类

通用零件是指第十五类类注二所指的范围，主要包括以下几点：

1. 品目73.07的钢铁制管子附件，品目73.12的钢铁制线、绳、索、缆等，品目73.15的链，品目73.17的钢铁制的各种钉（平头钉、图钉、波纹钉等），品目73.18的钢铁制的螺钉、螺栓、螺母、铆钉、销、垫圈等及其他贱金属制的类似产品；

2. 品目73.20的钢铁制弹簧、弹簧片及其他贱金属制的弹簧及弹簧片，但钟表发条（品目91.14）除外；

3. 品目83.01的各种锁及钥匙，品目83.02的用于家具、门窗等贱金属小五金附件、架座、小脚轮、帽架、帽钩等类似品，品目83.06的贱金属制的相框架、画框及类似框架、贱金属镜子，品目83.08贱金属制的用于衣着、鞋等的扣、钩、环、眼等类似品及管形铆钉、开口铆钉等，品目83.10的贱金属制的各种标志牌、铭牌等。

若上述通用零件在《协调制度》中第十六类至第二十类的类注或章注中将第十五类类注二的通用零件排除了，即使这些零件作为其他机器设备、器

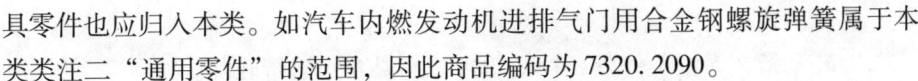

具零件也应归入本类。如汽车内燃发动机进排气门用合金钢螺旋弹簧属于本类类注二"通用零件"的范围,因此商品编码为7320.2090。

三、关于第72章钢铁、第73章钢铁制品的归类

第72章包括生铁、镜铁、铁合金及其他冶炼钢铁的金属原料,锭状及其初级形状产品、半制成品,用初级形状产品、半制成品经进一步加工制得的各种钢材(如平板轧材、条、杆、丝、角材、型材及异型材等)。第73章只包括钢铁制品,是由第72章的产品经进一步加工制得的,主要包括钢铁的结构件、管及管子附件,部分除第82、83章中具列名或其他章列名的钢铁制品外的钢铁的通用零件及其制品。

(一)关于钢铁的相关专业知识

1. 铁的冶炼

铁的冶炼是通过化学还原反应将铁矿砂转变成生铁的过程。常见的炼铁法有两种:

(1)高炉法是指将铁矿砂和焦炭在高炉中加热至熔化并转变成生铁的冶炼方法。采用这种方法炼得的铁为熔融生铁,可用于炼钢厂直接炼钢,或用于铸造厂制成铁锭、块、铸铁管等。

(2)直接还原法是指通过用气态或液态烃等还原剂处理铁矿砂,使其直接转变成海绵铁或团块的冶炼方法。海绵铁的含碳量通常比高炉法所得的生铁低,所以大部分海绵铁用在炼钢厂中,经熔融后冶炼成钢。

2. 钢的冶炼

炼钢是把铁中的碳和杂质降低到所要求的范围内。炼钢的过程是用氧来氧化铁中的碳、锰、硅、磷、硫,并使其达到所要求的含碳量。最后添加合金元素以调整钢的含氧量和合金成分。炼钢的方法主要分为两类:

(1)转炉法是指向转炉中的熔融生铁中吹氧气进行冶炼,此法只有原料为熔融生铁时才可以使用,所以此法不需外部热源。

(2)炉膛法是指在平炉或电炉内进行冶炼。当原料为固体配料(如废碎铁、海绵铁及固体生铁)时才使用此法,所以平炉炼钢法需要外加热源。

3. 钢的加工

(1)轧制:将金属坯料通过一对旋转轧辊的间隙,因轧辊的压缩使材料截面减小、长度增加的加工方法,主要用来生产型材、板材、管材,分为冷

轧、热轧两种。

冷轧是指在室温条件下（即低于再结晶温度）进行轧制。

热轧是指在快速结晶点及开始熔化点之间的某一温度下轧制。一般情况下，热轧的最终工作温度约为900℃。

（2）拉拔：指将已经轧制的金属坯料（管、型、制品等）通过模孔拉拔，使截面减小、长度增加的加工方法。

（3）锻造：指利用锻锤的往复冲击力或压力机的压力使坯料改变成所需的形状和尺寸的一种压力加工方法，一般常用于生产大型材、开坯等截面尺寸较大的材料。

（4）挤压：指将金属放在密闭的挤压筒内，一端施加压力，使金属从规定的模孔中挤出而得到相同形状和尺寸的成品的加工方法，多用于生产有色金属材料。

（5）拉丝：指高速拉拔不规则盘绕的条或杆，使其通过一个或数个模口，生产出直径更小的盘卷的钢铁丝。

（6）机械加工：指车削、铣削、磨削、穿孔或冲孔、折叠、精压、剥皮等，但仅除去氧化皮的粗车削及粗修整不能作为引起归类变化的加工工序。

4. 钢的分类

钢分为非合金钢（也称碳钢）和合金钢，合金钢中常见的品种有：不锈钢、硅电钢、高速钢、硅锰钢。

（1）不锈钢是指按重量计含碳在1.2%及以下，含铬量在10.5%及以上的合金钢，不论是否含有其他元素。

（2）硅电钢是按重量计含硅量至少为0.6%但不超过6%，含碳量不超过0.08%的合金钢。这类钢还可含有按重量计不超过1%的铝，但所含其他元素的比率并不使其具有其他合金钢的特性。

（3）高速钢是指按重量计钼、钨、钒中任意两种元素合计含量在7%及以上，按重量计其含碳量在0.6%以上，含铬量在3%~6%，不论是否含有其他元素的合金钢。

（4）硅锰钢是指按重量计同时含碳在0.7%及以下，锰0.5%~1.9%，硅0.6%~2.3%的合金钢，而且所含其他元素比率并不使其具有其他合金钢的特征。

（二）生铁、镜铁的归类

本章所称生铁是指把铁矿石放到高炉中冶炼而获得的产品，主要用来炼钢和制造铸件，无实用可锻性的铁碳合金。生铁归类应符合第72章章注一（一）生铁名词定义规定："按重量计含碳量在2%以上并可含有一种或几种下列含量范围的其他元素：铬不超过10%，锰不超过6%，磷不超过3%，硅不超过8%，其他元素合计不超过10%"。生铁分为非合金生铁和合金生铁。

合金生铁是指应符合第72章子目注释一（一）合金生铁名词定义规定："按重量计含有一种或几种下列比例元素的铁：铬超过0.2%，铜超过0.3%，镍超过0.3%，0.1%以上的（铝、钼、钛、钨、钒）任何元素。"

本章所称镜铁是指符合第72章章注一（二）镜铁名词定义规定："按重量计含锰量6%~30%的铁碳合金，其他方面符合上述生铁中所列的标准。"

初级形状且符合上述元素含量的生铁、镜铁归入品目72.01。

（三）品目72.02项下子目所列铁合金的归类

所谓铁合金是指本章章注一（三）关于铁合金的名词定义："锭、块、团或类似初级形状、连续铸造而形成的各种形状及颗粒、粉末状的合金，不论是否烧结，通常用于其他合金生产过程中的添加剂或在黑色金属冶炼中作除氧剂、脱硫剂及类似用途，一般无实用可锻性，按重量计铁元素含量在4%及以上并含有下列一种或几种元素：铬超过10%，锰超过30%，磷超过3%，硅超过8%；除碳以外的其他元素，合计超过10%，但最高含铜量不得超过10%。"

对于只有一种元素超出上述本章注一（三）规定的最低百分比的铁合金，应作为二元铁合金归入相应的子目。

以此类推，如果有两种或三种合金元素超出了最低百分比，则可分别作为三元或四元铁合金。其中铁的含量不一定要超过其他金属的含量，只要在4%以上就可以。在运用本规定时，本章章注一（三）所述未列名的"其他元素"，按重量计单项含量必须超过10%。

若铁合金中只有硅的含量超出本章章注一（三）规定的最低百分比，假设硅含量为40%，即超过了8%，则称此铁合金为硅铁二元合金，应归入子目7202.2900。

若铁合金中有硅和锰两种元素，超过了本章章注一（三）规定的最低百分比，假设硅含量超过了8%，锰含量超过了30%，则称此铁合金为硅锰铁三元合金，应归入子目7202.3000。

若铁合金中除硅的含量超出本章章注一（三）规定的最低百分比外，其他元素中只有钨含量超过了10%，则称此铁合金为硅钨铁三元合金，应归入子目7202.8020。

例144 按重量计含硅35%、钡30%、铝3%、锰0.4%、碳0.3%的铁合金。

商品分析及归类：本题铁合金是铁与一种或几种元素组成的中间合金，与生铁不同，其中含铁量较少，铁只作为含量很大的合金元素（如锰、铬、钨、硅、硼或镍）的溶剂，含碳量在2%及以下。铁合金的种类很多，按所含元素可分为二元合金、三元合金、四元合金，其中一种元素超出第72章章注一（三）铁合金名词定义规定的最低百分比的铁合金为二元合金，如果有两种或三种合金元素超出最低百分比，可分别作为三元或四元合金。本题商品为铁合金，归类时应按钢铁材料归入第72章。根据第72章章注一（三）对铁合金名词定义的规定，本题商品符合铁合金的定义范畴。因此，本题商品应按铁合金归入品目72.02。根据第72章子目注释二及本题商品的金属元素含量，本题商品属于三元合金，因此，本题商品应按硅钡铁三元合金归入商品编码7202.9999。

例145 硅铁合金（硅含量占70%，铁含量占28%，其他元素占2%）。

商品分析及归类：本题商品硅铁合金，其中硅含量为70%（超过了8%），铁元素含量为28%（超过4%），符合第72章章注释一（三）关于铁合金的定义规定要求，因此，本题商品硅铁合金应归入商品编码7202.2100。对于本题商品归类应注意不要错误按重量计，以含量较高的硅归入其他品目。

（四）钢及钢材的归类

钢材在《协调制度》中一般分为平板轧钢、条杆、丝和各种型材、异型材。
1. 钢及钢材的分类（见表7-19）

表7-19 钢及钢材的分类

序号	名称		定义、特点
1	非合金钢		冶金行业称之为碳钢
2	合金钢	不锈钢	主要含铬的合金钢且各种元素含量符合《协调制度》的定义
3		硅电钢	主要含硅的合金钢且各种元素含量符合《协调制度》的定义
4		高速钢	主要含钨、钒、钼等且各种元素含量符合《协调制度》的定义
5		硅锰钢	主要含硅及锰的合金钢，且各种元素含量符合《协调制度》的定义
6		其他合金钢	加入不同元素，呈现不同性质，用于不同场合

2. 非合金钢、平板、轧材、条杆、型材、丝、管及空心材的归类（见表7-20）

表7-20　非合金钢、平板、轧材、条杆、型材、丝、管及空心材的归类

序号	钢材产品	产品要求说明	归入品目
1	平板轧材	符合第72章章注一（十）的要求	72.08～72.12
2	盘条	热轧不规则盘卷状	72.13
3	热轧条杆	热轧直条状	72.14
4	冷轧条杆	冷轧直条状	72.15
5	角材、型材、异型材	符合第72章章注一（十三）的要求	72.16
6	丝	冷加工规则盘卷状	72.17
7	空心钻钢	用于钻探，且外形尺寸在15毫米～52毫米，最大内孔尺寸不超过最大外形尺寸的1/2	72.28
8	管	全长截面相同并且只有一个闭合空间的同心中空产品	73.04～73.06
9	空心异型材	不符合"管"的定义，且主要是内外截面形状不同的空心产品	73.06

3. 非合金钢平板轧材的归类

（1）平板轧材是指符合第72章章注一（十）的下列形状的实心轧制品：

①层叠的卷材。

②平直形状，其厚度如果在4.75毫米以下，则宽度至少是厚度的10倍；其厚度如果在4.75毫米及以上，其宽度应超过150毫米，并且至少应为厚度的两倍。

平板轧材包括直接轧制而成，并有凸起式样（如凹槽、肋条形、格槽、珠粒、菱形）的产品以及穿孔、抛光或制成瓦楞形的产品，但不具有其他品目所列制品或产品的特征。

各种规格的平板轧材（矩形或正方形除外），但不具有其他品目所列制品或产品的特征，都应作为宽度为600毫米及以上的产品归类。

（2）非合金钢平板轧材在归类时还要考虑其他因素，如规格（宽度、厚度）、轧制方式（即热轧或冷轧）、有无镀深层和包覆层、报关状态、卷状等，其归类方式如图7-1所示：

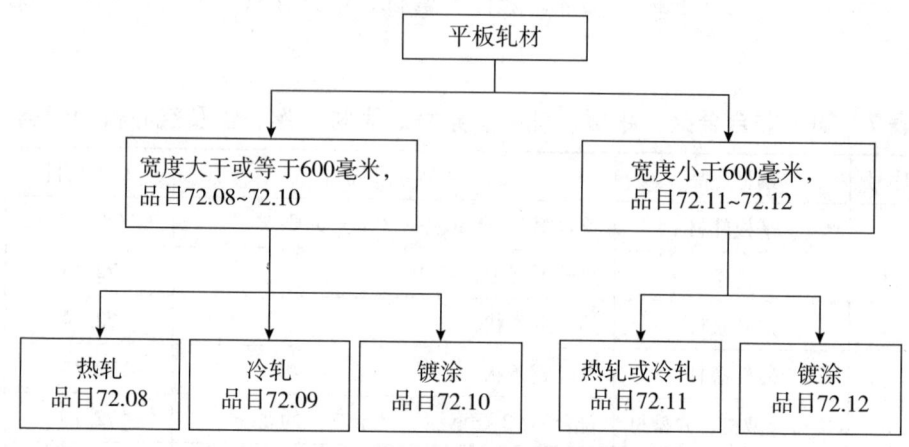

图7-1 平板轧材归类路径图

4. 关于钢材归类时的操作步骤

（1）判断待归类钢材的材质是属于铁及非合金钢、不锈钢，还是其他合金钢（硅电钢、高速钢、硅锰钢等）中的哪一类，决定其应归入的分章。

（2）根据待归类钢材外形的形状尺寸（厚度及宽度）、报关状况（盘卷还是平直）、加工方式（冷或热轧），判断是否属于平板轧材。依据本章章注一（十），对于非平板轧材的钢材，其中直条状或折叠捆状的是"其他条、杆"，冷加工（冷成形）盘卷状的是"<u>丝</u>"，热轧不规则盘绕状的是"不规则盘绕的热轧条杆（盘条）"。

（3）根据所待归类钢材的其他条件（例如未经其他加工或镀锌、涂塑、涂漆等）确定该类钢材应归入的品目及子目。特别要注意，对于"其他条、杆"而言，加工方式（冷或热）的不同，其所属的品目也不同。

 易错点提示

归类时容易与第72章货品发生错误归类的商品主要有：（1）焊接角材、型材及异型材；（2）铁道及有轨电车道铺轨用材及管材等。

归类时容易与第73章的货品发生错误归类的商品主要有：（1）已装配的轨道应归入品目86.08；（2）专用机器零件；（3）钟表发条应归入品目91.14；（4）钢制或不锈钢制刀、匙、叉、勺，应归入品目82.11～82.15等。

例146 电镀锌薄钢板，宽1.3米，长2米，厚5毫米。

商品分析及归类：本题商品根据第72章章注一（十）和宽度1.3米、有镀层的特点，符合都应作为宽度600毫米及以上的铁或非合金钢平板轧材，经包覆、镀层或涂层的产品归类的规定，因此本题商品的商品编码为7210.3000。

 例147 经压花纹的热轧非合金钢板（屈服强度300牛顿/平方毫米、长2 000毫米、宽600毫米、厚4毫米）。

商品分析及归类：本题商品是钢铁板材，归类时应按钢材归入第72章。根据第72章章注一（十）对平板轧材的规定，本题商品符合平板轧材的定义范畴。因此，根据其宽度（600毫米）及加工情况（热轧），本题商品应归入品目72.08。再根据其报关状态（非卷材）及加工情况（压花、热轧），本题商品的商品编码为7208.4000。

 例148 空心钻钢（外径30毫米，内径10毫米）。

商品分析及归类：本题商品空心钻钢也称作钻钢，通常将合金或非合金钢小方坯中心穿孔后再轧制得钻钢，其横截面通常是圆形、六角形、八角形或四边八角形（截角正方形）等。本题商品是钢铁材料，归类时应按钢材归入第72章。根据第72章章注一（十五）对空心钻钢的规定，本题商品符合空心钻钢的定义范畴，因此，根据其列名应归入品目72.28，并按具体列名归入商品编码7228.8000。

注：本题商品若不符合第72章章注一（十五）对空心钻钢的规定，则应按空心异型材归入品目73.04。

 例149 一种盘卷状高强度预应力钢筋，铁以外的成分为碳0.28%～0.33%、硅0.7%～1.1%、锰0.9%～1.3%、磷不超过0.025%、硫不超过0.025%、铜不超过0.025%，加工工艺为热轧，抗拉强度670～740兆帕。

商品分析及归类：本题商品硅的含量为0.7%～1.10%，根据第72章章注一（六）的规定，本题的钢筋为合金钢。

本题钢筋为热轧，符合第 72 章章注一（十一）规定，故应归入品目 72.27 "不规则盘卷的其他合金钢热轧条、杆"。

由于碳的含量为 0.28%～0.33%、硅的含量为 0.7%～1.1%、锰含量为 0.9%～1.3%，符合第 72 章子目注释一（五）"硅锰钢"定义所要求的"碳不超过 0.7%""锰 0.5% 及以上，但不超过 1.9%"及"硅 0.6% 及以上，但不超过 2.3%"的规定，故应按硅锰钢归入商品编码 7227.2000。

四、关于第 74 章铜及其制品的归类

本章包括铜冶炼的初级产品（铜锍或未精炼铜等）、铜粉、精炼铜及铜合金的半制成品、铜材以及结构较简单的铜制品。

（一）常见铜合金的种类

1. 铜锌合金（黄铜）是指铜与锌的合金，不论是否含有其他元素，按重量计含锌量应大于其他各种元素的单项含量，含镍量低于 5%，含锡量低于 3%。

2. 铜锡合金（青铜）是指铜与锡的合金，不论是否含有其他元素。含有其他元素时，按重量计含锡量应大于其他各种元素的单项含量。当按重量计含锡量在 3% 及以上时，锌的含量可以大于锡的含量，但必须小于 10%。

3. 铜镍锌合金（德银）是指铜、镍、锌的合金，不论是否含有其他元素，按重量计含镍量在 5% 及以上。

4. 铜镍合金（白铜）是指铜与镍的合金，不论是否含有其他元素，但按重量计含锌量等于且不得大于 1%。若含有其他元素时，按重量计含镍量应大于其他各种元素的单项含量。

（二）铜母合金的归类

铜母合金是指按重量计含铜量超过 10% 且含有其他元素（其他元素的含量不一定必须低于含铜量）的铜合金。该合金无实用可锻性，通常用作生产其他合金的添加剂或用作冶炼有色金属的脱氧剂、脱硫剂及类似用途。

铜母合金归入品目 74.05，但按重量计含磷量超过 15% 的磷化铜则归入品目 28.48。

（三）铜板、片、带、箔的归类

根据本章章注七的规定，归入品目 74.09、74.10 的铜板、片、带、箔的

条件为：成卷或非成卷的平面产品（品目 74.03 的未锻轧产品除外），截面均为厚度相同的实心矩形（不包括正方形），不论边角是否磨圆（包括相对两边为弧拱形，另外两边为等长平行直线的"变形矩形"），并且符合以下规格：

1. 矩形（包括正方形）的，厚度不超过宽度的 1/10；

2. 矩形或正方形以外形状的，任何尺寸，但不具有其他品目所列制品或产品的特征。

品目 74.09、74.10 还适用于具有花样（例如，凹槽、肋条形、格槽、珠粒及菱形）的板、片、带、箔以及穿孔、抛光、涂层或制成瓦楞形的这类产品，但不具有其他品目所列制品或产品的特征。

归入品目 74.10 的"铜箔"，要求其厚度（衬背除外）小于 0.15mm。

 易错点提示

归类时容易与本章的货品发生错误归类的商品主要有以下几种，正确的归类为：(1) 铜制的刀、匙、叉、勺应归入品目 82.11 ~ 82.15；(2) 装饰盒应归入品目 83.06；(3) 带有龙头的管子附件应归入品目 84.81；(4) 绝缘电线及电缆应归入品目 85.44；(5) 钟表发条应归入品目 91.14。

本章货品按加工程度由低到高排列，其编排结构规律如下：

铜的初级产品（如未锻轧的铜）及废料 ……… 归入品目 74.01 ~ 74.06
各种铜材（条杆、丝、板、箔等） ……… 归入品目 74.07 ~ 74.10
铜及铜合金的制品 ……………………………… 归入品目 74.11 ~ 74.19

五、关于第 75 章镍及其制品的归类

本章包括镍的初级产品（镍锍及镍冶炼的中间产品）、未锻轧的镍、镍材及镍制品。

镍是一种相当坚硬的银白色金属，具有磁性、延展性和韧性，强度高且耐腐蚀和抗氧化，主要用于生产多种合金（特别是合金钢），镍及镍合金还常用于铸币。

镍材及其镍制品的归类原则和方法与第 74 章的铜相似。

本章按加工程度由低到高排列，其编排结构规律如下：

镍的初级产品及废料 …………………………… 归入品目 75.01 ~ 75.04
各种镍材 ………………………………………… 归入品目 75.05 ~ 75.06

镍制品 …………………………………………… 归入品目 75.07~75.08

六、关于第 76 章铝及其制品的归类

本章包括铝、铝合金及其部分结构较简单的铝制品。铝主要是从铝土矿（一种天然水合氧化铝）中提炼而得的。提炼分两个阶段：第一个阶段是把铝土矿变成纯氧化铝，即先将磨碎的铝土矿煅烧后用氢氧化钠处理，生成铝酸钠溶液，滤去溶液中的杂质，再经煅烧制成白色粉末状的纯氧化铝。第二阶段是通过电解法，从氧化铝中提炼出金属铝，又称电解铝，通过反复电解可获得几乎完全纯净的铝。铝及铝合金，质轻具有较好的延展性，易于滚轧、拉拔、锻造、模压，也可用于铸造等。同时铝是热和电的理想良好导体，也是一种极好的反射体。广泛用于飞机、汽车、船舶制造业、建筑业、电力工业，还用于制造各类容器（罐、槽、箱、桶等）、家庭厨房器具、制造铝箔等。

（一）板、片、带、箔的归类

根据本章章注四的规定：成卷或非成卷的平面产品（品目 76.01 的未锻轧产品除外），截面均为厚度相同的实心矩形（不包括正方形），不论边角是否磨圆（包括相对两边为弧拱形，另外两边为等长平行直线的"变形矩形"），并且符合以下规格：

1. 矩形（包括正方形）的，厚度不超过宽度的 1/10；

2. 矩形或正方形以外形状的，任何尺寸，但不具有其他品目所列制品或产品的特征。

品目 76.06 和品目 76.07 还适用于具有花样（例如，凹槽、肋条形、格槽、珠粒及菱形）的板、片、带、箔以及穿孔、抛光、涂层或制成瓦楞形的这类产品，但不具有其他品目所列制品或产品的特征。如：用铝箔切成的亮晶片应归入品目 83.08，而不应按铝粉及片状粉末归入品目 76.03。

归入品目 76.07 的铝箔时应注意：其厚度（衬背除外）要求小于 0.2 毫米，这与铜箔的要求不同（小于 0.15 毫米），但内衬有铝箔的（即铝箔形成容器的内表层）用于供牛奶、果汁或其他食品包装容器且保持纸或纸板基本特征的应归入品目 48.11。

（二）铝制容器的归类

1. 盛装物料用的铝制囤、柜、罐、桶及类似容器（装压缩气体或液化气

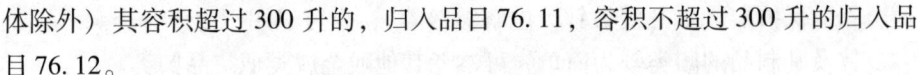

体除外）其容积超过 300 升的，归入品目 76.11，容积不超过 300 升的归入品目 76.12。

2. 装压缩气体或液化气体用的铝制容器，归入品目 76.13。

3. 家庭或厨房用的铝制器具，如茶叶罐、饼干桶、糖听及类似容器归入品目 76.15。

（三）其他铝制品的归类

1. 非绝缘的铝制绞股线、缆、编带及类似品，归入品目 76.14。而绝缘的铝制电线、电缆要归入品目 85.44。

2. 只有易拉罐和罐体归入品目 76.12，若单独报关的易拉罐盖则应按贱金属的盖子归入品目 83.09。

3. 铝制的装饰品盒应归入品目 83.06。

本章所包括的货品按加工程度由低到高排列，其结构规律如下：

铝的初级产品及废料 ································ 归入品目 76.01～76.03
各种铝材 ·· 归入品目 76.04～76.07
铝制品 ·· 归入品目 76.08～76.16

七、关于第 78 章铅及其制品的归类

本章包括铅、铅合金及其制品，铅主要是从方铅矿中提炼而得的。铅是一种蓝灰色的金属，质重，延展性极好，且易熔，柔软，被广泛用作电缆、蓄电池、颜料、铸字合金和防 X 射线等材料。

有关铅及其制品的归类比较简单，与其他贱金属类似货品归类要求规定一样，可参考其他贱金属类似货品的归类。

本章货品归类，其结构规律如下：

未锻轧铅及铅废碎料 ································ 归入品目 78.01～78.02
铅的初级产品（板、片、带、箔）；粉末等 ········ 归入品目 78.04
铅的其他制品（条、杆、丝）；型材（异型材）········ 归入品目 78.06

八、关于第 79 章锌及其制品的归类

本章包括锌、锌合金及其制品。锌是一种蓝白色金属，在适当的温度下可以进行滚轧、拉拔、模锻、挤压等加工，还可以用于浇铸。锌抗空气腐蚀性较其贱金属要强，因而通过热浸镀锌或电解镀锌等方法，可用作钢铁等其

他金属的保护层（如热浸镀锌、电解镀锌等），也可以用于生产合金。

锌及其制品的归类较为简单，可参考其他贱金属类似货品归类。但：

对于锌基合金制的焊条归类时应注意，要区分是否涂有焊剂，未涂有焊剂的焊条归入品目 79.04，而涂有焊剂的焊条则应归入品目 83.11。

对用于树木、植物等的锌制"标签牌"的归类时应注意，只有不带字母、数字或图案，或仅带有一些栏项，有关主要内容需日后填入的才可归入品目 79.07；对于已填好了所有内容的"标签牌"则应归入品目 83.10。

本章商品归类，其结构规律如下：

未锻轧锌及锌废碎料 ·· 归入品目 79.01~79.02
锌的初级产品（锌末、粉及片状粉末）·························· 归入品目 79.03
锌的制品（条、杆、丝、异型材、板、片、带、箔等）
·· 归入品目 79.04~79.05
其他锌制品 ··· 归入品目 79.07

九、关于第 80 章锡及其制品的归类

本章包括锡、锡合金及其制品。纯锡呈银白色，韧性不是很强，但具有延展性，可用于铸造、锤锻、滚轧或挤压加工，其抗空气腐蚀性极强，因此锡通常用作钢铁等其他贱金属的镀锡（如制罐工业的马口铁），以及制造合金（青铜等）、焊条、焊丝。纯锡或锡合金也可用于制造食品工业的器具及管子、蒸馏釜的顶盖、制冷设备、工业贮槽、贮罐、装饰品及餐具、锡箔、软管等。

焊锡一般情况下是一种铅锡合金，熔点低，主要用于连接强度要求较低的小零件（如仪器、仪表和电器零件等），一般成条状，由热浇注而成，所以从生产工艺和外观上看，属于未锻轧锡，应归入品目 80.01。而锡条是经过辊轧机进行压力和延展加工所得一定形状的成品，属于锻轧锡，应归于品目 80.03。

锡及其制品的归类较为简单，归类时可参考其他贱金属类似货品的归类方法和规定。

本章商品归类，其结构规律如下：

未锻轧锡及锡废碎料 ··· 归入品目 80.01~80.02
锡制品（条、杆、丝、型/异材）································ 归入品目 80.03
其他锡制品（板、片、带、箔、管及附件等）··············· 归入品目 80.07

十、关于第 81 章其他贱金属、金属陶瓷及其制品的归类

本章包括 21 种贱金属（钨、钼、钽、镁、钴、铋、镉、钛、锆、锑、

锰、铍、铬、锗、钒、镓、铪、铟、铌、铼及铊）及它们的合金和制品，金属陶瓷及其制品。归入本章的大多数金属一般常作为合金或碳化物使用，而直接使用纯金属的较少。这些合金的归类依据为本类类注五的合金归类规则规定："合金归类规则（第 72 章、第 74 章所规定的铁合金及母合金除外）：

（一）贱金属的合金按其所含重量最大的金属归类；

（二）由本类的贱金属和非本类的元素构成的合金，如果所含贱金属的总重量等于或超过所含其他元素的总重量，应作为本类贱金属合金归类；

（三）本类所称'合金'，包括金属粉末的烧结混合物、熔化而得的不均匀紧密混合物（金属陶瓷除外）及金属间化合物。"

金属陶瓷是既有陶瓷成分（耐热、熔点高），同时又有金属成分的物质。其中陶瓷成分通常为氧化物、碳化物、硼化物等，金属成分则为一种金属，如铁、镍、铝、铬、钴。金属陶瓷是通过烧结法、分散法或其他方法制得的。

金属陶瓷用于航空工业、核工业以及导弹的制造，制熔炉、金属铸件（如盛器、喷嘴、管）、轴承、闸衬等。

对于不论是未锻轧的金属陶瓷还是制成《协调制度》中其他品目未列名的金属陶瓷制品，均应归入品目 81.13。

 易错点提示

归类时容易与本章的货品发生错误归类的商品主要有以下几种，正确归类如下：（1）金属碳化物，如碳化钨，它的未混合粉末应归入品目 28.49，它的未烧结粉末与镍金属粉末的混合物应归入品目 38.24；（2）已烧结但未装配的工具用板、杆、刀头及类似品应归入品目 82.09。

金属陶瓷归类时应注意：
对含有裂变或放射性物质的金属陶瓷应归入品目 28.44；
对未装配的工具用金属陶瓷板、杆、刀头及类似品应归入品目 82.09。
本章商品归类，其结构规律如下：
本章前列 11 种贱金属 ·· 归入品目 81.01~81.11
本章后列 10 种贱金属 ·· 归入品目 81.12
金属陶瓷及其制品（包括废碎料）······························· 归入品目 81.13

十一、关于第 82 章贱金属工具、器具、利口器、餐匙、餐叉及其零件的归类

本章包括具有工具、器具、刀具、餐具等性质的贱金属制品。其排列结构不同于前述几章按加工程度由低到高排列,同时也不考虑用何种贱金属构成,而是按货品的功能、用途等属性排列。其排列结构规律如下:

手工工具 ………………………………………… 归入品目 82.01~82.05
成套货品(由品目 82.02~82.05 中的工具组成)……… 归入品目 82.06
可互换工具(手工工具、机床或手提式动力工具用),刀及刀片(机器或机械器具用),未装配的板、杆、刀头及类似品(工具用)
………………………………………………… 归入品目 82.07~82.09
利口器、家用机器具、餐匙、餐叉及类似的餐具和厨房用具
………………………………………………… 归入品目 82.10~82.15

 易错点提示

归类时容易与本章的货品发生错误归类的商品主要有以下几种,正确的归类为:(1)已构成机床附件或零件的台钳应归入品目 84.66;(2)第 84 章已有具体列名的可独立操作的手工器具和手提式工具;(3)含有金属材料但由橡胶、皮革、毡呢等制的工作部件的工具应按构成材料归类;(4)用于医疗、牙科或兽医用的器具或工具(剪刀、利口器)应归入品目 90.18;(5)具有运动或玩具特征的工具应归入第 95 章。

十二、关于第 83 章贱金属杂项制品的归类

本章所涉及的货品全部为贱金属的制品,主要包括日常生活,设施等所涉及的五金件。例如:锁、架座、铰链、小脚轮、保险箱、档案柜、办公用品、铃、钟、锣、相框、软管、扣、钩、塞子、盖子、标识牌、焊条等。本章共有 11 个品目,其排列结构按照货品的功能、用途等属性排列,归类时通常不考虑是由何种贱金属制成。

 易错点提示

归类时容易与本章的货品发生错误归类的商品主要有以下几种,正确的

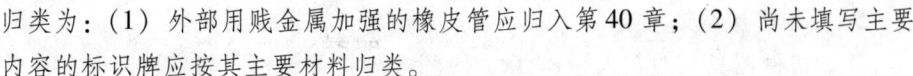

归类为：(1) 外部用贱金属加强的橡皮管应归入第 40 章；(2) 尚未填写主要内容的标识牌应按其主要材料归类。

关于本类贱金属的其他制品的归类

1. 第 82 章、第 83 章所列制品的归类

只要是贱金属制的第 82 章、第 83 章所列的制品，应优先归入该 2 章相关品目而不应再按材质属性归类，如：铝制软管应归入第 83 章品目 83.07，而不应按铝制品归入第 76 章。

2. 各种钢铁钉的归类

对于钢铁钉，如果其型材用途不同，在《协调制度》中它们的归类也不相同，其规律如表 7 - 21 所示：

表 7 - 21　钢铁钉的归类

序号	钢铁钉产品	归入品目
1	普通钢铁钉、平头钉、图钉	73.17
2	订书机用订书钉	83.05
3	带有铜或铜合金钉头的钢铁钉、平头钉	74.15
4	钢铁制螺钉、普通铆钉（实心的）	73.18
5	管形铆钉、开口铆钉（主要用于衣着、鞋帽、帐篷、皮革用品和工程技术）	83.08

3. 钢铁容器的归类

"钢铁容器"是指盛装物料用的钢铁囤、柜、罐、盒及类似容器，一般按其容器的不同归入品目 73.09 ~ 73.10。但这两个品目并不包括所有钢铁容器，一般只包括非家用的。如果是家庭或厨房使用的钢铁容器，如饼干桶、茶叶罐等类似容器，则应归入品目 73.23。对于这些容器，不能错误地按容积小于 300 升的容器铁归入品目 73.10。

4. 可互换工具及刀具的归类

机床用可互换工具及刀具，如锻压、冲压用模具，机床用的各种刀具，似乎可以作为第十六类机器零件归类，但要注意应归入第 82 章。如钻床用钻头、车床用的车刀、铣床用的铣刀等归入品目 82.07，木工用的锯床的锯刀片归入品目 82.02。

5. 手动机械器具归类

手动机械器具一般归入第82章,应归入与其重量相当的品目,如:手摇的钻孔工具归入品目82.05,用于加工或调制食品或饮料的手动机械器具(且重量不超过10千克)归入品目82.10。注意归入品目82.10的手动机械器具必须满足下述三个条件:

(1) 必须是手动的,不带有动力;

(2) 其重量必须不超过10千克;

(3) 用于食品或饮料的加工与调制。

若非手动的手工工具,如带有电动或其他动力(风动或液压等),则应归入品目84.67。

6. 成套工具及餐具的归类

(1) 品目82.05中由不同种类的商品组成的成套工具,应仍归入该品目内,子目归入8205.9000;

(2) 由品目82.02~82.05中的两个品目或多个品目所列工具组成的零售包装的成套工具应归入品目82.06;

(3) 由品目82.11中不同种类的刀具组成的成套刀具应仍归入该品目内,子目归入8211.1000;

(4) 由品目82.11中的一把或多把刀具与品目82.15至少数量相同的物品构成的成套餐具,以及由品目82.15中不同种类贱金属货品组成的成套餐具,应归入品目82.15。例如:由品目82.11中五把西餐刀和品目82.15中五把西餐叉组成的成套餐具,其均为不锈钢制品,应归入子目8215.2000。

 例150 金属陶瓷管。

商品分析及归类:本题商品金属陶瓷管,是指金属与陶瓷成分以极细微粒不均匀结合而成的产品。根据第十五类类注四的规定,应视为一种贱金属归入第81章。由于品目81.13已有金属陶瓷的列名,因此,本题商品应按具体列名归入商品编码8113.0090。

 例151 铝制铆钉(用于铝壶的零件)。

商品分析及归类:本题商品属于铝制壶的零件。归类时应按铝制品归入第76章。由于品目76.16已有铝钉的具体列名,因此,本题商品应按具体列名归入商品编码7616.1000。

例152 装液化丙烷的零售用钢瓶。

商品分析及归类：本题商品是钢铁容器，归类时应按钢铁制品归入第73章。由于液化丙烷属液化气体，故应按装有液化气体用的钢容器归入品目73.11。根据其包装状态（零售用），本题商品应归入商品编码7311.0010。

 例153 汽车减震器用的钢铁制弹簧片。

商品分析及归类：汽车减震器用的钢制弹簧片是汽车的一个零件，归类时似乎可以按汽车零件归入第87章，也可按弹簧片归入第73章。根据第十七类类注二（二）的规定，第十七类所称"零件"不适用于第十五类类注二所规定的贱金属制通用零件（第十五类），由于本题商品符合第十五类类注二"通用零件"的商品范围，因此，不能按汽车专用零件归入第87章，而应按通用零件归入第73章。本题商品应按弹簧片的具体列名归入品目73.20，并根据用途（汽车用）而归入商品编码7320.1020。

 例154 车床用钢铁制螺母。

商品分析及归类：车床用钢铁制螺母是车床的一个零件，归类时似乎可以按车床零件（通用零件）归入第84章，也可按螺母（通用零件）归入第73章。根据第十六类类注一（七）的规定，本类不包括第十五类类注二所规定的贱金属制通用零件（第十五类），由于本题商品符合第十五类类注二"通用零件"的规定范围，因此，本题商品不能按机器专用零件归入第84章，而应按通用零件归入第73章。本题商品应按钢铁制螺母的具体列名归入品目73.18，并归入商品编码7318.1600。

 例155 由55%钢丝、10%黄铜、30%铝、5%锡材料制成的鸟笼。

商品分析及归类：本题商品由钢丝、黄铜、铝、锡四种金属组成。根据第十五类类注五对贱金属合金的归类规定，贱金属的合金应按其所含重量最大的金属归类，本题商品中由于钢丝的含量最大（55%），因此，本题商品应以钢丝为主要特征的制品进行归类。本题商品应按钢铁制品归入第73章。由于第73章品目并未列有钢丝条文，因此应按其他钢铁制品归入品目73.26，本题商品应按钢丝制品归入商品编码7326.2090。

👉 **例156** 按重量计,锡、铋、镉、铅的比例为1∶4∶1∶2的伍德合金(电源保险丝)。

商品分析及归类:本题商品是由锡、铋、镉、铅4种金属元素组成的贱金属合金。归类时应按贱金属归于第十五类。根据第十五类类注五对贱金属合金的规定,贱金属合金应按其重量最大的贱金属归类,本题商品中由于铋金属元素所占比例最大,因此,本题商品应以铋为主要特征的合金进行归类。本题商品应按其他贱金属归入第81章,并按铋的制品归入品目81.06,本题商品的商品编码为8106.0090。

👉 **例157** 用于包装贵重物品一面衬有铝箔的纸板(铝箔厚0.18毫米,纸板厚1.00毫米)。

商品分析及归类:本题商品是铝箔和纸的复合制品。归类时似乎可以按纸归入第48章,又可按铝箔归入第76章。根据第48章章注二(十三)的规定,用纸或纸板衬底的金属箔应归入第十四类或第十五类,因此,本题商品应按铝箔进行归类。本题商品应按铝金属归入第76章,根据其铝箔厚度(0.18毫米)归入品目76.07。本题商品应按有衬背的铝箔归入商品编码7607.2000。

👉 **例158** 手动果汁压榨机(重量不超过10千克)。

商品分析及归类:本题商品手动果汁压榨机属于加工食品或饮料的手动机械器具,归类时应按机器归入第84章,但由于其重量不超过10千克,且第82章的品目82.10已有该商品列名,因此,根据第十六类类注一(十)的规定,本题商品不能归入第84章,而应归入第82章。本题商品应视作手动器具归入商品编码8210.0000。

(注:若手动果汁压榨机重量超过10千克,则应归入商品编码8435.1000;若为电动果汁压榨机,无论其重量多少均应归入商品编码8509.4010。)

👉 **例159** 零售包装的成套工具(内有钳子、锤子、螺丝刀、扳手、凿子、白铁剪等)。

商品分析及归类:本题商品为成套的贱金属工具,其由子目8203.2的钳子、子目 8205.2 的锤子、子目 8205.4 的螺丝刀、子目 8204.1 的扳手、子目 8203.3 的白铁剪等组成。由于品目 82.06 的条文表明，**由品目 82.02～82.05 中两个或多个品目所列工具组成的零售包装成套货品**，而本题商品符合品目 82.06 条文的商品范围，因此，本题商品应按成套工具归入商品编码 8206.0000。

 例 160　汽车车厢内铝合金制行李架。

商品分析及归类：本题商品是一种贱金属制的架座，归类时应按贱金属制品归入第 83 章。由于本题商品属于品目 83.02 条文的商品范围，根据其用途——汽车用，本题商品应归入商品编码 8302.3000。

（注：在此该题商品不应按其材质（铝制品）归入第 76 章，而应按其用途归入第 83 章。）

进出口商品归类强化训练习题

一、商品归类题

1. 截面为矩形的非合金钢经电镀法加工而成的平板镀锌铁皮（规格为 750 毫米×1 500 毫米，厚度为 1 毫米）

2. 不规则盘卷状报关的不锈钢材（截面为矩形，宽为 50 毫米，厚为 5 毫米）除热轧外未经进一步加工

3. 截面为矩形非合金钢材，除冷轧外未经进一步加工，钢材宽度 80 毫米，厚度 5 毫米，盘卷状进口或出口

4. 钢筋混凝土用钢筋，非合金钢构成，直径 15 毫米，经热轧后未经其他加工，带有轧制过程中产生的变形，直条状报验

5. 按重量计含硅 25%、钼 30%、磷 4%、铬 10%、碳 0.2% 的铁合金

6. 不锈钢空心异型材，最大的外形尺寸为 50 毫米，最大的内孔尺寸为 20 毫米（钻探用）

7. 冷拔不锈钢无缝圆形截面管，外径为 50 毫米，内径为 40 毫米（饮料厂用）

8. 用于汽车的防滑链（钢铁制）

9. 不锈钢制 40 英尺集装箱

10. 铜垫圈

11. 纸板衬底的精炼铜制铜箔（衬背除外的厚度为 0.15 毫米）

12. 铝合金制易拉罐

13. 废铝电线

14. 废铝渣

15. 渔网用的铅坠（单独报关）

16. 平板铅材，截面为矩形，宽度为 40 毫米，厚度为 4 毫米，除经轧制外，未经其他加工

17. 未经锻轧加工，按重量计算含锌 50%、硅 40%、铬 10% 的合金锭

18. 硬锌块（镀锌时锌所剩的残渣）

19. 锌板（用于制造印刷用板，厚度不超过宽度的 1/10）

20. 未装配的可互换的切刀（金属加工用）

21. 手工理发推剪

22. 锡管接头

23. 锡餐用盘（称白蜡器）

24. 滚轧法制得的锡箔（厚度 0.1 毫米），包装食品用

25. 电源保险丝按重量计含锡、铋、镉、铅的比例为 1∶4∶1∶2

26. 金属陶瓷管

27. 青铜（镀金处理）制的 12 生肖雕像供出售

28. 游标尺（又称千分尺，不锈钢制）

29. 铝合金制的路牌

30. 铝合金制的车内行李架（用于长途客车上）

二、单项选择题

1. 铝合金制的落地式文件柜

　　A. 8304.0000　　B. 7612.9090　　C. 7616.9990　　D. 9403.1000

2. 钛金属制的假牙

　　A. 8108.2090　　B. 8108.9090　　C. 9021.2100　　D. 9021.2900

3. 不锈钢外科手术用剪

　　A. 7319.9000　　B. 7326.9090　　C. 8213.0000　　D. 9018.9099

4. 钨丝（用于制白炽灯丝用）

　　A. 8101.9600　　B. 8311.9000　　C. 8475.9000　　D. 8475.2990

5. 带阀门的锡管接头

　　A. 8481.8090　　B. 8481.9010　　C. 8007.0040　　D. 8007.0090

6. 带减压阀门的铜合金管接头

　　A. 8481.1000　　B. 7411.2190　　C. 7412.2000　　D. 7412.2090

7. 按重量计,含硅35%、钡30%、铝3%、锰0.4%、碳0.3%的铁合金
A. 7202. 2900　　　　B. 7202. 2000　　　　C. 7202. 9999　　　　D. 7202. 3000
8. 一种熨斗支架,由下列零件构成:铝制支架和底座(50%)、铜镍合金制通风板(20%)、矿物棉制绝缘底板(30%)
A. 7616. 9990　　　　B. 7610. 9000　　　　C. 7409. 4000　　　　D. 2524. 9090

第十六节　第十六类　机器、机械器具、电气设备及其零件;录音机及放声机、电视图像、声音的录制和重放设备及其零件、附件

本节学习目的及重点、难点、疑点

1. 旨在理解、掌握并运用商品归类原则和方法对《协调制度》第十六类所涉及的商品进行归类。

2. 本类包括第84章、第85章共2章。第84章主要是以机械方式来完成工作的机器,第85章主要是以电气方式来完成工作的机器。但是当今的机电产品,大部分是机电一体化产品,一个产品中既有机械装置机构,同时又有电气器件应如何归类?这些是本类商品归类的重点、难点。

3. 对于本类机器的归类应从功能和用途相结合的思路来确定每个货品的具体品目,这是解决本类货品归类应遵循的思路和方法。

4. 关于机器零件归类的操作步骤,可按第248页图7-2所示的"路径图"进行。

一、本类商品的主要内容及范围

本类商品主要涉及《协调制度》:

第84章　核反应堆、锅炉、机器、机械器具及其零件

第85章　电机、电气设备及其零件;录音机及放声机、电视图像、声音的录制和重放设备及其零件、附件

第十六类的机械、电子产品,包括第84章、第85章共2章。其中第84章主要包括非电气的机器、机械器具及其零件,第85章主要包括电气、电子产品

及其零件。虽然本类2章之间的区分比较清楚，第84章主要是以机械方式来完成工作的机器，第85章主要是以电气方式来完成工作的机器。但是当今的机电产品，大部分是机电一体化产品，纯机械方式的机器很少，一个产品中既有机械装置机构，同时又有电气器件，应归入哪一章？同时，随着科学技术的迅速发展，用新材料、新技术生产的新产品层出不穷，对于这些新产品应如何归类？这些是本类商品归类的重点、难点。正确完成本类商品的归类，需要我们对《协调制度》有全面的了解，在此基础上重点掌握各章的品目编排规律，及其工作原理、功能、用途、结构、材料等的商品知识。

由于机器是由许多不同材料实物构成的组合体，所以无法从所使用的原材料的角度去确定一台机器的归类，而作为一台机器其基本特征应是其功能。本类商品的品目主要是从功能的角度来列名的，个别品目以功能和用途相结合的角度来列名。所以，在本类机器归类实践中应从功能和用途相结合的思路来确定每个货品的具体品目，这是解决本类货品归类应遵循的思路和方法。

二、本类商品的归类原则和方法

（一）机器零件的归类

当待归类商品确定为该机器的零件后，根据第十六类类注二的规定：

"除本类注释一、第84章注释一及第85章注释一另有规定的以外，机器零件（不属于品目84.84、85.44、85.45、85.46或85.47所列物品的零件）应按下列规定归类：

（一）凡在第84章、第85章的品目（品目84.09、84.31、84.48、84.66、84.73、84.87、85.03、85.22、85.29、85.38、85.48除外）列名的货品，均应归入该2章的相应品目；

（二）专用于或主要用于某一种机器或同一品目的多种机器（包括品目84.79或85.43的机器）的其他零件，应与该种机器一并归类，或酌情归入品目84.09、84.31、84.48、84.66、84.73、85.03、85.22、85.29或85.38。但能同时主要用于品目85.17和85.25至85.28所列机器的零件，应归入品目85.17；

（三）所有其他零件应酌情归入品目84.09、84.31、84.48、84.66、84.73、85.03、85.22、85.29或85.38，如不能归入上述品目，则应归入品目84.87或85.48。"

根据上述规定（即本类类注二的规定），机器零件的归类步骤如下：

1. 凡是在品目中有具体列名的机器零件，均应归入相应的品目中。

请注意，这里所说的"具体列名"泛指在《协调制度》各章中有具体列名的零件货品。它们有的具体列名出现在本类第 84 章、第 85 章中，如品目 84.13 的泵、品目 84.81 的阀门、品目 85.32 的电容器等。

具体列名出现在非本类的各章中（参见本类类注一不包括的内容）。如第十五类类注二所指的通用零件，如钢铁制的丝、链、螺栓及弹簧等；品目 82.07 所列的机床用可互换工具及其他类似可互换工具，均按构成材料归类；传动带、输送带，塑料制的归入第 39 章，未硬化硫化橡胶制的归入第 40 章，纺织材料制的归入第 59 章。

2. 在无法按照上述步骤 1 的归类情况下，凡是明显专用于或主要用于某种机器或同一品目所列同类机器的零件，均应与有关机器一并归类。如汽油发动机的汽缸体，没有具体列名，则按"专用于或主要用于品目 84.07 或 84.08 所列发动机的零件"归入品目 84.09。

3. 通过上述步骤 1、2 均无法归类时，若非电气零件可考虑归入品目 84.87 "本章其他品目未列名的机器零件……"；若电气零件可考虑归入品目 85.48 "……机器或设备的本章其他品目未列名的电气零件"。

上述关于机器零件归类的操作步骤，可按图 7-2 所示路径进行。

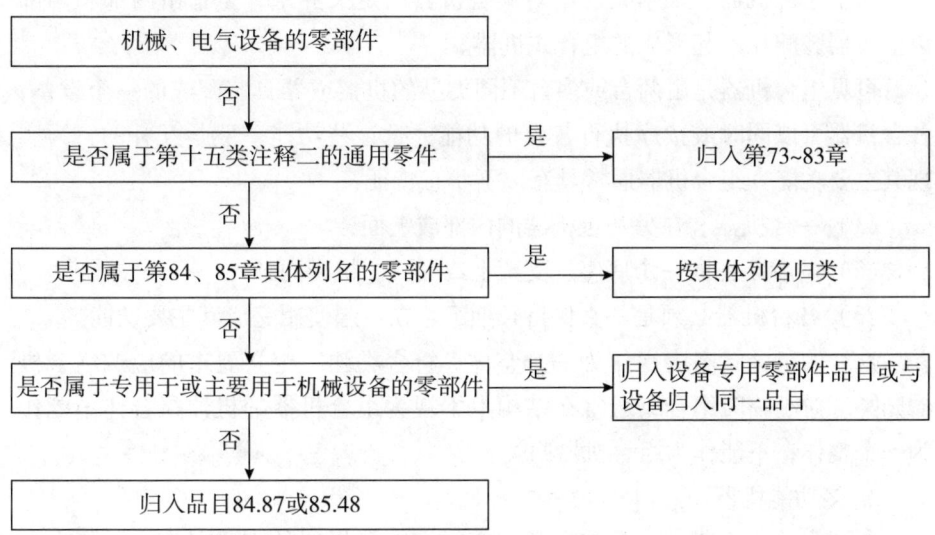

图 7-2 机器零件归类的操作步骤路径图

注：图中，"→"表示"是"，"↓"表示"否"。

在这里需特别注意的是，按上述机器零件归类时应注意根据本类类注二中的"另有规定的以外"的规定，例如下列货品的零件不适用于上述的归类规定：

（1）品目84.84密封垫的零件；

（2）品目85.44绝缘电线、电缆的零件；

（3）品目85.45电气设备用碳精制品的零件；

（4）品目85.46绝缘子的零件；

（5）品目85.47线路导管的零件。

通过上述图表，我们不难发现一般是按构成的材料将商品归入相应章内。

（二）组合机器和多功能机器的归类

本类类注三规定：

"由两部及两部以上机器装配在一起形成的组合式机器，或具有两种及两种以上互补或交替功能的机器，除条文另有规定的以外，应按具有主要功能的机器归类。"依据类注三规定的表述，主要涉及组合机器及多功能机器，这两类机器的进出口报关，虽然这两类机器的类型不相同，但是归类的方法却相同。

1. 组合机器

所谓组合机器，根据类注三对组合机器的定义界定，是指由两部和两部以上机器装配在一起形成的组合式机器。

可见组合机器是由两台或多台不同类型的机器或器具装配成的一个设备，各台机器可以同时或按序执行各自的功能，且这些功能一般是互补的，为实现其主要功能。组合机器通常具有以下状态特征：

（1）一台机器装在另一台机器的内部或上面；

（2）两者装在同一个底座、支架上或同一个机壳内；

（3）各台机器必须是一直保持长期组合在一起使用完成其主要功能。

这样的组合状态应视作为一个整体，符合类注三定义要求的应按组合机器归类。对于临时组合或通常在结构上不视为组合机器的机器组合体不能作为一个整体，不能作为组合机器归类。

2. 多功能机器

所谓多功能机器，根据本类类注三对多功能机器的定义界定，是指：具有两种或两种以上互补或交替功能的机器。

多功能机器与组合机器相同的是，它具有内在功能的多样性；与组合机器不同的是,从外观上看,也许不像组合机器那样有较明显的不同功能部件相互装配而成的特点,而是通过其内在结构(或电路)上的一体化设计来体现出多功能性。通常此种机器在外部可以看到有不同操作按钮,来实现各种功能的执行,同时多功能机器在形式上就是一个不可分割的整体。例如我们常见的,以放音、录音、收音为一体的 MP3 播放机,或者具有扫描、复印、打印三功能的办公设备。

可见,组合机器和多功能机器虽是两类不同形式的机器,但是它们都具有整体性、功能多样性的共同特征。因此两者运用的归类方法相同,即**除条文另有规定的以外,应按具有主要功能的机器归类**。当不能确定其主要功能时,按从后归类原则归类。

准确运用这条规定应按以下 3 个步骤进行:

(1) 若条文另有规定的,也就是说条文有具体列名的,应按照条文规定来归类。

例161 立式金属加工中心机床。

商品分析及归类:该加工中心机床是一种可以自动更换刀具,将单一机械加工组合进行多种机械加工,集车、刨、钻、铣削等一体的多功能金属加工设备。当这类设备报验时,按规定,**条文有具体列名的,应按照条文规定来归类**。品目 84.57 列名的"加工金属的加工中心"应直接按此列名归类,而无须考虑其主要功能是车削(品目 84.58)、是钻(品目 84.59)、是刨削(品目 84.61)还是铣(品目 84.59)等。因此本题商品的商品编码为 8457.1010。

例162 特种用途的视频摄录一体机。

商品分析及归类:本题商品是一种既具有视频摄像又同时具有视频录制两种功能的多功能机器,所以这类设备报验时,按规定应归入品目 85.25 具体列名的"视频摄录一体机"。直接按此列名归类即可,无须考虑其主要功能是视频摄像(品目 85.25),还是录制机(品目 85.21)。因此本题商品的商品编码为 8525.8031。

(2) 若没有条文另行规定的,则应按机器的主要功能归类。归类时应视其主要功能为唯一功能。

🔖 **例163** 一款既可以实现无线通话、发送接收短信息，又可上网浏览、数码摄像等功能的手机。

商品分析及归类：该款手机虽有多项功能，但目前视无线通话为其主要功能，按"手持式无线电话机"的列名归入品目85.17。该商品归入商品编码8517.1210。

（3）若其主要功能无法确定，出现无法判定以哪项功能为主、哪项功能为辅的情况，则应该运用归类总规则三（三）的从后归类原则，归类时视其最末品目列名的功能为唯一的功能。

🔖 **例164** 一台具有提供热、冷水功能的饮水机。

商品分析及归类：该饮水机设备具有加热和制冷两种功能，其用途为提供饮用水，属于多功能机器。比较两种功能，很难确定哪一种为主要功能，是制热还是制冷呢？制冷设备可归入品目84.18，而加热（电热）设备可归入品目85.16，则以从后归类原则归类，品目85.16位居其后。因此，该题商品应归入品目85.16，该题商品的商品编码为8516.7910。

综上例题解析，对于组合机器与多功能机器的归类原则：按机器的主要功能归类，当不能确定其主要功能时，按从后归类原则归类。

（三）功能机组的归类

所谓功能机组第十六类类注四的规定："由不同独立部件（不论是否分开或由管道、传动装置、电缆或其他装置连接）组成的机器（包括机组），如果组合后明显具有一种第84章或第85章某个品目所列功能，则全部机器应按其功能归入有关品目。"

依据本类类注四的规定：当一台机器（包括机组）由多个独立部件组成，如果组合后明显具有一种第84章或第85章的某个品目所列功能工作时，可运用该注释，全部机器或部件（整套设备）应按其有关功能归入其相应品目，不论各个部件是否或仅用管道、传动装置、电缆和其他装置连接起来而不再分别归类。

例如：苹果汁的成套加工设备，由苹果果肉破碎机、苹果汁浓缩设备、杀菌、保鲜处理设备以及工序流程控制柜等组成。显然这套设备的主要功能属于食品、饮料工业用的生产或加工机器,符合第十六类类注四规定的功能机组的条件,应按主要功能将该成套设备归于第 84 章品目 84.38,该苹果汁的成套加工设备的商品编码为 8438.6000。

三、关于第 84 章核反应堆、锅炉、机械器具及其零件的归类

本章的机器、器具主要通过机械方式来操作。一般由各种零件、部件组成一个整体,通过各组成件间的相对运动,将机械能转换或利用,如内燃发动机、空气压缩机、机床、起重机等。本章是《协调制度》中品目最多的一章,共涉及 87 个品目(缺品目 84.69、84.85),从其结构来看由三大部分组成:通用机器、产业专用机械和机械零部件。

第 84 章的品目排列规律如表 7 - 22 所示:

表 7 - 22　第 84 章的品目排列规律

序号	分类方式	商品类型	归入品目
1	按功能分类 (84.02 ~ 84.24)	核反应堆、核反应堆未辐射燃料元件和同位素分离机器及装置	84.01
2		锅炉及其他气体发生装置	84.02 ~ 84.05
3		各种动力机器	84.06 ~ 84.12
4		液体泵、气体泵、压缩机、抽真空设备及风扇、风机	84.13 ~ 84.14
5		能量(热量)转换机器(空调、冰箱等)	84.15 ~ 84.19
6		其他按功能列名的机器(矸光机、离心机、过滤装置、包装机械、衡器、喷射装置等)	84.20 ~ 84.24
7	按所应用的产业分类 (84.25 ~ 84.79)	工程机械(起重、装卸、土木、采矿、钻探等)	84.25 ~ 84.31
8		农业及食品加工机械	84.32 ~ 84.38
9		纸及纸制品加工机械,印刷机械	84.39 ~ 84.43
10		纺织、针织机械,皮革加工机械	84.44 ~ 84.53
11		金属冶炼及铸造机械	84.54 ~ 84.55
12		金属及硬质材料加工机械	84.56 ~ 84.66

表 7-22 续

序号	分类方式	商品类型	归入品目
13		装有动力装置（风动、电动、液压等）的手提式工具	84.67
14		气焊、铜焊等焊接机器及装置	84.68
15		办公机械及自动数据处理设备	84.70~84.73
16		矿山机械及泥土、砂、石的加工机械，玻璃及玻璃制品的制造或热加工机器（灯及灯管加工机器）	84.74~84.75
17		自动售货机器	84.76
		橡胶、塑料及烟草加工机械	84.77~84.78
18		其他具有独立功能的机械器具	84.79
19	热加工用的模具和通用的机械零部件（84.80~84.84）	用于金属铸造、塑料、玻璃热加工等模具（锭模除外）	84.80
20		各种通用零件（如阀门、轴承、各种传动件、密封元件等）	84.81~84.84

从以上货品结构排列规律可知：

品目 84.01~84.24 范围内主要是按货品所具有的功能排列；

品目 84.25~84.79 范围内主要是按货品所应用的产业部门排列的，同时，同一行业的机器一般是按加工程度由低往高的顺序排列；

品目 84.80~84.84 范围内则为一些热加工用的模具和通用的机械零部件。

本章的归类原则和方法如下。

（一）优先归类原则

1. 品目 84.01~84.24 优先于品目 84.25~84.80

在归类时，当有的货品看似可以归入本章两个不同的品目时，本章章注二的规定："除第十六类注释三及本章注释九另有规定以外，如果某种机器或器具既符合品目 84.01 至 84.24 中一个或几个品目的规定，或符合品目 84.86 的规定，又符合品目 84.25 至 84.80 中一个或几个品目的规定，则应酌情归入品目 84.01 至 84.24 中相应品目或品目 84.86，而不归入品目 84.25 至 84.80

中的有关品目。"也就是说,当出现既可以按功能归入品目 84.01~84.24 或品目 84.86,又可按应用行业归入品目 84.25~84.80 的情况时,应优先归入品目 84.01~84.24 或品目 84.86。

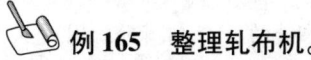 **例 165** 整理轧布机。

商品分析及归类:该机器用于织物的后期滚压整理。归类时,似乎可以从产业角度按照织物的后期染整机器归类,归入品目 84.51,同时似乎又可以从机器工作原理表现出的基本功能,从机器的功能角度按照"滚压机器"的功能列名归入品目 84.20。根据本章章注二的规定,品目 84.01~84.24 优先于品目 84.25~84.80,该产品应归入品目 84.20,该商品的商品编码为 8420.1000。

在运用本章章注二归类时,应注意品目 84.19、84.22 不包括的货品范围。即下列情况除外:
(1) 品目 84.19 不包括:
①催芽装置、孵卵器或育雏器(品目 84.36);
②谷物调湿机(品目 84.37);
③萃取糖汁的浸提装置(品目 84.38);
④纱线、织物及纺织制品的热处理机器(品目 84.51);
⑤温度变化(即使必不可少)仅作为辅助功能的机器、设备或实验室设备。
(2) 品目 84.22 不包括:
①缝合袋子或类似品用的缝纫机(品目 84.52);
②品目 84.72 的办公室用机器。
(3) 品目 84.24 不包括:
①喷墨印刷(打印)机器(品目 84.43);
②水射流切割机(品目 84.56)

当我们对特种机床归类时,常会发现可以归入多个品目的情况,也就是既可以按特种机床归入品目 84.56,同时又可以按普通机床归类,归入品目 84.57~84.65。根据本章章注三的规定,应按特种加工机床归类优先归入品目 84.56。

例166 一种利用激光在各种材料上打孔的机床。

商品分析及归类：该机床是运用激光技术加工的特种机床，对于该种机床既可以按加工方式——激光技术加工在各种材料上打孔，归入品目84.56"用激光、其他光、光子束、超声波……处理各种材料的加工机床"，同时又可以按普通机床功能（钻孔）归入品目84.59"切削金属的钻床、镗床、铣床……"。根据章注三的规定应按特种机床优先归入品目84.56，因此，本题商品的商品编码为8456.1100。

 例167 利用超声波抛光的金属加工机床。

商品分析及归类：就金属加工机床而言，本题商品是对金属或其他材料的坯料及工件进行加工，使之获得所需要的几何形状、尺寸、加工精度和表面质量的机器。本题商品应按机器归入第84章。

本题商品似乎可以按超声波加工机床归入品目84.56，而又可以按金属研磨和抛光普通功能机床归入品目84.60。根据第84章章注三的优先归类原则，本题商品应优先按特种加工机床归入品目84.56，并根据其加工原理（超声波）归入商品编码8456.2000。

（二）关于动力机器及其零件的归类

1. 动力机器在这里是指除电动机外，如：

（1）燃料在发动机内部燃烧推动活塞运动的点燃式内燃发动机（汽油机归入品目84.07）或压燃式内燃发动机（柴油机归入品目84.08）。

（2）用膨胀的蒸汽作用于叶片而产生动力的机器（汽轮机归入品目84.06）。

（3）用液体或加压液体所蕴藏的能量作用于转轮上的叶片而产生动力的机器（水轮机归入品目84.10）。

（4）由加压热气通过喷管的高速气流作用于发动机上而产生反作用力的机器（涡轮喷气发动机归入品目84.11）。

（5）以液体能或压缩气体作为动力源装置的其他发动机归入品目84.12。

2. 动力机器在《协调制度》中的结构排列规律如表7-23所示：

表7-23 动力机器的排列规律

序号	商品名称	商品定义及性能特征	归入品目
1	内燃发动机	燃料在发动机内部燃烧并推动活塞运动而产生动力的发动机	84.07~84.08
2	汽轮机	用膨胀的蒸汽作用于叶片而产生动力的机器	84.06
3	水轮机	用流体或加压液体所蕴藏的能量作用于转轮上的叶片而产生动力的机器	84.10
4	涡轮喷气发动机	由透平喷出的加压热气通过喷管变成高速气流作用于发动机上而产生反作用力的机器	84.11
5	液压、气压动力装置	以液体能或压缩气体作为动力源的装置	84.12
6	电动机	将电能转变为机械能的装置	85.01

3. 动力机（电动机除外）归类时需要注意以下几点：

（1）以上所列（电动机除外）的动力机器若在与品目85.01的发电机一同进口或出口时，应一并按发电机组归入品目85.02，而不再分别归类。

（2）内燃发动机分点燃式内燃发动机和压燃式内燃发动机两种，点燃式内燃发动机又称汽油发动机，品目为84.07；压燃式内燃发动机又称柴油发动机，品目为84.08。

（3）品目84.09为主要用于或专门用于内燃机的零部件（如活塞、连杆、汽缸体、汽缸盖、汽缸衬垫等）。但是，有些虽然属于内燃机的零部件，却已经在其他品目列名，则应按已列名的品目归类，具体参见表7-24中的举例。

表7-24 已在其他品目列名的内燃机零件

序号	零件名称	归入品目
1	曲轴、凸轮轴、飞轮、起动机齿轮等	84.83
2	密封垫	84.84
3	空气滤清器、机油滤清器	84.21
4	汽油泵、喷油泵、机油泵、水泵等	84.13
5	火花塞、点火线圈、分电器、启动电机、发电机等	85.11
6	蓄电池	85.07
7	正时皮带	第40章
8	机油尺	90.17

例168　四缸汽车用内燃发动机，汽缸容量1 500毫升。

商品分析及归类：本题商品内燃发动机是燃料在发动机内部燃烧并推动活塞运动而产生动力的机器。归类时似乎可以按汽车零件归入第87章的品目87.08，而又可以按机器归入第84章品目84.07。根据归类总规则三（一）列名具体优先于列名一般的归类规定，再比较品目87.08和品目84.07的条文，由于品目84.07的列名比品目87.08的列名更为具体，因此，本题商品应按列名具体的发动机归入品目84.07，并根据其汽缸容量（汽缸容量1 500毫升）归入商品编码8407.3410。

例169　汽车发动机凸轮轴。

商品分析及归类：本题商品为内燃机零件，是控制气门开启、关闭，完成吸气、压缩、做功、排气四冲程的关联零部件。阅读第84章品目条文，品目84.83已经有列名，则应按已列名品目归入品目84.83，因此，本题商品的商品编码为8483.1090。

（三）关于液体泵、气体泵和压缩机的归类

液体泵、气体泵和压缩机属于通用机器，应用范围较为广泛，对于这类机器的归类适用以下两点：

1. 液体泵应归入品目84.13。注意，归入该品目的液体泵可以带有计量装置或计价装置，不要将计量泵按仪器归入第90章。

2. 气泵、压缩机等应归入品目84.14。注意，归入该品目还包括手动或动力驱动的用以压缩空气或其他气体（如氟利昂）或造成真空的机器设备、空气或其他气体循环用的机器（如风机和风扇），手动的打气筒也归入该品目。

例170　汽油发动机冷却系统的水泵。

商品分析及归类：本题商品属于液体泵，常用于汽车发动机的冷却系统。通过该水泵的作用将汽车发动机水箱中的水压缩到汽车发动机缸体内，水循环使内燃机因活塞做功，将发动机汽缸体温度升高得到冷却维持正常工作状况。按其功能归入品目 84.13，然后根据其用途确定其商品编码为 8413.3090。

 例 171　自行车充气用手动打气筒。

商品分析及归类：本题商品为自行车手动打气筒，该商品是一种通过人力将气体压缩至轮胎的手动压缩空气的工具。归类时应根据其做功原理而按机器归入第 84 章。由于品目 84.14 已有空气泵的具体列名，因此，本题商品的商品编码为 8414.2000。

 例 172　带有计量装置液体泵。

商品分析及归类：本题商品是带有计量装置的液体泵，是用于输送液体的机器。归类时似乎可以按液体泵归入第 84 章的品目 84.13，也可以按测量仪器归入第 90 章的品目 90.26。在本题机器中，由于输送液体是该机器的主要功能，因此，本题商品应按液体泵归入品目 84.13，并归入商品编码 8413.1900。

（四）加热炉及加热器具的归类

对于加热炉及加热器具的归类，应注意区分"电热"与"非电热""工业用"与"家用"。它们在《协调制度》分类目录中的结构排列规律如表 7 – 25 所示：

表 7 – 25　加热炉及热器具的结构排列规律

序号	商品名称	用途	归入品目
1	工业及实验室用的炉	非电热的	84.17
2		电热的	85.14
3	金属冶炼用的转炉	非电热的	84.54
4	家用电器加热的器具（电磁炉、微波炉）	电热的	85.16

（五）利用温度的变化处理材料的机器设备的归类

对于利用温度的变化处理材料的机器设备一般归入品目 84.19。商品归入该品目时应该注意阅读该品目条文的限制条件，该品目条文由分号分成两部分：利用温度变化处理材料的机器、装置及类似的实验室设备，例如，加热、烹煮、烘炒、蒸馏、精馏、消毒、灭菌、汽蒸、干燥、蒸发、气化、冷凝、冷却的机器设备，不论是否电热的（不包括品目 85.14 的炉，烘箱及其他设备），但家用的除外；非电热的快速热水器或贮备式热水器。";"分号前面的商品必须是属于非家用的，不论是否用电加热。";"分号后面的商品必须是非电加热的，不论是否家用。

 例 173 燃气热水器。

商品分析及归类：本题商品是利用温度的变化处理材料的机器设备。利用燃气加温快速将水温加热的器具，归类时机器归入第 84 章。根据其功能归入品目 84.19，然后按燃气快速热水器列名，归入商品编码 8419.1100。

 例 174 谷物干燥器（电热）。

商品分析及归类：本题商品谷物干燥器（电热）是利用温度变化处理材料的机器。归类时应按机器归入第 84 章。本题商品似乎可以按干燥器归入品目 84.19，又可以按谷物加工机器归入品目 84.37。根据第 84 章章注二的规定，当机器出现似乎可以按功能归入品目 84.01～84.24，又可以按用途归入品目 84.25～84.80 的情况时，应优先按功能列名归入品目 84.01～84.24 范围内。因此，本题商品应优先考虑归入品目 84.19，并应归入商品编码 8419.3100。

（六）造纸及印刷机器的归类

1. 纸浆的制造机器（84.39）——→纸或纸板的制造机器（84.39）——→纸浆、纸或纸板制品的制造机器（84.41）——→纸或制品的装订机器（84.40）。

2. 排版机器归入品目 84.42。

3. 印刷（打印）、复印、传真等机器归入品目 84.43。归入该品目项下的子目结构如下：

（1）传统印刷机器（即采用品目 84.42 的印版进行印刷的机器）

.... 子目 8443.1

（2）其他机器：

①可与自动数据处理设备或网络相连的

具有多功能 .... 子目 8443.31

具有单功能 …………………………………………… 子目8443.32
②不可与自动数据处理设备或网络相连的
　…………………………………………………… 子目8443.39
（3）零件 …………………………………………… 子目8443.9

4. 归类时应注意归入本品目的机器在确定子目时，考虑的主要因素有：
（1）是否是传统的印刷机器；
（2）是否可与自动数据处理设备或网络（此处网络指计算机网络或电话网络、电报网络）相连；
（3）是否具有打印、复印、传真等多种功能。

5. 同时应注意的事项：
（1）对于有些明显具有印刷功能的喷墨打印机应按印刷机器归入品目84.43，而不应归入品目84.71。例如：喷码机具有印刷功能，该机器应归入商品编码8443.3990。
（2）具有单一功能的打印机不能按自动数据处理设备的输出部件归入品目84.71。
（3）具有单一功能的传真机不能按通信设备归入品目85.17。

例175　照相凹版印刷机。

商品分析及归类：本题商品照相凹版印刷机是印刷机器。归类时应按机器归入第84章。由于品目84.43已有印刷机列名，因此，根据其印刷方式（凹板），本题商品的商品编码为8443.1700。

例176　热敏打印机（只有打印功能，且可与自动数据处理设备连接）。

商品分析及归类：本题商品只具有打印功能，且可与自动数据处理设备连接，该打印机应按机器归入第84章品目84.43，由于其不属于专用于品目84.71所列设备的打印机，因此，该商品的商品编码为8443.3214。

例177　热敏打印头。

商品分析及归类：本题商品属于热敏打印机的零件，应归入第84章品目84.43"……上述机器的零件及附件"，因此，本题商品的商品编码为8443.9921。

例178 "惠普"静电感光式多功能一体机,具有复印、扫描、打印和传真功能,可通过与电脑连接进行激光打印,与电话网络连接收发传真。

商品分析及归类:本题商品是具有复印、扫描、打印和传真功能的组合式机器,应归入第84章品目84.43。根据其具有打印、复印、传真中两种或两种以上功能,可与自动数据处理设备或网络连接,同时,符合静电感光式这个条件,因此,本题商品的商品编码为8443.3110。

(七)各种加工机床及零件的归类

对于各种加工机床的归类,在《协调制度》的分类目录中的结构排列规律如表7-26所示:

表7-26 加工机床及零件的结构排列规律

序号	机床大类	机床分类	机床细类	归入品目
1	金属加工机床	特种加工机床		84.56
2		金属切削机床	加工中心、组合机床	84.57
3			车床	84.58
4			钻床、镗床、铣床、攻丝机床	84.59
5			磨床(不含齿轮磨床)	84.60
6			刨床、插床、拉床、齿轮加工(含齿轮磨床)、锯机床	84.61
7				
8		非切削加工机床	压力加工机床	84.62
			其他机床	84.63
9	非金属加工机床	加工矿物质等		84.64
10		加工木材、塑料、橡胶等		84.65

对于机床的归类,一般归类方法按下述思路进行:

1. 判断其是否符合第84章章注九关于品目84.86所称:"半导体器件"及"集成电路""平板显示器的制造"设备和装置的规定,若符合规定,则优先归入品目84.86。

2. 判断其是否是运用激光、光子束、超声波等技术加工各种材料的特种加工机床：若是，则优先归入品目84.56；若不是，则根据加工对象的不同归类，加工金属的机床归入品目84.57～84.63，加工其他材料的机床归入品目84.64～84.65。而加工金属的机床，还要区分是金属切削机床还是压力加工机床或其他非切削加工机床，前者按加工方式归入品目84.57～84.61，后者则按压力加工机床或其他非切削加工机床归入品目84.62～84.63。

3. 确定某些子目时还要考虑是立式机床还是卧式机床，立式指机床的回转主轴为垂直方向，卧式指机床的回转主轴为水平方向。

4. 其他非金属加工机床，归类时应注意加工对象的不同，如：

（1）品目84.64的机床加工对象是石料、陶瓷、混凝土、石棉水泥、玻璃等；

（2）品目84.65的机床加工对象是木材、软木、骨、硬质橡胶、硬质塑料等；

（3）木工用的刨床、钻床、铣床等应归入品目84.65，但是木碎料板或木纤维板的挤压机器应归入品目84.79。

对于只有专门用于上述机床的零、附件才归入零件专用品目84.66（如工具夹具、工件夹具及分度头等）；若有些在机床上使用的（如各种刀具、砂轮、控制、测量、检测装置等）却已在其他品目列名的零、附件，则应归入其他相关品目。具体归类参见表7-27中的举例：

表7-27 已在其他品目列名的机床零、附件

序号	机床零件名称	归入品目
1	机床上用的刀具如车刀、铣刀、钻头等	82.07
2	磨床上用的砂轮	68.04
3	机床上用的齿轮箱	84.83
4	数控机床的数控装置	85.37
5	机床上用的测量或检测装置	90.31

 例179 不锈钢制造的手柄（可用于多种机床操作）。

商品分析及归类：本题商品属于机床的一个零部件，归类时似乎可以按

通用零件归入第83章的品目83.02，又可以按专用于某一种机器的零件归入第84章的品目84.87，但根据第十五类类注二（三）的规定，本题商品不属于通用零件的商品范围，不能按照通用零件归入品目83.02。又根据第十六类类注二的规定，"（一）凡在第84章、第85章的品目（品目84.09、84.31、84.48、84.66、84.73、84.87、85.03、85.22、85.29、85.38及85.48除外）列名的货品，均应归入该两章的相应品目。（二）专用于或主要用于某一种机器或同一品目的多种机器（包括品目84.79或85.43的机器）的其他零件，应与该种机器一并归类，或酌情归入品目84.09、84.31、84.48、84.66、84.73、85.03、85.22、85.29或85.38。但能同时主要用于品目85.17和85.25至85.28所列机器的零件，应归入品目85.17。（三）所有其他零件应酌情归入品目84.09、84.31、84.48、84.66、84.73、85.03、85.22、85.29或85.38，如不能归入上述品目，则应归入品目84.87或品目85.48。"由于本题商品未在第84章的品目列名，又不属于品目84.09、84.31、84.48、84.66、84.73、85.03、85.22、85.29、85.38列名零件，因此，本题商品应归入品目84.87，商品编码为8487.9000。

例180　玻璃研磨机床。

商品分析及归类：本题商品是对玻璃研磨抛光的冷加工机床。归类时应归入第84章品目84.64"石料、陶瓷、混凝土、石棉水泥或类似矿物材料的加工机床、玻璃冷加工机床"，其项下有具体列名，因此，本题商品的商品编码为8464.2010。

例181　用于造纸工业的高度砑光机。

商品分析及归类：本题商品造纸工业的高度砑光机是由两个或多个平行滚筒式轧辊组成的，是用于对纸张进行上光处理的机器，属于造纸机的辅助机器。本题商品应按机器归入第84章。它似乎可按造纸机器归入品目84.41，又可按砑光机归入品目84.20。根据第84章章注二的规定，当某机器可按功能归入品目84.01~84.24，又可按用途归入品目84.25~84.80的情况时，应优先按功能列名归入品目84.01~84.24，因此，本题商品应优先归入品目84.20，商品编码为8420.1000。

例 182 数控齿轮磨床。

商品分析及归类：本题商品为加工齿轮的数控磨床。就磨床而言，加工普通工件的一般磨床（如平面磨床、外圆磨床等）归入品目 84.60，但该品目条文明确规定"……但品目 84.61 的切齿机、齿轮磨床或齿轮精加工机床除外"，所以本题所示齿轮磨床应归入品目 84.61，根据其功能及数控的条件，本题商品的商品编码为 8461.4011。

（八）关于自动数据处理设备及零部件的归类

1. 对于自动数据处理设备的归类，根据第 84 章章注五（一）的规定，归入品目 84.71 的"自动数据处理设备（简称 ADP）"是指具有以下功能的机器：

（1）存储处理程序及执行程序直接需要的起码的数据；

（2）按照用户要求随意编辑程序；

（3）按照用户指令进行算术计算；

（4）在运行过程中，可不需人为干预而通过逻辑判断，执行一个处理程序，这个处理程序可改变计算机指令的执行。

ADP 既可以是由若干部件组成的一个系统，也可以是符合本章章注五（三）所列的 3 个条件的独立部件，也就是：

——专用于或主要用于自动数据处理系统；

——可以直接或通过一个或几个其他部件同中央处理器相连接；

——能够以本系统所使用的方式（代码或信号）接收或传送数据。

2. 根据第 84 章章注五（五）规定，"与自动数据处理设备连接使用，但却从事数据处理以外的某项专门功能的机器的归类应按以下原则归类：

（1）若符合第十六类类注四或第 90 章章注三规定的功能机组，则整套机器（机器与自动数据处理设备）归入第 84 章、第 85 章或第 90 章的相应品目。例如：与电脑连接使用的名片印刷机器，该机器的主要功能是印刷，不属于自动数据处理设备，电脑用于制版和控制机器运行，它们已构成功能机组的特征，则整套机器一并按用途归类归入品目 84.43。

（2）若不符合以上规定的条件的机器，则自动数据处理设备应单独归入品目 84.71，其余机器归入与其功能相对应的品目。"

3. 自动数据处理设备（ADP）部件和零件的归类：

（1）部件的归类。

一般来说，部件是在机器中有一定功能的组合体，由许多零件组合而成的。ADP部件根据本章章注五（三）、（四）、（五）的规定归类。

章注五（三）规定，"除章注五（四）及（五）另有规定的以外，一个部件如果符合下列所有的规定，即可视为自动数据处理系统的一部分：

①专用于或主要用于自动数据处理系统；

②可以直接或通过一个或几个其他部件与中央处理器连接；

③能够以本系统所使用的方式（代码或信号）接收或发送数据。"

此外，章注五（三）又特别规定："键盘、X—Y坐标输入装置及盘（片）式存储部件，只要符合上述章注五（三）2及（三）3的规定，均作为品目84.71的部件归类。"

其他品目已列名的自动数据处理设备的输入/输出设备（或部件）不归入本品目，如打印机归入品目84.43，显示器归入品目85.28。

自动数据处理设备的部件，包括处理部件、存储部件、输入/输出部件、其他部件等，归入子目8471.50～8471.80。

（2）零件、附件的归类。

所谓零件是指组成部件的基本单元，通常不可分割且有特定功能。

所谓附件是指可互换的零件及特定装置，这些装置装上后，可使机器适于进行某种特定的操作。

专用于或主要用于ADP的零件、附件归入品目84.73。

对于ADP零件可以根据本类类注二的规定归类。即如有更为具体的列名，按其列名归入相关品目，如：某些用于ADP的集成电路归入品目85.42；没有具体列名的，按专用零件归入品目84.73。

例如，一起报验的微电脑主机（含CPU、主板、硬盘等）、键盘（输入设备）和显示器（输出设备）一并按系统归入子目8471.49，而单独报验的微电脑主机（含CPU、主板、硬盘等）归入子目8471.50，单独报验的键盘归入商品编码8471.6071，单独报验的微电脑用内存条应作为自动数据处理设备归入商品编码8473.3090，而单独报验的显示器则应归入品目85.28的有关子目。某些用于ADP的集成电路则归入品目85.42的有关子目。

进出口常见的自动数据处理设备及部件的归类如表7-28所示：

表7-28 自动数据处理设备及部件的归类

序号	自动数据处理设备及部件		归类子目
1	便携式自动数据处理设备		8471.30
2	其他以系统形式报关的自动数据处理设备		8471.49
3	单独报验的部件	自动数据处理部件	8471.50
4		输入输出部件	8471.60
5		存储部件	8471.70
6		其他部件	8471.80

4. 自动数据处理设备归类时应注意：

（1）与品目84.70设备的区别。

数字式数据自动处理设备（ADP）（品目84.71）与品目84.70的"计算机器及具有计算功能的袖珍式数据记录、重现及显示机器"，它们都是运用微机原理工作，其基本硬件配置基本相同，因而归类时容易混淆，尤其是某些掌上型的装置。

如何区分呢？一般来说，按照数字式数据自动处理设备归类的设备，必须同时符合本章章注五（一）中所指的4个条件，即具有以下功能的机器：①存储处理程序及执行程序直接需要的起码的数据；②按照用户的要求随意编辑程序；③按照用户指令进行算术计算；④在运行过程中，可不需人为干预而通过逻辑判断，执行一个处理程序，这个处理程序可以改变计算机指令的执行。

某些掌上型的装置，如带有计算功能的"快译通""电子记事簿"等，它们不符合本章章注五（一）的规定，不能随意编辑程序，其功能符合品目84.70条文"具有计算功能的袖珍式数据记录、重现及显示机器……"的列名，其中"袖珍式"外形尺寸在本章章注八有明确规定："不超过170毫米×100毫米×45毫米的机器。"

对于品目84.70所指的"计算机器"是电子计算器，能实现简单数据计算。主要有袖珍式电子计算器和办公室用电子计算器，它们不论其是否可以编程。其中可编程序型的计算器内有存储器可存放程序，操作时在键盘上输入程序后，仅按一个启动键即可执行整个程序，并能再次启动重复执行。这些功能似乎符合本章章注五（一）的某项条件，但它与数字式数据自动处理设备（ADP）的区别在于：在运行过程中，没有人为干预，不能通过逻辑判断,在处理程序认为必要的地方修改指令的执行。

(2) 服务器应根据其具体的配置判断机型予以归类。

所谓服务器是根据计算机所执行的任务而定义的,即在局域网中处于主控地位,能为其他计算机提供存储和文件服务等的计算机。所以,服务器并不代表计算机的一种类型,小型机、工作站和配置较高的微型机都可以作为服务器用,服务器应根据其具体的配置判断机型,予以归类。

根据计算机发展的现状,我国海关总署特作如下规定。

①按小型机归类的服务器必须同时符合下述所有配置:

A. 服务器使用 INTEL XEON、ALPHA 系列的 CPU,且单 CPU 主频大于等于 400 MHz;

B. 能支持 4 个及以上 CPU 协同工作(ALPHA 系列除外);

C. 能支持 4 个以上硬盘驱动器;

D. 一般使用本系列计算机的专用操作系统;

E. 使用专用高速硬盘。

②对于符合上述 D 和 E 配置要求,但不符合或不完全符合 A~C 配置要求的服务器按工作站归类。

③不符合上述 A、B 规定的服务器按微型机归类。

 例 183 "索尼"笔记本电脑(重 3 千克)。

商品分析及归类:本题的笔记本电脑,是我们平时所称的便携式电脑,它属于自动数据处理设备,应归入第 84 章品目 84.71 "自动数据处理设备及其部件……"。该电脑,其中央处理部件与键盘及显示器组合在一起,其重量为 3 千克,因此,本题商品应归入商品编码 8471.3010。

 例 184 与电脑连接使用的地毯簇绒织机(其主要功能是机织)。

商品分析及归类:本题商品是与电脑连接使用的地毯簇绒织机,是一种用电脑控制或处理地毯织造的机器,归类时应按机器归入第 84 章。根据第 84 章章注五(五)的规定,"装有自动数据处理装置或与自动数据处理机连接使用,但却是从事数据处理以外的某项专门功能的机器,应按其功能归入相应的品目"。本题地毯簇绒织机虽连接电脑,但其主要功能是机织,因此,不能按电脑(自动数据处理设备)归入品目 84.71,而应按其机织的主要功能归入品目 84.47。本题商品应归入商品编码 8447.9011。

 例 185 电脑用显示卡。

商品分析及归类：本题商品显示卡是一种适配器，是主机与显示器之间的接口，其主要功能是接受 CPU 和主存发送的信息，并将这些信息转变成显示器能接受的视频信号和同步信号后送往显示器。电脑用显示卡属于电脑的专用零件，归类时应按机器零件归入第 84 章，并按电脑零件的用途归入品目 84.73。本题商品应归入商品编码 8473.3010。

例 186 太阳能电池电子计算器。

商品分析及归类：本题商品电子计算器是一种不需要外接电源（太阳能电池），依靠按键输入数据和控制操作来完成一系列算术运算功能的机器。归类时应按机器归入第 84 章。由于品目 84.70 已有计算器的具体列名，因此，本题商品应归入商品编码 8470.1000。

（九）集成电路、平板显示器制造设备的归类

专用于或主要用于制造半导体器件、集成电路或平板显示器的机器及其零件、附件，归入品目 84.86。

第 84 章章注九对于归入品目 84.86 的商品范围、原则等均作了规定。特别是章注九（四）规定了"符合品目 84.86 规定的设备及装置，应归入该品目而不归入本《协调制度》的其他品目"，以及《协调制度》其他品目的规定。（注：本类类注一及第 84 章章注一另有规定的除外。）

归类时应注意：用于品目（84.86）货品的零件，没有规定其优先归类。因此，本品目的零件，应按照零件的归类原则归类。其中：

1. 子目 8486.10 是用于制造单晶柱或圆片的机器及装置。主要包括单晶柱的生长和拉制设备，晶圆的切割设备，晶圆的磨削、研磨、抛光设备等。

2. 子目 8486.20 是制造半导体器件或集成电路的机器及装置。主要包括制作、制造各种薄膜的设备，如化学气相沉积设备、物理气相沉积设备、氧化炉、分子束外延设备等；掺杂设备，如热扩散设备、离子注入机、退火炉等；刻蚀设备，如湿法刻蚀设备、干法（等离子体）刻蚀设备、涂覆光刻胶的设备、对晶圆上的光刻胶进行曝光的设备（如分步重复光刻机等）、直接蚀

刻在晶圆的设备等。

3. 子目8486.30是制造平板显示器的机器及装置。这里的"平板显示器",除了制造液晶显示器设备之外,也包括制造等离子显示器的设备。

在此需注意:虽然子目8486.20和子目8486.30项下有不少本国子目条文相同,工作原理也完全相同,但是由于被加工对象的材质、尺寸、品质等方面要求各有不同,所以各类商品均具有明显的专用性,因此不存在既符合子目8486.20要求又能满足子目8486.30描述的设备。举例来说,子目8486.2022的"物理气相沉积装置(PVD)"和子目8486.3022的"物理气相沉积设备(PVD)"是无法通用的。

4. 子目8486.40的装置范围,在本章章注九(三)中有明确规定。主要包括制造和修补掩膜版及刻线的设备;组装半导体器件或集成电路的设备,如模具的焊接设备、连接线的焊接设备、封装设备、测试设备(包括光学测量设备和电子测量设备)等;升降、搬运、装卸单晶柱、晶圆、半导体器件、集成电路和平板显示器的设备。

(十)通用机械零部件的归类

通用机械零部件是指金属铸造,玻璃、塑料、橡胶等用的模具以及其设备、各种阀门、轴承、传感装置等,通常归入品目84.80~84.84及品目84.87范围内。例如:

1. 模具(包括金属铸造、玻璃加热、陶瓷、水泥制品、橡胶、塑料制品等用的模具)归入品目84.80。

2. 机器设备用的各种阀门及龙头归入品目84.81。

3. 机器备用的传动装置(如传动轴、变速箱及单个齿轮、离合器及联轴器等)归入品目84.83。

4. 滚动轴承和滑动轴承虽均属轴承,但滚动轴承归入品目84.82,而滑动轴承却归入品目84.83;安装上述轴承的轴承座则应归入品目84.83。

5. 只有用金属片与其他材料制成或用双层或多层金属片制成的密封垫或类似接合衬垫才归入品目84.84,而用单一材料制成的密封垫则应按材料归类,不能归入品目84.84。只有成套的各式密封垫(必须至少配有两个及两个以上由不同材料制成)才归入品目84.84。例如:汽车发动机的汽缸密封垫(由两层铜片中间夹一层纸板构成)。该密封垫是由金属片与其他材料制成的,符合品目84.84条文描述,所以该密封垫归入子目8484.1000。

第七章 《协调制度》下的各类进出口商品归类实务

6. 本章其他品目未列名的通用机器零件归入品目 84.87，不同行业的机器上可通用的手柄（轮）应归入品目 84.87。

 易错点提示

归类时容易与本章的货品发生错误归类的商品主要有以下几种，正确的归类如下：（1）陶瓷材料制的机器或器具（如陶瓷材料制的泵）及与任何材料制的机器或器具配用的陶瓷零件应归入第 69 章；（2）实验室用玻璃器材应归入品目 70.17；（3）通用零件应归入第十五类；（4）家用电动器具应归入品目 85.09；（5）非机动的手工操作地板清扫器应归入品目 96.03。

例 187 锥形滚动轴承。

商品分析及归类：本题商品轴承是用于支撑轴作转动的重要部件，轴承按其摩擦状态可分为滑动轴承和滚动轴承两种。本题商品为锥形滚动轴承，归类时应按机器零件归入第 84 章。由于品目 84.82 已有该商品的列名，因此，本题商品应按具体列名归入商品编码 8482.2000。

例 188 发动机用皮革垫圈。

商品分析及归类：本题商品垫圈是一种垫在螺母（或螺栓头）和其连接的零件之间的扁平的环，其主要用来增加接触面积，增加零件间的紧密强度。本题商品是发动机的一个零件，归类时似乎应该按发动机零件归入第 84 章的品目 84.09，也可按皮革垫圈归入第 42 章的品目 42.05。根据第十六类类注一（二）的规定，用作机器、机械器具零件的皮带、皮制垫圈等应归入品目 42.05，而不要按机器零件归入第十六类，因此，本题商品应按皮革垫圈归入品目 42.05，并归入商品编码 4205.0020。

例 189 船舶用舵机。

商品分析及归类：本题商品船用舵机是船舶在改变航行方向时用来摆动船舵的机械，一般装在船尾部，由驾驶人员在驾驶台上远距离操纵。船舶用舵机是船舶的一个零部件。根据第十七类类注二（五）的规定，第十七类不适用品目84.01至品目84.79的机器或装置及其零件,以及品目84.81至品目84.83的物品,由于第84章品目84.79已有船舶用舵机列名,因此,本题商品应按具体列名归入品目84.79,其商品编码为8479.8910。

四、关于第85章电机、电气设备及其零件;录音机及放声机、电视图像、声音的录制和重放设备及其零件、附件的归类

本章涉及的商品是利用电气原理进行工作的各种电气机器、设备、装置器具及其零件,以及一些相关的机电产品,例如:发电机、电动机、电动器具、通信设备、电视机、录像机、收录机、电阻器、电容器、集成电路、电线、电缆、绝缘器件等。本章所列的货品即使由陶瓷材料或玻璃制成,仍应归入本章(但品目70.11所列货品除外)。第85章商品基本上是按商品功能排列。

(一)第85章的商品排列结构规律(见表7-29)

表7-29 第85章商品排列结构规律

序号	分类方式	商品类型	归入品目
1	电气电子设备	发电、变电的设备、装置	85.01~85.04
2		电磁铁、原电池、蓄电池	85.05~85.07
3		其他以电能做功的电器设备(家用电动器具、理发器具、发动机和机动车辆的电器及信号装置、电热器具等)	85.09~85.16
4		通信设备(有线或无线网络、发送或接收声音、图像、其他数据用的设备等)	85.17
5		音像设备及其零附件	85.18~85.22
6		信息记录媒体(分为录制信息和已录制信息媒体)	85.23
7		无线电广播和电视的收发设备、雷达、无线导航、摇控、监视设备及零件	85.25~85.29
8		电气信号装置	85.30~85.31
9		其他具有独立功能的未列明的电气设备	85.43
10		各种电子元器件(电阻、电容、二极管、晶体管等)及电气零件(品目85.43除外)	85.32~85.48

（二）本章商品归类原则和方法

本章货品归类时应注意：

1. 第 85 章章注二规定："当出现既可归入品目 85.01~85.04 又可归入品目 85.11、85.12、85.40、85.41 或品目 85.42 的货品情况时，可根据第 85 章章注二的优先归类原则，优先归入品目 85.11、85.12、85.40、85.41 或品目 85.42（但金属槽汞弧整流器仍归入品目 85.04）。"

2. 第 85 章章注四规定："对品目 85.09 的家用电动器具通常是供家用的。一般来说都是小型的。"因此，主要用重量来衡量其是否为家用。但地板打蜡机、食品研磨机及搅拌器、水果或蔬菜的榨汁器，不论其重量是多少，都归入品目 85.09；而其他电动器具必须是重量不超过 20 千克的才可以归入品目 85.09。

3. 本章不包括：

（1）第 90 章的物品。不论是否利用电气方式工作，均根据用途和功能归入该章。例如，电气医疗诊断装置（品目 90.18）、自动调节或控制仪器及装置（品目 90.32）等。

（2）本章章注一所列的物品，例如：

①电暖的毯子、褥子、足套及类似品，电暖的衣服、靴、鞋、耳套或其他供人穿戴的电暖物品；

②品目 70.11 的玻璃制品；

③品目 84.86 的机器及装置；

④用于医疗、外科、牙科或兽医的真空设备（品目 90.18）；

⑤第 94 章的电热家具。

（三）家用电动器具的归类

家用电动器具的归类，应根据第 85 章章注四的规定，特别应注意归入品目 85.09 的家用电动器具，有些家用电动器具还要受重量的限制（重量不超过 20 千克），如食品用切片机、绞肉机、电动牙刷等。但有些商品是不受重量限制的，如地板打蜡机、食品研磨及搅拌器等。

1. 不同类型绞肉机的归类

（1）重量小于 20 千克的电动绞肉机属于家用电动器具，归入品目 85.09；

（2）重量大于 20 千克的电动绞肉机属于食品加工工业机器，归入品目 84.38；

（3）重量小于 10 千克的家用手摇绞肉机属于手工工具，归入品目 82.10。

2. 已有具体列名的家用电器的归类（见表 7-30）

表 7-30　已有具体列名的家用电器的归类

序号	家用电器	归入品目
1	电扇、排气扇、抽油烟机等	84.14
2	离心式干衣机	84.21
3	家用洗碟机	84.22
4	家用洗衣机	84.50
5	家用电热器具	85.16
6	电动剃须刀及电动理发用具	85.10

例 190　电动蔬菜榨汁机（重量 40 千克）。

商品分析及归类：本题商品电动蔬菜榨汁机是一种能通过电能带动马达从而产生动能来完成蔬菜榨汁的机器。本题商品属于家用电动器具，应根据第 85 章章注四的规定来判断，特别应注意归入品目 85.09 的家用电动器具有些还要受重量的限制（不超过 20 千克）。由于本题电动蔬菜榨汁机（重量 40 千克）不属于限重量家用电动器具，符合第 85 章章注四（一）的范围，因此电动蔬菜榨汁机（重量 40 千克）的商品编码为 8509.4010。

例 191　电动洗碟机（外部尺寸为 60 厘米×90 厘米×70 厘米）。

商品分析及归类：本题商品洗碟机又称洗碗机，是能代替人工洗涤碗、碟、杯、锅等餐具的机器。归类时应按机器归入第 84 章。由于品目 84.22 已有洗碟机具体列名，因此，根据其尺寸规格（外部尺寸为 60 厘米×90 厘米×70 厘米，小于 65 厘米×95 厘米×70 厘米），本题商品应按家用洗碟机归入商品编码 8422.1100。（注：参照《协调制度》的解释，品目 84.22 所规定的家用洗碟机的尺寸应小于 65 厘米×95 厘米×70 厘米。）

例192 家用电动牙刷。

商品分析及归类：本题商品家用电动牙刷是一种通过电能产生动能的电器产品。归类时应按电器归入第85章，并按家用电动器具归入品目85.09。根据第85章章注四（二）的规定，品目85.09仅包括通常重量不超过20千克的家用电动器具。由于本题商品为重量不超过20千克的家用电动器具，符合品目85.09的商品范围，因此，本题商品的商品编码为8509.8090。

（四）关于焊接设备的归类

对焊接设备归类时，应注意判断其工作方式，以电器、激光、光子束、超声波、电子束、等离子弧等方式工作的焊接设备，应归入品目85.15；以其他方式工作的焊接设备，如气焊设备、摩擦焊设备，应归入品目84.68。

焊接设备在《协调制度》中的归类参照下表，具体归纳如表7-31所示：

表7-31 焊接设备的归类

序号	焊接设备名称	商品归类
1	手工电弧焊机	8515.3900
2	埋弧自动焊机（非焊管机）	8515.3199
3	全自动电阻焊机（非焊管机）	8515.2199
4	钎焊用的焊枪	8515.1100
5	激光、电子束、光子束、超声波等焊机	8515.8090
6	电热气体焊接机	8515.8090
7	等离子弧全自动焊接机器（非螺旋焊管机）	8515.3199
8	利用气体焊接的机器（手提喷焊器）	8468.1000
9	摩擦焊接机	8468.8000
10	光纤融接机	8515.8090

（五）关于通信设备的归类

"通信设备"是指包括有线电话、蜂窝网络电话或其他无线网络电话（即手机）、基站、电话交换机、光通信用设备（如光端机等）、计算机网络通信用设备（如以太网交换机、路由器、集线器等）、其他声音、图像或其他数据的转换及接受设备和发送设备。

对于通信设备的归类,通信设备虽有"有线""无线"之分,但无论是"有线"还是"无线",通信设备一律归入品目85.17,而只是在确定子目时才考虑区分"有线通信设备"还是"无线通信设备"。

1. 通信设备归类时应注意以下几点:

(1) 无绳电话机与无线电话机的区别。无绳电话机俗称子母机,是由主机和副机两部分组成,因主机与电话线相连,只是主机与副机的通信为无线方式,所以无绳电话机应属于有线通信设备,而无线电话机属于无线通信设备。

(2) 用于声音、图像或其他数据的发送设备归类时,不要误归入品目85.25。

(3) 品目85.28的投影机的归类,投影机接收与图像相关的视频信号,也可以接收电脑处理后的R、G、B三原色信号。专用于计算机的视频投影机,不能按计算机的输出部件归入品目84.71,而应按投影机归入子目8528.61;其他投影机则归入子目8528.69。

(4) 品目85.29,专用于或主要用于品目85.25~85.28所装置或设备的零件。归类要注意,第十六类类注二(二)规定,但能同时主要用于品目85.17和品目85.25~85.28所列机器的零件,应归入品目85.17。

(5) 计算机通信的路由器、集线器等归类时不要误按自动数据处理设备的零部件错误地归入品目84.71。

(6) 其他品目已经列名的通信设备不要误归入本品目85.17。如传真机已在品目84.43列名,不要误按通信设备归入本品目85.17。

2. 通信设备的归类,参见表7-32:

表7-32 通信设备的归类

通信方式	特征描述	归入品目
有线通信	通过电缆或光缆传输信号	85.17
无线通信	具有收、发信号功能	85.25
	只有接收信号功能	85.27
	雷达设备、导航设备	85.26

例193 单独报验的无绳电话用副机(子机)。

商品分析及归类:本题商品无绳电话用副机(子机),就无绳电话机而言,它不同于无线电话机,是由主机和副机(子机)两部分组成,因主机与电话线相连，只是主机与副机（子机）的通信为无线方式，故无绳电话机仍属有线通信设备。由于本题商品为无绳电话用副机（子机），为单独报验的副机（子机），且该机与主机间为无线方式通信，因此应按无线通信设备归类，本题商品的商品编码为 8517.1210。

 例 194 电子闪存卡（未录制）。

商品分析及归类：本题商品电子闪存卡，是从外部数据源记录数据的固态、非易失性数据存储器件。其用于从外部数据源记录数据，或向导航及全球定位系统，数据采集终端、便携式扫描仪、医疗监测仪器、音频记录设备、个人通信设备、移动电话、数字式照相机及自动数据处理设备等提供数据。通常，一旦与特定装置连接之后，即可将数据存储在装置上，并可以从中读取数据，也可以将数据上传至自动数据处理设备，或从自动数据处理设备下载数据。归类时应按电气设备归入第 85 章，按固态非易失性数据存储器件归入品目 85.23。本题商品应按具体列名归入商品编码 8523.5110。

 例 195 钟控收音机。

商品分析及归类：本题商品钟控收音机是一种既有计时功能又有接收无线电广播功能的多功能机器。归类时似乎可以按钟表归入第 91 章的品目 91.05，又可以按无线电广播接收设备归入第 85 章的品目 85.27。根据第十六类类注三多功能机器归类规定，多功能机器应按机器主要功能归类，由于本题商品的主要功能是接收无线电广播，因此，本题商品应按无线电广播接收设备归入品目 85.27，其商品编码为 8527.9200。

 例 196 光端机。

商品分析及归类：本题商品光端机是光信号和电脉冲信号的转换装置，安装在光缆和通信电缆的衔接处，属于有线通信设备。归类时应按电器设备归入第 85 章。由于品目 85.17 已有光端机的列名，因此，本题商品应按具体列名归入商品编码 8517.6221。

（六）关于电子元器件的归类

对于通用电子元器件的归类，一般按其不同的特性归类。其在《协调制度》分类目录中的结构编排顺序见表7-33：

表7-33　电子元器件的归类

序号	通用电子元器件名称	归入品目
1	固定、可变电容	85.32
2	电阻（包括变阻器及电位器）	85.33
3	印刷电路	85.34
4	热电子管、冷阴极管或光阴极管	85.40
5	半导体器件（二极管、晶体管等）	85.41
6	集成电路及微电子组件	85.42
7	变压器、变流器、电感器	85.04
8	用于（电压大于1 000伏）电路开关、保护装置（如熔断器、避雷器等）	85.35
9	用于（电压小于或等于1 000伏）电开关、保护装置（如插座、熔断器等）	85.36
10	碳电极等石墨制品	85.45
11	各种材料制的绝缘子	85.46
12	电器绝缘零件	85.47
13	未列名的电器零件	85.48

对于由高压电器或低压电器组成的组合体，通常装于盘、板、台或柜子里，这些组合体应归入品目85.37，例如，电器控制柜、数控装置等。同时，该品目还包含一些较为复杂的装置，如可编程序控制器。

例197　发光二极管。

商品分析及归类： 本题商品发光二极管是一种可以把电能变成可见光线、

红外线或紫外线的半导体器件。归类时应按电器归入第 85 章。由于品目 85.41 已有二极管的列名，因此，本题商品应按具体列名归入商品编码 8541.4010。

 例 198 阴极射线彩色电视显像管。

商品分析及归类：本题商品显像管是将电信号转换为光图像的电子束管，可分为黑白显像管和彩色显像管两大类。阴极射线彩色电视显像管是电视机的一个零件，归类时应按其设备归入第 85 章。本题商品似乎可以按电视机的零件归入品目 85.29，也可按电视显像管归入品目 85.40。但由于品目 85.40 已列有该商品，因此，根据归类总规则三（一）列名具体的品目优先于列名一般的归类原则，本题商品应按具体列名的显像管归入品目 85.40。本题商品应归入商品编码 8540.1100。

 例 199 高频放大器。

商品分析及归类：本题商品高频放大器是指能把输入信号的电压或功率放大的无线电装置。归类时应按电子器件归入第 85 章。由于品目 85.43 已有高频放大器的具体列名，因此，本题商品应按具体列名归入商品编码 8543.7092。

 例 200 用于半导体收音机的微调电容器。

商品分析及归类：本题商品微调电容器也称半可变电容器，是电容量可作精细调整的小容量电容器。归类时应按电子器件归入第 85 章。本题商品似乎可以按收音机的零件归入品目 85.22，也可按微调电容器归入品目 85.32。根据归类总规则三（一）的具体列名优先于一般列名的规定，本题商品应按具体列名的电容器归入品目 85.32，并按微调电容器归入商品编码 8532.3000。

（七）有关灯、灯具的归类

灯及灯具是用途极为广泛的商品，既可用于照明，也可用于交通管理、信号灯方面。对灯、灯具归类时，一般应考虑是否带有灯座或用于何种用途等因素，详见表 7-34：

表 7-34　灯、灯具的归类

序号	灯、灯具的名称	归入品目
1	各种灯泡、灯管等电光源	85.39
2	带有灯座的灯具	94.05
3	机动车辆（不含火车、飞机）的照明灯、信号灯	85.12
4	火车和飞机的前灯等	94.05
5	照相机用的闪光灯及灯泡	90.06
6	非电气的汽灯、手提灯、马厩灯、防风灯	94.05
7	自供电源的灯（如手电筒、手提式应急灯）	85.13
8	交通管理用的信号灯（交叉路口的红绿灯等）	85.30

（八）有关音像设备及无线广播、电视接收设备的归类

对于音像设备及无线广播、电视接收设备的归类，一般应考虑信号的种类（即声音、图像）和交换方法等因素。音像设备及无线广播、电视接收设备在《协调制度》分类目录中的结构排列顺序见表 7-35：

表 7-35　音像设备及无线广播、电视接收设备的归类

序号	信号种类	交换方式	归入品目
1	声音	话筒和喇叭（声音⟷电信号）	85.18
2	声音	放音［记录媒体（磁、光信号）→声音］	85.19
3	声音	录音［声音→记录媒体（磁、光信号）］	85.19
4	声音	收音（无线广播信号→声音）	85.27
5	图像	录放像［图像信号⟷记录媒体（磁、光信号）］	85.21
6	图像	摄像［图像→记录媒体（磁、光信号）］	85.25
7	图像	电视（无线电电视信号→图像、声音）	85.28

例 201　汽车 GPS 导航仪，装于汽车上为驾驶员提供道路导航。

商品分析及归类：本题商品 GPS 导航仪属于无线电导航设备，故应归入品目 85.26"雷达设备、无线电导航设备及无线电遥控设备"，因此，本题商品的商品编码为 8526.9110。

例 202 电子防丢器。

商品分析及归类：本题商品电子防丢器，是由子机和主机组成的，工作时子机发出稳定的无线电波，主机接收到子机的无线电信号时不报警，当主机和子机之间的距离超过预定距离时主机接收不到子机的无线电信号，立即发出报警信号，提醒使用者。通常用于手机、钱包、小孩等物品或人身上，防止丢失、防偷。根据其工作原理和作用分析，电子防丢器类似于电子防盗或防火报警器，属于电气音响信号装置，故应归入品目 85.31 "电气音响或视觉信号装置（例如：电铃、电笛、显示板、防盗或防火报警器）……"因此，本题商品的商品编码为 8531.1000。

（九）有关记录媒体与所用设备的归类

"记录媒体"主要有磁卡媒体、光学媒体和半导体媒体。磁卡媒体通常的类型有磁带、磁盘、磁卡，光学媒体通常的类型有光盘，半导体媒体通常的类型有 U 盘、数码相机的记忆棒、SD 卡、CF 卡和 SM 卡等。

"记录媒体"归类时应注意：

1. 微电脑用内存条不能作为记录媒体归入品目 85.23，应作为自动数据处理设备零件归入商品编码 8473.3090；

2. 移动硬盘不能作为记录媒体归入品目 85.23，应作为自动数据处理设备的存储部件归入商品编码 8471.7010；

3. 对于记录媒体与所用设备归类时，当记录媒体与所用设备（指直接读取记录媒体信息的设备）一同报关时，记录媒体与所用设备应分别归类，即记录媒体（不论是否录制信息）一律归入品目 85.23，所用设备归入其相应的品目。当记录媒体与所用设备以外的物品一同报验时，如果符合归类总则三（二）所列零售成套货品规定的，则整套货品应按具有该套货品基本特征的货品进行归类；若不符合归类总则三（二）所列零售成套货品规定的，则这些货品应分别归入其适当品目。

例 203 一盒录像带（已录制信息）与一台录像机一同报验。

商品分析及归类：本题商品是由一盒录像带（已录制信息）和一台录像机一同进口或出口（一同报验）的。其中录像机属于录像带的播放设备，所以应分别归类，录像带应归入品目 85.23，归入商品编码 8523.2929。录像机应归入品目 85.21，归入商品编码 8521.1019。

 例 204　一台微波炉（含一张有使用说明和常用菜谱的光盘）一同报验。

商品分析及归类：本题商品微波炉，含有一张使用说明和常用菜谱光盘，一同进口或出口（一同报验）。由于该微波炉不属于光盘的所用设备，其中光盘是介绍该微波炉的使用说明资料，它们的组合符合归类总规则三（二）所列零售成套货品的规定，因此依据规则将两者一并归类，本题商品应按微波炉归入品目 85.16，商品编码为 8516.5000。

（十）具有独立功能、未列名机电产品的归类

机电产品的种类繁多，涉及现代生产、生活领域的方方面面。在《协调制度》分类目录中不可能将所有机电产品都具体列名。因此，对具有独立功能却未列名的机电产品设定一个垫底品目。第 84 章中机械设备具有独立功能而未列名的机器一般归入品目 84.79，第 85 章中的电气设备具有独立功能而未列名的电气设备一般归入品目 85.43。需要注意的是，归入上述两个品目的商品必须满足以下条件：

1. 任何类注、章注均未规定，不包括在这两章内；

2. 未更为具体地列入在《协调制度》分类目录中其他各章的某一品目内；

3. 根据其功能和用途均不能归入这两章的其他品目。

 易错点提示

归类时容易与本章的货品发生错误归类的商品主要有以下几种，正确的归类为：（1）电暖的毯子、褥子、足套及类似品，电暖的衣服、靴、鞋、耳套或其他供人穿戴的电暖物品应归入相关章；（2）第 84 章所列的电气的机器及器具，如家用洗衣机应归入品目 84.50，离心干衣机应归入品目 84.21，滚筒式或其他形式的熨烫机应归入品目 84.20 或品目 84.51，缝纫机应归入品目 84.52，电剪子应归入品目 84.67，洗碟机应归入品目 84.22。

第七章 《协调制度》下的各类进出口商品归类实务

 **例 205** 飞机的黑匣子。

商品分析及归类：本题商品飞机的黑匣子，用于记录飞机的飞行姿态、轨迹、速度等多种飞行数据。飞机失事时，黑匣子的紧急定位发射机自动向四面八方发射无线电信号，以便搜寻者溯波寻找。因此，黑匣子属于一种电子设备应归入第 85 章。由于其功能并没有在有关品目列名，故应按"本章其他品目未列名的具有独立功能的电气设备及装置"归入品目 85.43，因此，本题商品的商品编码为 8543.7099。

进出口商品归类强化训练习题

一、商品归类题

1. 自动打字机
2. 离心式干衣机（干衣量为 5 千克）
3. 抽油烟机（罩面尺寸为 80 厘米×45 厘米）
4. 安装在品目 87.01 拖拉机上的农用收割机
5. 计算机网络通信用的路由器
6. 供铁道用的机械交通管理设备
7. 飞机用启动电动机
8. 直流电动机（输出功率 375 千瓦）
9. 不间断供电电源（UPS）
10. 电磁式离合器
11. 有计算装置的现金出纳机（销售点终端）
12. 玻璃刻花机
13. 用于飞机发动机的传动轴
14. 由计算机控制的半导体芯贴片机（用于工厂）
15. 快递公司快件分拣设备
16. 橡胶注塑机
17. 电子管封装机
18. 有加热或制冷装置的永和豆浆自动销售机
19. 汽车变速器行星齿轮减速器
20. 铜制绕组电线

21. 陶瓷制导线绝缘接头
22. 同轴电缆
23. 物理实验所用粒子加速器
24. 汽车用无线电导航器
25. 主要用于品目84.71自动数据处理系统投影机
26. 鼠标器
27. 自动柜员机
28. 宝马轿车用电动风挡刮雨器
29. 发光二极管
30. 氧化汞的原电池

（注：本节商品归类题中"1. 自动打字机"在2017年版及以前版归入品目84.69项下，2017年修订时该品目已被删除。）

二、单项选择题

1. 自动柜员机出钞器
   A. 8472.9010   B. 8471.3000   C. 8472.9090   D. 8473.4010
2. 自动数据处理微型机（重量超过10千克，同一机壳内有一个中央处理部件及一个输入、输出部件）
   A. 8471.4140   B. 8471.3000   C. 8471.4940   D. 8471.5040
3. 装有离心甩干机的洗衣机（干衣量不超过10千克）
   A. 8450.1190   B. 8421.1210   C. 8450.1200   D. 8451.2100
4. 本身装有电动动力装置的链锯
   A. 8467.8100   B. 8467.2210   C. 8202.4000   D. 8202.1000
5. 人造石墨轴承
   A. 6815.1000   B. 8482.1090   C. 8482.8000   D. 8483.3000
6. 制造半导体器件薄膜化学气相沉积装置
   A. 8486.3021   B. 8486.2029   C. 8486.2021   D. 8486.3029
7. 电动机械信号管理设备（用于码头）
   A. 8608.0090   B. 8530.8000   C. 8531.8090   D. 8531.9090
8. 光电池
   A. 8548.9000   B. 8506.8000   C. 8541.4020   D. 8541.4090
9. 卧式数控的切削金属车削中心
   A. 8457.1030   B. 8457.1090   C. 8458.1100   D. 8459.6990

10. 汽车发动机凸轮轴
A. 8483.1090　　　B. 8483.1019　　　C. 8708.9992　　　D. 8708.9999

第十七节　第十七类　车辆、航空器、船舶及有关运输设备

本节学习目的及重点、难点、疑点

1. 旨在理解、掌握并运用商品归类原则和方法对《协调制度》编码第十七类所涉及的商品进行归类。

2. 对于多用途运输工具的归类，依据本类类注四（一）、（二）、（三），和本类类注五（一）、（二）、（三）的规定，对多用途运输工具归类。

3. 对于本类商品"零件及附件"归类，主要依据本类类注二和类注三的规定进行归类。

一、本类商品主要内容及范围

本类商品主要涉及《协调制度》：

第86章　铁道及电车道机车、车辆及其零件；铁道及电车道轨道固定装置及其零件、附件；各种机械（包括电动机械）交通信号设备

第87章　车辆及其零件、附件，但铁道及电车道车辆除外

第88章　航空器、航天器及其零件

第89章　船舶及浮动结构体

本类主要包括各种交通工具、运输设备及与运输设备相关的某些具体列名的商品（例如：经特殊设计、装备，适用于一种或多种运输方式需要的集装箱），某些铁道或电车轨道固定装置、附件和机械信号装置，专用于或主要用于第86章至第88章所列车辆、航空器等零件、附件。

本类共包括4章，第86章涵盖各种铁道车辆，第87章涵盖其他路上车辆，第88章涵盖航空器及航天器，第89章涵盖船舶及气垫船、浮动结构体。

二、本类商品的归类原则和方法

(一) 多用途运输工具的归类

所谓多用途运输工具,是指既可以在道路上行驶又可以在轨道上行驶的车辆,同时还指可以水陆两用的机动车辆和在导轨或水上借以气垫技术运行的气垫运输工具。

对于多用途运输工具的归类,依据本类类注四 (一)、(二)、(三) 和本类类注五 (一)、(二)、(三) 的规定,对于多用途运输工具的归类,按表7–36归入相应章。

表7–36 多用途运输工具的归类

序号	多用途运输工具名称	归类
1	既能够在道路上又能够在轨道上行驶的车辆	第87章
2	水陆两用的机动车辆	第87章
3	可兼做地面车辆的航空器	第88章
4	在导轨上运行的气垫火车	第86章
5	水陆两用的气垫运输工具	第87章
6	既能在水上航行,又能在海滩或浮码上登陆,或在冰上行驶的气垫运输工具	第89章

(二) 本类商品"零件及附件"的归类

对于本类商品"零件及附件"归类,主要依据本类类注二和类注三的规定:

1. 本类类注二所排除的零件及附件

(1) 任何材料制成的接头、垫圈及类似品按其构成材料归类或归入品目84.84,或硫化橡胶 (硬质橡胶除外) 的其他制品 (品目40.16)。

(2) 第十五类类注二所规定的贱金属制通用零件。如第73章至第81章的螺栓、螺母、垫圈、销、弹簧 (包括车辆用的钢板弹簧),第83章的锁、车身配件及附件、牌照等,若以上零件及附件由塑料制成,则归入第39章。

(3) 第84章的机器设备及零件。即品目84.01~84.79的机器或装置及其零件,品目84.81或品目84.82的物品及品目84.83的发动机内部零件如曲轴、凸轮轴、飞轮等。

（4）第85章的电动机械及电气设备。即品目85.01、85.04的电动机、发电机、变压器，品目85.05的电磁铁、电磁离合器，品目85.07的蓄电池，品目85.11的点燃或压燃式内燃发动机用的点火或电起动装置，如火花塞、电动起动机，品目85.31的其他车辆（如火车）、航空器或船舶用的电气音响或信号装置，品目85.43的用于飞机、船舶、火车或其他车辆（不包括脚踏车和机动车辆）配有电阻器的除霜器及去雾器。

（5）第90章的物品。如用于某些车辆的仪器设备（品目90.29的转数计、车费计、里程计等）。

（6）第91章的物品。如品目91.04用于车辆、航空器、航天器或船舶用的类似钟、仪表板钟。

（7）第94章品目94.05的灯具或照明装置。

（8）作为车辆零件的刷子（如品目96.03）。

2. 本类类注三的规定

本类类注三对归入第86章至第88章所称"零件"或"附件"作了两项规定：

（1）"专用于或主要用于"第86章至第88章设备的零件及附件与所属设备一并归类。非专用于或非主要用于第86章至第88章设备的零件及附件，不归入上述各章。在这里应分清"专用于或主要用于"与"非专用于或非主要用于"的界线，按"专用于或主要用于"本类设备的零件及附件归类时必须同时满足以下三个条件：

①它们不应是属于本类类注二规定不适用的货品范围；

②它们必须是专用于或主要用于第86章至第88章货品的零件及附件；

③它们必须是未在《协调制度》中其他品目内列名更为具体的货品。

（2）同时符合第86章至第88章内两个或两个以上品目规定的"零件"或"附件"，应按其主要用途归类。即：

①可归入本类中的两个或两个以上品目的零件及附件，如制动器、转向系统、车轮、车轴等适用于多种运输工具（汽车、航空器、摩托车等）的零件及附件，应按其主要用途归入其相应的运输工具零件及附件的有关品目。

②对于既可归入第十七类，又可归入其他类的零件或附件，例如第84章所列的移动式机器用的转向机构、制动系统、车轮及挡泥板等，与第87章所列货车用的几乎相同，应按货车零件及附件归入本类，而不归入第84章。

在运用本类类注三的规定归类时，应特别注意：**不包括本类第 89 章的船舶或结构浮动体的零件及附件。**除船体外的所有船舶或浮动结构体的零件及附件均不能归入第 89 章，即使这些零件及附件确定为船舶专用也不归入该章，一般仍应该按主要功能、用途归入其他章的相应品目。这一点不同于第 86 章至第 88 章的规定。也就是说第 89 章不包括零件、附件，只包括船舶及浮动结构体等运输设备，所以即使专用于或主要用于船舶的也不归入该章，一般按主要功能、用途归入相应章的相应品目。

 例 206　船舶用舵机。

*商品分析及归类：*本题商品为船舶用舵机，该商品已十分明确地表明为船舶专用的一部件，按一般商品归类的习惯思维很自然地应归入第 89 章船舶及浮动结构体。但船舶用舵机，根据第十七类类注二（五）的规定不适用于"**品目 84.01～84.79 的机器或装置及其零件……**"。虽其专用于船舶，也不应作为船舶零件归入第十七类，它已构成了具有独立功能的机器，应作为机器归入第 84 章核反应堆、锅炉、机器、机械器具及其零件，而且第 84 章已有具体的子目条文列名"船舶用舵机……"。因此，本题商品的商品编码为 8479.8910。

（三）自走式机器及其他移动式机器的归类

"自走式机器""移动式机器"是将机器设备（特别是第十六类所列的机器设备）安装在第十七类所列的车辆底盘或浮动底座上构成自走式机器或移动式机器，其中这些机器的底座种类、结构特征是判断、决定商品归类的主要条件。

1. 装在第 86 章或第 87 章所列车辆底盘上的移动式机器

将工作机器（设备）装在第 86 章或第 87 章所列车辆底盘上的移动式机器，可按其底盘特征归入第 86 章或第 87 章的相应品目。其中第 87 章所列车辆的底盘必须配有：推进发动机、变速箱及换挡操纵装置、转向及制动装置。

对于上述移动式机器归类时必须注意：对于工作机器与底盘装在一起（如经特制相互构成不可分割的成套机械设备）的轮式或履带式的自走式机器（如起重机、挖掘机、推土机等），这些机器的推进发动机、变速箱及换挡操纵装置、转向及制动装置中的一种或多种推进中心部件装在作业机器的驾驶室内。其不具备第十七类设备的属性，则不论整台机器是否能依靠自身的动力在道路上行驶，仍应归入第十六类第84章品目84.26、84.29、84.30或其他品目。

2. 装有辅助发动机的小型流动步行操纵器具

装有辅助发动机的小型流动步行操纵器具，如公共场所用的垃圾清扫机和交通划线用的划线机、草坪剪草机等应按具有独立功能的机器归入品目84.79，或应按其功能归入第84章的相关品目。

3. 装在浮动底座上的移动式机器

装在浮动底座上的所有移动式机器，如起重船、挖泥船、谷物提升船等，归类时应按其底座特征归入第89章相关品目。

（四）本类运输工具中具有"完整品或制成品"基本特征的"不完整品或未制成品"的一般情况

1. 第86章主要包括：

（1）未装有动力装置、测量仪器、安全装置或维修设备的机车或铁道、电车道用的机动车辆；

（2）未安装座位的客车；

（3）已装有悬架及车轮的货车底架。

未装在车架上的铁道或电车道用机动客车、货车、敞车、煤水车的车身不能视为车辆的未制成品，应作为铁道或电车道机车、车辆的零件归入品目86.07。

2. 第87章主要包括：

（1）尚未装有车轮、轮胎及电池的机动车辆；

（2）尚未装有发动机或内部配件的机动车辆；

（3）尚未装有坐垫及轮胎的自行车。

3. 第88章主要包括未装有发动机或内部设备的航空器。

4. 第89章主要包括未装配动力装置、导航仪器、起重或搬运机器、内部设施等的船舶。

以上"不完整品或未制成品"已具备"完整品或制成品"的基本特征，应按归类总规则二（一）的规定原则按相应的"完整品或制成品"归类。

（五）容易错误归入本类的商品

下面列举的商品一般都具有本类商品的类似特征，因此在商品归类时很容易错误地归入本类，如：

1. 某些移动式机器（如船用桅杆起重机、钻探机、机场扫雪机、吹雪机等），应按功能用途归入第 84 章品目 84.26~84.30。

2. 供教学、展览示范的航空模型、汽车模型以及船舶模型，应归入第 90 章品目 90.23。

3. 儿童玩具火车、玩具船舶、玩具飞机以及儿童的无链条三轮脚踏车等，应归入第 95 章品目 95.03。但对于儿童乘骑的两轮带链条的自行车，不论后轮上是否装有辅助支地轮，仍应归入本类第 87 章品目 87.12。

4. 冬季雪上运动器具如长雪橇、平底雪橇等设备应归入第 95 章品目 95.06。

5. 游乐场所专用车辆如碰碰车、卡丁车等应归入第 95 章品目 95.08。

三、关于第 86 章运输工具设备及其零件、附件的归类

本章包括各种铁道或电车道（包括窄轨铁道、单轨铁道等）用的机车、车辆及其零件，以及某些轨道固定装置及附件；与铁道运输设备相关的货品，如适于一种或多种运输方式的集装箱，各种机械（包括电动机械）信号、安全或交通管理设备（包括用于港口机场、内河航道等的设备）。本章所列车辆的不完整品或未制成品，只要具有完整品或制成品的基本特征，就应与相应的完整品或已制成车辆一并归类。

（一）本章商品编排结构规律

机动车辆（配有动力装置） ………………… 归入品目 86.01~86.03
维修、服务用车和非机动车辆 ……………… 归入品目 86.04~86.06
车辆的零件、轨道固定装置及附件、机械信号等设备
………………………………………………… 归入品目 86.07~86.08
集装箱 ………………………………………………… 归入品目 86.09

（二）本章商品的归类原则和方法

1. 归入品目 86.07 的铁道、电车机车及车辆零件

铁道、电车机车及车辆零件归入品目 86.07，必须同时符合以下两个条件：必须能确定是为专用于或主要用于铁道及电车道机车的车辆范围；不属于第十七类类注二所列不包括的货品范围。

品目 86.07 主要包括：

(1) 配有两根或多根轴的转向架，以及由仅配有一根轴的车架构成的两轮转向架；

(2) 直轴或曲轴，不论是否装配；

(3) 车轮及其零件（轮心、金属轮箍等）；

(4) 轴箱（又称润滑脂箱）及其零件；

(5) 各种制动装置，如由每一台车辆直接操纵的手刹车（操纵杆及螺杆制动器）、单独控制列车各车厢的连续制动器，制动蹄、汽缸、杠杆等制动装置零件；

(6) 缓冲器；

(7) 挂接装置，如钩式、螺旋式或链式车钩；

(8) 车架及其零件（大梁、横梁、轴箱导轨等），整体铸造的车架；

(9) 走廊连接装置及连接平台；

(10) 铁道或电车道用机动或非机动车辆的车身（未装配在底架上的），这些车身的零件，如客车及敞车的车门、隔板、装有铰链的货车壁、车边支柱、脚踏板、煤水车的水柜等；

(11) 制动及取暖系统用的带接头管道；

(12) 转向架的液压减震器。

归类时必须注意，贱金属角材、型材、异型材、薄板、厚板及车架的其他部分，以及贱金属管等，应该是已加工成明显可确定为机车或车辆的专用零件，否则仍应归入第十五类贱金属及其制品中相关品目。

2. 轨道固定装置及附件、机械信号及交通安全控制设备的归类

关于轨道固定装置及附件、机械信号及交通安全控制设备归入品目86.08。

(1) 轨道固定装置及附件主要包括已装配的轨道（即已装在枕木或其他支承物上的轨道，这些轨道可以是接合轨、尖轨、转线轨道、曲线轨道、直线轨道等）、转车台、月台缓冲器和量载规等。

归类时应注意，若是未装配的轨道则按钢铁制品归入第73章品目73.02。

(2) 机械信号设备归类时要特别注意分清：品目86.08的"信号设备"与品目85.30的"信号设备"的区别，品目86.08的"信号设备"是指"机械"信号设备（包括电动机械），品目85.30的"信号设备"是指只包括"电气"信号设备。

所谓机械信号设备主要是通过调动机械（如杠杆、曲柄、棒、金属丝、链条）来进行操作或者利用液压、气动装置、电动机为动力调动机械进行操

作，向车辆、船舶或飞机传递指示的信号设备。其主要包括：

①信号箱设备；

②信号指示臂、信号盘、完整的信号灯柱或跨轨信号架；

③控制或连杆装置；

④轨道边沿装置；

⑤轨道制动器；

⑥脱轨器及止轮楔；

⑦火车止车器；

⑧自动浓雾信号装置；

⑨升降或开关平交道栏路杆的控制装置；

⑩用以对地面及水上交通发出"停止"或"通行"信号的手动或电动机械信号装置；

⑪轨道自动计轴设备，是指用于记录列车进入区段的轮轴数和驶出区段的轮轴数，判断区段内是否有轮轴，决定区段是否被占用的设备。该设备由传感器、计数比较器、计算机或其他电子处理系统、传输通道、电源和接口电路等部分组成。

在这里需要特别指出的是：装在车辆、船舶等上面的信号装置，如火车上的警报信号装置、船舶的紧急停泊地点信号装置等，不归入本品目，而应归入其他相应品目。

机械（包括电动机械）信号、交通安全控制管理设备不仅包括供铁道、电车道用的信号设备，而且还包括供道路、内河航道、停车场、港口或机场用的机械信号设备。

 易错点提示

归类时容易与本章的货品发生错误归类的商品主要有以下几种，正确的归类如下：（1）木制或混凝土制的铁道或电车道轨枕及气垫火车用的混凝土导轨应归入品目44.06或品目68.10；（2）铁道及电车道铺轨用钢铁材料应归入品目73.02，电气信号、安全或交通管理设备应归入品目85.30。

 例207 铁道用的机动货车（未装有发动机）。

商品分析与归类：铁道用的机动货车是指装有柴油机或其他内燃机等，

由其自身动力驱动行驶的自给式载货车辆。本题商品——铁道用的机动货车（未装有发动机），是未装有发动机的货车，属于车辆的不完整品。由于其已具有完整或制成品的基本特征，根据归类总规则二（一）的规定，因此本题商品仍按完整的车辆进行归类。本题商品应按轨道车辆归入第86章，并按铁道用机动车的具体列名归入品目86.03。本题商品属于由自身动力驱动行驶的自给式载货车辆，因此，应按"非外部电力驱动的铁道用货车"归入商品编码8603.9000。

例208 未装在车架上的铁道机动货车的车身。

商品分析与归类：本题商品——未装在车架上的铁道货车的车身，该商品属于车辆的零部件。根据第86章章注二（五）的规定，品目86.07适用于"车身"。因此，本题商品应按车辆零件归入品目86.07，商品编码为8607.9100。

例209 适于运输易腐食品用的汽车保温集装箱（规格为40英尺，壁面为钢制）。

商品分析与归类：本题商品为保温集装箱（40英尺，钢制）。集装箱是运输设备用于盛装货物的容器，归类时应归入第86章。由于品目86.09已有集装箱的列名，因此，根据其规格、尺寸（40英尺，保温），本题商品应按具体列名归入商品编码8609.0021。

例210 供铁道用的电气交通管理设备。

商品分析与归类：本题商品是电气交通管理设备，而非机械交通管理设备，因此，归类时不能按机械交通管理设备归入第86章的品目86.08，而应按电气交通管理设备归入第85章的品目85.30。因此，本题商品的商品编码为8530.1000。

四、关于第87章车辆及其零件、附件的归类

本章包括除铁道及电车道以外的所有陆路车辆和水陆两用机动车辆，但不包括第十六类所列的某些移动式机器。

（一）本章商品编排结构规律

牵引车、拖拉机 ……………………………… 归入品目 87.01
机动客车、货车、特种机动车辆 ……………… 归入品目 87.02~87.05
上述机动车辆装有发动机的底盘、车身及零件、附件
　……………………………………………… 归入品目 87.06~87.08
短距离运输货物的机动车辆 …………………… 归入品目 87.09
坦克及机动的装甲战斗车 ……………………… 归入品目 87.10
摩托车、自行车、残疾人用车及其零件、附件
　……………………………………………… 归入品目 87.11~87.14
婴孩车及其零件 ………………………………… 归入品目 87.15
挂车、半挂车或其他非机械驱动车辆 ………… 归入品目 87.16

（二）本章商品的归类原则和方法

1. 客车、货车的归类

（1）在《协调制度》中用于载人的机动车辆分为两种：10座及以上的客车（包括驾驶座）和10座以下的客车（主要是轿车）。前者归入品目87.02，后者归入品目87.03。前者确定子目的主要因素有：发动机类型（压燃式往复活塞内燃发动机、其他内燃发动机）和座数。后者确定子目的主要因素有：车辆用途、发动机类型、汽缸容量。

（2）在《协调制度》中主要用于载用货物的车辆按发动机类型和车辆总重量归入品目87.04。

客车、货车归类时所涉及相关因素的含义：

①车辆总重量，是指车辆自重、最大设计载荷、驾驶员重量及装满燃油的油箱重量的总和。即车辆的总重量=车辆的自重+最大设计载荷+加满油的油箱重量+驾驶员的体重。

②汽缸容量，又称排气量，是指活塞在汽缸内由最下端移动到最上端所排出气体的体积。若是多个汽缸的发动机，则单个缸的气容量乘以汽缸数便等于整台发动机的汽缸容积。

③点燃式活塞内燃发动机主要包括用火花塞点火的汽油发动机和沼气发动机，压燃式活塞内燃发动机主要包括柴油发动机。

④座位数，是指包括驾驶座在内的座位数，并且不仅包括固定的座位数，

还包括折叠的或可从定位点移走的座位数。

客车、货车的归类见表 7 – 37：

表 7 – 37 客车、货车的归类

序号	种类	分类	确定子目的因素	归入品目
1	客车	10 座及以上	发动机类型（压燃式及其他内燃发动机）	87.02
		归类因素	座位数等（包括驾驶员、折叠椅）	
2		10 座以下	用途、汽缸容积等	87.03
		归类因素	发动机类型（点燃式、压燃式、内燃发动机）	
3	货车	用于载货的车辆按发动机类型（点燃式、压燃式、活塞内燃发动机）和车辆总重量		87.04

2. 牵引车、拖拉机的归类

（1）用于牵引或推动其他车辆、器具或重物的轮式或履带式车辆的普通牵引车、拖拉机归入品目 87.01。

归类时应特别注意：这类牵引车或拖拉机有时配有装运工具、种子、肥料或其他货品的辅助装置和作业工具，以进行辅助性工作。对于可替换的机器设备或作业工具，即使与牵引车或拖拉机一同进口或出口报关仍应归入其各自相应的品目，决不可以与牵引车或拖拉机归入同一品目，即使它们已安装在车上，一般仍应归入第 84 章的相关品目。

（2）用于类似火车站、机场搬运行李物品的短距离运输的牵引车归入品目 87.09。

3. 特种车辆的归类

特种车辆是指不以载人或运货为主要目的而具有某些非运输性功能的机动车辆。

（1）"特种车辆"除具有特殊用途以外，还应是以不宜载人、载货为主要目的的车辆，如救火车、起重车、清洁车、抢修车、油罐车、洒水车、粪罐车、流动采血车、探照灯车、测试车、野外厨房车等归入特种车辆，应归入品目 87.05。

（2）对于虽具有特殊用途，但仍以载人为主要目的的车辆，如警车、救护车、囚车、灵车、赛车等不应按特种车辆归类，而应归入品目 87.02 ~ 87.03。

（3）对于虽具有特殊用途。但仍以载货为主要目的的车辆，冷藏货车、液罐车、运钞车、水泥搅拌车、自动装卸车（装有绞车、提升装置，但主要用于运输）等不应按特种车辆归类，而应归入品目87.04。

（4）对于无其他用途，仅用于展示、教学的未剖开或已剖开的模型车辆及真实车辆，不要错误地归入本章，而应归入品目90.23。

4. 机动车辆底盘的归类

对于机动车辆底盘的归类，通常有三种类型，类型不同应归入的品目也不相同，应分别按下述类型归入不同品目，具体类型如下：

（1）只装有发动机的机动车辆底盘归入品目87.06。

（2）装有驾驶室和发动机的机动车辆底盘，根据本章章注三规定，按相应整车归入品目87.02~87.04。

（3）未装有驾驶室和发动机的机动车辆底盘，按机动车辆的零件归入品目87.08。

5. 关于汽车零件、附件的归类

"汽车零件、附件"是指品目87.01~87.05所列机动车辆用的零件、附件。对上述零件、附件进行归类时，应该注意判别是否属于本类类注二所排除的货品（即在其他类、章已列名的货品）。同时，应符合本类类注三规定，按下述步骤归类：

（1）确定在其他类、章没有列名的前提条件下，才可以归入品目87.08；

（2）根据零件所在车辆的部位（如缓冲器、车身、制动器、变速箱、驱动桥、车轮、悬挂系统等）确定第一级子目；

（3）确定第二级子目至第四级子目（由于我国所列的某些本国子目，即第三级子目、第四级子目是按前面整车类型所列的，所以在确定这些子目之前必须首先确定整车的编码）。

例211 制动器（50座客车，装有压燃式活塞的内燃发动机）。

*商品分析及归类：*本题商品制动器是用在50座客车上的制动器，归类时应先确定该客车整车类型的编码。制动器为专用零件应归入品目87.08，确定子目时应按该客车整车品目87.02"30座及以上（大型客车）"确定，因此，该客车的整车编码为8702.1091。也就是说，本题制动器是专用于该编码所属的客车，因此，该制动器应归入子目8702.1091及8702.9010项下。因此，本题的商品编码为8708.3092。

例 212 带充气系统的安全气囊（小轿车用）。

商品分析及归类：安全气囊属于轿车专用的零件，应归入品目 87.08，比较该品目项下的一级子目，归入子目 8708.9，然后按列名归入子目 8708.9500。

6. 短距离运输机动车辆的归类

短距离运输机动车辆归入品目 87.09，但归入该品目项下的短距离运输机动车辆，必须同时满足以下 3 个条件：

（1）车辆结构及其主要设计特点是不适于在马路或其他公用道路上的载运客货。

（2）满载时其最高速度一般不超过每小时 30 千米~35 千米。

（3）其转弯半径约等于车辆本身的长度。

7. 其他运输设备的归类

坦克及其他机动装甲战斗车辆，不论是否装有武器，一律归入第 87 章品目 87.10，而不能按武器误归入第 93 章。

8. 摩托车及自行车的归类

（1）普通两轮摩托车和未装有汽车驾驶系统及倒挡装置的三轮摩托车归入品目 87.11。

（2）装有汽车驾驶系统及倒挡装置的三轮摩托车，因其已具备普通汽车的特征，所以不再归入品目 87.11，而归入品目 87.03。

（3）普通自行车及特殊结构和用途的自行车，如双人自行车、三轮运货脚踏车、独轮脚踏车、比赛用自行车等归入品目 87.12。但带有辅助动力的电动自行车已超出了普通自行车的范围，应按照辅助动力脚踏车归入品目 87.11。

关于自行车车轮直径的计算，是指将轮胎装在相应的轮辋上，充气到标准气压，在不加载状况下的外部直径。16 英寸的自行车即指其车轮直径为 16 英寸。

摩托车及自行车的零件、附件归入品目 87.14，但摩托车用发动机及发动机的零件因在第 84 章已有列名，不归入本章本品目。

9. 残疾人用车的归类

残疾人用车，是指由一台轻型发动机驱动、用手操纵一个杠杆或手柄推进装置驱动、用手推动或直接用人力操纵车轮推动（即不论是否带有动力）的车辆，归入品目 87.13。

残疾人的轮椅归入品目87.13，但医疗用于运送病人的担架车归入品目94.02。

10. 挂车及半挂车的归类

所称挂车是指用特殊挂钩装置专门挂接在其他车辆上，其自身无动力以前车辆的动力运动装载运输货物的车辆。

所称半挂车是指仅装有后轮，其前部靠在牵引车的平板上，用一种特殊挂钩装置连接起来的挂车。

挂车及半挂车归入品目87.16。

 易错点提示

归类时容易与本章的货品发生错误归类的商品主要有以下几种，正确的归类为：（1）第十六类的某些移动式机器（如推土机）；（2）专供示范教学等用途的剖面车辆样品及其零件应归入品目90.23；（3）儿童乘骑的带轮玩具及儿童非两轮脚踏车应归入品目95.03；（4）雪上运动器材，如长雪橇、平底雪橇及类似商品应归入品目95.06；（5）游乐场的游乐车应归入品目95.08。

 例213 30座客车用变速箱。

商品分析及归类：本题商品——变速箱也称变速器，是变更转速比和运动方向的装置。常用于汽车、拖拉机、船舶、机床和各种机器上，用来按不同工作条件改变由主动轴传到从动轴上的扭矩、转速和运动方向。本题商品为客运汽车变速箱，由于不属于第十五类类注二的通用零件的范围，且第84章、第85章未具体列名，因此，本题变速箱属于车辆的专用零件，归类时应按车辆零件归入第87章的品目87.08，依据其用于30座客车的条件，本题商品的商品编码为8708.4020。

 例214 装有发动机的汽车起重机底盘。

商品分析及归类：本题商品——汽车起重机底盘。底盘是汽车（拖拉机）上除发动机和车身外，其他所有机件的组合，一般包括转向、转动、制动和行走等机构，有时发动机也包括在内。装有发动机的汽车起重机底盘是起重汽车的重要组成部分，归类时应按车辆附件归入第87章。由于品目87.06已有装有发动机的车辆底盘的列名,因此,本题商品应按具体列名归入商品编码 8706.0040。

📎 **例 215**　机动放射线检查车。

商品分析及归类:本题商品——机动放射线检查车。该种车通常为装有检查室、暗室及整套放射设备的车辆。因此,本题商品应属于特种车辆归入品目 87.05,并按具体列名归入商品编码 8705.9020。

📎 **例 216**　装有 18 个座位和 4 把折叠椅的普通中巴客车(汽油发动机)。

商品分析及归类:本题商品属于载人的车辆,装有 18 个座位和 4 把折叠椅,相加共有 22 个座位。归类时应按车辆归入第 87 章,并按其座位数(18 + 4 = 22 个座位)归入品目 87.02。根据发动机的种类(点燃式发动机),本题商品的商品编码为 8702.9020。

📎 **例 217**　装有高压水泵,并配有水炮、云梯等装置的救火车(2005 年报关员资格全国统一考试试题)。

商品分析与归类:本题商品救火车归入第十七类第 87 章,"车辆及其零件、附件,但铁道及电车道车辆除外"。该题救火车应属于特殊用途车辆,因而应归入品目 87.05 "特殊用途的机动车辆,但主要用于载人或运货车辆除外"项下。本题商品是装配有高压水泵并配备有水炮、云梯等装置的救火车,本题的商品编码为 8705.3010。

五、关于第 88 章航空器、航天器及其零件归类

本章包括气球、飞艇及其他无动力航空器;飞机、直升机;航天器(包括卫星)及其运载工具;某些相关装置,如降落伞、航空器的发射装置、甲板停机装置及地面飞行训练器。

本章货品归类时应注意具有"完整品或制成品"基本特征的"不完整品或未制成品"主要包括未装有发动机或内部设备的航空器,对于"不完整品或未制成品"已具备"完整品或制成品"的基本特征,应按相应的"完整品或制成品"归类。

(一) 本章商品编排结构规律

气球、飞艇、滑翔机及无动力航空器 …………… 归入品目 88.01
其他航空器、航天器（包括卫星）及其运载工具 ……… 归入品目 88.02
以上航空器、航天器的零件 ……………………… 归入品目 88.03
相关装置（如降落伞、航空器的发射装置等）
……………………………………………………… 归入品目 88.04～88.05

(二) 本章商品的归类原则和方法

1. 气球及飞艇和滑翔机等无动力航空器的归类

（1）气球及飞艇属于比空气轻的航空器，主要包括探测气球、导向气球、测云气球及机动飞艇等，应归入第 88 章品目 88.01。但儿童用玩具气球则应归入第 95 章品目 95.03。

（2）滑翔机属于比空气轻的航空器，且不能装有发动机，应归入第 88 章品目 88.01。若装有发动机的滑翔机则应归入品目 88.02。

（3）对于航空器的各种模型（不论是否完全按比例制成）都不应归入第 88 章。若装饰用模型应按制作用材料归类。木制的应归入品目 44.20，贱金属制的应归入品目 83.06。若专供示范用的模型应归入品目 90.23，娱乐用的玩具或模型应归入品目 95.03。

2. 气球及飞艇和航空器所属零件的归类

气球及飞艇和航空器所属零件归入品目 88.03，但归入品目 88.03 项下的零件必须同时符合以下两个条件：

（1）专用于或主要用于品目 88.01～88.02 所列货品；

（2）不得属于第十七类类注规定不包括的货品范围。

3. 不完整或未制成的航空器的归类

未装有发动机或内部设备的航空器，因已具有完整品或制成品的基本特征，按相应完整的或制成的航空器归类。

4. 甲板停机装置和航空器发射装置的归类

所称甲板停机装置是指用于航空母舰及某些飞机场上，以便飞机着陆时使其减速、缩短降落停机所需跑道长度的设施装置。

航空器发射装置为一个引导飞机等起飞的金属结构体（一般适用于船上，航空器起飞时所需的加速度由压缩空气、蒸汽、筒式炸药等作用于载有飞机的起动车或弹射装置而提供）。这种装置有别于归入第 93 章品目 93.01 的火箭发射装置。

甲板停机装置和航空器发射装置均应归入品目 88.05。

但下列装置却不能归入品目 88.05：

（1）火箭的倾斜发射塔（仅用以引导火箭起飞，并不加以推进，火箭是依靠自身的动力爬升的）应归入第 84 章品目 84.79；

（2）滑翔机起飞用的机动绞车装置应归入第 84 章品目 84.25。

 易错点提示

归类时容易与本章的货品发生错误归类的商品主要有以下几种，正确的归类为：（1）滑翔机起飞用机动绞车装置应归入品目 84.25；（2）火箭的倾斜发射装置或发射塔应归入品目 84.79；（3）军用运载火箭、导弹及其有效载荷不超出 7000 米/秒极限速度的类似武器应归入品目 93.06。

 例 218　可兼作地面车辆的航空器（空载重量 3 000 千克）。

商品分析及归类：本题可兼作地面车辆的航空器，该商品似乎可以按车辆归入第 87 章，又似可按航空器归入第 88 章。根据第十七类类注四（三）的规定"可兼作地面车辆使用的特殊构造的航空器，应归入第 88 章的相应品目"。因此，本题商品应按航空器归入第 88 章，并归入品目 88.02。本题商品的商品编码为 8802.3000。

 例 219　儿童玩具气球。

商品分析及归类：本题商品为儿童作为玩具的气球，该商品似乎可以按气球归入第 88 章的品目 88.01，也可以按玩具归入第 95 章品目 95.03。由于品目 88.01 所包括的是专指航空或气象用气球（如探测气球、导向气球、测云气球等），因此，儿童玩具气球不能归入品目 88.01 项下。而应根据其用途，归入第 95 章。本题商品应作为玩具归入商品编码 9503.0089。

例 220　用于飞机发动机的传动轴。

商品分析及归类：传动轴是机械中主要传递扭矩的转轴。本题商品归类时似乎可以按发动机零件归入第 84 章，也可以按飞机零件归入第 88 章。根据十七类类注二（五）的规定，本类所称"零件"及"零件、附件"，不适用于品目 84.01 至 84.79 的机器或装置及其零件，品目 84.81 或 84.82 的物品及品目 84.83 的物品（这些物品是构成发动机或其他动力装置所必需的）。由于第 84 章品目 84.83 已有传动轴具体列名，因此，本题商品不应归入第十七类第 88 章品目 88.03，而应归入第 84 章的品目 84.83。本题商品的商品编码为 8483.1090。

六、关于第 89 章船舶及浮动结构体归类

本章既包括船、艇及其他各种船舶、浮动结构体（如潜水箱、浮码头、浮筒等），也包括专供在水上行驶的气垫运输工具，此外，未制成或不完整的船舶及用各材料制成的船体也包括在本章内。

（一）本章商品的结构规律

本章只有 8 个品目，其结构规律如下：
客运及货用船舶 …………………………………… 归入品目 89.01
特殊用途的船舶（供捕鱼、娱乐运动用等） … 归入品目 89.02~89.06
浮动结构体 ………………………………………… 归入品目 89.07
供拆卸的船舶及浮动结构体 …………………… 归入品目 89.08

（二）本章商品的归类原则和方法

1. 未制成或不完整的船舶

未装配动力装置、导航仪器、起重或搬运机器、内部设施等的船舶和用各种材料制成的船体，报验时如果具有某船舶的基本特征，应以该种船舶归类，否则应归入品目 89.06。

2. 本章不包括单独进出口的所有船舶或浮动结构体的零件（船体除外）及部件

即使它们可明显确定为船舶或浮动结构体的零件也不归入本章，应归入其他章的适用品目（这一点与第十七类其他各章的零件、附件的归类规定不同，在实践中应特别注意）。

3. 客运船舶及货用船舶的归类

主要以载客和载货为主要用途的船舶归入品目 89.01，其中以载客为主要

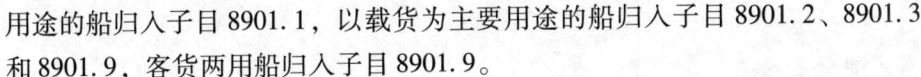

用途的船归入子目8901.1，以载货为主要用途的船归入子目8901.2、8901.3和8901.9，客货两用船归入子目8901.9。

部分货船按不同的载重量归入不同子目。

归类时应注意，运兵船不能按客运船舶归类，而应按军舰归入品目89.06。

4. 具有专用功能的船舶归类

所称具有专用功能的船舶是指不以航行为主要功能的船舶，该种船舶通常是在某固定地点行使其主要功能，如信号灯船、消防船、挖泥船、海底钻探船、固定停泊的航空救生船、深海生物调查用潜艇、起重船等，上述具有专用功能的船舶归入品目89.05。

5. 拖轮、顶推船及浮动船坞的归类

拖轮：指适于在海上或内河航行，用于拖带其他船舶且不主要用于客货运输的船舶。拖轮与其他船舶的区别在于它的船体外形特殊，并经过特别加固；它的发动机功率特别大，超出船舶本身需要；它的甲板上装有各种装置，用以携带拖缆等。

顶推船：指专用于顶推的平底船、驳船等船舶。其主要特征是具有狮子鼻式的供顶推用的船头及其高架驾驶室，有时可伸缩。

浮动船坞：指一种代替干船坞的浮动修理厂。其结构一般为由一个平台及两个侧壁组成的U形横断面结构体，设有泵房，使其能部分浸没在水中，以便待修理的船舶驶进船坞。

拖轮和顶推船归入品目89.04，浮动船坞归入品目89.05。

6. 救生船的归类

划桨救生船归入品目89.03，固定停泊的航空救生船归入品目89.05，装在船上的救生艇、停泊在沿海某地点上供救助遇险船舶用救生船及医院船归入品目89.06。

7. 关于品目89.06所指其他船舶的范围

品目89.06主要包括：各种军舰，如航空母舰、登陆艇、军队运兵船、潜艇；具有军舰某些特征，供渔政、海事、海关、警察等政府部门履行公务使用的船舶；科学考察船；实验船；气象船。

运输及系泊浮筒用的船舶，铺设海底电信电缆等用的放缆船、引航船、破冰船、医院船、处理河港挖掘物等用的底卸式平底船等。

易错点提示

归类时容易与本章的货品发生错误归类的商品主要有以下几种，正确的归类为：（1）船舶转向及操舵装置应归入品目84.79；（2）船舶用的推进器及明轮归入品目84.87；（3）船舶用的舵应按其材料归入相应品目，木制归入品目44.21，钢铁制归入品目73.25、73.26；（4）木制的橹及桨应按其材料归入品目44.21；（5）勘探或开采海底石油或天然气用的非浮动或非潜水式固定作业平台应归入品目84.30；（6）风帆滑水板、滑水橇及类似商品应归入品目95.06。

进出口商品归类强化训练习题

一、商品归类题

1. 在水上行驶的气垫运输工具
2. 船舶舷外发动机（点燃往复式活塞内燃发动机）
3. 尚未装有坐垫的山地自行车
4. 车体由驾驶室和装存现钞的密闭箱体室两部分组成，装有防护系统，车辆总重量为4吨的装甲运钞车（装有柴油发动机）
5. 浮动船坞
6. 降落伞（尼龙绸作伞面）
7. 划桨推进式救生艇（非充气）
8. 配有自动装载及玉米秆切碎装置的农用自装式挂车
9. 钢轨
10. 电动机械信号管理设备（码头用）
11. 装有发动机的汽车起重机底盘
12. 飞机操纵杆

二、单项选择题

1. 棉机织物制，固定装在小轿车内用以保护人身安全的座位安全带
   A. 8708.2100　　B. 5808.1000　　C. 5609.0000　　D. 5808.9000
2. 小轿车用里程表
   A. 8708.2990　　B. 9029.1020　　C. 9029.2010　　D. 8708.0000

3. 供示范用的铝合金飞机模型
A. 9023.0090   B. 7616.9990   C. 8805.2900   D. 9503.0082
4. 船用舵机及陀螺稳定器
A. 8483.9000   B. 8903.9900   C. 8479.8910   D. 8479.9010

第十八节　第十八类　光学、照相、电影、计量、检验、医疗或外科用仪器及设备、精密仪器及设备；钟表；乐器；上述物品的零件、附件

本节学习目的及重点、难点、疑点

1. 旨在理解、掌握并运用商品归类原则和方法对《协调制度》第十八类所涉及的商品进行归类。

2. 对于第90章仪器装置的零件、附件的归类，根据第90章章注二的规定，按第306页图7-3的"路径图"归类。

3. 第十六类类注三的组合机器、多功能机器的归类原则也适用于第90章组合仪器及设备和多功能仪器及设备，第十六类类注四的功能机组的归类原则也适合于第90章由多个独立部件组成的成套仪器及设备。

4. 只有表壳完全由贵金属或包贵金属制成的手表才应归入品目91.01，由部分贵金属或包贵金属制成的表壳，或完全由其他材料制成的表壳应归入品目91.02。

5. 乐器可以用任何材料制成，包括用贵金属或包贵金属制成，也可用镶嵌宝石或半宝石制成。

一、本类商品的主要内容及范围

本类商品主要涉及《协调制度》：

第90章　光学、照相、电影、计量、检验、医疗或外科用仪器及设备、精密仪器及设备；上述物品的零件、附件

第91章　钟表及其零件

第 92 章　乐器及其零件、附件

本类商品按它们的用途共分为 3 章。其中第 90 章包括各种光学仪器及器具用光学元件，照相、摄影、显微、测量、医疗等用途的光学仪器、精密仪器及装置；第 91 章包括用于计时或进行与时间有关的某些操作的器具，其中包括个人随身佩带的时计（如手表、秒表等）、其他时计（如普通钟、带有表芯的钟、闹钟、航海时计、机动车辆用钟等）、时间记录器、时间间隔测量仪以及定时开关，及以上货品零件；第 92 章包括各种弦乐器、管乐器、打击乐器、电子乐器及未列名乐器及其零件等，并按其发声原理和演奏方法归入相应品目。

二、本类商品的归类原则和方法

本类主要包括光学元件、光学仪器，医疗器械、计量、检验用的精密仪器和钟表，乐器三大类商品以及它们的零件、附件。

本类商品按其用途分成 3 章。

三、第 90 章商品的归类

（一）第 90 章商品的排列结构

光学、计量、医疗仪器、精密仪器及设备等，在本章内从排列结构上看具有一定的规律。发现和掌握其排列结构规律对于进行该章商品的正确归类是大有帮助的。对其排列结构规律分析如表 7-38 所示：

表 7-38　光学、计量、医疗仪器、精密仪器及设备的归类

序号	商品分类	商品细类	归入品目
1	各种光学仪器设备（90.01~90.13）	简单的光学元件（未装配和已装配）	90.01~90.02
2		简单光学器具（眼镜、眼镜架、望远镜）	90.03~90.05
3		复杂光学器具（照相机、电影摄影机、显微镜等）	90.06~90.13
4	测量、计量、测绘、绘图、计算仪器及器具等		90.14~90.17、90.28、90.29
5	医疗仪器及器械		90.18~90.22
6	专供示范而无其他用途的仪器、装置及模型		90.23
7	其他测试分析仪器及自动调节和控制装置		90.24~90.27、90.30~90.32

(二) 第90章的归类原则和方法

1. 关于本章仪器及器具零件、附件的归类

（1）本章章注一申明所不包括的零件、附件不归入本章。

（2）凡零件、附件本身已构成本章或第84章、第85章或第91章各品目（品目84.87、85.48或90.33除外）所包括的货品，应一律归入其相应的品目。

（3）如果专用于或主要用于本章某种或同一品目项下所列的多种机器、仪器或器具（包括品目90.10、90.13或90.31的机器、仪器或器具）的零件、附件，应与所属机器、仪器或器具一并归类。

（4）非专用于或主要用于本章某一品目且在其他类和章又未具体列名的零件、附件归入品目90.33。

综上所述各点规定，对于本章仪器装置的零件、附件的归类，根据第90章章注二的规定，通常按图7-3的判断步骤进行（在图中，"→"表示"是"，"↓"表示"否"）。

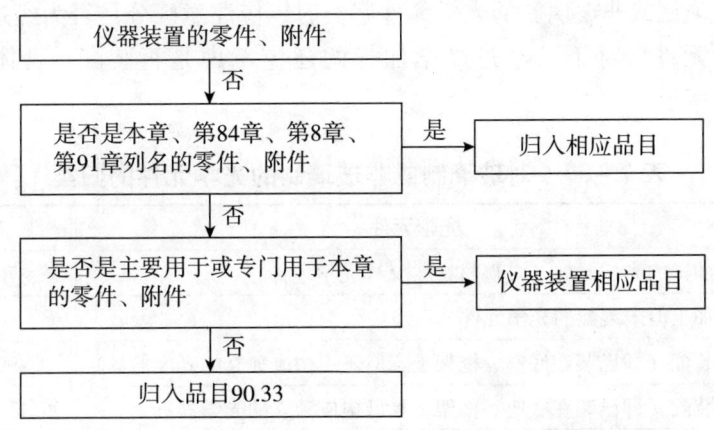

图7-3　仪器装置的零件、附件的归类路径图

2. 组合仪器、多功能仪器及功能机组的归类

根据本章章注三的规定，"第十六类类注三的组合机器、多功能机器的归类原则也适用于组合仪器及设备和多功能仪器及设备，第十六类类注四的功能机组的归类原则也适合于由多个独立部件组成的成套仪器及设备。"例如：由多个电气仪器或装置构成的数字遥测系统（主要由发送端的设备和接收端的设备组成）可按功能机组一并归入本章。

3. 优先归类原则

根据本章章注五的规定，计量或检验用的光学仪器、器具或机器，如果既可归入品目90.13，又可归入品目90.31，应优先归入品目90.31。例如：某种用光学原理测量物体表面状态的仪器，从其原理角度来看属于"本章其他品目未列名的光学仪器"，从其功能角度来看属于"本章其他品目未列名的测量仪器"，根据本章章注五的规定，应优先归入品目90.31。

4. 关于光学元件的归类

（1）普通光学元件的归类

光学元件是指具有特定光学性能且由玻璃材料或非玻璃材料（如塑料、氟石或金属等）制成的元件，如棱镜、透镜、滤色镜、偏光片或板、衍射光栅等。

玻璃光学元件的加工通常分为两步：第一步，是将表面加工成所需要的形状，如一定的曲面、适当的斜面等；第二步，是将表面抛光。当用研磨料研磨表面时，先粗磨再逐渐改为精磨，这一连续性的加工过程包括粗磨、精修、磨平及抛光。最后对要求具有精确直径的镜片进行磨边，即所称的对心磨边加工。

对玻璃制或非玻璃制的光学元件归类时，应注意区分是否为经过光学加工的光学元件，对于已经过光学加工的还应考虑是否装配，具体归类如表7-39所示：

表7-39 对玻璃制或非玻璃制的光学元件的归类

序号	光学元件	归入品目
1	未加工的光学元件（玻璃材料）又称光学坯件	70.14
2	已加工但未装配的光学元件	90.01
3	已装配（即已装在底座、框架上，但还不构成独立的光学器具）	90.02
4	已装配（即已装在底座、框架上且已构成独立的光学器具）	90.13或90.18

（2）偏光片的归类

偏光片又称偏振片，是一种将射入光分解成相互正交的两个偏振光分量，只让一个分量通过，而另一个分量被吸收或被散射的光学元件。它由特殊处理的塑料板片或单面或双面衬有其他塑料或玻璃板片的"激活"塑料层构成。

品质较好的偏光片主要用于电脑显示器、笔记本电脑、数码相机、投影系统、手表、仪表盘等；品质一般的偏光片主要用于液晶显示LCD，制作灯箱闪动流水、烟雾等零件，相机过滤镜、太阳镜、汽车遮阳板等。

偏光片的类型按用途可分为三大类：TN 型、STN 型、TFT 型。

TN 型主要用于小尺寸的电子显示，如手表、时钟、计算器、电话、传真机等。

STN 型主要用于中小尺寸的电子显示，如移动电话、掌上电脑、汽车导航系统等。

TFT 型主要用于各式大型电子显示器，如液晶显示器、液晶投影仪等。

偏光材料制的片及板归入子目 9001.2000。

（3）光导纤维束及光缆的归类

光导纤维是由折射率不同的玻璃或塑料同轴物构成，由玻璃抽丝制成的，其表面覆有一层肉眼看不到的塑料薄层，以使纤维不易折断，常用于制造光纤维束及光缆。

光导纤维束及光缆只可用于光学设备，不可用于光学通信。

用于光学设备上传输光学图像的光导纤维束及光缆（如用在品目 90.18 的内窥镜上）归入品目 90.01。

用于光学通信的光缆归入品目 85.44。

5. 复杂光学仪器的归类

（1）照相机的归类

照相机是利用光的直线传播性质和光的折射与反射规律，以光为载体，把某一瞬间被摄景物的光信息经照相镜头传递给感光材料，最终成为可视的影像。照相机按用途分为普通照相机和专用照相机，归入品目 90.06。

（2）数码照相机归类

数码照相机不需要化学感光胶片，而是采用半导体材料制成的感光元件（称为光电耦合器件或 CCD）来监测图像，然后用电子电路扫描感光片将信息转换成二进制码并存储在芯片上。即用光电耦合器件代替感光胶片，同时增加了监视器，可立即看到所拍照片的效果。

数码相机应归入第 85 章品目 85.25。

（3）电影摄影机归类

电影摄影机是用照相的方法把运动物体的不同相位按一定时间间隔逐幅地记录在电影胶片上的光学设备，它所使用的记录媒体为电影胶片。电影摄影机归入品目 90.07。

（4）电视摄像机的归类

电视摄像机是一种把景物光像转变为电信号的装置，这种电信号便是被记录的信号源，并通过录像机的电磁转换系统变成磁信号记录在录像带上或直接记录存储在芯片上。

电视摄像机应归入第 85 章品目 85.25。

6. 关于医疗器械及器具的归类

对医疗器械及器具的归类，在确定品目时，通常需要从其工作原理、特性以及用途等因素考虑，特别是用于诊断疾病的医疗器械，因其工作原理目的不同而归入不同品目。例如：B 型超声波检查仪、核磁共振成像仪和 X 射线断层检查仪，虽然均是通过影像进行疾病诊断的仪器，但因其成像的原理不同而归入不同的品目，详见表 7 – 40：

表 7 – 40 医疗器械及器具的归类

序号	医疗器械及器具名称	归入品目
1	B 型超声波检查仪和核磁共振成像仪	90.18
2	机械疗法、氧疗法、臭氧疗法、吸入疗法、人工呼吸及按摩等装置、设备	90.19
3	矫形用具（符合第 90 章章注六规定的用途和条件的）、人造假肢及骨折用具（包括兽用）、弥补人体生理缺陷的器具	90.21
4	X 射线或 α 射线、β 射线、γ 射线的应用设备（包括不仅用于医疗上，还包括用于其他行业如工业上）	90.22
5	用于探测 X 射线或 α 射线、β 射线、γ 射线的设备	90.30
6	其他用于医疗、外科、牙科或兽医的仪器及器具，未在其他品目列名的（已在其他品目列名的按已列名品目归类）	90.18

7. 关于测量、气象、称量、绘图、计算仪器及器具的归类

（1）导航仪器及装置的归类

航海及航空所用导航仪器及装置，如定向罗盘；船舶专用的定位六分仪、八分仪、方位角仪，自动操舵仪，航线记录装置，倾斜仪，计程仪，测深锤，回声测深仪器，超声波深测或搜索设备等；航空专用的高度表、空速指示器、升降速度表、马赫计（显示真实空速与飞机所在高度上的音速之比的仪器，该比值为马赫数）、加速度计、自动驾驶仪等。

上述这些仪器及装置归入品目 90.14。（但注意，无线电导航设备应归入第 85 章品目 85.26。）

（2）测量、绘图、计算仪器归类

测量仪器及装置主要分为野外测量和普通手用测量仪器。绘图仪器既包括手工用，如三角板、丁字尺、圆规、模板；也包括非手工用，如绘图机。

①野外测量仪器及装置的归类

所称野外测量仪器主要包括：大地测量、地形测量、水准测量或普通测量用的仪器及装置，摄影测量用仪器及装置，水道测量仪器，海洋水文及其他水文仪器、涌浪或潮汐观测仪器，气象观测仪器（风向指示器、日光辐射计、测云仪、雨量器、蒸发计等），地球物理仪器，测距仪。

上述这些仪器及装置归入品目 90.15。（但注意，泥瓦工、木工使用的气泡式水平尺、铅垂线，以及航空测量用照相机不归入本品目，前者归入品目 90.31，后者归入品目 90.06。）

②普通手用测量仪器、绘图仪器、计算仪器的归类

所称普通手用测量仪器、绘图仪器、计算仪器主要包括：绘图用具（缩放仪、绘图机、圆规、分规、比例规等），划线用具（如长臂圆规、划线器及中心冲、平台、V 型块、X 型块等），数学计算器（如计算尺、盘式计算器、圆柱计算器等），手用长度测量器具（千分尺、卡尺、刻度尺、量图器等）。

上述这些普通手用测量、绘图、计算仪器及器具归入品目 90.17。

(3) 称量仪器的归类

在这里所称称量仪器是指主要用于精密计量，感量为 50 毫克或更精密的天平（不论是否带有砝码），用抗腐蚀金属或轻合金制成，装有玛瑙制的刀口、轴承及平面。为防止气流及尘埃影响，常放置在玻璃或塑料外罩内。

上述感量为 50 毫克或更精密的天平归入品目 90.16。（但注意，品目 90.16 的天平所用砝码若单独报验，即使是用贵金属制也不能归入品目 90.16，而应归入第 84 章品目 84.23。）

8. 计量仪器装置的归类

(1) 气体、液体及电力的计量仪表的归类

这里所称的，气体、液体及电力的计量仪表，一般均装有与被测流体或电量成比例运转的装置。它们通常安装于总管道或干线的分路线或旁路上，或者与测量变换器相连接，所测量的仅是通过的那部分流量。不论其是否带有计时记录装置，或者带有使器具得以控制或发生信号等的简单机械或电气装置。

上述的气体、液体及电力的计量仪表均归入品目 90.28。

(2) 转数、计数、车费、里程等物理量的计量仪表的归类

转数、计数、车费、里程等物理量的计量仪表主要包括：计数装置，速度计及转速表，频闪观测仪等方面的物理量的计量仪表，这些仪器仪表不论

是否装有时钟记录装置,也不论是否装有用以驱动信号机构、机械控制或制动等装置的简单机械或电气部件。

上述的转数、计数、车费、里程等物理量的计量仪表均归入品目 90.29。

9. 自动调节或控制仪器及装置的归类

自动调节或控制仪器及装置的归类原则:

(1) 在对于本章自动调节或控制仪器及装置归类时,要特别注意区别本章品目 90.32 的控制装置,与第 85 章品目 85.37 的控制装置的区别:

根据本章章注七对自动调节或控制仪器及装置的描述,品目 90.32 的控制装置属于闭环控制系统,而第 85 章品目 85.37 的控制装置属于开环控制系统。

所谓闭环控制系统是指系统被控对象的输出(被控制量)会返回来影响控制器的输出,形成一个闭环。如:车辆用动力总成控制模块(PCM),此控制属于闭环控制系统应归入品目 90.32。

所谓开环控制系统是指被控对象的输出(被控制量)对控制器的输出没有影响。在这种控制系统中,不存在检测装置,不依赖将被控量返送回来以形成任何闭环回路。如:车辆用安全气囊的控制模块,此控制属于开环控制系统,应归入品目 85.37。

(2) 凡符合本章章注七(一)的液体、气体或温度自动控制设备并由测量装置、控制装置、启停或操作装置三部分组成才归入品目 90.32,这些装置或构成独立机构或构成本章章注三的功能机组。

(3) 若液体或气体及温度的自动控制仪器或装置与执行机构(泵、压缩机、阀门、炉膛燃烧器等)组装在一起,则整个装置应按照归类总规则的规则一或规则三(二)的规定进行归类。

(4) 只有符合本章章注七(二)的自动调节器并由测量装置、电气控制装置、启停或操作装置三部分组成,才归入品目 90.32,该装置或构成独立机构或构成本章章注三的功能机组。

(5) 若不符合上述规定,这些装置应按以下规定进行归类:

①电气测量装置一般归入品目 90.25、90.26 或 90.30;

②电气控制装置应作为不完整自动控制仪器或设备归入本品目;

③启停或操作装置一般归入品目 85.36,如开关、继电器等;

④若自动调节器与电动/气动或液动执行机构组装在一起,则整个装置应按照归类总规则的规则一或规则三(二)的规定进行归类。

第七章 《协调制度》下的各类进出口商品归类实务

易错点提示

归类时容易与本章的货品发生错误归类的商品主要有：容量的计量器具应按构成的材料归入相应章的相关品目。

例221 已制成特定形状的 B 型超声波诊断仪的外壳。

商品分析及归类：超声波诊断仪应为第 90 章"光学、照相、电影、计量、检验、医疗或外科用仪器及设备、精密仪器及设备；上述物品的零件、附件"范围内的商品。本题商品是超声波诊断仪的外壳，即诊断仪的零件，并且该零件未在第 84 章、第 85 章、第 90 章和第 91 章各品目列名，根据第 90 章章注二（一）的规定，"凡零件、附件本身已构成本章或第 84 章、第 85 章或第 91 章各品目（品目 84.87、85.48 或 90.33 除外）所包括的货品，应一律归入其相应品目"。由于该诊断仪外壳已制成特定形状是专用于 B 型超声波诊断仪的外壳，属于该诊断仪零件，应归入其相应的品目。由于 B 型超声波诊断仪归入品目 90.18，故此，B 型超声波诊断仪的外壳也应归入品目 90.18。因为品目 90.18 项下并无一级子目"零件"的列名，故 B 型超声波诊断仪的外壳应按相应的诊断仪的一级子目归入"电气诊断装置（包括功能检查或生理参数检查用装置）"。按同样方法依次确定二级子目、三级子目，故 B 型超声波诊断仪的外壳应归入商品编码 9018.1210。

四、第 91 章钟表及其零件的归类原则和方法

（一）手表的归类

根据本章章注二的规定，"只有表壳完全由贵金属或包贵金属制成的手表才应归入品目 91.01，这些手表可以装有宝石、天然或养殖珍珠，可以配有由贵金属制成的表盖或表链。"

由部分贵金属或包贵金属制成的表壳，或完全由其他材料制成的表壳不能归入品目 91.01，而应归入品目 91.02。

品目 91.01 和品目 91.02 是关于手表的两个品目，虽都是对同一商品的归类，但由于表壳制造所使用的金属"贵""贱"不同而归入不同的品目，具体见表 7-41：

表7-41 手表品目的归类

序号	表壳制得材料的名称	归入品目
1	表壳全部用贵金属或包贵金属制得的表	91.01
2	表壳用贵金属或包贵金属以外的材料制得的表	91.02
3	表壳用部分贵金属或包贵金属制得的表,其背面用钢制成的表	91.02
4	表壳用镶嵌贵金属的贱金属制得的表	91.02

(二)表芯与钟芯的归类

已组装的完整表芯归入品目91.08,已组装的完整钟芯归入品目91.09;未组装的或部分组装的完整钟、表机芯归入品目91.10;已组装的不完整钟、表机芯归入品目91.10;未组装的不完整钟、表机芯归入品目91.10。

所称表芯、钟芯,根据本章章注三的规定,是指由摆轮及游丝、石英晶体或其他能确定时间间隔的装置来进行调节的机构,并带有显示器或可装机械指示器的系统。

表芯的厚度不超过12毫米,长、宽或直径不超过50毫米。超过这些尺寸要求的机芯即为钟芯。

1. 时间记录器及测量时间装置的归类

时间记录器及测量时间的装置,主要包括由钟表机芯驱动或由同步电动机驱动的,如考勤钟、时刻记录器、信鸽计时器、主振频率控制器、量时器、运动会或运动场用计时器、用以测量某一进程持续时间的秒钟及其他计时、记录电话通话持续时间的计时器、短时间进程计时器、弈棋者用时钟等。

上述这些时间记录器及测量时间装置归入品目91.06。

2. 钟表与其他物品组合物的归类

钟表与其他物品组装在一起的组合物,应首先确定该组合物的主要功能,即按归类总规则三(二)的基本特征来确定,不能确定其主要功能时则采用归类总规则三(三)的从后归类原则。(但条文另有规定的除外,如带有时钟的收音机,不论哪种功能为主要功能均应归入品目85.27。)

如带有石英钟的台灯,从其主要的使用功能和外观判断该组合物的基本特征为照明功能,应按灯具归入第94章品目94.05;又如,带有计算器的手表,其基本特征为计时功能,计算器只是它的一项辅助功能,所以该组合物应归入本章的相关品目。

3. 钟表零件、附件的归类

（1）表壳及其零件归入品目 91.11。表壳及其零件可用任何材料制成，如表壳用贱金属、贵金属、包贵金属、塑料、玛瑙、玳瑁等制成。

（2）钟壳及其零件归入品目 91.12。钟壳及其零件可用任何材料制成，如钟壳用木材、大理石、陶瓷、雪花石膏、玳瑁壳等制成。

（3）表带及其零件归入品目 91.13。表带及其零件可用任何材料制成，如贵金属、贱金属、皮革、纺织材料或塑料等制成。

表带归类时应注意与表链的区分：表带是用以将手表系于手腕上的连接件，而表链是不用以将表系于手腕上，而是如项链将表佩戴在脖子上的连接件，对于表链归类应按其材料归入品目 71.13 或品目 71.17。

（4）钟、表的其他零件归类。

这里所称的钟、表的其他零件，是指包括除钟表壳、表带及未组装的不完整钟表机芯以外的钟表零件，如钟表机芯的零件（框架、驱动机构、齿轮系统、走针机构、擒纵机构、钟锤鼓、钟摆等）、报时装置的零件、宝石轴承、钟面、表面、指针等。

上述这些钟、表的其他零件应归入品目 91.14。对于钟表玻璃应归入第 70 章品目 70.15，供自上发条表用的滚珠轴承及轴承滚珠应归入品目 84.82 或 73.26。

 易错点提示

归类时容易与本章的货品发生错误归类的商品主要有以下几种，正确的归类为：(1) 钟表玻璃和钟锤应按其构成材料归类；(2) 表链应归入第 71 章；(3) 八音盒用发条驱动的发动机应归入品目 84.12。

五、第 92 章乐器及其零件、附件的归类原则和方法

（一）本章商品排列结构规律

管弦乐器 ·· 归入品目 92.01~92.05

打击乐器 ·· 归入品目 92.06

电子乐器 ·· 归入品目 92.07

其他乐器 ·· 归入品目 92.08

乐器零件、附件 ·· 归入品目 92.09

(二) 本章的归类原则和方法

本章乐器可以用任何材料制成,包括用贵金属或包贵金属制成,也可镶嵌宝石或半宝石。对乐器归类时,其关键是需要熟悉乐器种类。在《协调制度》分类目录中,乐器可分为弦乐器、管乐器、打击乐器、电子乐器和其他未列名乐器,不同种类乐器归入不同品目。

对于乐器的归类时,还需要注意以下几点:

1. 用于演奏的乐器,品目92.02、92.06所列的乐器的弓、槌及类似品,如果与该乐器一同进口或出口,数量合理,用途明确,应该归入有关乐器的相应品目。

2. 品目92.09的卡片、盘或卷,即使与乐器一同进口或出口,也不视为该乐器的组成部分,而应作为单独进口或出口的物品对待。

3. 玩具乐器或器具不归入本章(品目95.03),清洁乐器用的刷子应归入品目96.03。

4. 归入本章的乐器可以带有电拾音器及扩音器,而这类电气装置除非已构成乐器不可分割部分或与其装在同一机壳内,否则应归入第85章品目85.18。

5. 乐器零件及附件归类时应注意:

(1) 调音工具不应归入品目92.09,而应归入第82章品目82.05;

(2) 落地式乐谱架或乐谱台不应归入品目92.09,而应归入第94章品目94.03;

(3) 模制成一定形状的弓弦用松香,应归入第96章品目96.02。

易错点提示

归类时容易与本章的货品发生错误归类的商品主要有以下几种,正确的归类为:(1) 电子音乐组件应归入品目85.43,(2) 玩具用乐器应归入第95章。

进出口商品归类强化训练习题

一、商品归类题

1. 检验血液的生化分析仪器

2. 测试频率在400兆赫兹至800兆赫兹范围内的阴极射线通用示波器

3. 治疗肿瘤用 X 射线治疗仪

4. 电子显微镜

5. 经光学加工的隐形眼镜片

6. 经过电镀处理的贱金属眼镜架

7. 万次闪光灯

8. 绕在卷轴上的光导纤维

9. 车辆发动机的测试及调整设备

10. 专供安装于车辆仪表面板上的电子钟

11. 与电子表（仅有光电显示器）一起进口报关的皮革表带（单独包装）

12. 适用于精密仪器上的宝石轴承

13. 心脏起搏器

14. 钛合金制眼镜架

15. 煤气表

16. 缩微阅读机

17. 萨克斯管

18. 电吉他（没有共鸣箱）

二、单项选择题

1. 用于机床上的"光学分度头"

A. 9013.8090　　　　　　　　B. 9017.8000

C. 8466.3000　　　　　　　　D. 8466.9390

2. 用于手表上发条的滚珠轴承

A. 8482.1090　　　　　　　　B. 9114.9090

C. 9111.9000　　　　　　　　D. 8482.9100

3. 金属探测器

A. 8543.7091　　　　　　　　B. 9033.0000

C. 9031.8090　　　　　　　　D. 8543.7099

4. 儿童玩具电子乐器

A. 9207.1000　　　　　　　　B. 9207.9000

C. 9503.0089　　　　　　　　D. 9503.0080

5. 塑料制落地式乐谱架

A. 9209.9100　　　　　　　　B. 3926.3000

C. 9209.9990　　　　　　　　D. 9403.7000

第十九节　第十九类　武器、弹药及其零件、附件

> **本节学习目的及重点、难点、疑点**
>
> 1. 旨在理解、掌握并运用商品归类原则和方法对《协调制度》第十九类所涉及的商品进行归类。
> 2. 任何运载工具，即使军事专用的，如装甲战斗车辆不能作为武器归入本类，而应归入第87章品目87.10。
> 3. 其他章已列名的武器、零件不应归入本类（即第93章）。例如：第90章列名的武器标准用望远镜。
> 4. 本类货品可以含有贵金属、包贵金属、珍珠、宝石及半宝石、珐琅、贝壳、兽牙及类似品。

一、本类商品的主要内容及范围

本类商品主要包括供军队、警察或其他组织机构（即海关、边防等）在陆、海、空战斗中使用的各种武器，也包括个人自卫、狩猎等用的武器等，以及依靠爆炸药进行发射的其他火器及类似装置，炸弹、导弹、子弹、散弹、剑、刺刀、长矛及类似武器及零件。本类商品仅有1章（即第93章）。

（一）本章商品的编排结构规律

军队、武装部队用的各种武器……………………………… 归入品目93.01～93.02
靠爆炸药发射其他火器及类似装置 ……………………… 归入品目93.03
其他武器（如弹簧枪、气枪、气手枪等）…………………… 归入品目93.04
以上武器的零件 …………………………………………… 归入品目93.05
炸弹、弹药、导弹及类似武器及其零件 …………………… 归入品目93.06
剑、刺刀、长矛等类似武器 ………………………………… 归入品目93.07

（二）本章不包括的商品

1. 不包括火帽、雷管、信号弹，上述货品应归入第36章。

2. 第十五类注释二所规定的贱金属制通用零件（第十五类）或塑料制的类似品（第 39 章）。

3. 任何运载工具，即使是军事专用的坦克、装甲战斗车辆等不论是否装有武器，不归入本章，而应归入第 87 章品目 87.10。

4. 武器用的望远镜瞄准具及其他光学装置（归入第 90 章），但已安装在武器上或与武器一同进口或出口的则其应与该武器一并归类。

5. 弓、箭、钝头击剑或玩具（归入第 95 章）。

6. 武器类的收藏品或古物（归入第 97 章品目 97.05 或品目 97.06）。

7. 钢盔及其他军用帽类（归入第 65 章）。

8. 人体防护服，如护胸铁甲、铠甲衣、防弹衣等（按其货品构成材料归类）。

二、本章商品的归类原则和方法

本类商品在归类时需要注意以下几点：

1. 任何运载工具，即使是军事专用的，如装甲战斗车辆不能作为武器归入本类，而应按车辆归入第 87 章，品目 87.10；弓、箭、钝头击剑不能作为武器归入本类，而应作为运动用品归入第 95 章。

2. 其他章已列名的武器、零件不应归入本类（即第 93 章）。例如，第 90 章列名的武器标准用望远镜。

3. 品目 93.06 所称"零件"不包括品目 85.26 的无线电设备及雷达设备。

4. 本章的货品可以含有贵金属、包贵金属、珍珠、宝石及半宝石、玳瑁、贝壳、兽牙及类似品。

5. 一般武器归类

（1）左轮手枪（指带有旋转弹膛的单枪管火器）及其他手枪归入品目 93.02（但不包括品目 93.03 或 93.04 的手枪）。

（2）其他武器，如警察用的警棍、用于射鸟的弹弓（但不包括第 95 章品目 95.03 的玩具弹弓）、体育比赛用的气枪、气步枪、气手枪等归入品目 93.04。

（3）各种炸弹、手榴弹、鱼雷、地雷、水雷、导弹及类似武器，子弹等归入品目 93.06（但不包括归入品目 36.04 的信号弹和归入品目 38.13 的灭火弹）。

（4）剑、短弯刀、刺刀、长矛和类似武器，刀鞘、剑鞘归入品目 93.07（但狩猎、露营以及其他用途的刀具归入第 82 章品目 82.11，而它们的刀鞘则归入第 42 章品目 42.02）。

(5) 各种火炮（如高射炮、反坦克炮、榴弹炮、迫击炮等），能连射和速射的武器（如机枪、冲锋枪等），军用火器（如步枪、卡宾枪等）均归入品目 93.01。安装在铁路车辆上的远程大炮也归入品目 93.01，而不应归入第 86 章。

 易错点提示

归类时容易与本类货品发生错误归类的商品主要有以下几种，正确的归类为：（1）信号弹及降雨火箭应归入品目 36.04；（2）钢盔及其他军用帽类应归入第 65 章；（3）火箭、鱼雷及类似的导向原动机应归入品目 84.11 或 84.12；（4）无线电设备及雷达设备应归入品目 85.26；（5）弓、箭、钝头击剑或玩具武器应归入第 95 章；（6）人体防护服，如防弹衣应按构成材料归入相关品目。

进出口商品归类强化训练习题

一、商品归类题

1. 装有麻醉剂的用于远距离向外发射的自动注射器（捕捉大型动物用）
2. 照明弹
3. 狩猎步枪
4. 抛缆枪
5. 警棍
6. 火焰喷射器

二、单项选择题

1. 装有望远镜瞄准仪的冲锋枪
   A. 9005.8090　　B. 9301.9000　　C. 9301.2000　　D. 9304.0000
2. 枪柄嵌有宝石的左轮手枪
   A. 9302.0000　　B. 7105.9000　　C. 7103.9990　　D. 9303.9000
3. 信号弹
   A. 9306.9000　　B. 9303.9000　　C. 9301.9000　　D. 3604.9000
4. 降雨火箭
   A. 9303.9000　　B. 9301.2000　　C. 3604.9000　　D. 9301.9000

第二十节 第二十类 杂项制品

本节学习目的及重点、难点、疑点

1. 旨在理解、掌握并运用商品归类原则和方法对《协调制度》第二十类所涉及的商品进行归类。

2. 杂项制品是指《协调制度》此前所述的各类、各章及品目未包括的商品。

3. 结构只适用于放置在其他家具上或架子上，或悬挂在墙壁或天花板上（非落地式）的物品，不应归入本章（第94章），而应按其材料归类。如木制的衣帽架及类似品、挂匙、挂伞板等。

4. 专供娱乐游戏用的家具式桌子，如带象棋、围棋盘桌面的桌子和桌球台，应归入品目95.04。

5. 品目96.03条文中"供制帚、刷用的成束或成簇的材料"是专指未装配的已成束或成簇的兽毛、植物纤维或其他材料，可成束或成簇直接安装在帚、刷之上，无须分开。

一、本类商品的主要内容及范围

本类商品主要涉及《协调制度》：

第94章 家具；寝具、褥垫、弹簧床垫、软坐垫及类似的填充制品；未列名灯具及照明装置；发光标志、发光铭牌及类似品；活动房屋

第95章 玩具、游戏品、运动用品及其零件、附件

第96章 杂项制品

本类所称杂项制品是指《协调制度》此前所述的各类、各章及品目未包括的商品。本类商品包括从第94章到第96章的商品一共3章。其中第94章包括各种家具及其零件、各种寝具（如弹簧床垫、床褥等）、各种材料制的其他章未列名的灯具及照明装置和活动房屋等；第95章包括各种玩具、运动或游戏用的设备等（某些娱乐、运动用的快艇、划艇等除外，应归入第89章，

品目89.03）；第96章包括雕刻或模塑材料及其制品、扫把、刷子和筛、成套旅行用具、某些书写及办公用品、某些烟具、化妆品用具及其他品目未列名的物品。

二、本类商品的归类原则

（一）关于第94章商品的归类

1. 家具及其零件的归类

对于家具及其零件，在归类时应注意以下几点：

（1）具有实用价值的落地式"可移动"家具（如桌、椅等）、落地式或悬挂式、固定在墙壁上的碗橱、书柜，其他架式家具、坐具及床归入品目94.01～94.03；单独报验的组合家具各件均归入本章。但落地灯不能按家具归类，而应按灯具归入品目94.05。

（2）其结构只适用于放置在其他家具上或架子上，或悬挂在墙壁或天花板上（即非落地式）的物品，如木制的衣帽架及类似品、挂匙、挂伞板等，不应归入本章，而应按其材料归类。

（3）品目94.02的医疗、外科、牙科或兽医用的家具，应注意不能带有医疗器械（设备），若带有医疗器械，如带有牙科器械的牙科用椅，不能归入本章，而应以医疗器械归入品目90.18。

（4）具有特定用途或为安装特定用途的装置、设备而特制的家具，一般按特定用途的装置、设备归类。专供娱乐游戏用的家具式桌子，如：带象棋、围棋盘桌面的桌子和桌球台，归入品目95.04，作为缝纫机台架用的家具应归入第84章，品目84.52。

（5）品目94.01～94.03的家具可用木、柳条、竹、藤、塑料、贱金属、玻璃、皮革、石、陶瓷等材料制成。如：玻璃制的柜台仍归入本章，而不应按玻璃制品归类。

（6）本章也包括机动车辆、飞机等用的坐具及零件，这些坐具及零件不能按车辆或飞机的零件归入第十七类。

（7）专用于或主要用于本章家具的零件应归入本章相应品目，单独报关的玻璃或镜子、大理石等按其材料归类。

（8）品目94.04的弹簧床垫、寝具等，若是单独报关，不能作为品目94.01～94.03所列商品的零件。

装软垫的坐具是指填有一层柔软材料,如填絮、落纤、动物毛发、泡沫塑料或海绵橡胶的坐具。它们制成坐具形状(不论是否已固定装在坐具上),外面套有机织物、皮革或塑料布等套子。

2. 关于床上用品及寝具的归类

对床上用品及寝具归类时,应注意区分内部是否装有弹簧或填充物,具体如下:

(1) 装有弹簧或内部填充棉花、羊毛、马毛、羽绒、合成纤维等,或以海绵橡胶或泡沫塑料制成的床上用品及寝具,应归入本章,品目94.04。如:褥垫、被褥及床罩(内有填充物)、鸭鹅绒被、棉被、枕头、靠垫、坐垫、睡袋等。

(2) 未装有内部填充物的床上用品及寝具应归入第63章,如:床单、床罩、枕头套、鸭绒被套、靠背垫套、毯子等,则应按纺织品归类。

3. 关于灯具的归类

(1) 归入品目94.05 的灯具,主要包括:

①带有灯座、开关等的灯具,如室内、户外照明用的灯具;

②暗室灯、机器用灯(指单独报验的)、摄影室用灯、各种电气彩灯串等特殊用途灯;

③火车前灯、机车及铁路车辆用灯、飞机前灯、轮船用灯;

④防风灯、马厩灯、手提灯、矿灯、采石矿工用灯等非电气的便携式灯具(所谓非电气灯具及照明装置,是指用蜡烛、汽油、煤油、煤气、乙炔等作为光源的灯具及照明装置);

⑤枝形烛台、烛台、烛架;

⑥探照灯,指用于投射近乎平行的高强度光束的照明灯具,常用于远距离搜索和照明;

⑦聚光灯,指照射光圈只照射于一个小面积的一束强光的灯具,常用于舞台上表现表演者,产生聚光效果。

(2) 对于灯具归类时,应注意不能归入品目94.05 的灯,主要包括:

①不带有灯座、开关等的灯应归入第85 章品目85.39;

②封闭式聚光灯(不带有灯座)应归入第85 章品目85.39;

③弧光灯应归入第85 章品目85.39;

④机动车辆及自行车用的电气照明装置应归入第85 章品目85.12;

⑤自供电源的手提式灯应归入第85 章品目85.13;

⑥交通路口用的信号灯应归入第85 章品目85.30;

⑦照相用的闪光灯应归入第 90 章品目 90.06；

⑧医疗用诊断、探查、照射用的灯应归入第 90 章品目 90.18。

 易错点提示

归类时容易与本类的货品发生错误归类的商品主要有以下几种，正确的归类为：(1) 充水或充气的褥垫、枕头及坐垫一般应按材料归类；(2) 吊床应归入品目 56.08 或 63.06；(3) 贵金属制的室内用灯具应归入第 71 章；(4) 机动车辆用照明装置应归入品目 85.12。

(二) 关于第 95 章商品的归类

1. 本章商品结构规律

各种玩具 ··· 归入品目 95.03

游戏娱乐用品 ··· 归入品目 95.04~95.05

一般体育用品等 ·· 归入品目 95.06~95.07

游乐场用娱乐设备、流动马戏团和剧团等 ········ 归入品目 95.08

2. 玩具的归类

供儿童或成人娱乐用的玩具归入品目 95.03。主要包括：

(1) 儿童乘骑的带轮玩具车（如三轮车、踏板车、踏板汽车等）、玩偶车，这些玩具可以通过脚踏板、手摇、由他人推动或由马达驱动。但儿童乘骑的自行车则应归入第 87 章品目 87.12。

(2) 玩偶及其零件、附件，如玩偶用服装、鞋、靴、帽等。

(3) 玩具汽车、火车、飞机、船舶、手枪（不论是否电动）及其零件。

(4) 不论是否成套的运动器材玩具（如成套的保龄球、高尔夫球等）、玩具乐器（钢琴、喇叭、口琴、音乐盒等）、按比例缩小的模型及类似娱乐用模型、各种智力玩具等。但品目 95.03 不包括品目 95.04 的纸牌游戏品。

3. 游戏娱乐用品的归类

所称游戏娱乐用品主要包括各种桌球台及附件、电子游戏机、保龄球自动球道设备、各种棋类（象棋、跳棋、围棋等）用品、节日用品、魔术道具等。上述游戏娱乐用品应归入品目 95.04 至品目 95.05。

关于游戏娱乐用品归类时应特别注意区分以下情况：

(1) 对于电子游戏机（不论与电视机配套使用或自身装有荧光屏电子显

示装置）的游戏器具归类时应注意：

若能够编辑电子游戏程序的上述游戏的机器，无论其功能如何，只要能同时符合第 84 章章注五（一）所列的条件，即：

①存储处理程序和执行程序直接需要的起码的数据；

②按照用户的要求随意编辑程序；

③按照用户指令进行算术计算；

④在运行过程中，可以不需人为的干预而通过逻辑判断，执行一个处理程序，这个处理程序可以改变计算机指令的执行。

则这类机器应作为自动数据处理设备归入第 84 章品目 84.71。

（2）对主要用于魔术表演，而非游戏娱乐用的扑克牌，不能按普通"扑克牌"归入子目 9504.4000，而应按"魔术道具"归入子目 9505.9000。

（3）专供游戏用的家具式桌子（如有象棋盘、跳棋盘等桌面的桌子）不应按家具归入品目 94.03，而应归入品目 95.04。

4. 一般体育用品和游乐场用娱乐设备的归类

（1）一般体育用品的归类

这里所称一般体育用品是指：体育锻炼活动、体操或竞技用品及设备（如单杠、双杠、吊环、平衡木、划船器、骑车器、铁饼、标枪等），其他运动及户外运动用器具（如滑水板、冲浪板、帆板、高尔夫球棍及其他高尔夫球用具、羽毛球、网球拍、溜冰鞋、旱冰鞋、击剑、射箭用具等），游泳池及戏水池，各种钓鱼用品（如钓鱼竿、钓鱼钩等）。

上述一般体育用品归入品目 95.06 或品目 95.07。

（2）游乐场用娱乐设备归入品目 95.08。

 易错点提示

归类时容易与本类货品发生错误归类的商品主要有以下几种，正确的归类为：（1）烟花及其他烟火制品应归入品目 36.04；（2）运动用船艇（如赛艇）应归入品目第 89 章。

（三）关于第 96 章杂项制品的归类

1. 本章商品的结构规律

动植物、矿物质的雕刻制品 ………………………… 归入品目 96.01~96.02

帚、刷、拖把、筛等 ················· 归入品目96.03~96.04
成套的旅行用具 ····················· 归入品目96.05
纽扣、拉链等 ······················· 归入品目96.06~96.07
各种笔、书写板、印戳、打字机色带等 ····· 归入品目96.08~96.09
烟具、梳子、发卡、香水喷雾器、真空容器等
 ································· 归入品目96.13~96.17
裁缝用人体模型等 ···················· 归入品目96.18

2. 本章商品归类的原则和方法

（1）品目96.03条文中"供制帚、刷用的成束或成簇的材料"是专指未装配的已成束或成簇的兽毛、植物纤维或其他材料，可成束或成簇，直接安装在帚、刷之上，无须分开。

（2）品目96.01仅包括已加工的动物质雕刻材料及其制品。超出了第5章所允许的加工范围，对于未加工的动物质雕刻材料，则要按材料性质归入相应品目（如未加工的玳瑁壳、兽牙、骨等，应归入品目05.06~05.08），也就是说，本章所包括的动物质雕刻制品是由第5章的产品经进一步加工而制得的。

（3）品目96.02仅包括已加工的植物质雕刻材料制品，是指超出了品目14.04、品目15.21等所允许的加工范围的制品。也就是说，本章所包括的植物质雕刻制品是由品目14.04、品目15.21的产品经过进一步加工而制得的。

（4）品目96.02中的已加工的矿物质雕刻材料制品，是指超出了品目25.30、品目27.14、品目34.04等所允许的加工范围的制品，也就是说，本章所包括的矿物质雕刻制品是由品目25.30、品目27.14、品目34.04等的产品经过进一步加工而制得的。

（5）本章部分物品（除品目96.01~96.06或品目96.15外）还包括全部或部分用贵金属、包贵金属、天然或养殖珍珠、宝石或半宝石（天然、合成或再造）制成的物品。而品目96.01~96.06或品目96.15用上述材料只作为小零件的物品。

（6）各种纽扣归入品目96.06，拉链归入品目96.07，梳子归入品目96.15。这些不应按其材料归类。

（7）打字机色带归入品目96.12，而不应按打字机的零件归入第84章。

（8）裁缝用、商品陈列用或宣传广告用的人体活动模型应归入品目96.18，而不应按专供示范用模型归入第90章品目90.23。

易错点提示

归类时容易与本类的货品发生错误归类的商品主要有以下几种，正确的归类为：(1) 仅经简单整理的动物质、植物质或矿物质雕刻材料应归入第一类或第二类；(2) 塑料及硬橡胶的雕刻和模塑制品应归入第39章、第40章；(3) 模制泥炭制品应归入品目68.15；(4) 具有固定性质的粗筛和细筛（如筛沙砾的钢制网筛）应归入品目73.26；(5) 袖扣应归入品目71.13或品目71.17；(6) 未上色棉织物制打字机色带应归入第十一类。

 例222 卧室用家具，红木制。

商品分析及归类：本题商品红木制卧室家具。似乎应归入第44章"木及木制品；木炭"，但根据第44章章注一（十四），本章不包括，第94章的物品（例如，家具、灯具及照明装置、活动房屋）。因此本题商品应归入第94章，查阅品目应归入品目94.03"其他家具及其零件"项下的一级子目"卧室用家具"项下的三级子目"红木制"。因此本题商品的商品编码为9403.5010。

 例223 高尔夫球。

商品分析及归类：本题商品高尔夫球属于体育运动用品，应归入第二十类杂项制品，第95章"玩具、游戏品、运动用品及其零件、附件"，品目95.06"一般的体育活动、体操、竞技及其他运动（包括乒乓球运动）或户外游戏用的本章其他品目未列名用品及设备；游泳池或戏水池"项下。一级子目"高尔夫球棍及其他高尔夫球用具"项下：二级子目"球"。因此，本题的商品编码为9506.3200。

例224 一款家庭两用沙发（晚上放开可当床睡觉），由木框架，弹簧加上软垫和化纤布面制成。

商品分析及归类：本题商品两用沙发，沙发属于家具中的坐具，故应归入第94章品目94.01"坐具（包括能作床用的两用椅，但品目94.02的货品除外）及其零件"。

由于本题沙发放开可当床睡觉，因此应归入该品目项下：一级子目"能作床用的两用椅，但庭园坐具或野营设备除外"。又由于该沙发是用化纤布面的，故应归入其三级子目"其他"，因此，本题的商品编码为9401.4090。

 例225 海绵橡胶制粉扑，用于化妆时湿敷香粉。

商品分析及归类： 本题商品海绵橡胶制粉扑，似乎可以按构成商品的材料归入第40章橡胶及其制品，品目40.16项下的一级子目"海绵橡胶制"；又可以按其用途归入第96章"杂项制品"，品目96.16"香水喷雾器或类似的化妆品用喷雾器及其座架、喷头；粉扑及粉拍，施敷脂粉或化妆品用"。根据归类总规则三（一）的具体列名原则，本题商品应归入第96章，商品编码为9616.2000。

进出口商品归类强化训练习题

一、商品归类题
1. 黄金制袖珍气体打火机（可充气的）
2. 塑料制滑梯
3. 煤油灯
4. 供小轿车用坐具
5. 裁缝用划线粉块
6. 牛骨制的梳子
7. 真丝绸制的灯罩
8. 安装有空调设备的建筑工地活动房屋
9. 纯棉印花机织物制双人床罩（内填充腈纶棉）
10. 圣诞节装饰用成套的电气彩灯串
11. 装有固定光源的发光标志
12. 牛皮革制，装有冰刀的溜冰靴
13. 按摩椅
14. 个人用梳妆成套旅行用品
15. 涂有色料的纯棉机织物制打字机色带
16. 橡胶制手动日期戳

17. 明胶制装药用胶囊

18. 纸制扑克牌

二、单项选择题

1. 贱金属为底的包金纽扣
A. 9606.2200   B. 9606.2900   C. 7113.2090   D. 7113.1190

2. 供摩托车用的电气照明装置
A. 9405.4090   B. 9006.6990   C. 8512.2090   D. 8512.2010

3. 黄金制烟斗
A. 9614.0090   B. 9614.0010   C. 7115.9090   D. 7113.1919

4. 橡胶制狗用玩具
A. 4016.9990   B. 4017.0020   C. 9503.0021   D. 9503.0029

5. 运动用轻舟（无动力装置，玻璃钢制）
A. 9506.2900   B. 9506.2100   C. 8903.9900   D. 8901.1010

6. 无纺布制婴儿尿不湿
A. 5603.9490   B. 6209.9090   C. 9619.0011   D. 6111.9090

第二十一节　第二十一类　艺术品、收藏品及古物的归类

本节学习目的及重点、难点、疑点

1. 旨在理解、掌握并运用商品归类原则和方法对《协调制度》编码第二十一类所涉及的商品进行归类。

2. 本类商品只含有 1 章即第 97 章，一般归入本类的商品具有一定的收藏价值。

3. 对超过 100 年的古物归类时，除天然或养殖珍珠、宝石和半宝石以及品目 97.01~97.05 以外的物品，若超过 100 年，则优先归入品目 97.06。

4. 未经使用且在承认其面值的国家流通的邮票归入第 49 章品目 49.07，已经使用的所有邮票归入本章品目 97.04。

一、本类商品的主要内容及范围

本类商品只含有 1 章即第 97 章，主要包括艺术品和收藏品，有完全手工绘制的油画、粉画、雕版画、印刷画、石印画原本、雕塑品原件，邮票、印花税票、动物、植物、矿物等的收集品及珍藏品，超过 100 年的古物。一般归入本类的商品具有一定的收藏价值。

本章商品结构规律如下：

艺术品 ································· 归入品目 97.01~97.03
各种票证 ································ 归入品目 97.04
动植物等标本、珍藏品 ···················· 归入品目 97.05
超过 100 年的古物 ······················· 归入品目 97.06

二、本章商品归类的原则和方法

（一）关于超过 100 年古物的归类

对于超过 100 年的古物归类时，除天然或养殖珍珠、宝石和半宝石以及品目 97.01~97.05 以外的物品，若超过 100 年，则优先归入品目 97.06。例如：超过 100 年的乐器不能按乐器归入第 92 章，而应优先归入本章品目 97.06；而品目 97.01~97.05 的商品即使超过 100 年，也应归入原品目。

（二）关于雕版画、印制画、石印画原本和雕塑品原件的归类

对雕版画、印制画、石印画原本和雕塑品原件归类时，应该注意以下两点：

1. 只有完全用手工制作的印版直接印制出的原本才归入品目 97.02，而使用机器或照相制版方法制作的印版印制的原本不能归入品目 97.02。

2. 只有各种材料制的雕塑品原件才能归入品目 97.03，而成批生产的复制品不能归入品目 97.03。

（三）关于其他艺术品的归类

对其他艺术品进行归类时应注意：

对于已装框的本章各类的油画、粉画及其他绘画、版画、拼贴画及类似装饰板，若其框架的种类、价值与作品相称时（即加上的框架不改变原作品的基本特征），此时框架与作品可以一并按作品归类；若该框架的种类、价值

与作品不相称，则应将框架与作品分别归类。

（四）关于其他收藏品的归类

对其他收藏品进行归类时应注意，本章与第 49 章未使用过的邮票的区别：

1. 未经使用且在承认其面值的国家流通的邮票归入第 49 章品目 49.07；
2. 已经使用的所有邮票归入本章品目 97.04；
3. 超过 100 年的邮票仍归入品目 97.04。

也就是说，品目 97.04 仅包括使用过的邮票或者未使用过但必须是我国不承认其面值且在其他国家流通的邮票，而对于我国发行流通的未经使用的邮票，则应按印刷品归入第 49 章品目 49.07。

易错点提示

归类时容易与本类的货品发生错误归类的商品主要有以下几种，正确的归类为：（1）在承认其面值的国家流通或新发行的未经使用的邮票、印花税票、邮政信笺及类似的票证应归入品目 49.07；（2）用手工绘制的首饰设计图原稿应归入品目 49.06；（3）天然或养殖珍珠、宝石或半宝石（超过100 年的）应归入品目 71.01～71.03；（4）用手工描绘的用纸包覆的首饰盒应归入品目 42.02。

 例 226　美国新发行且未经使用的印花税票。

商品分析及归类：本题商品是发行于美国且未经使用的印花税票。似乎既可以作为印刷品归入第 49 章，又可作收藏品归入第 97 章。由于本题商品虽未经使用过，但在我国不承认该印花税票面值且也不准许在我国流通，因而该印花税票只具有收藏价值，因此本题商品应按收藏品归入第 97 章品目 97.04"使用过或未使用过的邮票、印花税票、邮戳印记、首日封、邮政信笺（印有邮票的纸品）及类似品，但品目 49.07 的货品除外"。本题的商品编码为 9704.0090。

 例 227　19 世纪西班牙制造的钢琴。

商品分析及归类：本题商品中的钢琴制造于 19 世纪。已经超过了 100 年，属于古物,根据第92章章注一(五)的规定,它虽为乐器,但超过了100年而不能按乐器归入该章,而应按超过100年的古物收藏品归入第97章品目97.06"超过100年的古物"。因此,本题商品的商品编码为9706.0000。

 例228 发行于19世纪已使用过的英国邮票。

商品分析及归类:本题商品发行于19世纪是已使用过的英国邮票。该邮票已超过了100年,应按属于超过100年的古物归类,但根据第97章章注四(二)"品目97.06不适用于可以归入本章其他各品目的物品"。因此,本题商品仍将其归入品目97.04项下,因此,本题商品的商品编码为9704.0010。

进出口商品归类强化训练习题

一、商品归类题
1. 用手绘方法复制的唐代笔墨画
2. 清代晚期的水墨画原件
3. 超过100年的石印画原本,有收藏价值
4. 用福尔马林浸泡保存的动物标本
5. 贴有中国2001年发行的纪念邮票的首日封(已盖有邮戳)
6. 乾隆年间的红木雕花床

二、单项选择题
1. 采用印刷方法复制的19世纪法国油画
   A. 4911.9990　　B. 9706.0000　　C. 4911.9990　　D. 9701.9000
2. 我国新发行未经使用的印花税票
   A. 9704.0090　　B. 4911.9910　　C. 4907.0030　　D. 4911.9990
3. 制作于19世纪的竖式大钢琴
   A. 9706.0000　　B. 9201.1000　　C. 9201.2000　　D. 9201.9000

第八章 海关总署商品归类决定

本章学习目的

本章选编了海关总署发布的部分商品归类决定。

1. 旨在使读者了解海关总署发布的商品归类决定属于商品归类依据之一，具有普遍约束力。

2. 旨在使读者通过学习和领悟海关总署发布的商品归类决定，进一步理解和运用商品归类总规则、原则、方法，从而提高读者解决实际归类问题的能力。

海关总署为了规范进出口货物的商品归类，保证商品归类结果的准确性和统一性，根据《海关法》《关税条例》等有关法律、行政法规规定，以海关总署第158号总署令发布的《中华人民共和国海关进出口货物商品归类管理规定》。本规定要求进出口货物的商品归类应当遵循客观、准确、统一的原则。具体而言，我国对进出口货物进行商品归类的依据是：

（1）《税则》（归类总规则、类注、章注、子目注释、品目条文）；

（2）《进出口税则商品及品目注释》；

（3）《中华人民共和国进出口税则本国子目注释》；

（4）海关总署发布的关于商品归类的行政裁定；

（5）海关总署发布的商品归类决定。

其中，海关总署商品归类决定包括海关总署文件、海关总署商品归类决定、归类行政裁定、归类技术委员会议以及海关总署转发的 WCO（世界海关组织）归类决定等，属于商品归类依据之一，具有普遍约束力。进出口相同货物，应该适用相同的商品归类决定。

因篇幅有限，本书节选了海关总署近年商品归类决定的部分内容供读者学习了解。

一、《中华人民共和国进出口税则本国子目注释（2016年新增和调整部分）》（见表8-1）

表8-1　《中华人民共和国进出口税则本国子目注释（2016年新增和调整部分）》（节选）

税则号列	商品描述
2504.1091 球化石墨	将原本国子目注释的商品描述修改为： 子目2504.1091球化石墨，以天然鳞片石墨为基础原料，经过粉碎、切、削、球化整形、提纯、洗涤等工艺而得。可用于锂离子二次充电电池负极材料。
2811.2210 硅胶	将原本国子目注释的商品描述修改为： 子目2811.2210硅胶，化学分子式 $mSiO_2 \cdot nH_2O$，是具有三维空间网状结构的多孔非晶态物质，具有很大的内表面积。透明或乳白色粒状固体，不溶于水和任何溶剂，无毒无味，化学性质稳定，除强碱、氢氟酸外不与任何物质发生反应。
3908.1011 聚酰胺-6,6 切片	子目3908.1011聚酰胺-6,6切片，是行业上对聚酰胺-6,6切粒产品的习惯称谓，即塑料粒子，其因从切粒机切割下后，形状呈扁平、扁椭圆状或圆粒状而得名。聚酰胺是大分子结构的链节中含有酰胺基团的聚合物的总称，俗称尼龙，可由二元胺和二元酸通过缩聚反应制得，也可由氨基酸通过自聚制取。 切片是将聚合物或聚合物与添加剂的混合物，送入挤出机中熔化，通过多孔口模，形成多根条料，再用切粒机切断而成的粒料。切断有热切粒和冷切粒之分。前者是在条料离开口模后，一边用空气或水冷却，一边即用旋转刀切断，此时粒料的周边无明显的切刀的痕迹，大多呈圆粒状；后者是将条料全部冷却后，再送入切粒机切粒，此时粒料的两边可见有切刀的痕迹，大多呈扁平或扁椭圆状。

续表

税则号列	商品描述
4002.1912 充油丁苯橡胶 （溶聚的除外）	将原本国子目注释的商品描述修改为： 子目4002.1912 充油丁苯橡胶（溶聚的除外），是乳聚丁苯橡胶聚合终止后于凝聚前充入一定量的油品，然后经共凝聚而得。所用油为芳烃油、高芳烃油或环烷烃油。充油的目的在于取代聚合物中的低分子量级成分。 按照国际合成橡胶生产者协会（IISRP）的分类，可归入本子目的是1200（高温乳聚充油丁苯橡胶）和1700系列（低温乳聚充油丁苯橡胶）。具体工艺为采用低温乳聚方法先合成聚合度较高的丁苯胶乳（干胶门尼值为115~135），脱除未反应单体后，按一定比例掺入乳状非挥发的填充油，再经无盐凝聚、脱水、干燥等过程制得成品胶。一般情况下，充油量可以是15、25、37.5和50份（以附件100份基础橡胶计），以37.5份最常见。
4002.1915 未经任何 加工的 溶聚丁苯橡胶	子目4002.1915 未经任何加工的溶聚丁苯橡胶（SSBR），是由丁二烯和苯乙烯经溶液聚合而得的高分子弹性体（子目4002.1913 热塑丁苯橡胶除外）。 结构式： $-[CH_2CH=CHCH_2]_X-[CH_2CH]_Y-[CH_2CH]_Z-$ $\qquad\qquad\qquad\qquad\quad CH=CH_2 \qquad C_6H_5$ "未经任何加工"是指：（1）在产品凝聚前后不允许加入一些用于改善产品的加工操作和使用性能、降低生产成本、提高生产效率，或赋予产品特殊性质的物质，如芳烃油、高芳烃油、环烷烃油或炭黑等。但允许添加一些用于防止或抑制橡胶老化的物质（防老剂），或为保存、运输的需要而加入的稳定剂。（2）不允许为了改善产品的物理机械性能和加工性能而进行一些特殊的加工，如塑炼、混炼等。
4002.1916 充油溶聚 丁苯橡胶	子目4002.1916 充油溶聚丁苯橡胶，是溶聚丁苯橡胶聚合终止后于凝聚前充入一定量的油品，然后经共凝聚而得（子目4002.1914 充油热塑丁苯橡胶除外）。所用油为芳烃油、高芳烃油或环烷烃油。充油的目的在于取代聚合物中的低分子量级成分。

表 8-1 续 2

税则号列	商品描述
4403.9930 红木	将原本国子目注释的商品描述修改为： 子目 4403.9930 红木，是当前国内家具用材约定俗成的名称，归为紫檀木、花梨木、香枝木、黑酸枝木、红酸枝木、乌木、条纹乌木和鸡翅木 8 类，隶属于紫檀属、黄檀属、柿属、崖豆属及铁刀木属。红木的密度、结构和材色必须符合国家标准规定的必备条件。 本子目所列红木不包括《税则》第 44 章子目注释二所列的热带木。
7216.5010 乙字钢	子目 7216.5010 乙字钢，是指外型类似于"乙"字型的热轧非合金钢，主要用于铁道车辆专用中梁钢等。其成份含量应符合第 72 章章注对非合金钢的解释。
8477.1010 注塑机	子目 8477.1010 注塑机，又名塑料注射成型机，是将固态的塑料（玻璃态）原料经过塑化装置塑化为熔融态（粘流态），在压力的作用下注射入密闭的模腔内，经保压冷却定型后，开模顶出而获得塑料制品的一种成型设备。报验时不论是否带有模具均不影响其归类。
8703.2361 小轿车	将原本国子目注释的商品描述修改为： 本国子目 8708.2361 的小轿车是指具有如下两项技术特性之一的乘用车，但越野车除外。 1.1 车身结构为三厢式车身。 1.2 车身结构为两厢式车身，且具备以下各项条件： （1）座位数不超过 5 座，座椅（含可折叠座椅）不超过两排且无侧向布置； （2）一半以上的发动机长度位于车辆前风窗玻璃最前点以前，或转向盘的中心位于车辆总长的前四分之一部分之后； （3）车长不大于 4 500mm。或者车长大于 4 500mm，但不大于 5 000mm，且车辆处于整车整备质量状态下，车顶外覆盖件最大离地高度不大于 1 600 毫米。 本子目的小轿车装有点燃式往复式活塞内燃发动机，气缸容量（排气量）超过 2500 毫升，但不超过 3 000 毫升。一般具有以下特征： （1）在驾驶员和前排乘客后面的空间具有供各人乘坐的固定座位，并带有安全装置（例如，座椅安全带或安装座位安全带的定位点和配件），或具有固定的定位点和配件，以备安装座椅和安全设备；这些座椅可以是固定的、折叠的或可从定位点移走的； （2）沿车厢两侧带有后窗； （3）在车厢两侧或后部具有带窗的滑动式、外掀式或提升式车门； （4）与乘客区间相连的整个车厢内部具有装饰精致、配置舒适的特征（例如，配置地毯、通风设备、内部照明和烟灰缸等）。

二、世界海关组织协调制度委员会归类意见

中华人民共和国海关总署公告 2018 年第 159 号公布了部分世界海关组织商品归类意见，见表 8-2~表 8-8。

表 8-2　世界海关组织协调制度委员会归类意见（节选一）

序号	1	归类决定编号	W2018-1	子目号	0307.99
商品名称	冻干墨鱼（乌贼属）（*Sepia officinalis*）				
英文名称	Freeze-dried cuttle fish (*Sepia officinalis*)				
其他名称					
商品描述	冻干乌贼（乌贼属）（*Sepia officinalis*），粉末状，由鲜乌贼制得，用于食品生产。				
归类依据	归类总规则一及六				

表 8-3　世界海关组织协调制度委员会归类意见（节选二）

序号	39	归类决定编号	W2018-39	子目号	6104.63
商品名称	女式长裤				
英文名称	Women's trousers				
其他名称					
商品描述	女式长裤（如图 8-1），由轻质针织织物（87% 涤纶和 13% 氨纶）制成。裤长及踝，裤腰有松紧带，裤脚缝边。 该长裤是成套女式服装中的一件，该套装中还有一件长袖 T 恤（单独归入子目 6109.90）。两件衣物一同报验，零售包装。 又见归类意见 6109.90/2。				
归类依据	归类总规则一（第十一类注释十四）及六				

图 8-1

表8-4 世界海关组织协调制度委员会归类意见（节选三）

序号	41	归类决定编号	W2018-41	子目号	6109.90
商品名称	女式长袖T恤					
英文名称	Women's long-sleeved T-shirt				
其他名称					
商品描述	女式长袖T恤（如图8-2），无领，由轻质针织织物（87%涤纶和13%氨纶）制成。T恤下摆，袖口缝边。 该T恤是成套女式服装中的一件，该套装中还有一条长裤（单独归入子目6104.63）。两件衣物一同报验，零售包装。 又见归类意见6104.63/1。 图8-2				
归类依据	归类总规则一（第十一类注释十四）及六				

表8-5 世界海关组织协调制度委员会归类意见（节选四）

序号	43	归类决定编号	W2018-43	子目号	6307.90
商品名称	（1）儿童背带包；（2）婴儿背带				
英文名称	(1) Child carrier; (2) Baby carrier				
其他名称					
商品描述	儿童背带包（如图8-3），由以下各部分组成：一个符合人体解剖学形状的纺织物制座椅（附在铝制支架上）、带衬垫的肩带、腰带、定位点、安全带、可拆卸的头垫、提手以及用于容纳各种辅助物件的隔层。该产品用于将小孩以坐姿背在成人后背。其最大负荷为20千克。不背小孩时，可将座椅收起拉上拉链，变成一个背包。 图8-3				

表8-5 续

序号	43	归类决定编号	W2018-43	子目号	6307.90
商品描述	婴儿背带（如图8-4），外层为纯棉帆布，内衬为纯棉棉缎。配有结实的腰带和合身的带衬垫肩带，以舒适地承载发育中的婴幼儿。该产品适用于承载刚出生至体重不超过20千克的婴幼儿。该背带可以用不同方式来承载婴幼儿。					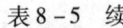 图8-4
归类依据	商品1：归类总规则一［第十一类注释七（六）］、三（二）及六 商品2：归类总规则一［第十一类注释七（六）］及六						

表8-6 世界海关组织协调制度委员会归类意见（节选五）

序号	48	归类决定编号	W2018-48	子目号	8432.29
商品名称	4-4刀片（2+2）及旱地圆盘犁片（土壤耕作机具）				
英文名称	4-4 blades (2+2) and disc dry land blade (soil cultivating implements)				
其他名称					
商品描述	4-4刀片（2+2）及旱地圆盘犁片（土壤耕作机具），如图8-5，用以安装在推进装置（手扶拖拉机）的驱动轴上，以进行旋耕。报验时，刀片与手扶拖拉机放在同一盒子内，但未安装在推进装置上。 与土壤耕作机具一同报验的推进装置（手扶拖拉机）应单独归类。 又见归类意见8701.10/1。 图8-5				
归类依据	归类总规则一及六				

表8-7 世界海关组织协调制度委员会归类意见（节选六）

序号	66	归类决定编号	W2018-66	子目号	8907.90
商品名称	浮动结构体					
英文名称	Floating structure					
其他名称						
商品描述	浮动结构体（如图8-6），由6个连接在一起的塑料立方体组成，其浮力可达408千克（68千克×6），浮动表面达1.0米（宽）×1.5米（长）。每个立方体由高密度聚乙烯（HDPE）制成，规格为：长48厘米、宽48厘米、高36厘米，重5.2千克，并填充发泡聚苯乙烯。立方体安装有压力调节阀和湿度控制阀，并配有环状突出以便于将它们连接在一起。 6个立方体子组件是一个基本的浮动结构体，但通常与其他结构体一起使用以形成更大的浮动结构体，例如浮动码头、浮动人行道、浮动工作平台、游艇船坞等。 图8-6					
归类依据	归类总规则一及六					

表8-8 世界海关组织协调制度委员会归类意见（节选七）

序号	67	归类决定编号	W2018-67	子目号	8907.90
商品名称	浮动结构体					
英文名称	Floating structure					
其他名称						
商品描述	浮动结构体，由134个子组件组成的浮动结构体，每个子组件由六个由高密度聚乙烯（HDPE）、并填充有发泡聚苯乙烯的立方体组成。子组件组装在一起形成较大的预定浮动结构体，如浮动码头、浮动人行道、浮动工作平台，游艇船坞等。					
归类依据	归类总规则一、二（一）及六					

参考文献

［1］宗慧民．海关商品归类学［M］．北京：中国海关出版社有限公司，2009．

［2］海关总署关税征管司．中华人民共和国进出口税则（2019）［M］．北京：中国海关出版社有限公司，2019．

［3］中国报关协会．进出口商品编码查询手册［M］．2019年版．北京：中国海关出版社有限公司，2019．

［4］中国报关协会．关务基本技能［M］．2019年版．北京：中国海关出版社有限公司，2019．

书目介绍

乐贸系列

书名	作者	定价	书号	出版时间

📖 国家出版基金项目

书名	作者	定价	书号	出版时间
1. "一带一路"国家投资并购指南	冯 斌 李洪亮 Gvantsa Dzneladze(格) Tamar Menteshashvili(格)	98.00元	978-7-5175-0422-1	2020年3月第1版
2. "质"造全球:消费品出口质量管控指南	SGS通标标准技术服务有限公司	80.00元	978-7-5175-0289-0	2018年9月第1版

📖 跟着老外学外贸系列

书名	作者	定价	书号	出版时间
1. 优势成交:老外这样做销售(第二版)	Abdelhak Benkerroum (阿道)	58.00元	978-7-5175-0370-5	2019年10月第2版

📖 外贸SOHO系列

书名	作者	定价	书号	出版时间
1. 外贸SOHO,你会做吗?	黄见华	30.00元	978-7-5175-0141-1	2016年7月第1版

📖 跨境电商系列

书名	作者	定价	书号	出版时间
1. 跨境电商全产业链时代:政策红利下迎机遇期	曹磊 张周平	55.00元	978-7-5175-0349-1	2019年5月第1版
2. 外贸社交媒体营销新思维:向无效社交说No	May (石少华)	55.00元	978-7-5175-0270-8	2018年6月第1版
3. 跨境电商多平台运营,你会做吗?	董振国 贾 卓	48.00元	978-7-5175-0255-5	2018年1月第1版
4. 跨境电商3.0时代——把握外贸转型时代风口	朱秋城 (Mr. Harris)	55.00元	978-7-5175-0140-4	2016年9月第1版
5. 118问玩转速卖通——跨境电商海外淘金全攻略	红鱼	38.00元	978-7-5175-0095-7	2016年1月第1版

📖 外贸职场高手系列

书名	作者	定价	书号	出版时间
1. 开发:在外贸客户发掘中出奇制胜	蔡译民(Chris)	55.00元	978-7-5175-0425-2	2020年6月第1版
2. MR. HUA创业手记(纪念版)——从0到1的"老华"创业思维	华 超	69.00元	978-7-5175-0430-6	2020年6月第1版
3. 新人走进外贸圈 职业角色怎么选	黄 涛	45.00元	978-7-5175-0387-3	2020年1月第1版
4. Ben教你做采购:金牌外贸业务员也要学	朱子赋(Ben)	58.00元	978-7-5175-0386-6	2020年1月第1版
5. 思维对了,订单就来:颠覆外贸底层逻辑	老A	58.00元	978-7-5175-0381-1	2020年1月第1版
6. 从零开始学外贸	外贸人维尼	58.00元	978-7-5175-0382-8	2019年10月第1版
7. 小资本做大品牌:外贸企业品牌运营	黄仁华著	58.00元	978-7-5175-0372-9	2019年10月第1版
8. 金牌外贸企业给新员工的内训课	Lily 主编	55.00元	978-7-5175-0337-8	2019年3月第1版

书名	作者	定价	书号	出版时间
9. 逆境生存:JAC 写给外贸企业的转型战略	JAC	55.00 元	978-7-5175-0315-6	2018 年 11 月第 1 版
10. 外贸大牛的营与销	丹 牛	48.00 元	978-7-5175-0304-0	2018 年 10 月第 1 版
11. 向外土司学外贸 1:业务可以这样做	外土司	55.00 元	978-7-5175-0248-7	2018 年 2 月第 1 版
12. 向外土司学外贸 2:营销可以这样做	外土司	55.00 元	978-7-5175-0247-0	2018 年 2 月第 1 版
13. 阴阳鱼给外贸新人的必修课	阴阳鱼	45.00 元	978-7-5175-0230-2	2017 年 11 月第 1 版
14. JAC 写给外贸公司老板的企管书	JAC	45.00 元	978-7-5175-0225-8	2017 年 10 月第 1 版
15. 外贸大牛的术与道	丹 牛	38.00 元	978-7-5175-0163-3	2016 年 10 月第 1 版
16. JAC 外贸谈判手记——JAC 和他的外贸故事	JAC	45.00 元	978-7-5175-0136-7	2016 年 8 月第 1 版
17. Mr. Hua 创业手记——从 0 到 1 的"华式"创业思维	华 超	45.00 元	978-7-5175-0089-6	2015 年 10 月第 1 版
18. 外贸会计上班记	谭 天	38.00 元	978-7-5175-0088-9	2015 年 10 月第 1 版
19. JAC 外贸工具书——JAC 和他的外贸故事	JAC	45.00 元	978-7-5175-0053-7	2015 年 7 月第 1 版
20. 外贸菜鸟成长记(0~3 岁)	何嘉美	35.00 元	978-7-5175-0070-4	2015 年 6 月第 1 版

外贸操作实务子系列

书名	作者	定价	书号	出版时间
1. 外贸高手客户成交技巧 3:差异生存法则	毅 冰	69.00 元	978-7-5175-0378-1	2019 年 9 月第 1 版
2. 外贸高手客户成交技巧 2——揭秘买手思维	毅 冰	55.00 元	978-7-5175-0232-6	2018 年 1 月第 1 版
3. 外贸业务经理人手册(第三版)	陈文培	48.00 元	978-7-5175-0200-5	2017 年 6 月第 3 版
4. 外贸全流程攻略——进出口经理跟单手记(第二版)	温伟雄（马克老温）	38.00 元	978-7-5175-0197-8	2017 年 4 月第 2 版
5. 金牌外贸业务员找客户(第三版)——跨境电商时代开发客户的 9 种方法	张劲松	40.00 元	978-7-5175-0098-5	2016 年 1 月第 3 版
6. 实用外贸技巧助你轻松拿订单(第二版)	王陶（波锅涅）	30.00 元	978-7-5175-0072-8	2015 年 7 月第 2 版
7. 出口营销实战(第三版)	黄泰山	45.00 元	978-7-80165-932-3	2013 年 1 月第 3 版
8. 外贸实务疑难解惑 220 例	张浩清	38.00 元	978-7-80165-853-1	2012 年 1 月第 1 版
9. 外贸高手客户成交技巧	毅 冰	35.00 元	978-7-80165-841-8	2012 年 1 月第 1 版
10. 报检七日通	徐荣才 朱瑾瑜	22.00 元	978-7-80165-715-2	2010 年 8 月第 1 版
11. 外贸实用工具手册	本书编委会	32.00 元	978-7-80165-558-5	2009 年 1 月第 1 版
12. 快乐外贸七讲	朱芷萱	22.00 元	978-7-80165-373-4	2009 年 1 月第 1 版
13. 外贸七日通(最新修订版)	黄海涛（深海鱿鱼）	22.00 元	978-7-80165-397-0	2008 年 8 月第 3 版

出口风险管理子系列

书名	作者	定价	书号	出版时间
1. 轻松应对出口法律风险	韩宝庆	39.80 元	978-7-80165-822-7	2011 年 9 月第 1 版

书名	作者	定价	书号	出版时间
2. 出口风险管理实务(第二版)	冯 斌	48.00元	978-7-80165-725-1	2010年4月第2版
3. 50种出口风险防范	王新华 陈丹凤	35.00元	978-7-80165-647-6	2009年8月第1版

📖 外贸单证操作子系列

书名	作者	定价	书号	出版时间
1. 跟单信用证一本通(第二版)	何 源	48.00元	978-7-5175-0249-4	2018年9月第2版
2. 外贸单证经理的成长日记(第二版)	曹顺祥	40.00元	978-7-5175-0130-5	2016年6月第2版
3. 信用证审单有问有答280例	李一平 徐珺	37.00元	978-7-80165-761-9	2010年8月第1版
4. 外贸单证解惑280例	龚玉和 齐朝阳	38.00元	978-7-80165-638-4	2009年7月第1版
5. 信用证6小时教程	黄海涛(深海鱿鱼)	25.00元	978-7-80165-624-7	2009年4月第2版
6. 跟单高手教你做跟单	汪 德	32.00元	978-7-80165-623-0	2009年4月第1版

📖 福步外贸高手子系列

书名	作者	定价	书号	出版时间
1. 外贸技巧与邮件实战(第二版)	刘 云	38.00元	978-7-5175-0221-0	2017年8月第2版
2. 外贸电邮营销实战——小小开发信 订单滚滚来(第二版)	薄如聪	45.00元	978-7-5175-0126-8	2016年5月第2版
3. 巧用外贸邮件拿订单	刘 裕	45.00元	978-7-80165-966-8	2013年8月第1版

📖 国际物流操作子系列

书名	作者	定价	书号	出版时间
1. 货代高手教你做货代——优秀货代笔记(第二版)	何银星	33.00元	978-7-5175-0003-2	2014年2月第2版
2. 国际物流操作风险防范——技巧·案例分析	孙家庆	32.00元	978-7-80165-577-6	2009年4月第1版

📖 通关实务子系列

书名	作者	定价	书号	出版时间
1. 外贸企业轻松应对海关估价	熊 斌 赖 芸 王卫宁	35.00元	978-7-80165-895-1	2012年9月第1版
2. 报关实务一本通(第二版)	苏州工业园区海关	35.00元	978-7-80165-889-0	2012年8月第2版
3. 如何通过原产地证尽享关税优惠	南京出入境检验检疫局	50.00元	978-7-80165-614-8	2009年4月第3版

📖 彻底搞懂子系列

书名	作者	定价	书号	出版时间
1. 彻底搞懂信用证(第三版)	王腾 曹红波	55.00元	978-7-5175-0264-7	2018年5月第3版
2. 彻底搞懂关税(第二版)	孙金彦	43.00元	978-7-5175-0172-5	2017年1月第2版
3. 彻底搞懂提单(第二版)	张敏 张鹏飞	38.00元	978-7-5175-0164-0	2016年12月第2版
4. 彻底搞懂中国自由贸易区优惠	刘德标 祖月	34.00元	978-7-80165-762-6	2010年8月第1版
5. 彻底搞懂贸易术语	陈 岩	33.00元	978-7-80165-719-0	2010年2月第1版
6. 彻底搞懂海运航线	唐丽敏	25.00元	978-7-80165-644-5	2009年7月第1版

📖 外贸英语实战子系列

书名	作者	定价	书号	出版时间
1. 十天搞定外贸函电(白金版)	毅 冰	69.00元	978-7-5175-0347-7	2019年4月第2版
2. 让外贸邮件说话——读懂客户心理的分析术	蔡泽民(Chris)	38.00元	978-7-5175-0167-1	2016年12月第1版

书名	作者	定价	书号	出版时间
3. 外贸高手的口语秘籍	李凤	35.00元	978-7-80165-838-8	2012年2月第1版
4. 外贸英语函电实战	梁金水	25.00元	978-7-80165-705-3	2010年1月第1版
5. 外贸英语口语一本通	刘新法	29.00元	978-7-80165-537-0	2008年8月第1版

📖 外贸谈判子系列

书名	作者	定价	书号	出版时间
1. 外贸英语谈判实战（第二版）	王慧 仲颖	38.00元	978-7-5175-0111-4	2016年3月第2版
2. 外贸谈判策略与技巧	赵立民	26.00元	978-7-80165-645-2	2009年7月第1版

📖 国际商务往来子系列

书名	作者	定价	书号	出版时间
国际商务礼仪大讲堂	李嘉珊	26.00元	978-7-80165-640-7	2009年12月第1版

📖 贸易展会子系列

书名	作者	定价	书号	出版时间
外贸参展全攻略——如何有效参加B2B贸易商展（第三版）	钟景松	38.00元	978-7-5175-0076-6	2015年8月第3版

📖 区域市场开发子系列

书名	作者	定价	书号	出版时间
中东市场开发实战	刘军 沈一强	28.00元	978-7-80165-650-6	2009年9月第1版

📖 加工贸易操作子系列

书名	作者	定价	书号	出版时间
1. 加工贸易实务操作与技巧	熊斌	35.00元	978-7-80165-809-8	2011年4月第1版
2. 加工贸易达人速成——操作案例与技巧	陈秋霞	28.00元	978-7-80165-891-3	2012年7月第1版

📖 乐税子系列

书名	作者	定价	书号	出版时间
1. 外贸企业免退税实务——经验·技巧分享（第二版）	徐玉树 罗玉芳	55.00元	978-7-5175-0428-3	2020年5月第2版
2. 外贸会计账务处理实务——经验·技巧分享	徐玉树	38.00元	978-7-80165-958-3	2013年8月第1版
3. 生产企业免抵退税实务——经验·技巧分享（第二版）	徐玉树	42.00元	978-7-80165-936-1	2013年2月第2版
4. 外贸企业出口退（免）税常见错误解析100例	周朝勇	49.80元	978-7-80165-933-0	2013年2月第1版
5. 生产企业出口退（免）税常见错误解析115例	周朝勇	49.80元	978-7-80165-901-9	2013年1月第1版
6. 外汇核销指南	陈文培等	22.00元	978-7-80165-824-1	2011年8月第1版
7. 外贸企业出口退税操作手册	中国出口退税咨询网	42.00元	978-7-80165-818-0	2011年5月第1版
8. 生产企业免抵退税从入门到精通	中国出口退税咨询网	98.00元	978-7-80165-695-7	2010年1月第1版
9. 出口涉税会计实务精要（《外贸会计实务精要》第二版）	龙博客工作室	32.00元	978-7-80165-660-5	2009年9月第2版

| 书名 | 作者 | 定价 | 书号 | 出版时间 |

📖 专业报告子系列

1. 国际工程风险管理　　　张 燎　　　1980.00 元　978-7-80165-708-4　2010 年 1 月第 1 版
2. 涉外型企业海关事务风险管理报告　　《涉外型企业海关事务风险管理报告》研究小组　1980.00 元　978-7-80165-666-7　2009 年 10 月第 1 版

📖 外贸企业管理子系列

1. 外贸经理人的 MBA　　　毅 冰　　　55.00 元　978-7-5175-0305-7　2018 年 10 月第 1 版
2. 小企业做大外贸的制胜法则——职业外贸经理人带队伍手记　胡伟锋　35.00 元　978-7-5175-0071-1　2015 年 7 月第 1 版
3. 小企业做大外贸的四项修炼　胡伟锋　26.00 元　978-7-80165-673-5　2010 年 1 月第 1 版

📖 国际贸易金融子系列

1. 国际结算单证热点疑义相与析　天九湾贸易金融研究汇　55.00 元　978-7-5175-0292-0　2018 年 9 月第 1 版
2. 国际结算与贸易融资实务（第二版）　李华根　55.00 元　978-7-5175-0252-4　2018 年 3 月第 1 版
3. 信用证风险防范与纠纷处理技巧　李道金　45.00 元　978-7-5175-0079-7　2015 年 10 月第 1 版
4. 国际贸易金融服务全程通（第二版）　郭党怀 张丽君 张贝　43.00 元　978-7-80165-864-7　2012 年 1 月第 2 版
5. 国际结算与贸易融资实务　李华根　42.00 元　978-7-80165-847-0　2011 年 12 月第 1 版

📖 毅冰谈外贸子系列

毅冰私房英语书——七天秀出外贸口语　毅 冰　35.00 元　978-7-80165-965-1　2013 年 9 月第 1 版

"创新型"跨境电商实训教材

跨境电子商务概论与实践　冯晓宁　48.00 元　978-7-5175-0313-2　2019 年 1 月第 1 版

"实用型"报关与国际货运专业教材

1. 国际货运代理操作实务（第二版）　杨鹏强　48.00 元　978-7-5175-0364-4　2019 年 8 月第 2 版
2. 集装箱班轮运输与管理实务　林益松　48.00 元　978-7-5175-0339-2　2019 年 3 月第 1 版
3. 航空货运代理实务（第二版）　杨鹏强　55.00 元　978-7-5175-0336-1　2019 年 1 月第 2 版
4. 进出口商品归类实务（第三版）　林 青　48.00 元　978-7-5175-0251-7　2018 年 3 月第 3 版
5. e 时代报关实务　王 云　40.00 元　978-7-5175-0142-8　2016 年 6 月第 1 版
6. 供应链管理实务　张远昌　48.00 元　978-7-5175-0051-3　2015 年 4 月第 1 版

书名	作者	定价	书号	出版时间
7. 电子口岸实务（第二版）	林青	35.00元	978-7-5175-0027-8	2014年6月第2版
8. 报检实务（第二版）	孔德民	38.00元	978-7-80165-999-6	2014年3月第2版
9. 现代关税实务（第二版）	李齐	35.00元	978-7-80165-862-3	2012年1月第2版
10. 国际贸易单证实务（第二版）	丁行政	45.00元	978-7-80165-855-5	2012年1月第2版
11. 报关实务（第三版）	杨鹏强	45.00元	978-7-80165-825-8	2011年9月第3版
12. 海关概论（第二版）	王意家	36.00元	978-7-80165-805-0	2011年4月第2版

"精讲型"国际贸易核心课程教材

	书名	作者	定价	书号	出版时间
1.	进出口商品归类实务精讲（第二版）	倪淑如 倪波	48.00元	978-7-5175-0429-0	2020年6月第2版
2.	国际贸易实务精讲（第七版）	田运银	49.50元	978-7-5175-0260-9	2018年4月第7版
3.	国际货运代理实务精讲（第二版）	杨占林 汤兴 官敏发	48.00元	978-7-5175-0147-3	2016年8月第2版
4.	海关法教程（第三版）	刘达芳	45.00元	978-7-5175-0113-8	2016年4月第3版
5.	国际电子商务实务精讲（第二版）	冯晓宁	45.00元	978-7-5175-0092-6	2016年3月第2版
6.	国际贸易单证精讲（第四版）	田运银	45.00元	978-7-5175-0058-2	2015年6月第4版
7.	国际贸易操作实训精讲（第二版）	田运银 胡少甫 史理 朱东红	48.00元	978-7-5175-0052-0	2015年2月第2版
8.	外贸单证实训精讲	龚玉和 齐朝阳	42.00元	978-7-80165-937-8	2013年4月第1版
9.	外贸英语函电实务精讲	傅龙海	42.00元	978-7-80165-935-4	2013年2月第1版
10.	国际结算实务精讲	庄乐梅 李菁	49.80元	978-7-80165-929-3	2013年1月第1版
11.	报关实务精讲	孔德民	48.00元	978-7-80165-886-9	2012年6月第1版
12.	国际商务谈判实务精讲	王慧 唐力忻	26.00元	978-7-80165-826-5	2011年9月第1版
13.	国际会展实务精讲	王重和	38.00元	978-7-80165-807-4	2011年5月第1版
14.	国际贸易实务疑难解答	田运银	20.00元	978-7-80165-718-3	2010年9月第1版

"实用型"国际贸易课程教材

	书名	作者	定价	书号	出版时间
1.	外贸跟单实务（第二版）	罗艳	48.00元	978-7-5175-0338-5	2019年1月第2版
2.	海关报关实务	倪淑如 倪波	48.00元	978-7-5175-0150-3	2016年9月第1版
3.	国际金融实务	李齐 唐晓林	48.00元	978-7-5175-0134-3	2016年6月第1版
4.	国际贸易实务	丁行政 罗艳	48.00元	978-7-80165-962-0	2013年8月第1版

中小企业财会实务操作系列丛书

	书名	作者	定价	书号	出版时间
1.	做顶尖成本会计应知应会150问（第二版）	张胜	48.00元	978-7-5175-0275-3	2018年6月第2版
2.	小企业会计疑难解惑300例	刘华 刘方周	39.80元	978-7-80165-845-6	2012年1月第1版
3.	会计实务操作一本通	吴虹雁	35.00元	978-7-80165-751-0	2010年8月第1版

2020 年中国海关出版社有限公司乐贸系列

重磅推荐 >>

《国际贸易实务精讲(第七版)》

主编：田运银

副主编：胡少甫　夏瑞林　史理　姚建平

定价：49.50 元

出版日期：2018 年 4 月

页数：344 页

内容简介

　　本书自 2005 年出版至今，已修订至第七版，深受广大国际贸易相关专业师生及外贸一线业务员的认可和欢迎，销量位居国内国际贸易实务教材前列。

本次改版，作者主要围绕以下几点，对书稿进行了修订：

1. 跟进国内外最新政策、措施，准确把握时代新要求。
2. 清除过时知识点，更新实例，增加实用性、可读性。
3. 重新解读重要知识点、梳理逻辑，内容更加简明易懂。
4. 新增"第三方电子支付"内容，紧贴时下热点。

2020 年中国海关出版社有限公司乐贸系列
重磅推荐 >>

国际货运代理实务精讲（第二版）

主编：杨占林
定价：48.00 元
出版日期：2016 年 9 月
页数：386 页

内容简介

《国际货运代理实务精讲》第一版出版七年以来，深受广大读者欢迎。近几年国际货运代理行业发生了很大变化，作者结合自身的从业经验以及读者反馈，在保留第一版特色的基础上，对本书进行修订：

1. 更新与国际货运代理相关的政策，删除过时政策。
2. 增加新业务内容，如海运部分，梳理相关流程，增加工程项目出口相关内容；仓储部分，增加仓储配送在跨境电子商务业务上的操作与实践；铁路部分，增加"无纸化签约流程"等。
3. 更新大量单据和图表，如国际联运运单、报关单以及海运提单，以便读者与时俱进进行业务操作。

2020 年中国海关出版社有限公司乐贸系列
重磅推荐 >>

海关法教程（第三版）

作者：刘达芳
定价：45.00 元
出版日期：2016 年 4 月
页数：344 页

内容简介

近年来，随着海关法治建设的逐步深化，法规体系进一步完善，"单一窗口"已开始实践，AEO 企业认证进一步发展，自由贸易区逐步推广实行。为了适应形势的发展需要，此次改版在保留前两版特色的基础上，进行了如下修订：

1. 根据《中华人民共和国海关法》新规定编写，删除陈旧内容。

2. 在原有内容框架基础上，增加海关监管模式、边境安全、风险管理等内容，紧随海关发展步伐，解读海关政策规定。

3. 新增"海外视野"板块，拓展介绍外国海关法，中外对比，启发读者思考。